グループにおける動機づけ面接

クリストファー・C・ワグナー
カレン・S・インガーソル 著

藤岡淳子　野坂祐子 監訳

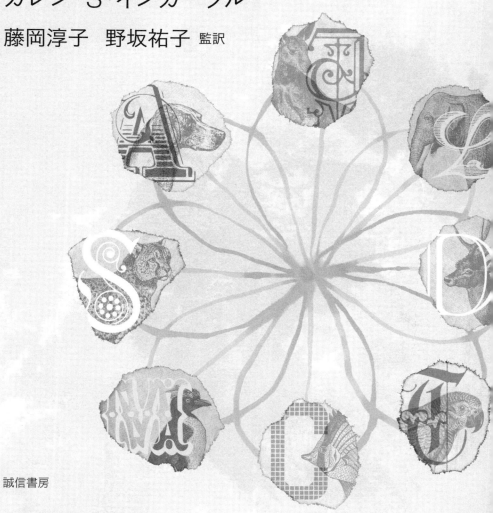

誠信書房

Copyright © 2013 The Guilford Press
A Division of Guilford Publications, Inc.
Published by arrangement with The Guilford Press
through Japan UNI Agency, Inc., Tokyo

動機づけ面接(MI)応用シリーズ編集主幹まえがき

　動機づけ面接トレーニングを始めた1980年代当初，ワークショップでこんな質問が挙がった。「動機づけ面接は，グループでも使えますか？」。本書が示している通り，今でははっきり「もちろん」といえる。数多くの実証研究によって，動機づけ面接はグループ形式でも十分に実施できることが示されている。費用対効果が期待できるだけでなく，参加したメンバーが互いの知恵と相互的なサポートを享受できるのがグループのよさである。

　動機づけ面接のスピリットや方法は，個別とグループのいずれにも通底している。しかし，本書で書かれているように，グループの参加者には，個別で用いる動機づけ面接のやり方だけではなく，グループならではのスキルが求められる。動機づけ面接をグループの文脈で使いこなすには，非常にたくさんのスキルが必要となる。そのため，動機づけ面接をグループに適用させる前に，まずは個別のケースで臨床的なスキルを伸ばすことを推奨する。グループでは，メンバー各人の成長とグループ全体の発達のバランスをとらなければならないというグループならではのスキルを要する。メンバーが互いに変化に向かっていけるように働きかけながら，集団を乱すやりとりが生じるのを避けなければならない。

　グループで動機づけ面接を行うことは，科学的であると同時にアートでもある。そのアートは，本書で見事に描かれている。著者たちは，知恵と思いを込めて，動機づけ面接によるグループを開発し，実施し，評価するという大がかりな取り組みを行っている。さまざまな臨床場面で，個別よりもグループでの治療や健康教育が実施されている。著者たちは，幅広い専門性と臨床現場から役立つ視点や助言を与えてくれる。

　もちろん，その道のりはまだ途上である。グループにおける動機づけ面接のプロセスを研究する技術は，端緒についたばかりである。他の心理療法のように，動機づけ面接が扱える問題や臨床場面について，さらに探索していく必要がある。動機づけ面接をグループで実践することが，「もっとも望ましい標準的な」方法の1つになれるかどうかは，まだわからない。今後も研究を重ね，新たな知見を得ていくことは，肯定的な変化をもたらす効果的な実践であると

示すうえで欠かせない。この極めて有機的な臨床方法の歴史からすれば，動機づけ面接をグループで行うことは自然な流れであるだろう。新たな領域において時宜を得てシリーズの新刊が出版され，ワグナーとインガーソルの両氏が，グループにおける動機づけ面接の実施方法について最新の知見を述べてくれた。動機づけ面接応用シリーズにおいて，こうした重要な本が出されたことをうれしく思っている。

ウィリアム・R・ミラー（William R. Miller, Ph.D）
ステファン・ロルニック（Stephen Rollnick, Ph.D）

目　次

動機づけ面接（MI）応用シリーズ編集主幹まえがき　*iii*

第Ⅰ部　動機づけ面接グループの基礎

第1章　はじめに　*3*

グループの袋小路　*6*

MIはこれらのグループをどのように助けるのか　*8*

MIグループ運営の課題　*11*

MIグループの強みとなりうること　*12*

本書に寄せる希望　*12*

第2章　治療グループ　*14*

治療グループの種類　*15*

治療グループに関する実証的根拠　*16*

グループの風土　*17*

治療同盟と凝集性　*18*

治療同盟や凝集性を超えて：その他のグループプロセス　*20*

治療的要因　*23*

グループの発達　*25*

リーダーの機能　*25*

第3章　動機づけ面接の概観　*30*

両価性　*30*

vi　目　次

共感と方向づけ　*35*

MIのスピリット　*36*

コミュニケーションスタイル　*38*

MIのプロセスと治療的方略　*45*

第4章　動機づけ面接とグループ治療をブレンドする　*56*

MIグループリーダーのための集団療法研究からの学び　*57*

MIグループの治療因子　*58*

MIグループの発達　*59*

共感と方向づけ　*60*

MIグループをファシリテートする　*62*

MIグループのスピリット　*69*

MIプロセスを活用する　*72*

OARSコミュニケーションを活用する　*74*

第5章　実証的根拠に基づいた動機づけ面接グループ　*76*

MIグループの定義　*76*

MIグループの成果に関する実証的根拠　*77*

MIグループは治療プロセスにどのような影響を与えるのか？　*81*

MIグループは治療効果にどのような影響を与えるのか？　*85*

MIグループ研究に関する考察　*88*

第II部　動機づけ面接グループの実践

第6章　動機づけ面接グループをデザインする　*93*

なぜMIグループを提供するのか？　*93*

MIグループのデザインに関わるスキル　*94*

グループの目的　*95*

目　次　*vii*

グループの形式　*97*

グループの構造　*100*

グループの構成　*101*

グループの定員　*104*

グループの期間　*105*

セッションの長さ　*106*

メンバー選定と準備　*106*

編　入　*107*

デザイン選択による難しさの比較　*109*

機能するMIグループをデザインする　*110*

第7章　動機づけ面接グループを実施する　*113*

MIグループを提案する準備　*113*

MIグループの質の保証　*120*

第8章　グループの会話を形作る　*128*

基本的な会話形成法　*130*

高度な会話形成法　*142*

高度な会話形成の方略の比較　*159*

会話を終了する　*159*

第9章　第1段階：グループに招き入れる　*161*

グループの発展を促進する　*162*

難しい対人関係スタイルのメンバーを招き入れる　*166*

協働リーダーとの取り組み　*173*

セッションを構造化する　*176*

初回セッションを準備する　*179*

初回セッションを指揮する　*182*

viii　目　次

第10章　第2段階：視点の探索　193

グループリードの原則　193

グループダイナミクス　196

治療的要因　198

リーダーの機能　199

MI方略　206

コツとワナ　217

進歩の指標　219

第11章　第3段階：視点を広げる　220

グループリードの原則　221

グループダイナミクス　225

治療的要因　226

リーダーの機能　228

MI方略　237

強みを探索する　249

コツとワナ　250

進歩の指標　251

第12章　第4段階：行動に移す　252

グループリードの原則　253

グループダイナミクス　254

治療的要因　255

リーダーの機能　257

MI方略　262

後退と困難を扱う　270

コツとワナ　273

終　結　273

第 III 部　動機づけ面接グループの適用

第13章　強制的な参加による薬物依存者のための動機づけ面接グループ　281

グループ治療を強制されたクライエントへの MI の活用　283

強制的な治療において MI グループを実施する際の基本理念　285

強制的な治療における MI グループの進め方　289

MI スピリットを保ち続ける：うまくいかせるコツと避けるべきワナ　295

おわりに　298

第14章　アディクションのある女性のための動機づけ面接エンパワメントグループ　301

グループ開始前のスクリーニングとオリエンテーションにおける MI　304

女性のための MI エンパワメントグループをファシリテートする　308

結　語　316

第15章　親密なパートナーへの暴力行為歴のある男性のための動機づけ面接グループ　318

抵抗，両価性，動機の問題　319

MI グループのサービスを構造化し，ファシリテートする　320

親密なパートナーへの暴力行為歴のある男性のための MI グループ　323

結　語　336

文　献　339

監訳者あとがき　359

索　引　361

第Ⅰ部

動機づけ面接グループの基礎

　本書は，3部から構成されている。第Ⅰ部は，動機づけ面接（Motivational Interviewing：以下，MI）をグループの相互作用に適用する際の基礎について述べている。第1章では，私たちの視点をグループレベルの相互作用とダイナミクスに向ける必要性について概観したうえで，MIと現在のグループアプローチとの違いや要素について検討する。第2章では，グループの風土，凝集性，その他のグループプロセスといった治療グループに関連した理論や研究の鍵となる側面と，治療要因，グループの発達，そしてグループリーダーの機能について概観する。第3章では，両価性の役割とチェンジトーク，MIアプローチの背景にあるスピリット，一般的なコミュニケーション法，典型的な治療プロセスや方略といったMIの作用の概要について説明する。第4章では，まとまりのあるMIグループを形成するために，実証的根拠のあるグループ実践にMIの方法を統合することに焦点をあてている。第5章では，MIグループに関する現在の実証データを概観する。

　第Ⅱ部では，MIグループの実践を取り上げる。第6章と第7章は，MIグループのデザインと実施，実践家のトレーニングとスーパービジョン，求められているサービスの効果を高めることに焦点をあてる。第8章から第12章では，MIグループを4つの発展段階ごとにまとめる。

　第Ⅲ部は，さまざまな困難さを抱えたクライエントや多様な臨床現場でのMIグループの実践例を示す。実践家たちは，有意義なMIグループを発展させ，運営できるようになることで，自分の仕事への刺激となり，治療体験の豊かさやアイデアが得られるだろう。

第1章

はじめに

　西洋文化においては，人は自分自身を他者から切り離して捉える傾向がある。つまり，個としての自分を第一に考えるため，グループに属するメンバーとしての自分は二の次となる。自分で考え，それに従って行動することを学んでいく。苗字こそ受け継ぐものの，人生で体験する成功や失敗はあくまで自分自身のものであり，家族や人とのつながり，地域がもたらすものとは捉えない。自分自身について述べるときは，西洋以外の文化でよく使われるような社会的役割とか文化的・民族的集団といった対人関係的な用語ではなく，個人主義的な用語が使われることがほとんどである (Triandis et al., 1990)。心理学的成熟として望ましいとされる分離や個体化といった概念など，人の発達に関するモデルですら個人主義的なものである。

　こうした文脈では，提供される援助サービスの多くが，個人の課題や機会に焦点をあてたものであり，個人の性格や機能不全，その人自身の病理に注目するという見方によって作られた，個人的な方向性を持つものである。強みを基盤としたアプローチですら，対人関係における機会やサポートよりも，個人の強みに焦点をあてている。

　自分のことを他者と切り離された存在と捉えたとしても，だれもが集団内の他者とは切っても切れないつながりを持つ。人類は，集団のサポートと保護によって生き永らえてきた。家族，仲間，社会的集団から受けるフィードバックが，人々の考えや意思決定，態度，価値となって，アイデンティティが形成される (Forsyth, 2011)。ともに活動することで，集団全体が有するさまざまな知識やスキルが個人に利益をもたらし，それによって人は多くのことを達成できるのである。このように，たいていの人は，他者とともに活動している。つまり，家族や友人，仲間集団，コミュニティのなかの他者とつながり，住まいや食べ物，さまざまな必要なものを提供してくれる社会をあてにしているのである。人は存在するために，多くの面で集団に頼っている。なぜなら，自分だけでは

4　第Ⅰ部　動機づけ面接グループの基礎

できないことでも，集団が提供してくれるからである。人は，サポーティブな集団のなかにいると，ストレスが軽減し，孤独感が低下し，自尊心が高まり，より健康的になって，長生きすらできる (Forsyth, 2011)。

　集団の持つ力が認識されると，治療的なサービスは，自分の力だけでは解決できない人たちのためのグループを作るだけでなく，カップルや家族のためのグループも発展させてきた。グループによるサービスは，個別のサービスよりも効率的な機能があるだけでなく，個人へのサービスでは提供できない利益をもたらす。治療グループのメンバーは，互いのサポート，理解，啓発，保護，相手の成長への貢献を通して，自身も成長する機会が得られるからである。

　グループによるサービスは，個別のサービスよりも複雑である。2者間のやりとりでは，2人の間で1つの関係性ができるだけである。ところが，3人になると7つの関係性が生じうる（1対1の関係性が3つ，1対2の関係性が3つ，グループ全体の関係性が1つ）。わずか4人のグループでも，グループ全体の関係性を入れて，全部で25通りのサブグループの組み合わせが成り立つ。このように，グループの人数が多くなるにつれ，リーダーが見守り，注意しなければならない潜在的な関係性やサブグループは，指数関数的に増大する。そのため，リーダーは，微妙な相互作用のパターンを適切なものにし，微妙なパターンの影響がグループ全体に及ぶのを最小限に留めるために，きわめて敏感であらねばならない。

　グループへのサービスでは，個別サービスのように，その人だけに注目したり，時間をとったりすることはできない。また，グループを抑制したり，傷つけさえするプロセスも起こりうる。治療的なグループにおいて，サブグループの関係性がもたらす弊害と利益の両方があるならば，グループ開始時点では，個別へのサービスと同様の慎重さを取り入れて，起こりうることを想定し，問題を最小限に留めるべきである。

　動機づけ面接（以下，MI）は，クライエント中心・目標志向の個別治療アプローチとして発展してきた。MIでは，専門家の視点から問題をリフレーミングするよりも，クライエントの視点に焦点をあてる。MIの実践家は，クライエントの抵抗を引き出すようなやり方で，クライエントに問題解決を図るように指示したりはしない。そうではなく，クライエント自身の変化に対する興味を喚起する。そして，招き入れ，焦点化，喚起，立案という4つ

MIは専門家の視点から問題をリフレーミングするよりも，クライエントの視点に焦点をあてる

の一般的なMIの方略を用いながら，クライエントが変化したい目標をめざすように会話の矛先を向けていく（Miller & Rollnick, 2013）。

　MIは，ロジャース派のクライエント中心療法を由来とし，人間性重視の志向を持つ。MIアプローチでは，人は本質的に成長と健康を求めるという観点に立つ。実践家の役割は，教育を施すのではなく，クライエント自身があるがままの自分を心地よく感じ，自分の内なる声にしっかり耳を傾けられるように援助することで，その人自身の信念と自分がどんな体験を重ねた人物であるかがわかるよう手助けすることである。実践家は，クライエントを肯定的にみて，その人らしい唯一無二の存在として受け入れて，受けとめる。クライエントは成長に向かって努力しており，なりたい自分になる能力を持っているという楽観的なリフレクションとともに，クライエントが自身のことをどんな人間と捉えているのかを正確にリフレクションすることによって，クライエント中心の援助者は，クライエントを特定の道に導こうとするのではなく，クライエント自身がより満足できる人生に向かっていくのを助ける。クライエントが，（自分自身についてほとんど話さないのに比べて）真の自分自身に近づくにつれ，それまでとは異なるもっとしっくりくる方法で，物事を知覚して行動できるようになる。

　MIはまた，行動療法と行動療法家たちの伝統にも根ざしている。行動療法の切り口からみると，人の行動（と思考）は，識別できる測定可能なものであり，より肯定的もしくは役に立つパターンに向けて変えられるものだと考える。クライエントが自分の非生産的な思考や行動のパターンに気づく（そして，それをたどる）のを助けることによって，実践家は彼らがより生産的な習慣やパターンを確立し，それを維持できるように援助する。このように，行動療法は生活を明確に意識し，目的のあるものにすることをめざす。

　MIは，人間性の重視とクライエント中心療法，それに行動療法の要素を統合したものである。つまり，自分が変わりたいと思っていることを探り，それらを変化させる方法を計画するのを援助することで，その人らしくあろうとすることに何よりも価値を置いている。MIの実践家は，クライエントが満足していない生活の具体的な様子や，より良くしたいと思っていることについて，クライエントと話す。実践家は，変化することに対してクライエントが抱いている両価性を尊重し，肯定的な変化の勢いをもたらす両価性の要素にあえて焦点をあてる。そして，クライエントが自信を持って実行できそうな計画を立てるのを手助けするのである。

6   第Ⅰ部　動機づけ面接グループの基礎

　本書は，MIとグループセラピーの核となる概念をまとめ，一貫したMIグループとして統合するために，個別MIの実証的根拠に基づく実践をグループにも適用させようとするものである。このモデルは，実践家や開発者，研究者として，以前にMIグループ治療マニュアルや解説書を作成し，これまでの道のりをともにしてきた仲間たちのアイデアに基づいている（Anderson et al., 2002; Beatty & Tomlin, 2002; Ingersoll et al., 1999; Krecji, 2006; Murphy, 2008; Nooman, 2001; Velasquez et al., 2001）。また，MIについての著者らの理解を，グループのリーダーシップ経験，集団心理療法の開発者や研究者が実証的根拠に基づくものとして推奨していること，そしてポジティブ心理学の動向と統合させることをめざしている*。

グループの袋小路

　MIグループがどのようなものかを述べる前に，グループサービスを提供する際に起こりうる問題に対して，MIの概念と方略を組み合わせることの有効性を考えてみたい。次の4つの例についてみていこう。

糖尿病サポートグループ

　看護師と栄養士が，月2回開催される糖尿病患者のサポートグループをファシリテートしている。彼らは，協力しながらグループの会話を促しているが，それぞれが特定の部分に焦点をあてている。看護師は，腎臓や膵臓の生理学的プロセスを説明し，糖尿病がそれらの機能をどのように阻害するのか，健康的な状態でインシュリンレベルを維持できない分を補うためのインシュリンの適切な使用について，患者たちが理解しているかを確認する。栄養士は，インシュリンレベルの管理方法を説明し，食習慣に注意するといった健康全般の話

---

*　MIは，ポジティブ心理学に含まれるものではないが，筆者らはポジティブ心理学から重要な示唆を得ており，本書のMIグループのモデルにはポジティブ心理学の考え方を統合した。Peterson（2006）がいうように，ポジティブ心理学と人間性心理学は，相違点よりも類似点が多く，非常に近いものと考えられる。MIは，人間性心理学，行動心理学，社会心理学，認知心理学の要素を合わせたものであり，こうした考え方は確実な結果が得られるものとして最新のアプローチとなっていくとともに，MIの科学的研究を推し進めていくものにもなるだろう。

や，運動や睡眠，アルコールといった日常生活で気をつけるべきことを伝える。この会は，患者のサポートグループであることをめざしているため，看護師と栄養士は，患者が体験している苦労を話し合うよう促している。しかし，彼らはカウンセラーとしての訓練を積んでいないので，患者たちが糖尿病を管理するうえでの苦労だけを話させようとして，患者が個人的な話題を口にしたり，感情を表したりすると，話を元に戻そうとする。最初のうちは盛んに話がされていたのに，だんだん会話は少なくなり，ミーティングへの参加者数も減っていく。リーダーたちは，どうやってグループを盛り上げたらよいのかわからない。

認知行動療法グループ

心理士とインターンが，不安を抱えたメンバーに対して，認知と行動に焦点をあてたグループを実施している。グループはよく構造化され，リーダーは認知の誤りをみつける方法を教え，メンバーは自動思考や内的対話に気づけるようになり，機能的な分析を通して行動計画が立てられるまでになっている。メンバーも，「認知行動モデルは，自分の人生や可能性をより良くしてくれるものだ」と言っている。にもかかわらず，週を追うごとに，宿題をやってくる人はわずかになっている。それでもなお，リーダーたちは，来週こそきっとよくなるはずだと確信している。

アディクションの心理教育グループ

依存症を専門とするカウンセラーが，回復に興味のあるメンバーを集めて，再使用の防止を助け，教材や冊子，課題などを交えた心理教育的なアプローチによる外来のグループを運営している。セラピストは積極的で，肩肘を張らず，サポーティブなスタイルをとっているが，メンバーが自分たちが直面する困難を乗り越える責任を投げ出したり，自分の人生について実際よりもよくみせようと話を盛ったりすると，無遠慮で直接的な物言いになることがある。メンバーのなかには，自分の不健全なものの見方が通るようにグループを操作しようとして他のメンバーと対立する者もいれば，自分の経験や以前に地域のサポートグループで教わったことを他のメンバーに助言する者もいる。こうしたグループメンバーとカウンセラーが唯一共有しているのは，「自分の問題を認め，自分がアルコール依存症者やアディクト（嗜癖者）だという真実を受け入れなければならない」という信念である。そうなると，自分が本当のアディクト

なのか疑っているメンバーは,「そんなふうに自分を悪く言ったり,自分にラベルを貼ったって,何の役に立つものか」と言って,アディクトの自覚を持つメンバーともめ続ける。あるメンバーは,アルコホーリクス・アノニマス(A.A.)について,「ほとんどカルトみたい」な洗脳的な宗教グループだと思い込んでいる。グループメンバーは,互いに葛藤し続け,会話は行きづまり,「ここは,まるで戦場みたいだ」と口にするメンバーも出てくる。

プロセス志向の心理療法グループ

ソーシャルワーカーが,メンバーたちがそれぞれにとって重要な事柄に焦点をあてるのを助け,メンバー自身の視点やアイデンティティ,価値を明らかにすることに時間をかけるプロセス志向の心理療法グループを運営している。メンバーのなかには,自分が取り組みたい問題がはっきりしている者もおり,その問題をどう変化させたいかということまで考えられる者もいた。しかし,自分が取り組むべきものが定まっていないメンバーたちは,「自分は幸せではない」ということははっきりしているものの,「自分の人生には何かが欠けている」と感じているだけである。グループはスムーズに運営されており,会話が途切れることはない。グループリーダーは,巧みにメンバーの視点をリフレクションし,会話を深めるようなファシリテートをする。セッション中,メンバーは互いに役立つフィードバックやサポートを分かち合いながら,自由に話し合っていた。こうしたセッションを毎週続けて数カ月が経った頃,グループセラピーに対して「いつも同じことの繰り返しだ」と疑問を抱くメンバーが出てきた。こうした不満は,次第にグループ全体に広がっていった。会話は堂々めぐりで,「人生をより良いものにしようとするより,ただ愚痴を言っているだけのようにみえる」と不満を口にするメンバーもいた。リーダーは,メンバー全員の視点を明確にし,セラピーの目的をはっきりさせようとして,不満を口にした人の正直さと,不満を向けられた人の自律性の両方をアファメーションした。にもかかわらず,グループはどうしようもないくらい行きづまってしまい,リーダーは仲間に相談することにした。

MIはこれらのグループをどのように助けるのか

このような治療的取り組みにおける袋小路に対して,MIが役立つことがいくつかある。糖尿病と認知行動療法(CBT),そして回復グループの例は,カウ

ンセラー中心のファシリテートがなされており，典型的なMIグループよりも教示的なものである。心理療法グループは，クライエント中心のスタイルをとっていたものの，ファシリテーションは非指示で追従的であり，ガイドするものではなかった。クライエント中心の態度と目標志向プロセスを融合させたMIでは，グループをリードする際に，過度に指示的になったり，逆に非指示的になりすぎたりする落とし穴を避けることができ，肯定的な変化を推し進めることができる。

　糖尿病グループにMIの知見を生かすなら，リーダーは，糖尿病を管理するうえで最低限知っておくべき情報だけを伝え，全体の情報量を減らす。膨大な情報を提供するのではなく，患者がすでに知っていることを引き出し，足りない部分の「空白を埋め」，患者1人ひとりの生活に合った健康情報にする。このように，本人の知識を引き出すアプローチをとることで，患者は自分自身の重要な変化に関心を向けやすくなり，専門家のレクチャーを聞くだけよりも興味の持てるセッションになる。さらにMIでは，糖尿病を管理するという目標とは直接的に関連しないような，より広い生活上の問題についても気持ちよく話し合えるようリーダーが援助する。あくまで健康に関する目標に焦点をあて続けながらも，それと関連する問題も扱うことで，実践家はさながら患者の人生という広い織物に変化のための方略を織り込んでいくのである。

　CBTグループは，認知と行動をうまくつなげられていないようである。メンバーは，CBTが自分たちの問題を理解し，問題を減らしていくための効果的なやり方だとはわかっているものの，CBTのモデルを現実に役立てることができていない。MIの方略を組み合わせることで，メンバーをわずかでも「バックアップ」することができるだろう。CBTモデルを用いて変化させようとする前に，まずはリーダーがメンバーの目標や希望，価値を引き出したり，メンバーがもっと満足できる未来を心に描き，自分が達成したいゴールと結びつけたりすることに時間をかけてから，そのあとで，メンバー自身の非機能的認知を検証する。このタイミングまで待たなければ，メンバーが自分の目標を達成する方法を考えたり，行動に移したりすることはできない。このように，MI方略を用いることによって，メンバーは自分の特定の思考と行動が，自分の希望や願いにつながっているのだと理解しやすくなる。メンバーがすでに気づいて考えている問題に取り組むためにCBTを用いるだけでなく，CBTが自分の幸せな人生を導いてくれるものであり，宿題はそのために役立つステップなのだと思えれば，宿題をやるという投資に積極的になれるのである。

もう1つの問題として，メンバーがリーダーのことを，思考の誤りや行動分析のやり方を伝授する専門家だと思ってしまうことがある。そうなると，メンバー同士の会話が減り，互いの成長や発達に関与する感覚が持ちにくくなる。メンバー間の同じような問題や思考，行動のつながりを，リーダーが「メタ」的なレベルでリフレクションすることで，グループの凝集性が高まり，メンバーは自分のことを単なる乗客ではなく，変化に向かって運転するドライバーだと認識するようになる。

　アディクションのグループでは，リーダーはメンバーの両価性を引き起こす話題に対して，片方に寄ったスタンスをとっていた。メンバーの数人は，伝統的な回復モデルに両価的な気持ちを抱いており，リーダーが両価性のうち一方だけを論じると，そのメンバーは自然と反対側の意見を強調した。リーダーが，片方の側だけの肩を持とうとしたため，メンバーが人それぞれ異なるやり方で，自分らしい変化を遂げていくようなグループに焦点をあてることができなかった。そして，リーダーは，メンバーが今感じている両価性を外在化させ，うかつにもグループを2つに分断してしまったのである。MIを使えば，リーダーは，メンバーの両価性に対して議論することなく，彼らの両価性を引き出し，それを検証することができる。さらに，MIの実践では，リーダーは「多くの道からたどりつく」という考えを受け入れてみせるモデルになる。そのため，メンバーは安心して自分の見方を述べることができ，自分の間違った行動が責められるおそれを持たずにすむ。このように，MIの協調，受容，共感，喚起というスピリットは，グループの相互作用の核となる。こうしたやり方は，葛藤を減らし，サポートを増やし，参加への意欲を高めることができる。

　心理療法グループは，ソーシャルワーカーによる熟練のクライエント中心のファシリテーションであった。このグループにMIの方法を使えば，リーダーはもっと指示的になる。すでに熟練の域にある共感的な応答に加え，指示的な方略も取り入れることで，リーダーはクライエントが自分自身と仲間に対する理解を深めながら，あるがままのメンバーの姿に焦点をあてるだけでなく，メンバーの行動にも目を向けていくことができ，より満足できる人生に向かって進んでいけるよう導くことができる。

　MIは，こうした治療場面でよくある袋小路を避けたり，そこから抜け出したりするのを助けてくれるものだが，あらゆる課題や障害を取り除くアプローチはない。袋小路や葛藤のなかには，個々人にとっては意味があり，凝集性の高い作業グループにつながるものもあるため，状況によってはすべて取り除けば

よいというものでもない。こうした転機にこそ，自分の意見を口に出すように
なり，自分が自身の人生の所有者であるという感覚を高めるメンバーは多い。

MIグループ運営の課題

　質の高い生産的なグループを運営するリーダーシップは，個別のサービスを
提供するよりも難しい。うまくいかない方法はたくさんあり，否定的なサイク
ルがいったん始まってしまうと，よい方向に戻すのはより難しくなる。たった
1人のクライエントが生産的な道のりを歩めるように手助けするのに比べる
と，グループではたくさんの人の進歩を援助しなければならないからだ。グル
ープにおけるリーダーシップは，あ
るメンバーだけに注目したくなる内
的な衝動を処理しながら，異なる背
景，信念，価値，コミュニケーショ
ンスタイルを持つメンバー間の相互
作用に焦点をあて，生産的な相互作
用にすることが求められる。

> 質の高い生産的なグループを運営する
> リーダーシップは，個別のサービスを
> 提供するよりも難しい。うまくいかな
> い方法はたくさんあり，否定的なサイ
> クルがいったん始まってしまうと，よ
> い方向に戻すのはより難しくなる。

　グループをうまく運営するには困難が伴うのに，一体なぜグループについて
考えなければならないのだろう？　MIグループは，個別MIと比べると実証的
な支持は限られているものの，今までに得られた実証的根拠からは，MIは個
別でもグループでも肯定的で見込みのある結果が示されている。

　MIグループは，いまだ発展中の個別MIよりも，さらに新しく発展してきた
ものであるため，実証データはまだ少ない。個別サービスよりもグループを研
究するのは難しいこともその一因である。いくつかの統制された研究がMIグ
ループについて期待できる結果を示しているものの，クライエント間でのMI
の比較をするのは時期尚早である。

　MIグループの研究は，まだここ10年ほどしかなされていないが，グループ
サービスそのものの歴史は長い。さまざまな臨床現場において，グループは数
あるサービスの1つとして位置づいており，グループの活用を支持する強力な
実証データがなかったとしても，グループの意義は変わらないだろう。さら
に，MIグループには個別サービスでは得られにくい利益もある。

MIグループの強みとなりうること

　MIグループの利点の1つは，メンバーの社会的孤立を軽減させ，苦しみは普遍的なものであるという認識を高めることである（Yalom & Leszcz, 2005）。自分は人よりも孤独で，困難を抱えていて，能力がなく，価値もないという思いにさいなまれる人は少なくない。こうした見方は，その人自身から，自尊心と，自分がうまく変化できるという信念である**自己効力感**の両方を奪ってしまう。グループは，関心を分かち合い，互いにサポートし合いながら一緒に取り組んでいき，希望や自信を高めていくため，個別サービスよりも直接的に，これらの問題を改善することができる。「ともに取り組む」ことによって，個人療法なら感じ続けたであろう孤独を感じることなしに，メンバーは互いの成長や成功を通して，相手と刺激を与え合えるのである。

　MIグループの強みとなりうることには，柔軟性も挙げられる。多様な状況や対象者でも，うまくいかせるためのいろいろな方法があり，MIをグループの形式に適用するためのさまざまな補足的な方法がある。グループは，文脈に応じて発達しうるものであり，メンバーのニーズや目標，グループが運営される臨床場面に合わせることができる。

　MIグループは，サポート，教育，心理学的変化もしくは行動変化に焦点をあてている。MIグループは，その場その場でもっとも役立つものに合わせて，さまざまな会話方略を組み合わせることができる。このように，MIグループは，クライエントがより広く，深く，先をみすえて物事を考えらえるようになり，自分がとっている特定の行動により念入りに焦点をあて，セッションが終わるときには健全な防衛が取り戻されているのを助けるものである。招き入れる，視点の探索，視点を広げる，行動に移すという自然な段階を経ながら，グループを運営していく選択肢はたくさんある。1回きりのグループや参加者が入れ替わるようなグループもあるが，本書では，一定の期間，ほとんど同じメンバーが参加する原型的なグループに関して議論することを目的とする。

本書に寄せる希望

　MIグループを支持する実証研究が蓄積されつつあり，豊富なアイデアと仲間たちが分かち合ってくれた治療的革新に，著者である私たちは深い感銘を受

けた。後の章で示されるような幅広い視点からのMIグループの豊富な記述は，更なる革新に刺激を与えるものになるだろう。加えて，研究者たちが，本書をMIグループの方法に関するより包括的な知識の基盤として，これを発展させていくことも期待している。このプロセスは，MIグループの可能性に関する私たちの理解を広げ，更なる適用に向けてのガイダンスとなり，実践中のMIグループに関する新たな課題を提示するものとなるだろう。

　本書は，MIに基づいて治療を行っている人はもちろん，自分のやっている仕事をグループに広げてみたい人，グループを進行していてMIが提供するものを知りたい人など，より広い読者に役立つだろう。主として心理療法をしている人たち，そして伝統的な心理療法の中核的な目標から少し外れるような医療や矯正などの分野の専門家にも活用いただきたい。それぞれの読者の背景や興味に合わせて，最初から順に読み進めても，あるいは関心のある章だけ読んでもわかるように書いたつもりである。

第2章

治療グループ

グループは，参加メンバーの態度，価値観，知覚に，大きな影響をもたらす（Forsyth, 2011）。たいていの人は，社会的な相互作用に頼りながら情報を処理し（Fishman et al., 2010），集団のなかでかなりの量の情報処理，すなわち概念化，評価，ブレインストーミング，問題解決，決定，計画などを行っている。1人であらゆる可能性を考え出すよりも，グループのなかで同じ関心を持つ人たちの新しいアイデアや視点を聞いたり，考えたりするほうが，より効果的な意思決定ができるからである（Kerr & Tindale, 2004）。グループで取り組むほうが，1人でやるよりも労力が少なくてすむ面もある。それぞれが1人であらゆるアイデアを思案するよりも，グループのメンバーたちがある視点やアイデアに集中したほうが，個々のメンバーがそれほど深く探究したり，処理したりしなくても，受け入れやすくなる。時間の経過に伴い，メンバーがグループを実際に有益なものだと捉えるようになると，最善のアイデアを追求しようとはせずに，前へ進むためにグループで考えた「程よい」アイデアを用いることに満足できるようになる（Tindale & Kameda, 2000）。それによって，反芻する時間を省くことができ，目標に向けて活動的に費やせる時間が増える。

また，グループをともにするメンバーの間で感情が「伝播する」ようになるため，グループはメンバーの情緒的反応の種類と強さの両方に影響を及ぼす。メンバーが暴徒と化すように，グループが否定的なものになる場合もあるが，例えば，うまくいっている製品開発チームやスポーツチームのように，メンバーが気分や動機づけを高めて集中した結果，相乗効果により成果が上がるといった肯定的なものになる場合もある（Kelly, 2004）。治療的グループでは，サポーティブな文脈での情緒表現は，メンバーの感情覚知や自分の行動に対する責任感，他者の気持ちへの配慮や他者への攻撃性の統制を高める（Giese-Davis et al., 2002; Whelton, 2004）。

家族や仲間集団が個人の行動に影響を及ぼすのをみても明らかなように，最

終的に，グループはメンバーの行動に影響を与えるものである。グループ内のメンバーの行動は，グループ外でのその人自身のふだんの行動パターンや習慣に基づいているため，予期できないものだが，それでも集団は個人に強い影響をもたらす。いわゆる**不連続性効果**のプロセスである (Wildshut et al., 2003)。ただ，ある人の行動は，その人個人の属性的な特性によるものと原因帰属し，状況的な原因や強化子の力は軽視されがちであるため，このプロセスはみおとされやすい (Gawronski, 2004)。メンバー個人の行動に対するグループの影響力の大きさは，グループ内の関係性の強さやグループの境界線，グループの構造と凝集性，互いに持ちつ持たれつの宿命に対する捉え方によって影響される (Forsyth, 2011)。本章では，こうしたグループの特性について検討していく。

治療グループの種類

　グループの目標と方法は，グループが実施される臨床場面，管理上の問題，理論的な方向性によって，多種多様である。長い時間をかけて，上意下達の階層的なグループから，家族構造や葛藤を再現させて専門家が解釈する長期的な治療的グループ，あるいは，人格の再構築よりもメンバー各人の変化に焦点をあて，短時間で高密度な相互作用がなされるグループ中心的なアプローチまで，さまざまな種類のグループが発展してきた (Barlow, 2011; Barlow et al., 2000)。なかには，1回限りのグループばかりしている臨床場面もあるが，通常は，グループは継続するものである。告知されたばかりの疾患への適応，悲嘆や喪失といった問題への対処，物質に依存している人や破壊的な習慣を持つ人の回復のマネジメントなど，人生の転換や継続的な維持管理を要する状況を支援する際には，継続的なグループが有用である。こうした**サポートグループ**は，当事者主導である場合もあるが，専門的なリーダーがいる場合も，そのリーダーは情報の伝達や全体の話し合いの進行に焦点をあて，踏み込んだ目的のためにグループを活用するよりも，調整と支援に焦点をあてるのが一般的である。

　また，訓練を積んだ心理療法家やカウンセラーは，グループのプロセスよりも個人の問題に焦点をあてることが多く，こうした専門家によってリードされるグループでは，特定の問題や状況に焦点をあてる。そのような問題を中心的に扱う**心理教育グループ**は，グループがメンバーに新しい情報を探索したり，新たなスキルを練習したりするような支援と機会を提供しながら，行動の変化やその問題の認知的・情緒的側面に焦点をあてていく。メンバーが学ぶもの

が，再発防止であれ，自己主張であれ，あるいはアンガーマネージメントスキルであっても，グループはより機能的な行動ができるようになるための効果的で便利な場面として役立てられる。リーダーは，学習と変化を促進させるために，いくつかのグループプロセスを活用するかもしれないが，プロセスに焦点をあてすぎると，内容やスキルの発達を二の次にしてしまいかねない。

さらに，対人関係プロセスと個人の成長に焦点をあてるグループもある。主に，精神力動的かつ人間性の伝統に基づく**精神療法的**グループは，他のアプローチよりもグループ内の交流と力動を探究する。通常，これらのグループでは，グループリーダーシップについての特別な訓練を受けた実践家がファシリテートを行い，アイデンティティや心理的成長，情緒的葛藤，非機能的な対人関係パターンなどが扱われることが多い。問題をグループの外にのみあるものとして捉えてそれに焦点をあてるのではなく，問題は社会的交流に根差しているとみなし，個人の学習と成長を今ここで手助けする。そのため，グループ内の力動が変化の主体として直接扱われる。

治療グループに関する実証的根拠

治療グループによるサービスは，医療，精神医療，アディクション，刑事司法など，さまざま領域で実施されている。グループ療法は，総じて効果的であり（Burlingame et al., 2003），さまざまな問題に関して個人療法と同程度の効果が示されている（Barlow, 2011; Bernard et al., 2008; Burlingame et al., 2004; McRoberts et al., 1998; Minniti et al., 2007; Oei et al., 2010; Weiss et al., 2004）。最近の研究では，集団療法は，医療の分野（Befort et al., 2010; Howard et al., 2010; Lamb et al., 2010）や精神医療の領域（Marchand et al., 2009; Murroff et al., 2009; Niccols, 2008; Oei & Dingle, 2008; Siskind et al., 2008）において，個別ケアや標準的な治療よりも費用対効果が高いことが明らかになっている。グループは，中断率が低く（Minniti et al., 2007），臨床家のスケジュールに穴を開けることが少なく，一度に多くの人を対象に実施できることから，全体としてのコストが下がるという分析もある（Sobell et al., 2009）。

こうした肯定的な成果には，グループに特徴的ないくつかのプロセスが関係している。端的にいえば，参加回数が多く，肯定的な感情と苦痛な感情の両方を探索したメンバーは，グループに参加することでより大きな利益が受けられる（Fielding, 1983; Piper et al., 2003）。メンバーが，自分たちこそ変化の主体であ

ると信じられると，メンバーがグループプロセスにより積極的に関わるように
なり，さらに高い効果が得られる (Delsignore et al., 2008)。環境とその構成員を
含む「対人関係のフィールド」は，個人療法と比べて集団療法のほうがより広く
て深い。だれかにもっと近づこうとしたり，距離をとろうとするような体験が
できたり，対人関係をリードしたり，それについていったりする体験もできる。
そのため，対人関係の環境や他者への関心は，個人療法よりも集団療法に関連
するものである (Holmes & Kivlighan, 2000)。成果に関連する代理学習，普遍性，
利他性といった要因は，グループに特徴的なものである (Bernard et al., 2008)。

　焦点も重要である。参加者が直面している幅広い事柄に焦点をあてるグルー
プは，プログラムが提示した1つの問題だけに焦点を絞ったグループよりも効
果が高い (Weiss et al., 2007)。また，問題を理解することよりも，その解決に焦
点をあてたグループのほうが効果的である (Smock et al., 2008)。

　グループは効果的であるかという問いから最善の実践を定義しようとする
と，幾分はっきりしなくなる。しかし，最近，有益な実証論文のまとめと実証
的根拠に基づく実践の推奨が出された。アメリカ集団精神療法学会 (AGPA)
は，実証的根拠に基づく実践の推奨のために専門家委員会を招集した (Bernard
et al., 2008; Klein, 2008)。AGPAは「力動的，相互作用的，関係基盤の集団精神療
法」を重視しているが，それらの多くは動機づけ面接（以下，MI）グループにも
かなり関連するものである。『オックスフォード・グループカウンセリング・
ハンドブック』(Conyne, 2011) にも，たくさんのグループカウンセリングの専門
家による論文の要旨がまとめられている。ここでは，これらの資料から，治療
要因と機制，グループプロセス，リーダーの機能に関わる事柄を紹介する。い
ずれもMIグループの特定の段階に関わるものであるため，後の章でも触れる
こととする。

グループの風土

　治療的なグループがメンバーに及ぼす影響は，いくつかの（重複した）要因に
よって決まる。おそらくもっとも基本的な要素は，**グループの風土**であろう。
グループの「情調」とも呼ばれるもので，このグループの風土がグループ内の雰
囲気を左右する (McClendon & Burlingame, 2011)。グループ開始前のオリエンテ
ーションの時点で，あるいはグループメンバーが部屋に入ってきた初回に，最
初のグループ風土がほぼ決まる。リーダーがグループのガイドラインを示し，

グループのなかで実行しながら，メンバーを歓迎し，グループのオリエンテーションをすることで，肯定的な風土が作られる。それによって，グループへ招き入れやすくなり，グループにまつわる葛藤は軽減される（MacKenzie et al., 1987）。肯定的な風土のあるグループでは，メンバーは互いを気遣い，自他を理解しようとし，自分の情報や感情を開示し，グループが重要で参加する価値のあるものだと感じ，そしてメンバー同士で目標に向かって進もうとする（MacKenzie, 1983）。個人療法と同様に，グループリーダーは，常に関係づくりと安全な環境の維持のために，技術的な要素と課題志向の要素のバランスをとらなければならない。グループの安全感，魅力，活発なグループ風土は，どれもよい成果につながる重要なものだが，治療的な取り組みの課題にばかり焦点をあてると，グループの風土を損ない，グループの効果を生かすことができない（Kivlighan & Tarrant, 2001）。よい成果をもたらすグループリーダーの機能については後述する。まずは，リーダーのふるまいとは別の，グループの一般的な

課題にばかり焦点をあてると，グループ風土を損ない，グループの効果を生かすことができない

風土ではなく特化した風土について，その側面とプロセスをみていきたい。そのなかでもっとも重要なのが，グループの凝集性である。

治療同盟と凝集性

治療同盟と凝集性は，生産的な治療的取り組みにおいて不可欠なものであり，よい成果を得るのに必要と考えられている（Johnson, 2007）。それらの重要性は自明視されているにもかかわらず，どちらも正式な定義や測定の仕方を説明するのは容易ではない。

個人療法においては，**治療同盟**とは通常，クライエントとセラピストとの絆や，両者が一緒に取り組んでいく目標についての同意，その目標に到達するのに必要な課題への合意をさす（Bordin, 1979）。治療同盟は，その定義や測定法がはっきりしておらず，セラピストやクライエント，あるいは観察者といった人のうち，だれの視点で捉えて測定すべきかについても疑問が残されているものの，成果の予測要因として疑う余地がないものである（Martin et al., 2000）。

凝集性は，治療同盟よりさらに複雑なものである。**凝集性**とは，メンバー同士のつながり，メンバーとサブグループもしくはメンバーとグループ全体のつながり，あるいはメンバーとリーダーのつながり（治療同盟という点では，メ

ンバーとリーダーのつながりを考えることが有益かもしれないが）を含む。グループの凝集性は，メンバーの所属感，グループへの忠誠心，グループの成果への関与を促す安全な環境を作るものである（Yalom & Leszcz, 2005）。AGPA作業部会（Bernard et al., 2008）は，個人内の凝集性，グループ内の凝集性，個人間の凝集性の3つに注目した。それによると，**個人内の凝集性**とは，「メンバーのグループに対する所属感，受容，関与，忠誠心」と定義される。**グループ内の凝集性**とは，メンバーの「グループとしての相互の結びつき／信頼，サポート，ケアと取り組みへの関与」（p.467）であり，**個人間の凝集性**とは，グループ内のメンバー同士あるいは非形式的なサブグループ間の肯定的な相互作用をさしている。

> グループの凝集性は，メンバーの所属感，グループへの忠誠心，グループの成果への関与を促す安全な環境を作るものである

　凝集性は，時間をかけて高まるものである。グループ初期にみられる**未熟な凝集性**では，グループメンバーのなかで上辺だけの同意や一体感があり，基本的なグループの話し合いはなされるものの，時間をかけても深まらなければ，最後まで傷つきやすい問題や異なる視点を共有することはできない。**成熟した凝集性**だと，異なる視点や健全な葛藤が表れて，真の親密性が生じる（Robbins, 2003）。成熟した凝集性があると，まとまりのある雰囲気があり，グループメンバーの抵抗感が下がり，新しいアイデアや体験に対して開放的になり，自身の気持ちを開示してみせることができ，互いにサポートを求めたり与えたりして，情緒的に思いきった挑戦ができる。

　凝集性は，グループへの出席率や参加，開示性，調和，葛藤に耐える能力，グループへの関与と満足度のいずれも高めるなど，他のさまざまなグループのプロセスに肯定的に関連している。凝集性はまた，短期あるいは長期の精神力動的グループや，対人関係プロセスのグループ，回数限定のCBTグループ，サポートグループといったさまざまな種類のグループ療法において，不安や抑うつ，過食，複雑性悲嘆，アディクション，深刻な精神疾患といった諸症状を大幅に減少させることにも関連している。すべての研究で凝集性が肯定的な予測因とされているわけではないが，最後まで凝集性が比較的低いままのグループで実施された研究自体ほとんどない。リーダーにとっての困難は，凝集性が高いグループから多くのことを得られるはずのメンバーに限って，対人関係上の問題があったり，重篤な精神疾患や身体疾患があったり，あるいは怒りのせいで対人関係の問題を起こしやすいために，凝集性を高めることができない場合が

20 第Ⅰ部 動機づけ面接グループの基礎

表2.1 凝集性に影響するリーダーとメンバーの要因

肯定的な影響	否定的な影響
リーダー	
・分かち合いを促す	・相互作用を促さない
・責任感を重視した自己開示のモデリング	・防衛的な態度
・批判的ではないフィードバックをする	・不安あるいは回避的なアタッチメントスタイル
・温かさとアイコンタクト	・批判的あるいは競合的な態度
・自分のミスを認める	・心からの温かさを分かち合えない
・自分の怒りや他者の怒りを受けとめる	・グループに悪影響を及ぼすメンバーを選別して対応しない
・よいところに注目する	・だれかがスケープゴートにされたり，サブグループに分かれたりしたまま扱わずに放置する
	・欠席や遅刻に対処しない
	・否定的な感情を認めない
メンバー	
・交替で話す	・批判的／評価的な応答
・サポートする／受容する	・自己主張的ではない，悪意のある，侵襲的であるなどの対人的な問題
・自己開示をする	・不安あるいは回避的なアタッチメントスタイル
・心理的な熱心さや深い学びの体験をしている	・他者に対する不正確な知覚
・感情を体験しようとする意欲がある	・自己開示／思いきった取り組みをしない
	・すぐに感情に圧倒されてしまう
	・セッションへの遅刻や欠席

多いことである (Marmarosh & Van Horn, 2011)。

　グループの凝集性に影響を及ぼすリーダーとメンバーの要因のいくつかを表2.1にまとめた。これらの要因は，次章以降で詳しく論じる。

治療同盟や凝集性を超えて：その他のグループプロセス

　Horsey ら (2007) は，凝集性の構成要素は，思いきった取り組みをすることや自己開示といった他の要因と概念的につながっていると述べている。それらは，凝集性の要素に含まれることもあれば，凝集性に先立つもの，あるいは凝

集性による結果として生じるものとみなされるときもある。彼らは，「凝集性の定義は非常に広いので，媒介要因と予測因を分けることはとても難しく，そのためグループプロセスとグループの成果の間の因果経路を明確につなぐことはできない」と指摘している。メンバー個人，二者関係，グループについて，幅広い科学的研究を用いて治療プロセスの概念の統合を試みるものとして (Forsyth & Strong, 2004; Kivlighan, 2008)，社会・心理学的研究における，グループの同一化，同質性，課題の相互依存性という3つの共通する構成要素がみなおされている。これらの関連性を理解するためには，社会的アイデンティティ理論を要約しておくことが役立つだろう。

　社会的アイデンティティ理論は，個人と集団の関係性についての社会・心理学的モデルであり，人のアイデンティティは社会集団への参加を通して形成・維持されるところがあると考えるものである (Turner et al., 1979)。この理論によれば，だれでも自分にとって重要な集団の一員（社会もしくは宗教グループのメンバー，家族の一員など）であることを内在化したり，所属感やプライド，自尊心を高めたりするために，「私たち」という言葉で自身を定義することがある (Forsyth, 2011)。個人的アイデンティティは，他者と対比すれば，それぞれが独特で別個の異なるものと定義されるが，社会的アイデンティティは，類似性やつながりという点から，他者との関連で定義される。文化によっては，社会的アイデンティティが個人的アイデンティティ以上に重視されることがある。

　グループへの同一化は，治療グループの重要な要素となることがある。だれでも自分がもっとも親密に同一化する集団に対して忠誠心を感じるようになり，その見返りとして，その集団から自分への肯定的な評価を得ることで自尊心を獲得する。治療グループとの同一化は，グループの規範や価値に対するメンバーの関与を高める。そして，それらはグループプロセスに招き入れ，「話すこと」から「やってみる」段階へ移行する手助けをする資源となる。変化への関与が個人的な努力を越えたものに根差し，そしてグループへの忠誠心と，グループメンバーとしての誇りと敬意を生み出すものとが結びついたときに，変化への関与は高まる。グループへの同一化は，治療の中断も軽減させる。なぜなら，グループをやめることは仲間へのサポートを投げ出すこととみなされるからであり，継続に向けた強力な社会強化子となりうる。メンバーは，**脱個人的信頼** (Brewer, 1981) を育て，さらに広く自分たちのグループの仲間に対する信頼を抱くようになる。他のメンバーの行為を，「脱個人的信頼によって自分

たちの役に立とうとしてくれている」と思うことで，他者のコメントに対して防衛的にならずにすむ。とりわけ機能不全の人間関係を体験してきたクライエントや，強制的あるいは要求がましい治療を受けたことのあるクライエントにとって，これはとりわけ重要なことだろう。

> 治療グループとの同一化は，グループの規範や価値に対するメンバーの関与を高める。そして，それらはグループプロセスに招き入れ，話すことからやってみる段階へ移行する手助けをする資源となる

治療的グループの2つめの要素は，**グループの同質性**である。同質性は，人口統計学データや臨床状態，対人関係スタイルなど，既存の要因における共通性と捉えられることが多い (Hornsey et al., 2007)。しかし，年齢や文化的背景，臨床的な課題，人格のスタイルなど，かなり幅広いものであり，グループでの相互作用を通してメンバーが主観的な共通感覚を持つこともよくある。

したがって，自分が参加するグループと同一化し，脱個人的信頼をグループメンバーにも広げるだけでなく，グループとは関係のないところで出会ったときよりも，グループ内では自分と他のメンバーとの間の共通性をみいだそうとするものである。メンバー同士のつながりと連帯感が強まることは，他のメンバーの魅力を高めたり，価値を認めたりすることになるため，より深い共感と広い視点取得につながる。グループのリーダーは，メンバーに共通するテーマや努力，経験を通してメンバー同士をつなげることによって，このプロセスを促進させることができる。

3つめの要素は，**課題の相互依存性の認識**である。他者とともに取り組むことは，自身の目標を達成するのに役立つだけではなく，同時に他のメンバーの努力にも貢献できると考えられる。課題の相互依存性の認識は，他者の悩みを手助けするだけでなく，グループメンバーとの多大な協力と自己開示とも関連している。時間の経過に伴い，これらのプロセスは自己永続的なものになる。メンバーが，自分自身の関心だけでなく，他のメンバーの成果にも誠実に投資するようになるにつれて，自尊心の向上と社会的有能感が味わえるようになる。それが，自ら利他的な方法に向かって成長したことに対する報酬なのである。自分の努力が，他のメンバーの成長や重要な達成に本当に貢献できたとみなせると，この投資はさらに強化されていく。

FarisとBrown (2003) は，集団療法とMIグループに関連するものとして，3つの社会心理学的構成概念を挙げている。まず，**精緻化見込み**とは，人が自分

の新しいアイデアや視点を深く探索する範囲のことである。精緻化見込みが薄ければ，浅く表面的なレベルのグループが進行する。**生産性妨害**とは，アイデアを発展させたり，やりとりしたりするのが，うまくいかないときに起こるものである。自分の目標を達成しようとするとき，他に熱心に取り組む人がいると課題への努力を怠るようになる傾向のことを**社会的手抜き**という。Farisと Brownは，個人間のやりとりに比べて，グループ内のほうがこうした障壁が起こりやすくなることを説明し，それらをしっかり扱うことでグループプロセスが強化できると述べている。

　本書全体を通して，これらの集団心理学の構成概念と実証的根拠を示していく。

治療的要因

　グループサービスと個別サービスには，いくつかの共通する治療的要因と行動機制（原因）がある。グループの成果は，特定の治療的課題の影響に加えて，特定できない要因（特定のアプローチに固有のものではないが，治療的アプローチ全般にわたって機能するものなど）によって決定的な影響を受けることがある。クライエントのなかには，心理学的アプローチへの傾倒や言語処理能力，自己開示の容易さ，あるいはこれ以外の個人的な特徴によって，セラピーから利益を受けやすいタイプの人がいる。他にも，治療原理の受容，セラピーへの参加や新たな行動を試すことへの関与，見込まれる結果に対する肯定的な期待など，治療の状況に特化したクライエントの要因もある。また，別の治療アプローチでは，グループメンバー間のさまざまな種類のつながりを奨励しているが，人間関係の要因もまた特定できない要因とみなされる。しかし一般的に，どんな治療的アプローチでも，実践家とクライエントとの強力な治療同盟の構築は，より良い結果を導くものである。実践家の能力も，特定できない要因といえる。他にも，治療と関係のない出来事も，治療的な課題に取り組もうとするクライエントの準備性に影響を及ぼしたり，治療効果を抑えたりすることがある。

　治療的要因のなかには，グループカウンセリングやセラピーに肯定的な成果をもたらすものがある。少なくとも1940年代以降，さまざまな理論家や研究者は，1から12以上の治療的要因のリストを提案してきた。現在，研究者たちは，それらのリストを3つか4つの包括的なカテゴリーにまとめようとして，

リストの適合作業に取り組んでいる (Joyce et al., 2011)。ヤーロムの無期限の対人関係プロセスグループにおける 11 の治療的要因に関するリスト (Yalom & leszcz, 2005) は，もともとの 10 の要因リスト (Corsini & Rosenberg, 1955) を改訂して作られており，おそらくもっともよく知られているものだろう。Bloch と Crouch (1985) は，このリストを改訂し，期間限定のグループにおける人生の重要な出来事に対する認識の分析に基づき，新たな (ほぼ類似の) リストを開発した。本書の執筆者も，このリストを MI グループの検討のために活用した。なぜなら，ヤーロムのリストから削除された項目 (例：家族体験の修正的繰り返し，実存的因子) は MI とはほとんど関係がなかったり，あるいは別途検討されており (例：グループの凝集性)，その一方で，MI に関連すると思われる要因 (受容，自己開示，自己理解) が追加されていたからである。その定義は，非常に明白なものなので，表 2.2 ではグループメンバーに対して利益をもたらしうる要因として取り上げている。これらの治療的要因のなかには，MI に直接的に関係しているものもあれば，関連しないものも含まれている。第 4 章では，どのように MI グループがこれらの要因を活用するかを論じていく。

表 2.2 グループの治療的要因

治療的要因	期待される成果
受容	・メンバーが，大切にされている，理解されている，気にかけられていると感じる
利他主義	・メンバーが自尊心と，他者を助けることの大きな意義を感じる
カタルシス	・メンバーが否定的感情や自分を行きづまらせている視点を「手放す」ことを学ぶ
ガイダンス	・メンバーがグループに参加することで知識を得る
希望の注入	・メンバーが変化に対してより楽観的になる
対人関係からの学び	・メンバーが他者に与える自分の影響や，より良いフィードバックを提供すること，そしてより生産的な方法でやりとりすることを学ぶ
自己開示	・メンバーがより率直で誠実になることを学ぶ
自己理解	・メンバーが自分のことを理解し，自身の体験を深く扱えるようになる
普遍性	・メンバーが，自分はひとりぼっちではなく，自分だけが他にないほどのダメージを負っているわけではないことに気づく
代理学習	・メンバーが他者の事例を観察することで，より生産的な受けとめ方や考え方，行動の仕方を取り入れる

グループの発達

　グループメンバーのグループへの投資は，信頼，親密感，関係性の深まりと，グループプロセスの成熟に伴い，時間をかけてなされていく。グループの発達におけるこれらの変化をまとめようとして，多くのモデルが提案されてきた。それらのモデルの大半に，グループが多様な直線的局面や段階を経て発達するという概念が含まれている。グループの期間や構成，メンバーシップの安定性，理論的基盤などが異なるので，あらゆるグループについて説明できるモデルはないものの，基本的な要素のいくつかは，たいていのグループのモデルに共通している。MacKenzie (1994) は，長期間にわたって通所するグループにもっとも適合し，さらに，どんなグループにも関連するいくつかのモデルに共通する前提を示した。まず，グループは，はっきりとしたパターンで発達し，偶然より高い確率で次に起こりうる出来事を予想できる。また，これらのパターンは，同じようなグループに共通してみられる。さらに，初期のパターンや段階を経て，後半のパターンや段階の発達へとうまく移行していく。そして，4つめの前提は，グループダイナミクスは時間の経過に伴ってより複雑で捉えにくいものとなり，急速な変化やストレスがかかると，初期のパターンが繰り返されるということである。

　多くの段階モデルには，40年前に提示された「形成-混乱-統一-機能-散会」モデル (Tuckman & Jensen, 1977) の変形が含まれている。それらのモデルにおける段階の数はさまざまだが，ほとんどが4つか5つである。一般的なグループの発展モデルのうち，短期間グループのモデル (MacKenzie, 1997) は，招き入れ，差異化，対人関係による取り組み，終結の段階であり，本書で紹介するMIグループの4つの段階にもっとも近いものである。

リーダーの機能

　グループの専門家たちの多くが，リーダーの機能について述べている。YalomとLeszcz (2005) は，リーダーには主として3つの仕事，すなわち，グループを作り維持すること，グループの文化を作ること，メンバー間の今ここでの交流を活性化して活き活きしたものにすることがあるとした。また，リーダーの主な仕事は，メンバー間の交流を生じさせ，促進し，ガイドするプロセス

26 第 I 部 動機づけ面接グループの基礎

志向のものだという考えもある (Trotzer, 1977)。

　これらのリーダーの機能のいくつかは，最近の MI の概念化と似ている。例えば，Bales (1958) は，リーダーには作業遂行とグループ維持の責任があるとしたが，これは MI を技術と関係性の要素を有するものとした概念化 (Miller & Rose, 2009) と類似している。次のようなリーダーの仕事を挙げたものもある (Dinkmeyer & Muro, 1979)。交流促進，凝集性促進，まとめ，葛藤の解消，トーンを決める「ガイド」，構造化と限界設定，つなげる，サポート提供，リフレクション，保護，質問，阻止，調整である。MI における治療者のスタイルも，指導と追従の間を行く「ガイド」であり，共働，誘発，奨励，啓蒙，サポートといった言葉で説明される (Miller & Rollnick, 2013)。Schutz (1961) は，4 つのリーダーの機能を提案した。①グループの目標と価値を作る，②認知スタイルの幅を調整する，③スキルと能力を高める，④問題解決を助ける，である。このモデルは，本書で提案している 4 段階モデルと，MI の 4 つのプロセス (Miller & Rollnick, 2013)，すなわち，招き入れ，焦点化，喚起，立案のそれぞれにもっとも近い。

　リーダーの責任は，グループの目標と理論的志向によって異なるが，AGPA の実践ガイド (Bernard et al., 2008) は，治療的要因の利益を最大化し，グループの発達順路を通ってグループを導くリーダーの仕事を示している。AGPA のガイドラインには，数十年にわたって文献に記載されてきたグループリーダーの 4 つの機能が含まれている。その機能とは，運営機能，ケア，情緒的刺激，意味帰属である（例：Lieberman et al., 1973)。AGPA の作業部会は，これにさらに 3 つの機能として，クライエントの自己覚知育成，グループ規範の形成，透明性の提示を加えた。リーダーは，これらの機能をグループの発達段階に応じて使いこなす。初期にはより直接的に，後期ではさらに深く引き出すように。しかし，全体を通して，最大限の成果を促進するのはリーダーの責任である。

　リーダーは，グループの運営者である。リーダーは，グループを作り，一般的な目標とその指標を設定し，ガイドラインと限界を示して維持し，セッションを生産的で時宜にかなったものにし，記録をとり，メンバーの入れ替わりを管理する責任を負う。こうした**境界線の管理**が極めて重要である。Bernard ら (2008) は，リーダーが責任を負う境界線として，メンバーシップ，時間，テーマ，感情表現，不安の程度にまつわる境界線があると述べている。リーダーが，こうした境界線の維持をうまくできないと，治療的活動は失敗に終わるだろう。例えば，もしリーダーが激しい怒りの表出に制限をかけなかったり，クライエントが特定の信念や目標を強制されていると感じて傷ついたり，次のセッ

ションに来るのがあまりに不安になったりすると，グループは崩壊してしまう
かもしれない。グループの運営者として，リーダーはグループの会話を生産的
なことに焦点づける責任もある。専門的でないグループも，肯定的な治療的関
係によって一時的な改善がもたらされるかもしれないが，専門的にリードされ
たグループのメンバーは，リーダーの注意深く生産的な焦点化によって，より
長続きする変化が達成できる (Barlow et al., 1997)。MIグループでは，肯定的な
心理治療グループ (Seligma et al., 2006) と同様に，治療の焦点が肯定的変化にあ
てられる傾向がある。

　グループメンバーの福利に関心があること，グループは助けになりうること
を伝えるのも重要である。**ケアを伝える**ことは，治療同盟を深め，同じ人間と
して力を貸し合うことの価値をモデルとして示す。グループメンバーに情緒的
に関わることも役に立つ（**情緒的刺激**）。グループが，情報提供，問題分析，是
非の考量，判断決定などといった認知的要素にばかり焦点をあてると，メンバ
ーの変化における効果は低減する。情緒的にグループに関与することが，リー
ダーにとってさほど苦労なくできるグループもあるが，メンバーの情緒的表現
や気持ちの乗ったコミュニケーションのモデルを引き出すのがとても難しいグ
ループもある。グループが効果的に機能するには，情緒性の境界線の適切な幅
があるようだ。情緒的な関わりが低すぎるグループは，平坦で関与が乏しい。
情緒性が高すぎるグループでは，あまりに情緒的でメンバーが話しにくくなっ
たり，情緒的な関わりから抜けられずに，考えたり学んだりできなくなる場合
がある。

　もし，メンバーが自身についてあまり理解せず，眼前の機会を生かさず，目
標を達成する手段に気づかなければ，グループ参加を促すことの価値は限られ
てしまうだろう。リーダーが提供した一般的な情報を自分に役立つものとし，
他のメンバーによって出された例から考え方を適用してみることによって，グ
ループ体験に**個人的意味づけ**をするプロセスは，クライエントに意図的変化を
進める枠組みを提供する。情緒的に関わることはメンバーを変化のプロセスに
関与させ，一方，洞察は方向づけを定めて，意味ある目標を長期にわたってめ
ざし続けさせる。リーダーは，特定の体験からより一般的なテーマへと会話を
広げ，グループの交流から学んだことについてクライエントの思考を引き出し
て，意味づけを促進することができる。重要な焦点は，クライエントの人生経
験を結びつけるパターンや対人交流のパターンについて，クライエントの**自己
覚知**を促すことである。

グループを機能させるための一般的ガイドラインを作るのに加え，さりげなくグループを交流させたり，さまざまな事柄についてグループの感受性をはっきりと導いたり引き出したりして，リーダーは**グループの規範を作る**責任がある。メンバーは，どのくらいの頻度で，どのくらいの長さで，どういった内容に焦点をあてて話すのか？　他のメンバーとのやりとりが，どれくらいできているか？　クライエントのグループ外での生活とグループ内の出来事とのバランスはどうか？　過去，現在，将来のどこに，どれくらい焦点をあてるのか？　メンバーは自分の関心だけを話すのか，他のメンバーの関心に対しても発言するのか，助言やサポートを提供するか，他者に対してより率直であろうとするか，あるいは他者のために投資するのか？　他者の非言語的行動に対して気づいたことをフィードバックするのか？　メンバーが1回もしくは何回かセッションを休んだら，リーダーはどうしたらよいか？　メンバーは，グループ自体の方向性や規範を作るうえで，どのくらい意見を言えるのか？　メンバーがリーダーのやり方についてフィードバックしてよいのか，あるいは限度なく意見を言ってもよいのか？　リーダーは，規範に関して直接的指示をしてもよいし，あるパターンを引き出すために質問してもよいし，自身の行動で規範を示してもよい。グループの規範は，リーダーの意図にかかわらず形成されるものである。注意深いリーダーは，メンバー任せにせず，メンバーの治療上の利となる規範を意図的に作るし，グループの効果を妨げるようなパターンができないように気をつける。

　最後のリーダーの機能は**透明性**であり，自己開示，フィードバック，メタコミュニケーション，内的プロセスへの開放性といったことを含む。**自己開示**は，価値あるものだが危険も伴う。新米リーダーは，あまり自己開示すべきではないと助言されることもある。治療目的に資する自己開示と，リーダーの個人的な動機とが区別しにくいからである。自己開示を賢明に使うのは難しい。クライエントが率直に話しやすくなったり，例を挙げることでわかりやすくしたりするために，関係のある情報を話す必要がある。賢明な自己開示は，適切で，詳しすぎず，焦点をクライエントにあて続け，独善的ではない (Bernard et al., 2008)。**フィードバック**は，クライエントの状況や選択についての意見を述べることであり，**メタコミュニケーション**は，クライエントのコミュニケーションスタイルと，それがリーダーや他のメンバーにどんな感じや考え，感覚といった反応をもたらすかといった周囲への影響について話し合うことである。**内的プロセスへの開放性**は，個々のメンバーをどのようにサポートするかとい

ったことの他に，グループプロセスについての内的なリフレクションや，グループはどこに向かうべきかという熟考を話すことである。リーダーは時として，「声なき人」の声を言葉にするかもしれない。例えば，グループのガイドラインを無視しているメンバーがいたり，会話を独占したり，受動的に座っているだけといった否定的なプロセスを，メンバーがあえて見逃しているようにみえるときなど。他の介入と同様に，リーダーは開示したほうが好ましいといったちょっとした透明性から始め，グループが発展し，深まるにつれて，次第に率直さを増していくだろう。

　成功するリーダーは，構造の提供と自発性の許容のバランスや，直接参加しながらグループの交流を管理することと，交流の外側にいて熟考したフィードバックをすることとのバランスをとっている。リーダーは，グループにとってある種のバラスト（底荷）となり，より深い水を旅するときにグループを安定させる。成功するリーダーにも，さまざまなスタイルがある。説諭的で階層的な人もいるし，精神性を重視する人もいれば，促進的な人もいる。とはいえ，どんなリーダーであれ，グループが発達するどの段階においても，その瞬間に使えるものを提供する知恵と柔軟性を持ち合わせているものである。

> 成功するリーダーは，構造の提供と自発性の許容のバランスや，直接的な参加と熟考したフィードバックのバランスをとっている

　MIグループのリーダーは，使えるグループ方略のうち，MIの鍵となる課題を追求するのに使えるものを選んで用いる。例えば，過去の出来事が現在の機能に及ぼしている影響については，過去よりも将来に焦点をあてるMIではあまり扱わない。しかし，リーダーにとって，他のアプローチの知識を有していることは，メンバーの変化への努力を最善にサポートし，自身のやり方を創造的に適用するのに役立つ。第4章では，これらの一般的なグループ実践のガイドラインをどのようにMIに適用するかに着目するが，まずはMIアプローチを広く概観しておこう。

第3章

動機づけ面接の概観

　動機づけ面接（以下，MI）は，変化に対する関心や活力を高め，やる気のなさを和らげ，そして変化の妨げとなる自然な防衛機制を避けるのに役立つ。MIの実践家は，受容的でサポーティブな雰囲気を作り，クライエントの充実した人生に対する願望や計画を喚起するような会話を構造化する。

　MIは，人間性療法，認知療法，行動療法の概念を合わせた社会心理学や認知心理学の知見を統合したものであるが，特定の理論的信念よりも実践経験に裏打ちされたものである。MIは，変化の要として，動機づけに実際的な焦点をあわせる。人は，外からの圧力によって変化することもあるが，変化のための動機づけが足りなければ，自分自身の意志を変えようとしたり，変化を維持させたりすることはできない。MIは，外から影響を与えて押したり引いたりするのではなく，本人が望む方向に変化するのに役立つ。つまり，MIは，ある人が変化させられるのではなく，その人自身が変化するのを手助けするものなのである。

両価性

　未解決の両価性は，変化を妨げるものとしてよくあるものである。両価性とは，何か新しいことに挑戦するか，それともこのままの生き方を続けるかについて，2つの選択肢の間でせめぎあうことである。こうなると，人は認知的に身動きがとれなくなってしまい，決断ができなくなる。行動面では，一歩も前に進めなくなってしまい，動き出すべきかどうかもわからなくなり，失敗するかもしれないと思っただけで引き返してしまう。あるいは，猪突猛進型の人は，できるだけ早く物事を変えようとするものの，結果的には，まだ挑戦する準備ができていなかったと気づくだけで，業を煮やしてあきらめてしまう。感情的には，目の前にある可能性に対する期待や自信，決意を体験するとともに，

この先の困難さとこれまで慰めとしていたものを手放されなければならないことへの恐れや怒り，悲嘆など，さまざまな気持ちを味わう。変化することは，そのために必要な努力をしたり，何かを手放したりするのに値するほどのことなのか，そして成功する見込みがあるかどうかの判断がつきかねる人もいるだろう。人は，失敗の恐れに目が向くものである。詳細に考える必要があるし，選択肢を秤にかけて，好機をつかみ，恥をかく危険性も負わなければならない。変化に伴い，馴染みのある感覚やこれまでの生き方で気に入っていたものを失うこともある。最初にうまくいったからといって，十分安心できるわけではない。なぜなら，取り組んでいることの重要性に気づき，心から安堵するためには，この先もずっと変化し続けなければならないという現実に直面するからである。ダイエットとは，食生活をこの先もずっと変え続けていくことにほかならない。運動の必要性がなくなるわけでもない。この先も，ずっと何らかの楽しみを手放さなければならないかもしれない。

　ライフスタイルや視点，習慣を意図的に変化させることは容易でない。かつて楽しんでいたことよりも，今すぐには手に入らないものに価値があると気づく人も多いだろう。一瞬の衝動性や馴染みのある習慣に従うのではなく，危険な状況について説明を受けることで，抽象的な概念を具体的に理解していく必要もあるかもしれない。他者と自分自身を信じることを学ばなければならない人もいるだろう。

　MIでは，変化を望む人，変化する必要がある人，あるいは単に従来通りではいられない人に寄り添う。クライエントは，より健全で満足できる生き方のために，支援者の温かさや尊重，サポートを経験する。そして，支援者がクライエントを理解し，心から受容し，そしてクライエントがこれまでと違う未来を思い描き，それをもたらす方法をみつける手助けをしようとしていることに気づく。支援者は，クライエントの言葉を丁寧に聴き，非言語的コミュニケーションを注視して，クライエントを変化のほうに引き寄せたり，あるいは，現状やより悪い状態へと押し戻しているような感情を抱いたりする。前向きな行動は引き出して強調するが，怠惰や後戻りは受容するだけで積極的に探索しないことが多い。クライエントと協働する際は，本人が決めた選択肢を自分で統制できるように支援すると，クライエントは自律性や自分の人生を所有している感覚，自分自身の運命を具体化する能力を発達させることができる。

変化

　MIは，クライエントが自分の人生をより良いものにしようとする肯定的な変化に目を向けるのに役立つ。MIの有効な構成要素は，現在のところはっきり明らかにされているわけではないが，効果をもたらすいくつかの要素は把握されている。そのうちの1つが，他者と話し合うこと，とくに自分自身がどのような人間であるかを話し合うことが，その人の信念と態度を形作るという概念である（これは，自己知覚理論〈Bern, 1972〉から引用している）。そのため，運動の重要性について話す人は，あとから「自分は運動が重要だと考えている」ことを思い返しやすい。MIは，だれかが望むことをクライエントにさせようと操るものではなく，クライエントが満足のいく人生のために，現在生じている問題のパターンから離れるための動機づけを探索するのを手助けするものである。このための鍵となる方略は，クライエントが変化に対する自分自身の考え，気持ち，衝動を探索できるようにすることである。

> **MIは，クライエントが自分の人生をより良いものにしようとする肯定的な変化に目を向けるのに役立つ**

　チェンジトークは，変化に向かう推進力について話しているときに，クライエントが口にする言葉のことである。チェンジトークの構成要素に関する初期の説明（Rollnick, 1998）によると，動機づけとは，変化することの重要性の感覚と，変化できるという自信の体験の組み合わせであると述べられている。あるいは，日常会話の言い回しにあるような「やれる-やりたい-できる」に集約されている（Rollnick et al., 1999）。Amrheinら（2003）の心理言語学の研究によれば，7種類のチェンジトークがある。

- 変化への願望（Desire for change）
- 変化できる能力（Ability to change）
- 変化の理由（Reason for change）
- 変化の必要性（Need for change）
- 変化への関与（Commitment to change）
- 活性化（Activation）
- 段階を踏む（Taking steps）

　その頭文字をとってDARN-CATは，チェンジトークの内容を要約したもの

である。このうちDARNの要素は，クライエントが変化したいかどうかを決断
し，具体的にクライエントが変わりたいことに向かって進むまでに，本人が口
にするはずの言葉であり，**準備のチェンジトーク**とみなされている。CATの
要素は，クライエントがどのように変化にとりかかりたいのか，実際に変化に
向けて動き出した要素であるため，**動くためのチェンジトーク**といわれてい
る。

　MillerとRose（2009）は，MIにおいてチェンジトークがどのように変化に関
連するかを直線モデルで示している。カウンセラーの特定の行動が，準備のチ
ェンジトーク（DARN）を引き出し，その後，クライエントの「変化への関与」
（C）を手助けする。それによって，変化に向けた「活性化」（A）や「段階を踏む」
（T）につながる。このモデルは，当初はある程度支持されたものの（Moyers &
Martin, 2006; Moyers et al., 2007, 2009; Walters et al., 2009），どれだけの完成度で正
しいものなのか，またどのようなプロセスで行動が変化するのかは不明確なま
まである。

　MIは，チェンジトークや変化に向かう勢いを引き出すために，いくつかの方
略を用いる。例えば，共感と指示，協働的な態度と治療的な姿勢，特別なコミ
ュニケーション要素と一般的なプロセスの組み合わせ，といった両者のバラン
スをとることや，契機を作るような治療的会話を導くためのさまざまな方略な
どである。これらについては，本章以降で概観する。さらに，MIアプローチ
に熟達したい支援者は，まずは一般的なMIのテキスト（Miller & Rollnick, 2013）
を読んだうえで，以下の論文や書籍に目を通すことを推奨する。主な治療の対
象として，健康管理（Rollnick et al., 2008），精神医療（Arkowitz et al., 2008），不安
（Westra, 2012），若者対象のセラピー（Naar-King & Suarez, 2011），ソーシャルワー
ク（Hohman, 2012），矯正（Walters et al., 2007）がある。また，最近の実践家向け学
習用ワークブックも有用である（Rosengren, 2009）。

現状維持

　両価性には，もう1つの側面がある。現在のライフスタイルに愛着があった
り，変化するのに気が進まなかったりして，物事を維持するほうへ傾くことで
ある。変化することは容易ではない。変化することで，自分の人生の価値ある
部分や自分自身さえも失ってしまうかもしれない。また，新しい習慣を始める
ことは，ぎこちなさを覚え，目先のことだけ考えれば割に合わないと感じるも
のでもある。変化の道のりには，思ってもみなかった大変さや不利が生じるこ

34　第Ⅰ部　動機づけ面接グループの基礎

ともある。変化の一歩を踏み出すまでは，古い習慣は，本人もはっきり自覚していないつらさを埋め合わせるものになっているかもしれない。クライエントの変化を支援するときに現状維持の側面をどう扱うのかは，スキルや感受性，タイミングによる。

　これに関連するものとして，リアクタンス理論 (Brehm, 1966) がある。**リアクタンス**とは，他者から何らかの方法で制約をかけられたと感じると，人は自分の自由を守ろうとして防衛的になるという概念である。クライエントには，変化に関するためらいについて話してもらうべきである。そのときに，支援者が変化のほうだけに焦点をあててしまうと，クライエントは心のなかで「一方だけが正しいと言われた」と感じ，自分の自律性や選択が損なわれているとか，変化への圧力をかけられていると思ってしまう。こうしたときには，両価性の現状維持の側面を探索することが大切であり（MIモデルの**維持トーク**を参照のこと），長続きする変化を促進させるためには必要な場合もあるかもしれない。しかし，クライエントの現状維持の思いだけに焦点をあてすぎてしまうと，問題やリスク，喪失といった明らかな危険性が残されたままとなり，結果的に，変化への動機づけをつぶしてしまいかねない。

両価性の両側面のバランスをとること（変化のほうへ傾けながら）

　MIの目標は変化を喚起することなので，クライエントの肯定的な変化を支える思考，感情，行動に焦点をあてるのがほとんどであり，両価性の現状維持の側面については，そこからクライエントが離れるための援助が必要でなければ，それほど注意を払わなくてよい。チェンジトークを積極的に探索し，現状維持が生じたときには，それを受け入れて，認めればよい。移行期には，変化の可能性や利点について，積極的に探索してみるように促す。

　全体的な方略としては，推進力に焦点をあて続けていく。しかし，クライエントが現状維持にしがみついている状態から離れる手助けをするためには，かなり教示的な方略を用いながら，非指示的な動きも取り入れるようにする。チェンジトークは，メンバーの変化について結果を求めすぎたり，メンバーを説得しようとしているときには，うまくキャッチすることができない。性急に変化を求めると，かえって変化が遠のくものである。

　どんな状況やクライエントに対しても，唯一無二の正しいアプローチがあると考える「一様性の神話」(Kiesler, 1966) に陥らないように注意する。ある方法がすべてに合うことはない。グループメンバーの両価性や，変化に向かって前

進しようとするための助けを必要とする程度がさまざまであるときは，現状維持を探索するのが役立つ場合がある。両価性の現状維持の側面を扱うのがよいのは，次のような理由による。

- クライエントとの信頼や治療同盟が強まる。
- クライエントに「不満を吐き出させる」ことで，その後，すっきりと考えられるようになる。
- 変化に対する圧力を感じるといったクライエントのリラクタンスを軽減させる。
- クライエントの現状維持行動による利益の理解を深め，それらの利益を得るためのもっとよい方法を思いつくように手助けする。
- クライエントが変化するうえでの障害と，それらを乗り越えるための方略をみつける。

次章以降では，クライエント個人のスタイルと，グループダイナミクスに取り組む際にどのように両価性の両面のバランスをとればよいかを説明する。一般原則として，クライエントが変化について話し合う必要性を実感していないうちは，クライエントが強制されたと感じないように，MIの目標を変化のほうに向けてバランスをとるのがコツだと覚えておくとよい。

共感と方向づけ

MIは，Rogers（1951）の中核的な構成要素である共感を取り入れており，それによって適切な方向性を示す。Rogersは，非指示な手法としてクライエント中心療法を提唱したといわれているが，実際には，Rogersのリフレクションや無反応は選択的であり，クライエントはセラピストが強化した方向性で反応していたと指摘する研究もある（Truax, 1966）。

MIは，クライエント中心療法よりも狭い範囲に焦点づけられる。MIは，クライエント中心の姿勢を取り入れているものの，クライエントが自分の生き方をより良いものにするための明確な変化をみいだすものである。MIは，クライエントは物事がうまくいかないときに治療的サービスを求めるものだという前提に立ち，変化に注目するというバイアスを持つ。この変化に注目するバイアスがある一方で，MIの実践家たちは，クライエント中心であり，クライエン

トの自律性を尊重しながら支援している。MIは，クライエントに知識を教え込んだり，実践家がよいと思う選択を押しつけたりするような，外から内に向けるものではなく，クライエント自身の変化に向けたアイデアや勢いを引き出そうとする，内から外に向けた取り組みである。

したがって，MIには治療的な方向性が組み込まれている。治療的方向性は，**指示**とは異なることを意識しておくとよい。指示とは，対人関係において支配的な立場をとり，相手に代わって判断を下し，実践家が望むことをクライエントにさせようとして，相手に影響を及ぼすことである。肯定的な方法としては，クライエントが選んだことを選択的に認めたり，好ましい方向で選べるように助言したりするといった指示の仕方がある。あるいは，否定的なやり方では，クライエントに賛成しないとか，クライエントの選択を認めないと言う，クライエントに警告したり対決したりする，「言われた通りにしなさい」とあからさまに指示するといったことが挙げられる。MIにおける方向性の概念には，こうした形の指示は含まれない。肯定的な方法によって，変化に向けて全体的に方向づけられるのがMIの方向性である。MIにおける方向性とは，クライエントが直面している変化の課題に話を焦点づけること，そしてクライエントの生活のなかの役に立たないパターンを変えるために，クライエント自身の動機づけを活用するやり方で相互作用を図ることである。助言をしたり，勧めたりする役割もあるが，それはMIのごくわずかな側面でしかなく，常にクライエントの自律性と選択を重視したやり方が用いられる。

MIのスピリット

MIのスピリットには，相手を尊重した協働に基づく**パートナーシップ**が含まれる。クライエントは，健康的に変化できる可能性を持つ自分自身のことをよく知っている。MIの実践家は，クライエントの変化を支える会話を促進するのが仕事である。MIは，ライバルとのボクシングではなく，パートナーとのダンスに近い。

MIの実践家は，クライエントを深く**受容する**態度を保ち，それがクライエントの変化を促す。MillerとRollnick (2013) は，受容のいくつかの構成要素を示している。まず，クライエントを人として**絶対的価値**のある存在として認めることである。実践家は，クライエントと同意見だからといって，自分の意見を述べたり，同意を示したりはしない。同時に，クライエントと見解が異なるた

めに，クライエントの意見を無視することもない。こうした条件つきの態度は，社会における相互作用のなかではよくあることだが，変化を引き出すためにはほとんど効果がないだろう。Rogers（1961）が説明したように，「興味深いパラドックスとして，あるがままの自分を受容することで，人は変化できるのである」（p.17）。時に，補足的に情報を提供したり，物事への異なる見方を共有したりするかもしれないが，それはクライエントにとってそうした発想や捉え方が役立つかどうかを考えるMIスピリットのもとで行うものであり，クライエントを受け入れないスピリットで行うものではない。

受容は，変化を促進させる

　受容のもう1つの構成要素は，**的確な共感**である。人間中心療法によれば，共感の真の目的は，クライエントの内的世界，つまりクライエントの経験，視点，感情，意味を理解することであり，それらを，クライエントの体験を十分に理解し，クライエントの気づきが深まるように手助けし，「内なるもの」の変化の可能性について深く考えるために役立てることである。Rogersらは，クライエントが自分自身に「寄り添う」ための支援として，このプロセスを記述している（Rogers et al., 1967, p.105）。非常に的確な共感は，クライエント自身でさえ十分に自覚していない経験や意味に気づくものでもある。これは，解釈とは異なる。非常に的確な共感は，実践家はクライエントの内面にすでにあるものだけに着目し，クライエントに考えさせようと外的な参照枠を与えたりせず，クライエントが「新たな体験ではあるけれど，馴染みのないものではない」（p.106）と感じられるようなものでなければならない。Rogersらは，的確な共感は直接的な利益となるだけでなく，実践家がクライエントを理解しようとすることに価値を置いているとクライエントが体験したとき，的確な共感的理解を深めようとするだけでも有益をもたらすことに気づいた。つまり，それ自体が報酬となり，クライエントは自分自身の体験をより明確に詳しく理解し，それらをつなげて考えようとする動機づけが高まるのである。

　さらに，MIスピリットには，根本的な**クライエントの自律性のサポート**も含まれる。自律性とは，クライエントが選択を行い，選択肢を検討し，行動に移す能力と権利をさす。クライエントの生き方は，その人自身のものであり，だれかのものではない。自律性を支援するとは，実践家がクライエントに，どんなことであれ何かをさせることはできないという簡潔な認識を持つことである。そして，人に動機づけを入れ込もうとするのではなく，クライエント自身が望む生き方を遠のかせるような抑制的な視点，感情，習慣を手放せるように

支援しなくてはならないという信念をリフレクションする。

　アファメーションはコミュニケーションスキルである。詳細は後述するが，**アファメーションとは**，実践家が同意できるようなクライエントの選択を承認ないし称賛することではない。アファメーションは，クライエントの弱さや躊躇，過去の問題に注目するより，むしろクライエントの強みや努力，将来像に焦点をあてるものである。うまくいっていないことに留まるよりも，うまくいっていることを踏まえるほうが，勢いがつくからである。

　次に，MIは，**共感的**アプローチになるよう意図されている。つまり，だれかにとってためになる方法ではなく，そのクライエントにとって最善の方法で支援することが最優先される。MIでは，社会や家族などのニーズに合う方法をみつけるときにも，クライエントの成長ニーズに焦点をあて続ける。クライエントが害をもたらす私欲を求めたときに，倫理的観点から実践家がその援助をしないという選択をすることはありうるが，クライエント自身の関心にそむいてMIが用いられることはない。

　さらに，MIスピリットは**喚起するもの**である。MIの実践家は，問題になりうる行動とはどんな行動かについてのクライエントの視点を引き出し，クライエントの関心を探索し，変化に対するクライエントの意向や楽観を導き出す。

　Miller (1999) は，実践家の役割は，他者の幸福や成長を高めようとする無私の愛である**アガペー**を与えることだと概念化している。**アガペー**は，クライエントが生み出すどんな選択肢とも異なり，クライエント自身の自己受容を促すだろう。この受容は，クライエントの可能性を実現させるひらめきを与えることがある。**アガペー**を与えることは，クライエントの両価性と苦労を包み込むようなものと喩えられる。アガペーを与えることで，クライエントは防衛を高めることなく，両価性を解決する可能性が現れたという安全感を体験できる。クライエントがどんな問題や否定的習慣を持っていようと，クライエントの強みや人間性に対する畏敬の念を自覚することは，実践家がMIスピリットを実践しているかどうかのサインになりうる。

コミュニケーションスタイル

　MIの実践家は，特定のコミュニケーションスタイルを取り入れながら，協働関係を築く。そのスタイルは，頭文字で表されたOARSに要約されている。さらなる努力や熟考を励ます**開かれた質問**（Open questions），クライエントの肯

定的な感情を育むアファメーション（Affirmations），支援者が正しく理解している
ことを示し，クライエント自身に特有のイメージを相手に伝え返すリフレク
ション（Reflections），そして変化の方向に向けて勢いづく感覚を含め，その
方向性への関心を高めるための基本的なリフレクションを広げるまとめ
（Summaries）である。OARSの技法は，ラポールを築き，クライエントの問題
を理解し，話し合いを促し，治療的関係における不和を修復し，より有益な領
域について考えを深めるようにクライエントの方向性を向け直し，さらに強い
治療同盟が確立された関係性のなかで変化への関与を固めるために用いられ
る。本書では，OARSのそれぞれのコミュニケーション技法を詳しく説明し，
OARSがどのようなものかということだけでなく，どんな目的を果たすと考え
られるかについても論じていく。

　開かれた質問は，特定の応答だけに制限せず，自由な回答を求めるものであ
る。開かれた質問は，クライエント自身に可能性を探索させ，クライエントに
とっての物事のフレームを明らかにし，異なる見方について想像させることが
できる。また一方で，開かれた質問によって，「どれくらいの酒量なら，あなた
の日常生活に適しているのか，もう少し教えていただけますか？」とか「あなた
は，どんなふうに変わったらいいと思っているんですか？」といったように，
会話を焦点づけるための重要な構造を提供することもできる。後者の質問で
は，クライエントの視点，将来への焦点づけ，将来についてのチェンジトーク
などを引き出すこともできる。開かれた質問は，「いつ起きたことですか？」
「何回？」「どこで？」「～でしたか？」といった閉ざされた質問とは，逆のもの
である。通常，閉ざされた質問は，さらにその話題を探索するようクライエン
トに促すものではなく，特定の情報を実践家に知らせてくれるようクライエン
トに頼むものである。

　さらに広くみれば，これらの質問の違いは，相手の心を開こうとするものか，
あるいは閉ざすものかの差といえる。ある指示は，選択肢を創造的に探索さ
せ，自身で解決させるものになるが，一方の指示では，その人の生き方の方向
性を定めてしまうといったように，他者の影響に従わせるものになる。閉ざさ
れた質問は，「私についてきなさい。質問をよく聞いて，答えたら次の質問を
待つように」というメッセージを与えかねない。閉ざされた質問を続けると，
次第に質問者のほうが話し合いの主導権を握るようになり，回答者は常に受け
身になって束縛され，追従するようになってしまう。その結果，暗黙の上下関
係がつくられる。閉ざされた質問ばかり用いると，支援者は専門家としての役

割が強まり，クライエントには，自分の問題を解決することができない無力な人で，専門家の指導を必要とする人という役割を与えてしまう。

これは，MIが追求する方向性とは逆である。他者によって与えられた計画に従うのではなく，人が新たな可能性に開かれるよう援助することによって，視点と願望，希望を引き出すのがMIの取り組みである。クライエントが新しい生き方を思い描き，創造し，探し求める手助けをするものなのだ。MIの目的は，本人が自分の運命に主導権を持てるようになることであり，いわば，自分の人生を自分自身のものにすることがめざされる。実践家は，クライエントにもっと楽しみを感じてほしいのである。「これが自分の人生なんだ。自分のしたいことはこれなんだ。こんな自分になりたいんだ」というふうに。クライエントが，変化の可能性と変化がもたらすものに心を開いたとき，それがもたらす喪失や困難，不慣れさ，居心地の悪さにはほとんど目が向かないものである。このように，心を開くことで，クライエントは変化を「引き寄せる」ために，変化の可能性をもっと具体的に考えられるようになる。つまり，より強い力で変化の可能性を引き寄せるようになるのである。

閉ざされた質問は，もちろん禁忌ではない。特定の情報を集めることが，会話を焦点づけるために役立つ場合もある。開かれた質問は，特定の情報を集めるためには効果的でない。有意義な方向に向けて話を進めるために，もう少し詳細を明らかにする必要があるときには，閉ざされた質問が適している。閉ざされた質問は，話し合いのためのポイントを設定するための基本的事実を集めることによって，話題をより自由に探索する基礎を据えるのに役立つ。また，閉ざされた質問は，話の要所々々で，あるいは物事に対するクライエントのより自由な探索を理解するのに特定の情報が必要な場合に，最適だろう。

最後に注意事項である。時に，閉ざされた質問は，実は質問を装った提案であるときがある。「どうしたら，その選択が最終的にあなたを傷つけるものになるとわかるでしょう？」「このままでは手に負えなくなるとは，考えないんですか？」「次は○○をやってみますか？」といった質問のように。こうした聞き方は，技法でいえば質問であるものの，実際には提案にほかならず，批判めいたものであったり，あるいは穏やかな対立であったりするのがわかるだろう。MIでは，指示を用いる余地があるが，こうした「誘導的」な閉ざされた質問は，ある種の誤った指示になりかねない。開かれた質問は，MIスピリットにそぐわないこの手の駆け引きのために用いられることはない。したがって，開かれた質問によって進むべき道を外れたり，クライエントに抵抗されたりすること

はほとんどない。

アファメーションは，肯定的なエネルギーや気分を高めるために用いられる。アファメーションは，クライエント自身やクライエントの成功，あるいはクライエントが目標に向かって注いだ努力について，実践者が評価したことを言及するというかたちでなされることが多い。アファメーションは，調味料に似ている。あまりに少なければ味気なくパッとしないが，多すぎると強烈すぎて不快ですらある。アファメーションの量とタイミングと性質は，場面と個々のクライエントによって変える必要があるだろう。

アファメーションは，肯定的なエネルギーと気分を高める

是認は，同意や承認とは異なる。同意や承認のほうが，より実践家中心だからだ。クライエントの強みを是認したり，その人の持ち味のよさを認めたりすることは，何らかの価値基準を含む行為であるが，その焦点は主にクライエントにあてられている。セラピストがクライエントへの同意を示すことで，セラピストも脚光を浴びるものの，クライエントの動機づけが，本人にとっての本質的な理由のためではなく，セラピストからの同意を求めるためのものになるリスクも生じうる。また，セラピストが同意を用いると，クライエントがセラピストにとって同意しかねることを口にした際に，対応が難しくなってしまう。いったんセラピストが何かに同意を示すと，クライエントが「リーダーの信じていることはまちがっている」とか「あなたの好みや価値観とは違うんですよ」と言ったときに，「そうではなくて…」と言わずにはいられない気持ちになりやすい。クライエントの選択や活動を承認することは，さらに実践家中心のやり方であり，クライエントとの関係のなかでセラピストのほうが上位な立場になりやすい。治療関係やメンバーの脆弱性に関するパワーの不均衡があると，クライエントの選択や活動を承認することで，クライエント自身が選んだ方向性に進もうとするのではなく，「（リーダーは）こうしたほうがよいのだろう」と思ったことをやるというクライエントの行動を強化してしまう。

そのため，一般的には，クライエントの人柄や特別な面について是認できるところに注目する。例えば，クライエントの強み，変化への決意，目標に向かって取り組もうとする意思，また，子育てをしたり，他者に親切にしたり，自分の視点をみんなの前で話すという正直な態度などがいかに意義深いことか，など。特定の計画への同意を示したり，ある意見に賛同したりする際は，慎重に行うべきであり，その計画や意見のよさを気に留めておくだけでよい。理想と

しては，クライエントへの敬意と畏敬の念を持ち，クライエントの才能，エネルギー，特質を承認するのが望ましい。大げさにやってみせる必要はなく，ふだんからこうしたことに気を留めておき，クライエントについて少しずつわかってきてうれしいと伝えるのがよい。クライエントを「支援が必要な人」としてみるのではなく，その代わりに，クライエントと同じ高さの目線に立ち，クライエントへの敬意を持ちながら，賞賛できるところをみつけたり，クライエントをさらに好ましく思えるような方法を探したりすべきである。

　是認する態度でいることは，具体的なアファメーションを上回る効果がある。セラピストが「次回はこの日に」と言った日には，クライエントは必ずセラピストと会うことができる。セラピストは，クライエントにしっかり気を配り，クライエントの助けとなるべく最善を尽くし，自らも率直な態度であろうとする。こうしたセラピストの態度が，クライエントを是認することになるのである。物事はより良くなるというセラピスト自身の希望や信頼，可能性を楽しめる感性，クライエントの人柄への感謝の念もまた，クライエントを是認することにつながるのである。

　是認することは，そのときの具体的なニーズに合わせて行うべきである。一方で，だれかが行きづまりや欲求不満，怒り，弱気，無力感，つらさを感じたときに是認することは，特別な価値があるだろう。人はこうしたときに是認されたと感じたり，否定的な状態のなかでもセラピストが自分とつながろうとしてくれていると思えたりすると，より大きな肯定的エネルギーがわくものである。クライエントは，変化に対する関心を高め，一歩を踏み出そうとする意欲からもっとがんばってみようと思い，真剣味も増していく。逆に，クライエントが前向きで変化に注目しているときや，自尊感情や自己効力感が高いときには，アファメーションをすることで，かえってクライエントの気を散らしてしまい，変化に向けた努力から注意をそらしたり，後退させたりしてしまうこともある。どんなときでも，度を越したアファメーションは，恩着せがましさを感じさせ，心のこもっていない応援のような印象を与えてしまう。しかし，クライエントが弱気になっているそのときに，心からの適度なアファメーションをすることは，困難な変化に向かい続けるためのエネルギーをもたらしうる。それは，否定的なものに橋を架け，クライエントのより深い自己感覚とつながる手段の1つであり，クライエントが安全感を持ち，防衛的にならずに課題に取り組むのに役立つものである。

　リフレクションすることは，クライエントが（言語的にも非言語的にも）伝え

たことを，その一部ないし全部をそのまま反射するという意味である。リフレクションは，MIにおいて，多様な方法で用いられる。もっとも単純なリフレクションの方法は，クライエントが話した内容を確認することである。それにより，セラピストがクライエントの話に耳を傾けていることを相手に知らせるだけでなく，クライエントも自分の話をセラピストがどれだけ理解しているか推察できる。クライエントが自分の考えを外部から聞く機会にもなり，それによって探索が促進される。なぜなら，人はしばしば自分が話をしているときは，自分の声が耳に入っておらず，話している内容ではなく，相手とのやりとりに気が向いてしまうものだからである。これが，基本的なリフレクションの間接的な使用法である。

　MIでは，リフレクションは次の2つに大別されることが多い。まず，**単純なリフレクション**とは，理解が正しいかを確認し，さらに探索を深めるために，クライエントの言葉を言い換えることである。もう1つの**複雑なリフレクション**は，言葉を付け加えて表現することである（例：言葉の背後にある意味や気持ち，クライエントの価値観を言葉にしたもの，あるいはイメージや比喩でリフレーミングしたものをリフレクションする）。他にも，内容によってさまざまなタイプのリフレクションがある。例えば，両面リフレクション（クライエントの両価性の両方をリフレクションする），言い継ぎリフレクション（クライエントが次に言いそうなことを推測する）などである。本書では，対話を生み出す目的から，（他のOARSやMI方略に沿って）リフレクションを系統化した。第8章では，それらを「グループの会話の形成」とした。こうした枠組みは，個別の相互作用においても同様に適用できるものだろう。ここでは，広さ，深さ，勢いの3つの観点から，会話の形成についてまとめる。つまり，焦点がどれくらい広いのか狭いのか，どれくらい深いのか表面的であるのか，そして将来の変化に向かう勢いを探索するのと対比して，どの程度，過去のふりかえりや現在の要素に焦点をあてるのか，といった点から対話が形成される。

　アファメーションと同じく，リフレクションを用いる目的はさまざまである。リフレクションは，十分な理解や計画の進展が「行きづまっている」間，クライエントに探索を続けさせるためのある種の仮止めの機能を果たす。アファメーションと同様に，クライエントが好むペースやスタイルに配慮することで，非言語的にリフレクションすることもできる。そのため，クライエントがどんなふうに話すかではなく，クライエントの課題そのものに十分な焦点をあてつづけることができる。また，クライエントが話し方に合わせて，例えば，

分析的な言い方や問題解決的な方法，物語や比喩を用いたり，ユーモアを交えたりしながら，リフレクションをすることもできる。

　まとめとは，いくらか長めの伝達であり，それまでの会話でなされたいくつかのリフレクションを結びつけたり，つながりのあるテーマをクライエントに示したりすることである。まとめは，クライエントがふりかえったり，全体像をみたりするのに役立ち，異なるパターンや可能性への興味や関心を引き出すことができる。つまり，木だけをみずに森をみるのに有益である。MIにおける全般的な焦点が変化にあるとき，変化への焦点づけは，まとめるためのモデルを提供する。よいMIのまとめは，クライエントが向かっている成果の目標や方向性，変化についてのクライエントの考えや気持ち，そしてクライエントが決意した変化を実践していく現在の勢いなどを，言い換えたものである。一般的には，どんな困難さがあるのかを扱わないとか，クライエントの気持ちを部分的に聞くだけでないがしろにするとか，もっと明らかにしていかなければならないクライエントの現実的な心配を軽視することがないようにしながら，クライエントの変化について前向きな考えや気持ちを重視するバランスをみいだそうとする。セラピストに求められるメッセージは，「あなたさえ変われば，何もかもうまくいきますよ」ということではなく，「この場は，なぜあなたが変わりたいと思ったのか，そして変化するためにあなたがどんな計画を立てていくか，それを考えるところです」というものである。

　MIでは，いくつかの種類の要約を用いる。**全体のまとめ**は，さまざまなクライエントの発言をまとめることである。例えば，クライエントが次にしたいことをリストに加えたり，それについて述べたりしてもらうなど，勢いや方向性を含んだ開かれた質問によって締めくくることもよくある。**つなげるまとめ**は，以前に話し合われたことと，今の話し合いをつなげるものである。場合によっては，異なる話題かもしれないし，メンバーで話し合ったなかで目立ったテーマや気持ち，ジレンマなどであることも多い。**移行させるまとめ**は，話題を切り上げ，新たな焦点に移るために用いるものであり，現在の話題はほぼ話し尽くされたとか，別の面から焦点をあてたほうがより生産的かもしれないと伝える。その話題が，その時点では閉塞感を生じさせていることを考慮することで，別の話題の探索が可能になる。要約も，セッションを終える際に用いることができる。それによって，クライエントは話し合い全体の概要を思い出しやすくなる。

MIのプロセスと治療的方略

OARSといった微細なコミュニケーションは，瞬時のやりとりに焦点をあてるものだが，MIでは，より広い会話の方略を，招き入れる，視点の探索，視点を広げる，行動に移すという4つの一般的な治療プロセスの文脈に組み入れている (Miller & Rollnick, 2013)。会話の方略は，複数の目的を果たすこともあるが（例：招き入れと焦点づけを同時にめざす），それぞれが最適化されたプロセスについて述べていく。

招き入れる

最初に重要なプロセスが，招き入れである。治療的関わりは，セラピー全般にわたって共通するプロセスであり，クライエントの深い関与を必要とするMIアプローチにおいても不可欠なものである。十分に招き入れられたクライエントは，より創造的に考えられ，新しい発想や解決策を思いつくことができる。一般的に，望ましい開始方法として，心を開いて，つながり，信頼感を高め，関係性を深めるという，対等で自然なプロセスが求められる。Will Rogers[†]の「見知らぬ人は，まだ出会っていない友人にほかならない」の名言のように，クライエントがどんな苦悩を抱えていたとしても，現時点ではそれを持ちこたえられていると考え，クライエントが感情をうまく調節できず，人との関わりも無神経にみえたとしても，セラピストはやがてそれらの表面的なパターンを通過して，有意義なつながりや治療関係を発展させるだろうという想定で始める。したがって，招き入れには，2つの本質的な機能がある。1つめは，取り組みを開始し，クライエント自身の課題を話し合うプロセスについて，クライエントに協力を求めること。もう1つは，理解や受容をもたらす有意義な関係性に，クライエントにも関わってもらうことである。

治療を開始する際，クライエントはさまざまな興味や心配を抱くものである。例えば，「カウンセリングは，どれくらい役立つのだろう？」「このカウンセラーは，信頼に値するのか？」「カウンセラーは，私のことや私の考えを尊重してくれるかしら？　批判されたり，圧力をかけられたりするんじゃない

[†]　訳注——ウィル・ロジャース。1920〜30年代に活躍したアメリカのコメディアン，コラムニスト。

か？」「どのくらい本音で話すべきなんだろうか？　秘密にしておくほうがいいのか？」など。クライエントは，自分がしてきたことにバツの悪さを感じていたり，カウンセラーと話すことについて自分でも批判的だったり，あるいは人生をもっと生産的なものにするために必要な自己統制力を獲得する自分の能力に対する不安を抱いていることもある。クライエントが内心でそれらを心配している限り，自分自身を探索して明らかにしていく能力を生かしきれない。なぜなら，その能力は，より良い未来を想像し，それを実現させるために前進するものだからである。招き入れは，信頼関係や共感的，支持的な雰囲気のなかで，こうした苦悩を軽減し，変化について考えるための信頼やエネルギーを高める助けとなる。

　招き入れることは，セラピストとクライエントとの相互作用によって生まれる対等で自然なプロセスである。しかしながら，ここでいう**自然**とは，自然に湧き起こるものであるとか，確実に生じるという意味ではない。こうした新たな関係性を始めるときには，招き入れを妨げてしまう失敗もある。したがって，初期にみられやすい落とし穴を避けるべきである。例えば，まだ信頼関係ができていないうちに，繊細なところや脆弱な部分を深く探索してしまうという**拙速な焦点化**がある。他に，**専門家のスタンスをとる**のも失敗しやすい。そうしたスタンスで関わると，クライエントの役割は，ただ質問に答え，情報を提供し，次々に問題を起こす人となり，問題を整理し，解決し，助言を与えるのは専門家であるセラピストの役割といった暗黙的なやりとりに終始してしまう。

　関係性において非常に重要な部分は，クライエントが自身のストーリーや価値観，気持ちをメンバーの前で話せるように支援することである。このためには，早い段階から，クライエントの物事の見方や体験を共感的に理解していくことをめざして，開かれた質問やリフレクションを組み合わせていく。開かれた質問は，クライエントに対して，実践家が彼らの見方や体験に関心を寄せていることを示すだけでなく，まさにその質問の仕方によって，クライエントに詳しく話すよう促すものである。そして，それこそが招き入れの重要な部分である。リフレクションは，いろいろなタイミングで，さまざまな目的のために用いられる。クライエントを招き入れる際には，鍵となる言葉や発想の単純なリフレクションを繰り返す。それによって，クライエントの話のうち重要な要素をセラピストが理解したと示すことができる。多くのクライエントが，当初は防衛的な姿勢で支援につながることを考えれば，こうした単純なリフレクシ

ョンを欠かさずに行うことは，思いのほか重要かもしれない。より深いテーマ
にリフレクションするよりも，クライエントに与える脅威も少ないだろう。

　リフレクションは，閉ざされた質問と混同されやすい。リフレクションと閉
ざされた質問の言葉のうえでの違いは，単に声の抑揚の違いだけといった場合
もある。なかには，クライエントの体験や視点について触れるよりも，質問を
するほうが相手を尊重していると思っているカウンセラーもいる。しかし，ク
ライエントは，的外れなリフレクションを訂正することを存外に喜んでいるよ
うで，セラピストが自分を理解しようとする姿勢に感謝しているものである。
逆に，防衛的で自信のないクライエントには，閉ざされた質問は，遠回しに評
価されたとか非難されたように聞こえてしまいやすい。

　以下の2つの実践家のコメントについて考えてみよう。

「あなたは，コカインの使用を問題だと思っていないんですか？」
「あなたは，コカインの使用を問題だとは思っていないんですね」

　1つめの閉ざされた質問では，クライエントが実践家の質問に答えるよう求
められており，批判や直面化として解釈できる。2つめの例のリフレクション
（皮肉ではなく受容的方法で伝えられたもの）のほうが，クライエントの現在の
物事の見方を尊重したリフレクションという印象を与えやすいかもしれない。
そして，実践家が批判的にならず，上下関係ではない立場から伝えられている。

　実践家は，こうした些細なコミュニケーションの重要性を見落としやすい。
しかし，クライエントは，そのようなコミュニケーションについて気にしやす
いものであり，感覚的あるいは直感的なレベルで反応する。クライエントが，
より強いパワーを持つ存在から自分の威信を守ろうとしている場合は，とくに
そうである。こうしたちょっとしたやりとりは，その関わりがどのような方向
性をめざすか，つまり，互いに開放的で，尊重しあい，深い関係性になるか，あ
るいは，警戒して，防衛的で，表面的な関係性になるかに，大きな影響を及ぼ
す。

　MIでは，質問ごとに平均して2，3のリフレクションをすることがめざされ
る（コミュニケーションの他の形式はそれほど頻繁に用いない）。これは，「**質
問−回答**」のワナを避けるために役立つものであり，実践家が質問（とくに閉ざ
された質問）に頼りすぎるのを防ぐ。質問ばかりすると，クライエントはどん
どん受け身的になっていく。そして，聞かれた質問に答えるだけで，自分で創

造的にあれこれ考えようとはしなくなり，専門家の助言を待つようになる。これは，クライエントが変化に関する両価性で足踏みしている状態から動けるように支援するMIで進展させていこうとするプロセスとは逆である。

クライエントを招き入れるプロセスは，焦点化のプロセスに注意を向ける以前に確立するのが望ましいが，招き入れが完全になされることはありえない。プロセスのどの段階でも，改めて招き入れに焦点をあてることで，絆を結び直すことができる。また，クライエントの焦点と張り合ったり，ウェルビーイングの感覚を脅かしたりするような精神的混乱を落ち着かせるのにも役立つ。招き入れは，新たな問題に取り組み始めるときや，傷つきやすい内容を話し合ったりするときに焦点づけるのはもちろん，クライエントが知性化して防衛したり，圧倒されたり，防衛的になったりして，グループから離れそうになったりしたときはいつでも，セッションの開始時に焦点をあてるとよい。

焦点づける

2つめの重要なプロセスは，**焦点化**である。クライエントが十分に治療的会話を始めたら，その焦点はクライエントの変化の問題に絞られる。「あなたの人生で，自分で嫌だと思っているところは？」「よくなると，今とは何が違うのでしょう？」「前に進むには，何を残して，どれを捨てる？」など。MIでは，生育歴や問題に焦点づけることは少ない。だからといって的外れな雑談をするわけではなく，クライエントがなりたいと思う未来へ焦点をあてる。

焦点は，カウンセラーや照会元が指示するのではなく，協働的に発展させるものである。また，MIは，固定した治療プロトコルに従ってクライエントの進展を制御するようなことは，決してしない。そのため，クライエントが懸念や関心を示したときは，それについての実践家の理解を明確にするといった単純な焦点化をしてから，変化の可能性を引き出したり，目標を設定したりするプロセスに移るだろう。

しかし，治療を受けるクライエントは，両価性を体験することが多く，物事が変わることを望みながらも，いくらかは変わらずにいたいと思っているものである。クライエントは，自分の状況について，自分自身や他者を責めていることもあれば，どうして事態がこんなふうになってしまったのかに焦点を向けられたように感じることもある。なかには，自分の人生が取り沙汰されたことに対して防衛的になったり，ラベルを貼られたとか，変化を強いられたように感じたりするクライエントもいる。無力感や恐れ，怒りの感情を抱き，その場

から逃げ出したいとしか思えないこともある。こうしたことからクライエントの注意をそらし，目的とする方向性や目標，結果を選択し，そして行動に移すための努力が求められる。MIでは，もっとも有益な課題に対してクライエントの生産的な注意を焦点づけるために，たくさんの焦点化方略を用いる。クライエントがどこにいようと彼らとつながり，そこから会話を焦点づけることがめざされる。

　クライエントの多くは，自身の焦点には合わないたくさんの悩みを抱えている。そのなかで，どれがもっとも重要なのか，緊急性が高いのは何か，あるいは無用なものをなくし，変化に向けた勢いをつけるために，一番簡単に解決できそうなものがどれかが，はっきりしていない。このジレンマにアプローチするための方法の1つが，**課題設定**（あるいはマッピング）である。それによって，検討すべき話題のリストを作成し，曖昧なものを具体的にする。それから，それらをどのように整合させるかを考えるために俯瞰的視点に立ち戻り，行程を進めるための計画を立てる。もちろん，その計画は固定的なものではないが，話題が計画から逸れたり，話し合いが行きづまり，行程の進展があまりに遅いようなときには，話し合いを再度焦点づけるのに役立つ。

　時には，クライエントが「自分は不幸せだ」としか言わないとか，不満ばかり口にすることもある。問題となっている行動は，こうした不満のそばにあるものかもしれないが，両者のつながりは不明瞭で，探索することを促しても反応しそうにない。こんなときは，焦点をめぐってクライエントと争うのではなく，クライエントが興味のある課題に取り組むことで勢いをつけることができる。別のやり方として，より大きな幸せや人生の満足について広く焦点をあてることから始めて，それから特定の改善に向けて焦点を絞っていき，やがて改善の障壁となっている習慣やパターンに取り組んでいく方法もある。時間をかけて協働しながら目標に向かうことは，クライエントがすでに動機づけられている変化の目標へのより完全な到達を可能にする。

　視点の探索の際に，クライエントが実践家とは異なる発想を持っていることは少なくない。MIモデルには，実践家が陥りやすいものとして**間違い指摘リフレクション**がある。これは，外界に対するクライエントの内側にある視点から働きかけるのではなく，実践家の側からみて，うまくいきそうにないことを正したくなり，視点を変えさせようとすることである。こうしたときは，長い目でみて，これまで築いてきた肯定的な関わりを台無しにしないようにするのが有益だろう。援助を続けながら，より広く焦点づけることで問題のつながり

をみつけ，そこから，各領域にあてた焦点を統合することで前進していける。

「**引き出す−提供する−引き出す**」方略についても，述べておきたい。この方略では，まず，その話題に対するクライエントの現在の気づきや知識，あるいは視点を**引き出す**。そのあとで，空白を埋めて，クライエントの誤った信念を訂正し，クライエントにまさに欠けていた情報や使える情報を選び出して**提供する**。このとき，クライエントは別のことを考えているかもしれないので，他にも見過ごしているかもしれない情報を取り込む準備ができたことを示すサインにもなる。最後に，実践家は伝えた情報に対するクライエントの反応と，クライエントがその情報を自分の場合にあてはめて活用したいかどうか，またどのように情報を役立てるのかを**引き出す**。

MIでは，**助言をする**こともあるが，クライエントが助言を受けるのを許可したときに限られる。直接的に許可を確認することもあるし（もし拒否されたなら助言は控える），それとなく示唆を与えてから，それがクライエントに合っているか考えてみてもらうこともある。私たちの経験からは，実践家が深くクライエントと関わり，クライエント自身の発想を引き出すことに焦点をあてたなら，助言を求められることはほとんどない。

喚起する

MIプロセスの3つめの中心的なものは，クライエントが，なぜ変化しなければならないのか，どのように変化すべきなのかについて，実践家の発想や見方を示すのではなく，変化に対するクライエントの視点と発想を喚起することである。その根本には，人は変化のために自身を動機づけるものであり，クライエントの変化を引き出す有効な方法は構造的な会話であるというMIの考え方がある。そのため，クライエントは，自分が変化する理由や欲求，ニーズを探し出して，話し合う。それから，変化に向けた目標を定める。もし，自滅的な行動を変化させるか，あるいは維持するかについて，内心では堂々巡りの両価性があるとき，実践家はクライエントが現状維持を守るほうに動機づけるリスクを避けようとする。両価性を持つ人が，すでにその話し合いの両側面を内面化しているなら，実践家が変化に対して強い姿勢を示せばクライエントはなすすべがなくなり，現状維持の利点を論じるようになる。そして，変化する利点に対して，「えぇ，でも…」と反論をするしかなくなるのである。したがって，変化の美徳を称えることは，注意深く避けるほうがよい。変化を裏づけるものとして，ここでいえることは，行動するかしないかは，クライエント個人の選

択であるという点に尽きる。そして、実践家は、クライエントが事前に許可した場合のみ（ほとんどないだろうし、ちょっと聞いてみたという程度のものかもしれないが）、示唆を与える。MIでは、クライエント自身の変化への動機づけを喚起することに焦点をあて続ける。

> **MIでは、クライエント自身の変化への動機づけを喚起することに焦点をあて続ける**

　喚起するうえで重要なのは、次のようなことである。前向きな変化を生み出すための勢いをつけるチェンジトークを引き出し、反応する。防衛あるいは怠惰を回避するようなやり方で、維持トークを受容し、反応する。成功のための希望を強める。そして、さらに加速させるために、クライエントの現在の活動と目標あるいは価値との間の差異を探索することなどである。

　喚起するための1つめのスキルは、クライエントがチェンジトークを述べたときに、それをしっかり聴くことである。非常に多くの専門研修で、問題や病状の聞き取りが扱われているが、会話のなかでチェンジトークに気づくのはとても難しい。初期のチェンジトークは、維持トークや防衛のなかにやんわりと埋もれているかもしれない。例えば、こんなふうなセリフとして。「もう、お説教なんてうんざり… だれも、私のことをわかろうとしてくれないし、いくらアドバイスしてもらったって、どれも役に立たなそうなことばかり。考えてみたものも1つや2つはあるけれど、ばかばかしくて。みんな、もっともらしいことを言うけどね」。このクライエントの他者の印象やアイデアに対する不満や価値下げ、問題の否認のなかには、宝が隠されている。「考えてみたものも1つや2つあるけれど」というように、あいまいではっきりしないものではあるが、ちょっとでも「考えてみた」というところに焦点をあてれば、まだ可能性はある。「そうおっしゃるということは、もし、だれかに背中を押してもらえれば、あなたの変化について少しは何か探索してみてもいいってことでしょうか。あなたが言っていた"考えてみた"というのがどんなことなのか、もう少し考えてみませんか？」。カウンセリング・プロセスの初期では、例えば、招き入れや焦点づけをしているときに、こうしたやりとりが起こることがある。どんなときでもチェンジトークが話されたときはしっかり聴いて、さらに考えを喚起させる方向へと会話の舵を取ること（そして、いかなるときもクライエントの抵抗に巻き込まれずにいること）が重要である。喚起するための方略では、変化の重要性、変化に対する自信、変化への準備といった各領域に焦点をあてる。

変化の重要性を喚起する

　クライエントの変化の重要性の感覚を喚起するには，いくつかの方略がある。1つは，その習慣や状況，そして物事がよいか，それほどよくないかについて話し合うことである。両価性の現状維持の側面を探索する必要はないかもしれないが，それを最初に探ることで，クライエントの物事の見方について理解が深められる。また，クライエントに，変化の難しさや不利益について，いくらか吐き出させることもできる。そのため，クライエントの変化へのエネルギーに再び焦点づけることができ，そのプロセスのなかで，実践家もクライエントにとって障壁になるものを理解しやすくなる。これは，のちにクライエントが変化のための計画を立てるのを支援する際に参照できる。

　喚起する質問は，前述の例を含むものである。「あなたがもっと考えてみたいことは，どんなことですか？」という問いかけは，シンプルだが，クライエントへ変化について考えさせるものである。喚起する質問をするには，「あなたは，物事がどんなふうになればいいと思いますか？」（願望），「もしギャンブルをやめたら，物事がどんなふうによくなるでしょう？」（理由），「あなたが事態の悪化を避けるためにできる，もっとも重要なことは？」（ニーズ）といったチェンジトークのカテゴリーを用いるとよい。

　重要性の点数化は，クライエントにとっての変化の重要性を発見し，チェンジトークを引き出すための方略である。この方略は，3つの部分からなる。まず，クライエントの変化する重要性についての点数化を，0〜10点の尺度を使って引き出す。そして，点数の低さに注目するのではなく，どうしてその点数なのかをアセスメントする（なぜ変化する必要があるのかについてのチェンジトークを引き出す）。最後に，何が重要性の点数化を高めるのかをアセスメントする（変化の重要性を高めることに関連しているかもしれないリスクやその他の動き）。

　他に，**ふりかえり**という方略は，現在の問題が大きくなる前は，物事がどうであったかを探索するものである。それによって，改善していくうえでの基準点が得られる。クライエントがより広い見方を獲得し，物事をより明確にみるのに役立つ概要として，当時から現在までをたどるのもよい。**将来に目を向けること**は，変化しなかったらどうなるのかを想像する方略である。それに対応する方略が，**心に描くこと**であり，クライエントに将来のより良い人生を想像してもらい，どんなことが心に思い描けるか，何が違っているか，どう感じるかを尋ねるものである。

概して，クライエントの価値や目標と，クライエントが現在選択している行動との間には，ズレがあるものである。1つの方略は，この観点から**クライエントの価値観を探索する**ことである。だれでもこうしたズレについては防衛的になりやすいので，クライエントの価値や目標を引き出し，探索するために，肯定的な側面に焦点づけるほうがよい。その後，さらにクライエントと協力しながら，どんなふうに生きていけるかを探索する。私たちの臨床経験では，だれもが理想的とはいえないことをしてしまうものだと強調し，現在の短所ではなく，クライエントが進みたい方向に焦点をあてることから取り組んでいる。

変化への自信を喚起する

いったんクライエントが特定の変化に関心を持ったなら，クライエントが成功できるという自信を育むことによって，クライエントが勢いをつけられるよう支援する。繰り返しになるが，私たちは，この点についてのチェンジトークを引き出すために，クライエントの視点をリフレクションし，探索するような**喚起する質問**を用いている。「今，やっていることのなかで，かなり自信を感じられるのは何ですか？」「これから始めるにあたって，これがあればもっと自信を持てるのに，ということはありますか？」など。また，私たちは，**自信の点数化**も行っている。再度，0～10点の尺度でクライエントの得点をリフレクションし，なぜその点数なのか，どうして0点ではないのかを尋ねる（このようにしてクライエントの目標達成能力に関するチェンジトークを引き出す）。そして，クライエントの自信をあと2，3点高めるのに必要なことを尋ねる（これは変化の計画を立てるのに役立つ）。

過去の成功を再検討することで，クライエントの過去の経験を一般化する助けになる。以前に達成したこと，そのときに用いた方略，直面した障害やそれに対する手立てを具体的に記述してもらう。これは，最終的な変化に進むステップとして，**失敗体験のリフレーミング**としても役立つ。

一般的にクライエントは，自分なりの強みや，だれかから得られそうな外的サポートについて話すことができる。現在取り組んでいる変化の内容には，直接適用できなくても，どんなに些細なものであれクライエントの強みや達成を扱うことは，クライエントが有能で価値があるという感覚を育て，難しい変化を遂げる助けとなりうる。

変化への自信を高める最後の方略は，**言いっぱなしの空想上の変化**である。口にした責任をとらずにすむ状況で「もし～したらどうなるか」というシナリオを想像するのは，気軽にできるうえ，こうしたやり方なら自信が揺らいで身

動きできなくなるといったこともない。**もし**，クライエントが変化の準備ができ**たとしたら**，どんなふうに考えたり，感じたりするだろうかと，クライエントに想像してもらう。こうした方略は，クライエントに脅威を感じさせずに取り組めるものである。

計画を立てる

ある時点で，クライエントが変化するかどうか，なぜ変化するのかという段階から，どのように変化を達成するかへと，扱うべき焦点が移行する。こうした移行は，クライエントが「私は変わらなきゃ」とか「もう，このままじゃいけない」と宣言するといったように，突然訪れるかもしれない。あるいは，じわじわとほとんど気づかないうちに移行することもある。クライエントは，何かやり方を変えてみることと，変わらずにありつづけようとすることの間を行きつ戻りつしながら，空想上の変化を考えるようになり，どんなふうにやっていくことができるか，そして目標に向かってできることは何かを話すようになる。こうした移行が起きたとしても，会話の焦点をあてるべきところは，どうやって変化していくかである。そのときは，クライエントが変化の計画を発展させられるように支援し，実行に移していく。

両価性をほぼ解決しているクライエントであれば，計画のための方略が，変化の準備や着手に役立つ。クライエントが焦点をあてている問題や，クライエントの重要性の感覚や変化する自信について，**繰り返しや要約**をするのもよい。そのあとに，特定の計画に対して確約を求めず，結論も出さずに，「さて，どうする？」あるいは「このあと，どうなるの？」といった質問をする。その次に，クライエントの**変化の目標を定める**。そして，**変化の選択肢を探索する**。クライエントが，どんな選択をするか？　どの選択肢が挑戦しやすそうか，あるいは成功しやすそうか？

実践家が話すときは，クライエントの話を聴きながらチェンジトークを集め，それをリフレクションして，探索する。何かを始めることに関連するようなチェンジトークを集めると，たいてい「〜に挑戦しようと思っている」「やるかもしれない」あるいは「やってみた」というようなセリフになるだろう。いつものように，1回につきダンスのワンステップを踏む要領で，もしクライエントがまだためらっているようなら，約束を押しつけたりしないこと。つまり，勢いをつけることはやめて，クライエントが変化から遠のいてしまうリスクはとらないことが肝要である。

もう１つの方略は，**変化への段階的な計画**を立てることである。どの順序で何が起きるか？　頼れるサポートにはどんなものがあるか？　クライエントの想像では，どんな報酬がもたらされるか？　計画を妨害する困難さは，どんなものか？　変化した計画をどんどん書き換えるのを好むクライエントもいれば，ただ話すだけのほうがよいクライエントもいる。

　長期的な成果の目標よりも，暫定的な行動目標を設定するほうが役に立つ。健康的な食事をとったり運動したりすることは，暫定的な行動目標であるが（さらに具体化する必要がある），体型を維持したり体重を9kg落とすことは，成果の目標である。新しい習慣を身につけることは，長期的な変化の鍵となる場合が多い。その新しい習慣が，成果をもたらしてくれる。

　最終的には，クライエントが考えている具体的な計画について，クライエントの自信を探索することから始め，変化を起こす**関与を喚起**する。もし，クライエントが計画通りに進められるか自信がないというときは，計画を修正するのが有益である。同様に，クライエントがやれそうにないと述べたときも，たとえその計画が手堅いようにみえても，クライエントの変化の重要性の点数化が低下しているかもしれないので，再検討するほうがよい。

　クライエントが行動に移すときには，サポートやガイドを提供し続ける。クライエントの進展についてセルフ・モニタリングができるように支援し，支持的な相互モニタリングができる状況をみつけることも役に立つ。行動に移すという段階では，新たなスキルを学ぶこともある。また，この段階で，他のセラピーやクラス，あるいは実践の機会を持つことも役立つかもしれない。加えて，動機づけの問題とは別に，例えば，外傷後ストレスや対人関係上の問題，あるいは特定の問題（例：睡眠障害や恐怖症など）のように，他のセラピーで取り組める他の課題があるかもしれない。こうした課題は，MIで焦点をあてる変化とは直接関係ないかもしれないが，ストレスなどを減らすことは，クライエントに役立つのは明白であり，MIの目標達成にも役立つと考えられる。

　第４章では，MI方略と，グループの基礎であるグループセラピーの統合について取り上げる。

第4章

動機づけ面接とグループ治療をブレンドする

　動機づけ面接（以下，MI）をグループ形式で行うためには，個別MIの観念や方略，技法を，さまざまな関心や視点を持つメンバーで構成されるグループに合わせて調整する必要がある。個別MIは，直接的にグループに適用できる部分もあるが，グループの文脈には合わない，または不得策な部分もある。逆もまた同じことがいえ，グループMIには個別MIにない独自のものが存在する。

　MIは，さまざまな方略と技法からなる包括的な治療アプローチである。個別MIは，臨床場面や状況，対象とする問題に合わせて適用される。アディクションの外来治療で強調される方略は，精神疾患の入院治療ではあまり使えない可能性がある。例えば，外来治療でのMIは，行動に移すためのより長期的な計画とサポートに焦点をあてるかもしれないが，こうした焦点化は，入院患者の危機解決や安定化といった現在のニーズからはかけ離れているだろう。

　MIグループの目標の1つは，心理社会的な問題や健康上の問題によって，その人の人生が支配され，ライフスタイルが狭まってしまうことへの対策として，生活のバランス感覚を取り戻せるように手助けすることである。グループは，メンバーが視点を取り戻し，自分の人生の可能性に対する考え方を広げるのに役立つ。また，トラウマや恥を感じることなく，肯定的なやり方で他者とつながるのを支援することができる。メンバーの視点が広がるにつれ，彼らの困難や苦労は以前と比べて小さくなっていき，コントロールしやすくなる。うまく変化できると，ただ単に人任せで流されているのではなく，人生は自分自身のものであるという感覚が高められる。

MIグループは，生活のバランス感覚を取り戻せるように手助けする

MIグループリーダーのための集団療法研究からの学び

　第2章で概観した集団療法に関する研究では，以下のようなMIグループリーダーの指針が示されている。

- メンバーの参加を最大化する
- 変化は自分自身が起こすものだとメンバーが思えるようにする
- 肯定的な体験と否定的な体験の両方を探索する
- グループの凝集性と協働性を促進する
- クライエントの体験と関心に広く対応できるように，内容を調整する
- 可能な解決に焦点をあてる

　こういった原則をMIグループに適用させるには，メンバーの参加を増やすための多様な方略が必要である（例：OARS）。つまり，メンバーの視点を引き出し，彼らのテーマと体験をつなぎ合わせ，リーダー自身の発言は控える。専門家のスタンスをとらずに，メンバー個人の選択と統制を強調し，協調的なスピリットを示すというMIの方略は，メンバーのグループに対する責任感と関与を高める。変化のメリットとデメリットを話し合い，メンバーから現実的な計画を引き出すと，肯定的な感情と否定的な感情の両方が生じる。それにより，メンバーが過去に関する悲しみや怒りに縛られて身動きがとれなくなったり，適切な準備もせぬまま重大な人生の変化を起こそうとしたりすることなく，バランスがとれるようにメンバーを支援できる。メンバー間でOARSを使えるように練習させるといった方略は，メンバー間の相互作用を強め，肯定的な対人行動の文化を築く。このことは，メンバーのグループへの関与とグループ自体の魅力を高めるだろう。メンバーの役割に関する期待（自分自身の変化に責任を持ちながら，他者の選択を尊重しサポートする役割）を明確に話し合うことで，グループの凝集性と相互作用が強化されるだろう。グループの内容を参加者のニーズに合わせるのは当然のことであるが，そのためにはグループが始まる前からメンバーのニーズを考慮する必要がある。矛盾点を拡大し，自己効力感を高め，チェンジトークを引き出すといったMI方略は，過去に焦点をあて過ぎず，解決に焦点をあて続ける。このようなグループの構成要素は，第5章で概観する先行研究ですでに言及されているものもあれば，さらなる研

究を必要とするものもある。

MI グループの治療因子

　第2章で，グループの鍵となる治療因子について概観した。そのうちいくつかは，MIグループの基盤となっている。リーダーからも他のメンバーからも**受容されること**は，MIグループの中心的な治療因子である。**ガイダンス**も重要な役割を果たしており，とくに，病気や新たな環境に適応していく際には不可欠である。しかし，情報的な要素をMIグループに組み込めたとしても，本来，MIグループは教育を主とするものではない。**希望の注入**もMIの鍵となる要素の1つであり，より良い将来を思い描き，過去の成功体験と自分の強みをふりかえり，利用可能な支援を検討することによって生じる。さらに，希望は，他者の成功体験を聞いたり，他者の変化を目のあたりにしたり，他人からサポートを受けたり，肯定的なグループ風土で生まれる楽観性を体験したりすることによっても，もたらされる。**自己開示**は，MIグループの重要な因子であり，とりわけメンバーが自分の直面する困難さに対して防衛的になっているとき（例：強制的なグループなど）に大切なものである。自己理解をより深めることは，視点を広げる段階において何より重要である。なぜなら，MIグループの最終段階において，メンバーがより充実した人生に向けて新たな行動に移るための土台となるからである。

　個別MIではあまり重視されていないが，MIグループでは重要なものとされる因子もある。**愛他性**は，MIグループにおいて重要な役割を果たしており，メンバーが自分のサポートや援助が他のメンバーの役に立っていると思えるので，後半の段階ではとりわけ大切である。**普遍性**も，個別MIではそこまでの価値は持たないが，MIグループでは変化をもたらす大きな力となり，開示，絆，メンバー間の相互支援を促進できる。**代理学習**も，個別MIにはないものであるが，リーダーがクライエント全員のチェンジトークを引き出すには時間が足りないMIグループにおいては，欠かせない要素である。むしろメンバーの状況や変化させたい行動が異なっている場合でも，リーダーがあるメンバーに焦点をあてている間，他のメンバーのグループへの関与を維持させ，変化のプロセスのなかでメンバーをつなげることで代理学習を促進する。

　治療因子のなかには，MIグループにおいて意図的なものではないものの，メンバーの体験に大きな影響を及ぼすものもある。**カタルシス**は，そのもっと

第4章　動機づけ面接とグループ治療をブレンドする　*59*

も明らかな1つであろう。それまで心の奥に押し込めてきた強い感情を体験することは，メンバーを解放させ変化に向かわせるかもしれないが，MIグループではカタルシス体験を引き出すことに焦点をあてない。**人との相互作用から学ぶことも**，MIグループのなかで変化を促進させるのに一役を担うかもしれないが，MIグループは，プロセス志向のグループアプローチ（例：Malat et al., 2011）と組み合わせるとき以外は，対人スタイルや対人間の影響に関するフィードバックを交えて対人学習を促進させることには明確に焦点をあてない。

第9～12章は，MIグループの4段階について述べ，そこでさらに具体的な治療因子とリーダー機能，グループプロセスの役割について概観する。

MIグループの発達

MIは，Carl Rogersのクライエント中心療法から発展してきたと考えられている。Rogers（1970）は，クライエント中心のグループの発達経路を概念化した。それによると，グループの最初は何を話し合うか，どうしたら互いに関われるようになるか，どう生産的になれるか，いかにして過去の出来事と体験と結びつけるか，焦点が定まらないものである。メンバーの安心感が高まってくると，話し合いは最近の体験や感情，心配へと移る。これによってメンバーの関与が深まり，バラバラで孤立的な個人の集まりから，一体感のあるグループへと変わる。メンバーは，自分を守るための防衛を減らし，互いに誠実になり，拘束的な社会規範から解放される。メンバーが，グループを新たな体験の資源とみなすようになってくると，率直さや誠実さが深まり，ときにはかつてないほどに自分の本当の考えや感情に気づけることがある。最終的に，他者への信頼感と自分が体験してきた成長プロセスへの信念が基盤となり，自分らしくいられる新たな道が開かれ，グループ外の関係性も広がっていく。

Rogersのグループ発達に関するプロセス志向の観点は，本書で示す4段階アプローチともぴったり一致する。**招き入れ**の段階では，メンバーが安心してグループに参加できるようにリーダーは手助けをし，彼らの置かれている状況と心配に焦点をあてるのと同じくらいに，初期のグループプロセスの促進にも焦点をあてる。グループが**視点の探索**の段階に入ると，メンバーがそれぞれの視点と状況を一緒に探索していくときに，リーダーはメンバー間の相互作用を深める。**視点を広げる**段階では，メンバーたちが新しい可能性について考え，消えていた希望を取り戻し，他者の視点を取り入れられるようにリーダーは手

助けする。**行動に移す**段階では，メンバーたちがグループ内でも日常生活のなかでも，実際に目標に向けて動き出し，新しい生き方を試すようにリーダーはサポートする。

共感と方向づけ

　MIグループのリーダーシップでは，共感することと，メンバーが自分の生活を向上させるような変化を実行できるように援助することとのバランスが求められる。このバランスは，クライエントが1人の場合でも難しいのに，まして個性のある10人を相手にしているともなれば，なおさら難しい。行きづまりを感じて，助言を欲しがるメンバーもいれば，他者の助言や期待にプレッシャーを感じ，忠告されると防衛的になり，プレッシャーを感じていなければ取り入れられたはずのよいアイデアにまで抵抗してしまうメンバーもいる。みたままに事細かく話そうとするメンバーもいれば，だれかと話し合う前に自分なりに整理するのを好むメンバーもいる。グループのサポートを喜び，他のメンバーと親しい愛着を築くメンバーもいれば，最初のうち，グループを社会的・情緒的なつながりとはみなさず，ただの情報源として捉えるメンバーもいる。

　個別MIの場合，動きを引き出そうとするときに，クライエントの反応をみて，早すぎるとみたら純粋な共感的焦点づけに切り替えることができる。しかし，グループの場合，メンバー全員の反応を同時にみることは不可能である。たとえ可能であったとしても，同じ出来事に対するメンバーの反応は一様ではないので，すべてのメンバーの反応に合わせて焦点を変えることはできない。

　グループのリーダーは，こうした難しさに直面することになる。メンバーたちはそれぞれ違うニーズを持っており，彼らの反応も違う方向を向いているようにみえたら，リーダーはどうすればいいのか？　前に進む準備がまだできていないメンバーが何人かいる段階で，もしリーダーがサポーティブで共感的な探索に切り替えたら，グループプロセスは行きづまってしまうだろう。かといって，準備できていないメンバーがいるときに無理やり推し進めれば，その人たちが置き去りにされるか，不満が溜まって広がり，やがてグループの対立を招いて，一時的にグループの進展が止まってしまうことになりかねない。したがって，グループをリードするときは，個別アプローチとは別の戦略が必要になる。

　また，個別セラピーでは，クライエントの反応に合わせて，焦点を変えたり，

ペースを上げたり落としたり，ムードを重くしたり軽くしたりするのは容易であり，クライエントが沈思している間はしばらく止まることも可能である。そのほうが有効だと思えば，クライエントの変化への関心を高めることに焦点をあてることもできるし，すぐさまクライエントの自信に焦点をあてるよう切り替えてもよい。準備できているクライエントであるなら，そうした切り替えについて説明せずに，直接，変化の計画を考えることに移ることもできる。

　グループでも同様に，メンバーのそのときの関心や準備性に合わせて，グループを非構造的なやり方で進めることも可能であるが，個別セラピーよりもかなり難しい。そのため，多くのリーダーは，セッションの暫定的な計画だけでも準備しておくようにしている。グループをどのくらい構造化するかは，メンバーのニーズと，リーダー自身の安心感の程度によって決まる。完全に非構造的にして，セッションの展開のなかで出てきたものを随時に扱うのもよいし，半構造的に話題だけを提供し，話題が逸脱しても最後にきちんとテーマに結びつけるのでもよい。あるいは，アジェンダに沿って最初から最後まできっちり時間を管理する構造的なアプローチでもかまわない。

　しかし，たとえ構造的なグループでも，直線的に進むことはあまりない。リーダーの意図にかかわらず，あるメンバーの意見や思いがけない話に，他のメンバーが反応するのは避けられない。ある人の動きは，別の人に嫌気を感じさせるものかもしれない。わずかな沈黙に居心地の悪さを感じたメンバーが，急に話題を変えようとすることもある。リーダーがグループを焦点に戻そうとしても，メンバーが別の方向に進みたがり，結局，扱えずに終わることもあるだろう。メンバーが話し合いを難しく感じると，話し合うことが不快になってしまう。

　よいグループリーダーシップは，忍耐力，柔軟性，創造力，そして同時にたくさんのアイデアと視点を頭に浮かべられる能力が求められる。また，グループが勢いを増しているときにガイドし，グループが迷走するときには引き戻すことも，よいリーダーシップといえる。個別MIと同様に，ガイドの原則は，可能な限り前に進むきっかけを探すものの，それが抵抗を引き起こしそうであれば無理に推し進めない。どんなときでも，前進しようとすれば，少なくとも誰か1人は多少のリアクタンスを示すものであるので，メンバーの防衛を気にしすぎる必要はない。要は，方向性を示しすぎたり，逆にまったく示さないことがないように，また速すぎて防衛を強めたり，遅すぎてメンバーが興味を失ったり不満を抱いたりすることがないように，バランスをとることである。

Velasquez ら (2013) では，グループのファシリテーションを次のように喩えている。

　　個別 MI アプローチをワルツとしたら，MI をグループに用いることは，シンフォニーを指揮することに似ている。メンバーそれぞれが自分の楽器を奏で，グループ全体のメロディーに貢献しながら，同時に指揮者にも応答している。同様に，指揮者は，楽器それぞれの相互作用はもちろん，全体のオーケストラ構成を導いていく。

　機能的なグループが，有能な指揮者によって指揮されるシンフォニーに似ているとしたら，グループの始まりは，初めて自分たちの楽器を一緒に演奏する少年の即興バンドを指揮するようなものかもしれない。調子外れで，まるでバラバラな曲を演奏しているかのようなバンドを。うまく扱えば，騒音は次第に音楽になっていく。バンドのメンバーたちは，体験を重ねることで調和を体得し，順番に自分のパートを演奏する。それぞれが自分の楽器だけを演奏していた状態から，グループ全体で一緒に曲を奏でるようになっていく。こうした少年たちのバンドの顧問に求められるのは，騒音から旋律のテーマを聴き取ること，そして，見込みがないようにみえるときでも，演奏者が上達できるように絶えず動機づける忍耐力である。この集中力と忍耐力は，新しいグループを始めるグループリーダーに求められるものと重なるところがある。

MI グループをファシリテートする

　リーダーにとって重要な仕事は，もっとも速いメンバーと先頭を切って走るのでもなく，もっとも遅いメンバーに合わせて抑えるのでもなく，グループをグループとして前進させることである。個々のメンバーとミニセッションを続けるのではなく，個人に焦点をあてる時間と，グループ全体にあてる時間を織り交ぜて一体化させる。これは，メンバーの関心やテーマ，または変化への準備性に関して，メンバーをつなげていくことで可能になる。メンバーは，他者に耳を傾け，他者から学び，時にはすべきでないことも学ぶ。そして，他者をサポートする方法をみつけていくなかで，メンバーは自信がつき，自分の進むべき道もみえるようになっていく。

　グループメンバーの前進は，個別 MI のクライエントのように，メンバー自

身の明らかなチェンジトークによってもたらされるわけではない。他のメンバーがどんなふうに困難に対処し，進んでいくかを聴きながら，常に自分自身の状況について考え，他の人が話している最中でも前進し続ける。個別MIでは，チェンジトークを生み出すのはそのクライエントだけであり，その点はグループMIと異なる。メンバーの共通テーマや苦労，または希望をみつけられるリーダーは，グループ体験を形作ることができる。そして，この進歩は，一歩一歩，直線的に進んでいくものではなく，むしろ飛躍的である。つまり，まるで山の斜面を転がり落ちる雪だるまのように，初めはゆっくりしているが，だんだん勢いを増していくのである。

　まず，MIグループをリードするための一般的な原則について説明していこう。4段階モデルの具体的な内容は，第9～12章で詳述する。

- 肯定的な面に焦点をあてる
- メンバーを，今ここに戻す
- 視点を探索し，現在に焦点をあてる
- 不平は聴くが，苦情は引き出さない
- 視点を増やし，将来に焦点をあてる
- 願望，ニーズ，計画，自分自身への肯定的な焦点をリフレクションし，探索する
- 自己効力感をサポートする
- セッションが終わるまでに，否定的な反応を和らげる

肯定的な面に焦点をあてる

　MIグループは，精神病理を治すことや，過去の傷つきやトラウマを克服することよりも，肯定的な成長に焦点をあてる。メンバーの問題解決を助けるより，彼らが肯定的になるのをサポートするほうが，より生産的である（Seligman et al., 2005）。肯定的な面に焦点をあてることは，MIグループが成功する鍵であり，リーダーが強調すべきところとそうでないところを区別する際の指針にもなる。グループで否定的な感情や不満に焦点をあてることは，個別セッションよりも危険である。個別の場合，クライエントが不満を言い出したときに修正するのは簡単であるが，グループでは，メンバーを黙らせない限り，他のメンバーの反応を統制するのは難しい。メンバーが不満や否定的感情に焦点をあて

ているとき，他のメンバーはサポートを提供することもあるが，一方で，相手が望んでいないのに助言したり批判したりすることもある。

> **MIグループは，精神病理を治すことよりも，肯定的な成長に焦点をあてる**

同様に，MIグループは，否定的な感情のカタルシスをもたらすことを目的としないし，「愛の鞭」やいかなる対立の形も用いない。さらに，グループの種類によっては，葛藤の発達や解決を，グループワークでの体験学習の重要な要素として捉えることもあるが，これはMIグループに不可欠な要素ではない。代わりに，MIグループでは，メンバーが変化への行動力と自信を持てるようになることに焦点をあてる。肯定的な要素に焦点をあてることによって，グループ場面で変化へのきっかけが生まれやすくなる。肯定的な要素とは，メンバーが自分の価値や目標と一致した生き方の重要性を感じること，他者とのつながりを感じること，互いにサポートできること，そして，努力すれば自分の人生を満足のいく有意義なものにできるという自信である。だからこそ，

> **MIグループのリーダーは，不満よりも希望を引き出し，苦労よりも進歩に焦点をあて，問題よりもその解決法を探索する。**

リーダーは，不満よりも希望を引き出し，苦労よりも進歩に焦点をあて，問題よりもその解決法を探索していくのである。

メンバーを，今ここに戻す

クライエントは専門家である援助者と自分の人生について話しているとき，自分が脆弱だと感じやすい。そのため，気恥ずかしく思うことや恥を感じるようなことを打ち明けるのを躊躇したり，上から目線で批判されるのを恐れたりする。グループの場合，知らない人だらけの部屋に入ること自体も，恐怖と心配を増大させるだろう。もし，リーダーが，例えば，過去の出来事や最近の状況，将来の目標といった「この場にないこと」から話を始めると，メンバーのひとりぼっちだという感覚を強化してしまいかねず，それによって，グループの融合に時間を要してしまう可能性がある。そのため，現在の考えと気持ちに共感しながら，グループを，今ここに戻すことが有効である。グループの意図について少し紹介し，互いの存在を感じさせながら，開示を始める準備をさせることによって，メンバーをグループに向かわせる。第8章では，メンバーが「この場にないこと」から「今，ここ」に慣れるよう手助けするための招き入れの方略について取り上げる。

視点を探索し，現在に焦点をあてる

　メンバーをグループに招き入れることができたら，生活や価値，状況，体験に関する彼ら自身の視点を探索することが次の課題になる。この際，メンバーの過去の出来事や体験の語りを，現在の生活に向けたものにそっと会話の舵取りをする。通常，MIは将来にもっとも着目するが，人はあまり将来に目を向ける習慣を持たないので，まず現在に目を向けることから始めて，MIの望ましい話し合いのスタイルに慣れてもらう。リーダーは，メンバーの頑張りと努力を強調し，多様な視点を提供してくれたことに感謝して，こうした時間を，メンバーを是認するチャンスにする。傾聴され，感謝を示されることを通して，メンバーは，サポートを体感できる。この焦点化は，メンバーの防衛を減らすのに役立ち，グループの凝集性を高める。理解され，受け入れられているという感覚，防衛を維持するニーズの軽減，そしてグループのなかでの他者との絆の体験といった要素はすべて，前進する際に直面する苦労や困難に対してメンバーを勇気づけるものになる。

不平は聴くが，苦情は引き出さない

　探索していくなかで，メンバーは自分の挫折や不満，不平を口にすることがある。その際，それを無視したり否定したりせず，また煽ったり増幅させたりもせず，それを認めて「一緒に転がる」ことが有効である。メンバーのちょっとした「発散」を許すことで，メンバーは話を聴いてもらって理解されたと感じ，より生産的に，目標や課題，希望へと目を向けるようシフトしやすくなる。メンバーの挫折は，彼らの問題の一部を反映していることが多く，ゆえに変化の動機づけにもなりうるのである。

　防衛を受け入れ，グループで「一緒に転がる」ことは，容易ではない。メンバー自身の抱えている状況，社会，治療システムを探索することへの防衛だけでなく，メンバーがグループ内で知覚している役割の張り合い（第8章参照），グループの内容や形式についてのリーダーへの異議申し立て，さらにはグループを導くリーダーの能力を疑ってかかるような形の防衛も，そのまま受け入れなければならない。

　第13章で，DownyとJohnsonは，リーダーが防衛（あるいは抵抗）を活用することを促しているが，私たちも賛成である。防衛を活用するというのは，不愉快なあるいは否定的な相互作用を無視するのではなく，不和のなかにあるエ

ネルギーを生かし，それをより生産的な方向に向かわせることである。しかし，不和を推進力に変えることは少し時間がかかる。なぜなら，急ぎすぎると，メンバーの表明した懸念が真剣に扱われていないようにみえてしまうからだ。否定的なコメントを受け入れ，そこから肯定的な部分をみつけよう。大切なのは，メンバーから批判されたときに，リーダーが防衛的にならないことである。

視点を増やし，将来に焦点をあてる

メンバーの現在の生活を，ことさら詳細に概観する必要はない（望ましくないともいえる）。その代わり，自分の現在の状況や視点をある程度話したら，メンバーに新しい視点を発展させ，狭い視点から抜け出せるよう支援しよう。過去の成功体験や現在の関心をいくらか探るのはかまわないが，基本的には，グループの注意を将来に向けるようにする。メンバーの視点を広げるのは，メンバーが認識している選択肢の幅を広げ，より良い将来につながる選択をしていくようサポートするためである。

願望，ニーズ，計画，自分自身への肯定的な焦点をリフレクションし，探索する

チェンジトークをリフレクションするタイミングには，いくつもの選択肢がある。メンバーは変わりたいと考える大きな理由を持っていることが多い。メンバーの喪失体験や失敗について，そこにはまり込んだままいるのではなく，変化への動機づけを高めるような方法でみていこう。今現在の漠然とした不安や反すう，自責感は，動機づけを高めるよりもむしろ下げてしまうことが多い。さらに，そうした感情が動いているときは，他のメンバーの同意（「そう，取り返しがつかないことをしたのはあなたよ」），批判（「それはわがままってものだ」），救済（「みんなやっているし，たいしたことじゃない」），あるいは助言（「元気を出して，前に進まなきゃ」）を引き出しやすい。こうした他のメンバーの反応は，動機づけになることもあるかもしれないが，裏目に出て自己批判や厭世的な考えを引き出す可能性もある。こうしたことは，グループのスピリットを失わせる。

そのため，苦痛を伴う自己発見や率直すぎる他者への同意を危惧する必要はなく，変化の肯定的な面にグループを焦点化していく。準備のチェンジトークの種類（願望，ニーズ，理由，能力）のなかで，変化への願望（生活がより良くなるとは，どんなふうになることだと思っているのか）に耳を傾けたり，理由と

ニーズのポジティブな面に焦点をあてたりする。メンバーの変化のニーズの語り（「このままだったら，すべてを失い，生きていく意味がなくなってしまう」）に対して，現実を認識させ，変化の可能性に目を向けさせる（「すると，あなたは今だんだん怖くなってきて，自分に残っているものを必死に握っているわけですね。あなたの手放したくないもの，または取り戻りたいものは何ですか？」）。

同じように，メンバーが自分の選択によって生じる困難に注目しているときは，難しい現実を認めてから，メンバーの計画を実行するのに使える資源に焦点を移そう（「確かに，これはとても難しそうですね… 成功の可能性を高めるには，どんなことができそうですか？　私たちにできることは？」）。

時折，メンバーが，自分の欠点など，自分自身について否定的に語ることがある。メンバーの自己評価や自己非難に対して，直接的に反論すること（「あなたは敗北者ではありません」）は避けよう。そんなふうに元気づけようとすることで，かえって否定的な自己批判の防衛を引き出してしまう可能性がある（「じゃあ，なんで私は今ひとりぼっちで，私には何もないわけ？　本当の友だちだっていないじゃない？」）。代わりに，是認する姿勢をとり，メンバー自身の自己に対する考えを広げることに焦点をあてたほうがよい（「私は，あなたが過ちを犯さなかったとは言いません。でも，今，あなたは正直であろうととても努力しているし，よくなるために必要なことに取り組んでいますよね。一時的に自分の進むべき道を見失ったとしても，他人のことを気にかける方もいれば，バラバラなものを元の形に戻そうとする方もいます。ですから，私からすると，そうしたことのなかにたくさんの誠実さがあるように思えます」）。

これをやりすぎると偽善と受け取られる危険性があり，また，タイミングによっては，メンバーがこうした応答を十分に受け入れられないこともある。ただ，ここでの目標は，負けるかもしれない論争はせず，メンバーの自分に対する不安に対して，単純に楽天的になったり，否定したりせず，代わりに，どこか肯定的なところに焦点を変えることである。メンバーの誠実性や正直さ，自律性，根性，あるいは他の強みなど，どこに焦点をあてるにせよ，目的はメンバーが自虐的に認識しているときに，肯定的な部分をみつけることにある。肯定的なところに再度焦点をあてることで，否定的な自己批判が和らげられ，メンバーは自分の強みをみつけることができる。

自己効力感をサポートする

自己効力感とは，自分が設けた目標を達成できるという信念をさす。治療上の課題の多くは，グループアプローチより個別のほうがやりやすいが，自己効力感に関しては，グループのほうがかなりサポートしやすい。「一緒に取り組む」ことのよさから，セラピストに言われるよりもショックを受けずに，メンバーが支え合い，自信を持てるよう助け合える。メンバーたちは，それぞれの体験を分かち合い，新たな体験をしたり行動しようとするときに，互いをモデルにすることができる。だれかが挫折をしたら，他のメンバーが同情を示し，もう一度挑戦する決断を支えることができる。メンバー同士で，一緒にあれこれ意見を出し合ったり，ともに練習したり，自分が変化のためにやってみたことでつかんだコツを共有することもできる。過去から解放されたことから得られた強みと成長に注目しながら，メンバーに共通する体験やテーマをリフレクションしよう。ただ，メンバーが自分自身の成長にとって重要なことよりも，他人の目標を自分の目標としてしまう危険性がある。そのときは，物事の改善の意味は人によって異なるのだと再度伝えよう。

セッションが終わるまでに，否定的な反応を和らげる

グループをリードする時間が長ければ，緊張と葛藤の場面は避けられない（しかも，初回のグループの導入の数分間のうちに起こるかもしれない！）。そのため，それらに対処するための準備をしておくことが大切である。MIグループでは，葛藤解決の成功体験を与えるために意図的に葛藤を展開させたりはしないが，それでも葛藤は時々起きるので，そのときに肯定的な解決を促すことが重要である。リーダーが，意見の一致を探るとしても，不一致を認めるとしても，メンバーが恥や攻撃された感じ，屈辱，被威圧感，グループ内での孤立感，または他のメンバーへの憤慨といった気持ちを抱えたままグループを終えることがないように。メンバーに恥や攻撃された感じが残ると，あとから思い出して，グループに戻らなくなるかもしれない（例：Malat et al., 2011）。その場の攻撃からメンバーを守ることも非常に大切だが，感情がグループから漏れ出さないように，批判をグループの一部として留めておくことも重要である。メンバーの攻撃的な行動は管理する必要があるが，友好的でサポーティブな人だけが対象ではないので，グループ体験がメンバー全員にとって治療的なものにならなければならない。

MIグループのスピリット

第3章で述べたように，MIモデルの正式な構成要素は，パートナーシップ，受容，共感，喚起である (Miller & Rollnick, 2013)。クライエントに対して深く敬意を払うことと，彼らの可能性に対して楽観的態度を示すことは，MIグループのスピリットの基盤となる。メンバーは，非生産的な選択をしたり，自己破壊的行動をとったり，責任や可能性を無視したり，攻撃的な行動をとったり，時には他者を傷つけたりするかもしれない。それでもやはり理想的な状態は，メンバーを価値や強み，その人らしい独自の能力を持った1人の人間として，畏敬の念を持って接することである。だれもが，彼らの奥に潜んでいる可能性や将来の可能性を知ることはできない。目標は，メンバーが自分の人生をよくしていこうとするときに，彼らのもっともよい自分を引き出そうと手助けすることである。価値ある人としてメンバーを尊重することは，メンバー間の相互作用のスピリットに影響を与える。同様に，メンバー同士が互いによいところをみつけ，希望を築くことを互いに手助けするよう，リーダーが明確に促すこともできる。自分はよくなれると信じている楽観的なメンバーは，障壁がなくなるのを待たずに動き出し，動き出すことによって実質的な変化の勢いを作り出す。楽観性は，MIグループのもっとも中心的な特徴といえるかもしれない。

> 楽観性は，MIグループの中心的な特徴といえるかもしれない

このスピリットを向上させる1つの方法は，言葉の使い方に注意を払うことである。まずは，レッテル貼りをやめることから始めよう。例えば，「統合失調症」「アルコール依存症者」「犯罪者」のようなラベルは，その人の肯定的な要素を無視し，貶め，ある否定的な属性だけに焦点を絞ってしまう。レッテル貼りは，メンバーが自分の考えを広げ，自己受容を深めることを妨げる。確かに，メンバーのなかには，こうした自己定義によって自分のことをより理解できたと感じる人もいる（「自分はアルコール依存症者だから，再飲酒のリスクを冒さないために，一滴も飲まないんだ」「統合失調症なので，自己判断で薬をやめたりせずに，服薬を続けなければ」）。しかし，自己定義によって自己理解が深まることと，他者に貼られたラベルに封じ込められることとは，別物である。そのため，リフレクションするとき，自己定義を明確にすることが必要だと感じた場合でも，「アルコール依存症者として，あなたは…」とラベルを固めさせず

に，「ご自身をアルコール依存症者とみなすことは，あなたにとって，〜というふうに役立つわけですね」と，クライエント中心の視点をとり，クライエント自身の捉え方を強調しよう。メンバーが苦労している状況にある障壁に焦点をあてるのはよいが，メンバー自身をその状況を表す例としてみなさないこと。その人の病理は理解しながらも，その人をラベルで一面化してはならない。

自律性を強調することも，MIグループのスピリットの重要な部分である。メンバーが，自分の人生は自分のものであると強く感じられるようになることは，成長のチャンスを増やす。これもまた，MIグループのスピリットの重要な一部である。第14章では，リーダーに次のことを勧めている。「グループの助けになる行動を是認し，できる限りグループであらゆる意思決定と責任がとれるようにする。さらに，回復し，責任を担い，思いやりのある人間でありたいという，女性それぞれの内なる願いを引き出し，目にみえるようにするためのあらゆる機会を逃さず活用する」。また，（メンバーの）自律性を強調することは，「メンバーが無力さを感じていても，自身で人生を統制できると励ますことができる。そして，メンバーが無視されているとか，不当に扱われていると感じているときに，批判的にならずに敬意を示すことができる。また，時間の経過に伴い，脅威とならない環境が生まれ，それにより変化が起こりやすくなる」（第15章）。

自律性の強調には，助言ばかりしようとするメンバーに対し，方向性を変えさせることも含む。助言は，善意によるものが一般的であり，他のメンバーを助けることに心から興味のある人がすることである。助言は妥当なもので，受け手の関心にも合うかもしれない。しかし，助言は，受ける側が提案されたことを（ただ考えてみるだけでなく）やってみるのを期待するコミュニケーションであり，メンバーの強い自律性の感覚を喚起するMIグループから遠ざかってしまう。MIでは，たとえそれが間違っていたとしても，自分自身で立てた計画を達成するために，相反する考え，感情，価値について検討してみることがめざされる。一方，助言は，自分の状況やスタイルにあまり合わないようなアイデアまで，たいして考えずに試してしまう（あるいは助言にまったく耳を傾けない）リスクをもたらす。通常は，選択肢について慎重に考え，自分にあった計画にするためにどうするかを決め，次善の策も用意しておき，自分がやろうとしていることやなぜそれをやっているのかについての明確な視点に立って初めて，変化のための関与を深めることができる。

メンバーが頼まれてもいない助言をするときには，そのメンバーに，相手に

第4章 動機づけ面接とグループ治療をブレンドする　*71*

アドバイスをしてよいか許可を得てからにするようにと導くことが1つの手である。

　「カーメン，あなたはマリーが自分の二の舞いにならないように，彼女を救ってあげたいようですね。とてもサポーティブな行動だと思います。でも，助言を求めていないマリーに対して，あれこれすべきことを伝えても，彼女は聞く耳を持たないかもしれません。マリーが今，助言を聞く準備ができているか，尋ねてみては？　もし，マリーが聞くと答えたなら，彼女自身で決めるべきことには口を挟まずに助言をしていただけますか？」

　この場面では，リーダーは，助言するメンバーの利他的意図を認めてから，そのメンバーの行動の気がかりな点を伝え，まず助言を受ける側の同意を得るのはどうかと尋ね，そのあとで，進むべき方向を示すのではなく，考えられる1つの可能性としてアイデアを述べるようにとガイドしている。

　余計な助言に対処する別のアプローチは，話題の中心となっているメンバーが暫定的な計画を練るまで，いかなる助言も先延ばしするとグループで決めることである。そして，メンバーが自分にとって有効だったこと，または自分がみてきて有効だと思ったことについての意見をまとめるように（直接的な助言をするのではなく）促す。助言を，メンバーが選ぶ（あるいは選ばない）ことのできる選択肢にすることも，自律性を促進する。もちろん，リーダーも余計な助言は避けたほうがよい。メンバーは，リーダーが示す方向性よりも，リーダーの行動に従いやすいからである。

　まとめると，MIは自分の人生を肯定的に変化させようとするのを手助けするものである。しかし，MIのスピリットは，あるがままのその人を受容することである。このスピリットは，変化しなければならないというメンバーのプレッシャーを取り除くのに役立つ。そして，そのことはメンバーの防衛を減らし，さらにメンバー自身が変化することに対してより自由に考えられるようになるのにも有効である。馬の調教師であるMonty Roberts (1999) は，こう述べている。「15分しかないと思ってやると丸一日かかることでも，丸一日あると思ってやると15分で終わることもある」。受容を示すことは，メンバーが自分自身を受け入れるのにも役立つ。受容されるとメンバーはリラックスし，それによって創造的になり，しなければならない不快な作業として変化を捉えるのではなく，変化することで何か得られるはずだと考えるようになる。

MIプロセスを活用する

　第3章で，個別MIモデルの4つのプロセスである「招き入れる，焦点化，喚起，立案」(Miller & Rollnick, 2013) について説明した。本書では，この個別MIモデルの4つのプロセスと，MIグループの4つの段階は，重なりながら相補うものと位置づけている。MillerとRollnickは次のように主張している。個別MIでは，このプロセスは原則として順次に起こるものだが，段階や位相を意味しているわけではない。なぜなら，どんな時点でも，1つのプロセスだけに焦点をあて続けるよりも，別のプロセスに焦点をあてたほうが有効な場合があるからだ。例えば，クライエントのチェンジトークを喚起する際，リーダーが防衛にぶつかって治療同盟が揺るがされることがあれば，招き入れに焦点を戻すだろう。同様に，計画を立てるプロセスで，その目標が理想的なものではないとわかったなら，もっと適切な計画を立て直すことに焦点を戻すのが大切である。では，個別MIプロセスが，どのようにMIグループの段階に合うのかを考えていこう。

　招き入れるプロセスは，MIグループの第1段階の**グループに招き入れる**にあてはまるのは明らかである。第9章で論じるように，招き入れるプロセスは，単回の個別MIよりもグループのほうが関連が強い。メンバーとグループの実施者が話すことで1対1の関係性を築くのでなく，部屋にいるグループメンバー全員が，それぞれの好みや価値観，対人関係の持ち方は異なるものの，互いに打ち解けて相互規範を作り，MIに一致したスタイルで互いをサポートできるようにしなければならない。MIグループでは，グループ前のオリエンテーション（あるいはスクリーニング）でメンバー候補者と会うので，初回のグループミーティングの開始前から招き入れ始めていることが多い。また，メンバーが自分の探索と，変化をサポートするグループプロセスの両方に同時に関与し続けられるよう，終始，4段階に関与し続けることに焦点をあてる。

　焦点づけのプロセスは，MIグループの第2段階である**視点の探索**にもっとも関連が深い。焦点づけは，クライエントが向かう目標を明確にするものである。個別セッションのなかでも，状況をより良くするという最終目標を達成するのに向けて目標を定めるのはとても難しい。なぜなら，大半のクライエントがこの時点でわかっているのは，今の自分の状態は嫌だということだけだからだ。しかし，こんなふうに，臨機応変にMI方略を使うことができる。過去を

振り返ってから，先のことを考える。価値と強みを探索してから，それらのすべてを見込みのある達成可能な目標に織り込ませるなど。とりわけ初期のグループでは，リーダー（とメンバー）は，メンバーたちの話をよく知らないので，グループのなかでクライエントの課題を出し入れするのはかなり難しい。そのため，メンバーの価値を探るのはもちろんのこと，彼らのライフスタイルや典型的な一日の過ごし方，現在の状況と変化の可能性における両価性などを探索することで，変化の土台を作るために時間をかける必要がある。

　グループでの焦点化の際は，個人の場合より，さらに明確な会話の形式が用いられる。話題の焦点を設定したり，持続させたり，あるいは変えたりするときには，よりはっきりさせる必要がある。また，メンバーの進みが遅すぎたり速すぎたりする，焦点が狭すぎたり拡散する，あるいはうわべだけになったり深刻になりすぎる，といったようにグループが最大限機能していないときには，生産的な方向性で会話を形作らなければならない（第8章でも論じる）。

　喚起することは，MIグループの第3段階の**視点を広げる**にあてはまる。喚起とは，変化に対するクライエントの考えや感情，動機を引き出し，強化することである。クライエントの視点を喚起するプロセスは，MIグループが他の治療的アプローチと異なる点である。他の治療的アプローチでは，専門家の教示や助言，提案，あるいはクライエントの症状をある理論的モデルにあてはめるといった専門的な情報提供に焦点があてられることが多い（Wagner et al., 2013）。個人との相互作用に比べて，MIグループで喚起のプロセスを用いる場合，リーダーはグループ内でかなりうまくそれをやらなければならないという難しさに直面する。グループでは，クライエント1人あたりにかけられる時間が限られているので，変化のための動機づけにおいては，クライエントのチェンジトークが明確に喚起されたときだけに頼るわけにいかない。クライエントが沈黙していたり，他のメンバーの話を聞いていたり，自身の反応について考えたりしているときも，どんなときにもクライエントが変化に向けて動いていくように，リーダーはグループをリードしなければならない。したがって，リーダーは，通常，クライエントが自分の状況や困難，これから将来の可能性についての視点を増やせるよう支援する。これは，人が身体的，社会的，認知的，情緒的な資源が危機に瀕していなければ，人は時間を有効に使えて，自分の置かれた状況を向上させることができるという，肯定的な感情の役割に注目したFrederickson（2004）の肯定的感情の拡張‐形成理論を組み合わせたものである。

　個別MIプロセスの最後は計画を立てることだが，これはMIグループの第4

段階の**行動に移す**でもっともよく使われる。個別MIでは，計画を立てる際には，変化の計画を作って実行することが含まれる。通常，MIグループでも，計画を立てるところから，変化に向けた行動を移すところまで展開させる。MIグループを完全に準備期間と捉え，変化を作り出すことにコミットしている最中で終わらせてしまったら，ほとんど意味がない。一方，生産的なグループは変化のための強い力になるので，継続的なサポートや励まし，ガイダンスを提供し，また，初期の変化の試行がうまくいかなかったときのための安全策として，グループを活用するとよいだろう。グループの推進力の強さは，個々のメンバーの「グループ外」の生活の変化によって生じる。MIグループが実施される臨床現場によっては，すべてのMIグループが行動段階まで移せないこともあるが，この点もMIグループモデルの重要なところだと私たちは思っている。

OARSコミュニケーションを活用する

　MIグループのリーダーは，第2章で言及した技法と方略をグループに合わせて用いる。OARS（開かれた質問，アファメーション，リフレクション，まとめ）は，基本的なコミュニケーションスタイルであるが，グループの凝集性を高め，焦点化させ，さらにメンバーに自分自身の変化の目標に焦点をあてさせるためにも用いられる。Velasquezら（2013）では，まず，あるメンバーの発言にリクレクションし，次にグループ全体に対し開かれた質問をして共通テーマを作ることは，グループの会話を促進するのに有効であると示した。

　その研究では，リフレクションと開かれた質問が強調されているが，同じように，アファメーションとまとめを使うことができる。アファメーションは，誠実で控えめなものでなければならないことに留意する。つまり，リーダーが気の利いたことをしているつもりになったり，自分のことをチアリーダーであるかのように感じたりしたなら，そのときはアファメーションするのをやめておいたほうがよい。アファメーションがやりすぎのようにみえたり，みせかけと思われたりすると，グループのクライエントは，暗に批判されているのかもしれないと解釈したり，リーダーへの信用をなくしたりするからだ。Velasquezら（2013）は，以下のように述べている。

　　私たちは，よいアファメーションとは，慎重で，誠実で，具体的なものだと確信している。温かく，偽りのないふるまいで，アファメーションを伝える

のがよい。性急で，何の気なしに放り出すような，アイコンタクトもとらずに行うアファメーションは，表面的な印象を与える。こうしたアファメーションの「ふるまい方」は，偽善や空虚な賞賛に敏感な人たちを対象にした場合，とりわけ重要である。

アファメーションは，褒めるのとは異なる。根本的な目的は，変化への動機づけを高めることであり，ただメンバーを心地よく感じさせるためのものではない。リフレクションに関して，さらに以下のように述べている。

　　クライエントの発言をリフレクションするのは，少ないほうがよいのだ。メンバーの心配事に共感的に焦点をあて続ける代わりに長いリフレクションをすると，教育的になって，会話のやりとりを支配してしまう。反対に，短いリフレクションのほうが，メンバーの意見をきちんと理解していることが伝わり，与える影響も大きい。したがって，時には，メンバーの話したことの意味を強調し，メンバーの発言に影響を及ぼすような，ほんの一言か二言を述べるほうが，リフレクションの力は大きくなる。グループでは，メンバーが挙げた鍵となる意見を具体化し，方略的に話に切れ目を入れるようなリフレクションをすることで，チェンジトークや実行トークといった何人かのメンバーの反応を明確化し，注意を向けさせることができる。

　まとめることは，個人セラピーで用いられているのと同じように，グループでも使える。つまり，以前出た話の内容にリンクさせ，一時的に仮止めとなるポイントを提示し（話題を進めたあと，会話のなかで鍵となる点をしっかりおさえ，再び前進する際の基盤を提供する），新しい話題に切り替え，話し合われた問題やメンバーの変化に向けた進展をまとめて，セッションを終わらせる。グループの場合，リーダーは**プロセスのまとめ**をすることが多い（いかにしてメンバーが互いにサポートし，互いのコメントを役立てたかに焦点をあてたまとめ）。まとめは，共同体感覚を強めるだけでなく，グループ環境から日常生活に移行するための手助けにもなる。

　本章では，MIの構成要素をグループ場面に統合することについて概観した。次に，MIグループの実証的根拠を概観し，第8章の実践的な内容に進む前に，グループのデザインと実施について述べていく。

第5章

実証的根拠に基づいた動機づけ面接グループ

　優れた動機づけ面接（以下，MI）グループの実践とは，どのようなものか？ それは，個別MIや集団療法，もしくは通常のセラピーの要素とどれくらい類似しているのか？　MIグループのモデルのうち，どれが最良の実践なのか？ こうしたグループは，他の臨床場面や人々にどんな影響をもたらすのか？ MIグループの要素のうち，個人の成長にもっとも関連するものと，グループの凝集性という機能にもっとも関連しているのは何か？　本章では，これまで述べてきたMIグループや調査研究が示しているデータを概観していく。全体的にみて，MIグループについての実証的根拠は信頼できるものであるが，現時点ではまだ限界がある。MillerとRollnick（1991）が最初の著書で示した個別MIの実証的根拠と同程度の発展段階にあるといえよう。

MIグループの定義

　MIグループとは，①MIのスピリット，プロセス，技法を用いて，変化のための動機づけを高めるもの，②変化を促すために，メンバー間やリーダーとの健全な交流を促進するもの，③物理的空間を共有するなかで，1人以上のリーダと2人以上のメンバーがいるもの，と定義される。MIグループは，MI方略に依拠するものをさす。一般的に，CBTのような臨床実践では，MIと他のアプローチを組み合わせた研究がすでに確立されている。MIグループは，教育を目的としたグループでのやりとりとは，次の点で異なる。まず，MIグループは，グループの相互作用に拠っており，それが変化を生じさせる。また，変化への関心を築いて維持させるために，情報提供は変化に必要な最低限度に抑えられる。本章で概観する実証的根拠には，他の種類のグループ（例：CBT）の前に個別MIセッションを実施した研究や，インターネット上でのディスカッショングループは含まないものとする。

MIグループの成果に関する実証的根拠

個別MIは，さまざまな問題領域において行動変容や症状の改善をもたらしており，その有効性を支持する優れた臨床実験の論文が多数存在する (Burke et al., 2003; Hettema et al., 2005; Lundah et al., 2010; Rubak et al., 2005)。一方，MIグループは近年になって行われるようになったものであり，これまでの研究では，主な対象行動として物質使用に焦点をあててきた。加えて，単体の治療として実施されたMIグループの研究は，まだほとんどない。つまり，MIグループは他の治療の前に行われるのが大半であり，MIグループに特化した有効性についての結果は示されていない。限られた数の研究であるものの，これまでの研究ではMIグループの信頼性が示唆されている。

本章では，MIグループとMIを組み合わせたグループの両方に焦点をあてる。**MIグループ**とは，グループ治療の文脈のなかで，MIのスピリットと方略，プロセスを用いているものをさす。**MIを組み合わせたグループ**とは，MIの要素とCBTなど異なる介入の要素を組み合わせたものをいう。

MIグループ研究

公開されている12本の研究論文と1本の博士論文では，MIグループは他とは明確に異なる介入として述べられている。これらの研究で取り上げられているMIグループは，すべて成人と青年の薬物使用を対象としたものであり，そのうち1つは外傷後ストレス障害 (PTSD) も対象としている。2つの研究が，無作為臨床実験をしていた (LaChance et al., 2009; Noonan, 2000)。前者は，1回限りの3時間のMIグループのほうが，同じ時間で実施されたアルコール情報グループやアルコール問題に焦点をあて，3時間セッションを2度行ったグループと比べて，大学生の飲酒を減らすうえで絶大な効果があったことを示した。後者は，1回限りのMIグループと教育セッションを比較した。この教育的セッションは，退役軍人組織に属する54名の成人男性を対象として，広範囲の物質乱用治療の前に実施されたものだった。結果，どちらのグループにも違いはみられなかった。おそらく，広範囲にわたる治療という文脈において，この小グループの1回のみのセッションでは効果がみられにくいと考えられた。この他の5つの研究は，非無作為実験であり，MIグループと通常通りの治療やアセスメントのみを実施した統制群と比較するものだった。それらの結果から，

MIグループの成果に関する情報を得ることができた (Brown et al., 2006; Foote et al., 1999; Lincourt et al., 2002; Michael et al., 2006; Santa Ana et al., 2007)。この分野における別の研究では、非比較化もしくはパイロットデザインが用いられていた。

まとめると、これらのMIグループ研究は、想定される変化のプロセスにMIグループが影響を与えることの予備的な実証的根拠といえる。MIグループは、物質使用を軽減するための他の積極的介入と同等の効果があり、治療やアフターケアへの継続参加の質を高めるものといえる (Burke et al., 2003)。それらの効果は、個別MIと共通しているが、MIグループについては、方法論的な質を向上させたより広範囲な研究デザインが求められる。この文献研究の大きな弱点は、物質使用以外の対象がほとんど存在しないことである。

MIを組み合わせたグループの研究

MIを組み合わせたグループとして公表された研究には、13の無作為実験と7つの非無作為比較実験、研究者が経時的に対象者を観察した7つの事例研究がある。これらの研究で一般的だったのは、1～4回のMIを組み合わせたグループか、他の治療の前に実施されたMIグループであった。無作為実験は、主に物質乱用に焦点を置くものであった (Bailey et al., 2004; Hayes, 2007; John et al., 2003; LaBrie et al., 2007; LaBrie et al., 2008; LaBrie et al., 2007; Marllatt et al., 1995; Norman et al., 2008; Rosenblum, Foote, et al., 2005; Rosenblum, Magura, et al., 2005)。これらの研究は、思春期や大学生の若者、成人の飲酒者、他の物質乱用のある外来患者やホームレス、精神疾患の患者と思春期の喫煙者を対象としていた。3つの研究は、次のような対象行動も含んでいた。女性のHIVリスク (Carey et al., 2000)、性感染によるHIV/STD (性感染性) リスク (Schmiege et al., 2009)、それから大学生の社会恐怖である (Hayes, 2007)。

これらの研究は、1～4回のセッションのMIを組み合わせたグループが、未治療や通常の治療よりも優れており、わずかな例外を除いて、他の積極的介入と同等のものであることを示していた。他の積極的な治療と比較すると、これらの結果は、個別MIの結果と類似していた。しかし、これらの研究におけるMIグループは通常、より包括的な治療の一環として行われており、組み合わされた要素の効果については明らかにされていない。

MIを組み合わせたグループの他の研究は、次のようなものだった。慢性的な精神疾患を抱えた物質乱用者のためのMI/CBTの長期モデルを発展させた

もの (Bradley et al., 2007)，精神疾患を抱えた物質乱用者の関心に合わせて試行的に適用させたもの (August & Flynn, 2007)，DVによる家庭内暴力カリキュラムにおいて物質乱用を扱うためにMI方略を追加したもの (Easton et al., 2000)，MIを親密なパートナーへの暴力を対象とした変化の段階（以下，SOC）教育モデルと組み合わせたもの (Alexander et al., 2010)，16週の閉鎖グループにMI，CBT，SOCの内容を組み合わせて問題となるインターネット使用に取り組むもの (Orzack et al., 2006)，ギャンブル問題のためにMIとCBTを統合させたもの (Oei et al., 2010)，大学生の飲酒乱用のために，MI/CBTの1回限りのグループを実施したもの (LaBrie et al., 2006)，そして，飲酒運転のリスクを減少させるためにMI原則を用いてアセスメントにフィードバックと情報を追加して伝えたもの (Beadnell et al., 2012) である。こうしたさまざまな研究が，MIの有効性について確固たる結論をもたらすわけではないが，創造的にMIを組み合わせたグループを行うことは，さらなる検証において価値あるものといえる。

記述研究

短期精神医療において，物質使用の青年に対して実施したMIグループについての記述研究が存在する (Carter et al., 2005)。グループでは，メンバーに生じている問題は，変化を起こすための青年自身の有力化の感覚を高めるものとして扱った。具体的には，個人の選択や統制を強調する，グループメンバー間で物質使用について話し合う，リフレクションを用いた傾聴によってグループとリーダーへの絆を強化する，アファメーションとサポートを提供する，仲間同士のサポートを促す，青年自身の変化への動機づけを探索する，そしてメンバーが小さな目標を立てられるよう導くといった技法が用いられた。コカイン使用者を対象とする，MIとSOCを組み合わせた半構造化面接について論じたものもある (Velasques et al., 2005)。そこでは，グループでの話し合いのあとに，セラピストが話題を提示する。リーダーは，テーマと関連づけながら，変動するメンバーの変化への準備性の程度によって，変化を促進させた。結果，動機づけ面接治療統合尺度 (Motivational Interviewing Treatment Integrity Scale) のMIスピリットと共感において，高得点が得られた (MITI-2; Moyers et al., 2005)。

特定の対象者のニーズを扱うために，いくつかの要素が組み合わされた記述研究も，わずかながら存在する。ある研究では，摂食障害の女性を対象に，MIと関係理論を組み合わせた12回の「熟考」グループを実施した (Tantillo et al., 2001)。別の研究では，MIと心理劇を組み合わせて，精神科病棟の患者がグル

80　第 I 部　動機づけ面接グループの基礎

ーププロセスに参加し，薬物使用についての両価性を探索するロールプレイが
行われた(Van Horn & Bux, 2001)。

閾値に対する懸念とデザインの組み合わせ

　MIの効果が得られるほどには，十分なMIの介入が実施できていない研究も
存在した。また，MIグループを広範な治療の一部分としてしか用いていない
研究もみられた。どちらの場合も，それらの結果からMIグループについて言
えることはほとんどない。MIを組み合わせたグループ介入のなかで，もっと
も浅い取り組みであったのは，カナダの学校で実施されたウェブを用いた喫煙
への介入であり，10分間のMIグループセッションが複数の構成要素のうちの
一部として位置づけられていた(Norman et al., 2008)。10分間のMIグループを
リードするセラピストは，プロトコルを遵守していると点数化されていたが，
MIの忠実度は点数化されていない。その介入では，全体の喫煙率でみると，ウ
ェブを用いた注意制御群と同等の結果が示された。しかし，統制群と比べる
と，多量喫煙者が減少していた。Johnら(2003)は，複数の要素が組み合わされ
た9セッションのグループ治療に1回だけMIグループセッションを組み込ん
で，成人のアルコール依存症者の無作為実験における3回の個別MIと比較し
た。それによると，交絡要因を統制した後でも，複数の要素が組み合わされた
グループの介入は，個別MIと比べて，自助グループへの参加率を高めること
が明らかになった。Rosenblum, Maguraら(2005)は，成人の物質乱用者を対象
とした無作為実験において，MIグループ4セッションにCBTグループ16セ
ッションを追加したものと，CBTグループだけを20セッション行ったものを
比較した。どちらのグループも，参加率，断酒日数，アディクションの深刻さ
の測定値において，同様の値に達した。Hayes(2007)は，大学生の社会不安，社
会恐怖，飲酒について検討するために，MIグループ1セッションとCBTグル
ープのセッションを組み合わせたものと，CBTグループと比較した。これら
の積極的介入はどちらも，社会不安，飲酒，飲酒による否定的な結果を軽減さ
せるなど，類似した成果をもたらした。

　Oeiら(2010)は，ギャンブルの問題に対して，グループと6週間の個別CBT
にMI介入を追加したものを比較した。どちらも，待機者群と比べると，ギャ
ンブルの頻度，ギャンブルの認知，渇望において大幅な減少がみられたものの，
人生の満足度についてはMIとCBTのどちらが介入の決定因であったのか確認
されていない。

　Alexanderら(2010)は，多数の男性のDV加害者に対して，26週間のMIに

SOCグループを追加したものと，26週間のCBTにジェンダーの再教育グループを追加したものを比較した。その結果，MI/SOCグループはCBT/GRグループに比べて，パートナーからの暴力に関する女性からの報告が大幅に減少した。なかでも，当初，変化への動機づけが低かった男性にその傾向が顕著であった。Schmiegeら(2009)は，性体験のある思春期の加害者を対象に，まず，グループ活動やビデオ視聴，コンドームの使用方法のデモンストレーションを取り入れたHIV/STDのリスク軽減介入プログラムを行い，その後に，MIグループセッションと性的場面における飲酒の危険性ついての個別フィードバックを実施した。この研究では，MIグループ単体の要素について調べることはできないが，こうしたハイリスク群の若者に対して性的なリスクを軽減させるには，HIV/STDのリスク軽減介入プログラムにMI要素を加えることが不可欠であると示唆された(プロセスや結果については，次項にて述べる)。

　総体的にみて，短期のMIグループや他の治療にMIグループの要素を組み込んだプログラムの研究は，MIグループの要素がどのように統合されるのかの例を示すものであり，グループの相互作用が効果を生むための最小閾値を超えることを証明するものである。

MIグループは治療プロセスにどのような影響を与えるのか？

　MIグループに関する近年の文献は，臨床と研究のいずれの領域でもさまざまなものが公表されている。統制群を用いた研究は限られているものの，新たな実証的根拠から，MIグループは，両価性の認識を高め，自律性を支援し，変化への関与を強め，治療への招き入れや参加を促すことが示唆されている。MIグループは，これまでグループの研究者が懸念してきた医原的な悪影響を防ぐ効果もある。

> MIグループは，両価性の認識を高め，自律性を支援し，変化への関与を強め，治療への招き入れや参加を促す

MIグループは，自律性と両価性の認識を高める

　外来患者の物質乱用治療の前段階として，だれでも参加できる4回のMIグループを加えたところ，メンバーの自律性，サポートの捉え方，両価性の認識を表す数値が上昇し，標準的な治療だけの場合よりも高くなることを，Footeら(1999)が明らかにした。彼らは，MIに則したコミュニケーション戦略を用

いることで，意図的に問題のあるやりとりを異なった形のものにした。

MIグループは，自己効力感，行動意志，変化への準備性を増加させる

　大学生を対象とした飲酒問題の強制的治療に関する無作為臨床実験では，3時間のMIを1セッションと個別のフィードバックグループを組み合わせたところ，2セッション（6時間）のアルコール教育と価値観探究グループと比べて，自己効力感と飲酒の危険性に対する認識が高まり，飲酒における楽観的予期が低くなった（LaChance et al., 2009）。MIグループは，社会的圧力，情緒的ストレス，楽観的飲酒という3つの高リスク状況において飲酒を拒否できる自己効力感を高めたことで，危険飲酒を減らすことができた。飲酒行動に影響を及ぼす自己効力感は，介入後3カ月と6カ月においても認められた。このモデルに含まれる要素を3時間の心理・社会的HIV/STDリスク軽減グループの介入に加えることで，肯定的な態度，規範に対する認識，より安全な性行動を行う意思が大きく改善することをSchmiegeら（2009）がみいだした。この研究は，高リスクな青年に対して行われたもので，対象者の自己効力感，安全なセックスをする意思と行動は，3カ月後のフォローアップ調査でも確認された。学習障害のある成人を対象とした非比較実験において，自身の飲酒問題について熟考前段階にある人と熟考段階にある人で分類したところ，3回のMIグループを受けたあとは，変化への準備性，自己効力感，飲酒行動の変化への関与が高まることが示された（Mendel & Hipkins, 2002）。

MIグループは，治療への招き入れ，参加，修了を増やす

　裁判所命令により物質乱用の治療が義務づけられたものの，治療目標を立てられずにいる外来男性患者に対して，治療の前段階として6回のMIグループ介入を行ったところ，幸先のよい結果が示された（Lincourt et al., 2002）。この介入は，OARS，MIスピリットと原則，重大性と準備性の得点化，チェンジトークを引き出す，変化の計画といったMI方略と，関連する方略（例：意思決定バランスや個別のフィードバックなど）を統合したものであった。MIグループの参加者は，標準的なケアを受けた人に比べて，治療を修了した割合が高く（56% 対 32%），欠席も少なく，メインの物質乱用治療においても治療目標を達成しやすいというセラピストの評価が得られた。

MIグループは，アフターケアの参加率を高める

　非無作為実験により，重複診断を受けた入院患者への治療として，2回のMIグループと生活上の問題を話し合う統制グループを比較したところ (Santa Ana et al., 2007)，MIグループの参加者は，話し合いグループと比べて，アフターケアのセッションに参加する人が2倍以上も多かった。この介入では，MIスピリット，OASコミュニケーション技法，MI方略 (例：両価性の探索と正常化，重大性の得点化，自信・価値観・強みの探索など) を統合させた。また，関連する方略として，意思決定バランスの課題と，個別でのフィードバックも行われた。さらに，メンバーの参加を促し，言い争いを起こさせないためのガイドラインも作成された。

MIグループは，問題に対する認識を高める

　PTSDの入院治療中である退役軍人の怒り，過覚醒，武器の所持を対象とした，7回のMIグループをMurphyら (2002) が試行した。問題行動に対する認識と変化への動機づけを高めることを目的に構成されたグループである。このグループでは，直面化を避けた方法が用いられ，リフレクションによる傾聴を行い，メンバーが「このグループは自分たちのものである」と感じることによりグループ内で活発なやりとりがなされることを重視した。最初のセッションで，治療後に予期せぬ問題が生じて「不意打ちを食らう」ことがないようにメンバー同士が助け合うという，グループの原則について説明した。その後のセッションでは，症状や問題を評定し，自分たちを「普通のヤツ」と比較することによって，自己認識を深めていった。グループ修了時には，参加者は，当初は無自覚だった自身のPTSD症状もしくは問題行動について4割くらいはあてはまると認識できるようになった。

　Beadnellら (2012) は，「PRIME for life」という16時間のグループ動機づけ強化アプローチが，飲酒の意向，リスクの認知，問題の認識に，どれほどの影響を及ぼすかを検証した。非無作為化比較グループ法により，「PRIME for life」に参加したメンバーと，通常の介入を受けたメンバーに分けられ，両者が比較された。介入は，アルコールと薬物の問題を抱えた若者のための教育プログラムへの参加が義務づけられた人の小グループに対して行われ，通常8時間のセッションが2回実施される。「PRIME for life」は，将来，アルコール関連問題を回避することについてのリスクと教育を個別にフィードバックするといった

プログラムの要素を含むもので，参加者との協働，抵抗の拡散，明確な介入に方向性を重視している。この研究では，問題に対する認識，リスクについての幅広い気づき，そして自分が割りあてられた介入に対する肯定的な評価といった変化の兆候に関して，動機づけ強化グループのほうがより良好な結果が得られた。

リーダーによるガイダンスは，MIグループの否定的なプロセスを減少させる

グループセラピーの研究者は，これまでグループで生じる医原性効果の問題を指摘してきた。また，グループそのものが肯定的な成長を妨げ，むしろ悪影響をもたらすことを懸念してきた（例：Weiss et al., 2005）。近年のMIグループの発展は，MIグループの草分け的な研究から恩恵を受けているため，気づかぬうちにそうした医原性効果を引き出してしまっているかもしれない。初期の研究のなかには，大学生の飲酒者を対象に，社会的規範の再形成を目的としたアセスメントとフィードバックを組み合わせたアプローチをとったものも存在する。こうしたアプローチでは，集団の凝集性を強調しない教育を重視したアプローチが用いられたり，変化を促すためにグループ体験が活用されたりした（Walters et al., 2000; Walters et al., 2001）。これらの研究者は，クラスへの出前講義のやり方では，何の効果も得られないことを明らかにした。実際には，メールで個別にフィードバックを送るほうが，生徒のその後の飲酒を変化させるのに効果的であった。こうした初期の研究方法は，研究者の意図した結果は得られなかったものの，MIグループを実施するには何が重要なのかという問題提起となり（Walters et al., 2002; Faris & Brown, 2003），その後のMIグループモデルの進展に大きな役割を果たしたといえる。これらの研究から得た教訓の1つは，グループで個別にフィードバックを提供するのは難しいということである。なぜなら，他のメンバーがいるなかでは，スティグマが付与される問題について，さまざまな情報を理解して吸収することができないかもしれないからである（Lincourt et al., 2002）。さらに，グループメンバーのなかには，対立的なやりとりが起きることを考えて，実際には対立が起きていないときであっても防衛的な姿勢を崩さない人もいる。

FarisとBrown（2003）は，教育形式のグループにおけるMI概念を調査したところ，効果がなかったり，否定的な結果しか出なかったと指摘し，こうした効果の減少は否定的なグループプロセスのためではないかと仮定した。彼らは，

大量飲酒の大学生を1回の標準的なMIグループと個別のフィードバックがついた強化版MIグループに割りあてた。強化版MIグループでは，他のメンバーを気にしすぎたり，生産的な話し合いから焦点が逸れたりするといった参加者の態度や情報の流れをなくし，否定的なグループプロセスの乗り越え方について説明された。このグループのメンバーの出席率は高く，否定的なグループプロセスは少なく，さらに物質使用による自分自身への影響について熟考できるようになっていた。

MIグループは治療効果にどのような影響を与えるのか？

MIグループの効果研究では，問題となるアルコールや薬物使用，喫煙を減少させ，リスク管理や病気への対処を高めることが示されている。

MIグループは，アルコール乱用や過剰飲酒を減少させる

Santa Anaら（2007）は，2回のMIグループが，セラピスト主導の注意喚起ループに比べて飲酒量を約75％，大量飲酒を50％以上減らすことを明らかにした。Michealら（2006）は，飲酒する大学生だけを対象に非無作為実験を行い，MIのスピリットと原則，刺激を与えるための質問，そしてMIに一貫した方略（例：両価性の探索，重要性の評定，意思決定バランス，目標設定，変化に向けた計画，メンバー間でのラポール形成）を組み込んだ1回のMIグループとアセスメントのみの対象者を比較した。2週間後のフォローアップでは，MIグループの参加者のほうが酒に酔ったエピソードがほとんどなく，飲酒量も少なかった。

LaChanceら（2009）の研究では，前述の裁判所命令による大学生のアルコール問題に関するMIに個別フィードバックを加えたグループは，有害な飲酒症状やアルコールに関する問題が減少し，一日あたりの平均飲酒量も減るといった大幅な改善がみられた。これらの結果は，大学生の飲酒者に対して個別に行われたリスク軽減プログラムのメタ分析における結果よりも，顕著なものであった。MIグループのリーダーは，意思決定バランスの課題についての話し合いを導き，飲酒リスクに関する個別フィードバックを行い，チェンジトークを引き出すために，OARSを用いた。セッションの後半になると，グループリーダーは，メンバー同士で，それぞれにとって危険性の高い状況に対処するためのハームリダクション計画をより良いものにするよう促した。

Brown ら (2006) は，物質乱用者もしくは新聞広告を通して募集した依存症者に対して，試験的な4回の構造化MIグループを実施した。治療後，参加者は薬物を使わない日が増え，深刻な物質使用関連の問題も軽減したと報告した。Marlatt ら (1995) は，MIスピリット・MI原則と個別フィードバック，目標設定，アルコール耐性に関する情報，法律，社会的規範を統合した2回のグループに，参加者をランダムに割りあてた。この2回のグループは，治療をしていない統制群の状態と比べて，アルコール使用を大幅に減らすことができた。さらに，変化の準備性の基準が高く，（強制によるグループに対して）自主的に参加したメンバーのほうが，結果が良好であった。専門家のリーダーは，当事者であるリーダーと比べると，プロトコルをしっかり遵守し，全般にわたって質の高いリーダーシップを発揮していたため，メンバーの参加率やグループの凝集性が高かった。

LaBrie ら (2008, 2009) は，大学生の飲酒者に対して，チェンジトークを引き出す，両価性の探索，目標設定といったMIスピリットとMI方略に，CBTと社会規範技法を組み合わせたグループを1回限り，60〜120分で実施して検証した。無作為実験によって，女子学生の飲酒者をこのグループと非治療群あるいはアセスメントのみの群に分けて比較を試みたところ，MIグループの参加者のほうが，一週間の飲酒量，最大摂取量，アルコールに関連するエピソードが減少していた。また，飲酒に対する社会的動機づけが高い女子学生のほうが，MIグループの効果を享受していた。

最後に，思春期の飲酒者を対象とした無作為実験では，非治療の統制群と比較して，4回のMI/CBTグループのほうが，変化への準備性を高め，飲酒頻度を減少させることが明らかになった (Bailey et al., 2004)。グループは，MIスピリット，OARS，意思決意バランス，そして当事者であるメンバーこそ専門家であると強調することを組み合わせたものだった。グループでは，アイスブレイク，アルコールについての知識や態度の探索，アルコールに関する教育，アルコールを断るスキルを高めるロールプレイが行われた。

MIグループは，薬物使用の頻度とその影響を減少させる

Bresline ら (2002) は，物質乱用のある思春期の外来患者を対象に，4回のMIにフィードバックを加えた試行グループを検証した。このグループは，MIスピリット，OARS，重要性の評定，決意決定バランス，目標設定に，個別フィードバックを組み合わせ，メンバーにとっての高リスク状況を確認するものだっ

た。セッションに関するチェックリストと忠誠度の評定によると，メンバーは，薬物の使用日数と薬物関連の問題が減少し，自己効力感が高まったと報告した。

MIグループは，禁煙を促進する

KiselyとPreston (2006) は，喫煙している精神科の成人患者と物質依存患者を対象に，MI/CBTの組み合わせグループにニコチン補充療法を追加した10回のセッションについて検証した。このグループは，MI原理，喫煙のよいところと悪いところ，変化に対する選択肢に加えて，衝動に焦点をあてたCBT原理と技法を組み合わせたものであった。MIグループに割りあてられた参加者のほうが，喫煙をやめた割合が高かった (24%)。医師から禁煙の助言を受けたものの改善がみられなかった患者を対象に，非無作為化実験により，6回のMI禁煙グループと同じ回数のCBTグループを比較した (Smith et al., 2001)。MIグループでは，OARSコミュニケーションスタイル，MI原理，情報提供，自信の評定，目標設定，変化に向けた計画が用いられた。当初，医師からの禁煙の助言を受け入れなかった患者のうち，MIグループ参加者の13%は，1年後のフォローアップ時点でも禁煙していたことが生化学的チェックで確認された。一方，CBTグループ参加者の禁煙率は10%であった。

MIグループは，リスク軽減や病気に対する対処を向上させる

HIVのリスクが高い都市部の女性を対象とした無作為化実験によって，MIとHIVリスク軽減グループを組み合わせた4回のセッションと，健康促進グループが比較された (Caret et al., 2000)。MIスピリットとOARSに，個別フィードバック，各自のリスクと両価性，スキルの構築，行動計画を含むHIVリスク軽減教育を実施した。健康促進グループに比べて，MIグループは，リスク軽減に関する知識や意志が全体的に高まっていた。また，コンドーム使用に対して両価的な態度を示していたメンバーのコンドーム使用率，パートナーとの話し合い，予防しないセックスを拒否する割合が増加していた。

少年司法につながったリスクの高い青少年の安全なセックスに焦点をあてた無作為化臨床実験では，性的場面での危険飲酒に焦点をあてたMIとフィードバックグループを組み合わせたプログラムと，心理・社会的な性的リスク軽減方略を用いたグループが比較された。3カ月後の事後評価では，心理・社会的なリスク軽減だけを扱ったグループに比べて，MIグループのほうがリスクの

ある性行動を大幅に減少させていた (Schmiege et al., 2009)。調査者によると，性行動に対する強力な相加効果がみられたのは飲酒のリスクに関する情報についての個別フィードバックを批判的ではない言い方で伝えるなど，リスクの高い青少年のグループのニーズと協働的で中立的な MIアプローチがうまく適合したからだと考えられている。

Knight ら (2003) は，Ⅰ型糖尿病の青少年に対して，MI原則とOARSを用いたグループと，MIを組み合わせたものに外在化による会話方略を加えたグループを比較した。6回にわたるセッションのなかで，メンバーが自分の糖尿病の症状を「自分と切り離したもの」として話せるように促すことで，病気への対処を向上させようとした。事後評価によると，MIグループメンバーは，グループへの参加を希望しなかった人と比べて，適応スキルが大幅に増加しており，脅威が軽減し，糖尿病に対する統制感が高まっていた。

> **MIグループは，薬物使用や喫煙を減少させ，リスク管理や病気への対処を高める**

MIグループ研究に関する考察

MIグループのような発展中の臨床領域では，研究に先だって創造的なセラピーが実践されることが多く，それによって研究のアイデアやアプローチがもたらされるものである。そうしたなかでも，MIグループについては，試験的な研究や非無作為実験，さらにいくつかの無作為臨床実験によって，肯定的な実証的根拠が得られている。最大の実証的根拠は，MIグループが飲酒とその影響を減少させるというものである。MIグループが飲酒の頻度と量を減らすことができるという結果は，複数の研究で一貫して示されている知見である。他の領域では，まだMIグループを支持する実証的根拠が十分に示されていないが，成果が期待される。

MIグループに変化をもたらすグループプロセスについても，すでにさまざまな研究が行われている。それらの大半が，何百例もの臨床試験を含む個別MIの着実な成果によるものだが，この領域でも，プロセスに関する研究はまだ着手されて間もない。そのため，MIグループのプロセス研究は，今の時代を先取りしたものであり，わずかながらもすでに明らかにされていることもある。第1に，MIグループには，幅広いアプローチが可能である。第2に，スキルを用いてグループプロセスを管理することは，招き入れと参加，凝集性につ

ながる。第3に，MIグループは，関与に近い概念である行動意思を高めることによって，自己効力感を継続的に向上させ，それがよい成果につながる。

　グループセラピーの研究を行うことは，個別セラピーの研究をするより難しい。グループ治療のデザインや評価，メンバーの募集や集団の維持といった手続き，さらに参加者に応じたさまざまな変数を管理しなければならないという難しさがあるからだ（例：Morgan-Lopez & Fals-Stewart, 2006, 2008）。MIグループは研究が難しい面があるものの，これからのMIグループの研究は，手続きの煩雑さのために調査がなされないということがないように，現在あるグループカウンセリングやセラピーなどの研究の一環として広く取り組まれることが望まれる。今後は，初期の研究の弱点を改善していく必要がある。例えば，閾値に関する問題，MIを組み込んだプログラムにおいてMI独自の要因が評価できないこと，そしてグループの相互作用や凝集性を促進するような効果的なグループプロセスが用いられていないことなどである。それから，集団教育の研究とMIグループの研究を混合しないよう留意されたい。こうした問題に注意を払いながら研究が行われれば，この先の10年間で，MIグループの実証的根拠は目覚ましい進展を遂げるだろう。

　MIグループ研究の領域は，近年，大きく広がりつつある。初期のMIグループの開発者は，教訓めいたやり方を用い，個別フィードバックと情報提供を組み合わせ，MIスピリットやMI方略といった重要な要素を欠いたままMIグループを実施しようとすることもあった。現在では，MIのテーマをグループメンバーそれぞれの体験に合わせた心理教育的なアプローチが増えつつある。最近のMIグループ研究は，変化を促進するためのグループプロセスを最大限にしようとして，より多くの集団精神療法の方略を取り入れ，あらゆるMI技法とMI方略を組み込んでいる。第6章では，MIグループを特定の臨床場面に適用させようとする際に生じる問題について示しながら，これらのアプローチをグループデザインの面から考える。

第 II 部

動機づけ面接グループ の実践

　第 II 部では，私たちは動機づけ面接（以下，MI）グループのデザイン，導入，運営における実践的事柄に焦点をあてる。

　第 6，7 章は，MI グループのデザインと導入，MI グループ実践家の研修とスーパービジョン，提供されるサービスの効果を高めるための質改善のプログラムの発展に焦点をあてる。

　第 8 章では，MI グループの運営に関する事柄に目を向ける。初めに，MI に一致するコミュニケーションに向けてグループの会話を形成し，治療的焦点を確立することに焦点をあてる。次いで，私たちは，会話のペースや深さ，広さを最大化するための，より高度な会話のスキルに焦点を当てる。

　第 9 章から 12 章では，グループセッションに含まれる動機づけの課題の 4 段階モデルを提示する。この連続モデルは，最初に**グループに招き入れる**ことに焦点を当てる。すなわち，メンバー同士をつなげ，難しい対人関係スタイルや役割に取り組み，最大限の利益を得られるようセッションを構造化することによってグループ作りを進める段階である。このような一般的な原則により，最初のグループセッションをファシリテートする。

　2 番目の**視点の探索**段階では，現在の生活状況と困難に関する各メンバーの視点について相互理解を進める。私たちはメンバーが一歩引いて自身の状況をみることで，現在つまずいているやり方に気づけるよう手助けする。もし前に進むのに必要であれば過去の体験をリフレクションすることもあるが，それ以外は現在に焦点をあてる。グループの凝集性がより高まるにつれ，メンバーは自分たちの価値，視点，アイデンティティをさらに探索し，明確にしていく。

　第 3 段階の**視点を広げる**では，MI グループは，メンバーが自身の状況と困難について新たな視点を獲得し，より満足の行く将来を思い描き，人生を変え

ていく自信を持てるようになることを助ける。

　最後の段階では，メンバーは**行動に移す**。すなわち，他のメンバーとの協働によって，自分たちが信じる変化を定義し，計画し，実践して維持することで，彼らの生活は改善する。

　私たちは，これらの段階を連続的なものとみなしているが，固定されたものとは考えていない。すべてのグループが全段階を踏むわけではないし，私たちが提示したすべての話題や課題を行うわけでもない。非常に短いあるいは1回きりのグループであれば，その目的に応じて最適ないくつかの課題を使えばよい。各章では，MI方略を提示する前に，グループダイナミクス，治療的要因，リーダーの機能に焦点をあてている。これらは，非構造的にMIグループを指揮するリーダーにとくに関係するものである。

第6章

動機づけ面接グループをデザインする

　動機づけ面接 (以下，MI) グループは，行きづまったり苦しんだりしている人々を助けるためのグループサービスのなかで，価値ある役割を果たしていると私たちは信じている。MIグループは，限られた時間内で，自分では解決できなかった両価性や士気喪失の結果，行きづまった人々の変化を促進することに多くの焦点をあてている。このアプローチは，グループにとって，現在，よいとされているものよりも価値のあるアプローチだと私たちは考えている。とはいえ，MIが万能薬で，他のグループサービスに取って代わるものだと言いたいわけではない。そうではなく，MIグループを，よい成果をもたらす可能性を高めるような一連のケアサービスに加えられるだろうと考えている。

　それぞれのクライエントのニーズに沿うようにグループアプローチを仕立てていくことは，グループの成功に役立つだろう。本章では，MIグループのデザインについて説明し，それぞれの臨床場面に合わせたMIグループの企画とカスタマイズに役立つステップを示す。

なぜMIグループを提供するのか？

　クライエントが変化に対して両価的な気持ちを抱え，目標を達成するためにどんなサービスが役に立つのかはっきりしないとき，クライエントはグループにあまり関与しようとせず，スタッフや他のメンバーと葛藤を起こす可能性が高くなる。MIはグループへの積極的関与を促し，治療の中断を減らし，結果の改善を導くものである (Hettema et al., 2005)。さらに，MIはクライエントの変化への両価性を解決し，特定の目標を定め，それらの目標に向けた実行計画を作っていくのにも役立つ。いったんクライエントがより明確な目標を立てられると，クライエントは自分の目標に向かうための助けとなるものとして，グループサービスに参加するようになるだろう。

この他にも，MIグループには利点がある。グループメンバーは，自分と似たような状況にある他者からのサポートや体験談から利益が得られ，さらにグループの枠組みを超えてつながりを発展させ，そこからも利益を得るかもしれない。MIグループはまた，個人サービスでよくあるスケジュールに穴が空く状態を防ぐので，参加率が低いクライエントがいても，サービスの効率性を高めることができる。さらに，MIは治療待機者に対する代替サービスとしても実施できるので，参加者が求めているサービスが利用できるようになるまで関心を維持させ，サービスへの参加までを整えることができる。

MIは，敵意や内向性といった，治療の中断につながりやすい対人関係の問題も克服する治療的スタイルを用いると同時に，薬物の問題や身体愁訴など，治療の中断を予測する問題にも焦点をあてることが多いので，これらの目的に使用するのに適している（MacNair & Corazzini, 1994; Project MATCH Reserch Group, 1997）。

MIグループのデザインに関わるスキル

MIグループを発達させるには，経験とスキルが役に立つ。理想的には，ターゲットになる人たちと一緒に，そしてなるべくならグループで働いた経験があり，MIの技法や方略，スピリットを使い慣れているほうがよい。また，それぞれの現場が提供するサービスのニーズを理解しておくべきである。MIグループで求められるスキルは多様であるため，MIグループをデザインするときには，チームアプローチをとるのが有効である。例えば，個別MIに熟達した実践家が，グループプロセスのスキルを持った人と組み，さらにクライエントのことや照会先や資金元の期待をよく知るプログラムマネジャーと協働するといったような形である。それぞれ専門性の異なるこれら3人は，本章で示すような問題を考えていく際に，協力して取り組むことができる。それぞれのニーズに合わせてMIグループのデザインを仕立てていくことで，効果と効率を最大限に高められる。いったん最初の計画を作ったら，それを試行して，さらに違うアプローチも試してみながら，グループメンバーに与える効果を観察し，それらの情報とフィードバックを集めていく。そして，試行中に集めたデータに沿って，すべてのデータ情報に基づきながら，自分たちの計画に磨きをかけていくことができるだろう。

MIグループのデザインには，チームアプローチをとれ

グループの目的

　最初のステップは，グループの目的を考えることである。結果として何を望むかを定義することで，グループの形式，構成，構造が定まってくる。

他のサービスへの積極的関与と参加を強化する

　MIグループは，一連のサービスへの積極的関与を育む。MIグループは，クライエントが利用可能なサービスに興味を持ち，クライエントがそれらのサービスに自ら進んで参加するのを助けることができる。とくに，MIグループは，しぶしぶサービスに参加している人に役立つだろう。グループセッションの間，メンバーは積極的参加によって多くのことを手に入れ，すでにサービスに参加している仲間の話を見聞きすることでも学んでいく。過去の過ちの結果としてグループに来たものの，最初のうちは参加を渋っていた人であっても，同じような課題を克服したメンバーの話を聞くことで，変化に対する現実的な期待を抱くようになる。こうした楽観主義や信頼の増加は，メンバーをさらに十分な参加に導き，しばしば継続率や結果の改善をもたらす（Katz et al., 2007; Walitzer et al., 1999）。

　MIグループはまた，サービスのなかでメンバーに変化の準備をさせるという別種の積極的関与も促進する。例えば，薬物乱用治療に参加した人は，特定の目標を達成したら，ゆるやかなサービスに移るのが一般的である。医療場面においては，身体リハビリテーション病棟に入院している患者が退院できるほど十分回復した場合であっても，在宅サービスを受け続ける必要がある。こうした状況において，MIグループでは，次に何が来るか，何を達成したいかを考えつつ，現在何らかのサービスを受けている人の手助けもできる。MIグループは，自己決定の変化を求めるような，それまでとは異なるアプローチに馴染ませることに焦点をあてている。例えば，最適な健康的な行動がとれるようにするには，その人自身が「自分はケアされる患者にすぎない」という考えをやめて，「自分は地域資源のサポートを得ながら，自分の健康を積極的にマネジメントしている人だ」という考えに変化することが求められる。

　なかには，ある集団のメンバーが，何らかの体験を経たあとで一緒にグループに参加しようとすることもある。例えば，心臓発作によって現在入院している患者のグループが，退院後に心臓病患者のリハビリ・プログラムのグループ

を開始するためにMIグループに参加する場合などである。また，同じ月に未成年飲酒の判決を下された学生が，一緒にアルコール啓蒙プログラムに参加するための準備として，1回きりのMIグループに参加する場合もある。この場合，リスクの高い人たちが，これまで自分に関連づけて考えていなかった，変化するということを考えられるようにMIグループをデザインする。

グループメンバーを早くから招き入れることは重要である。メンバーが治療を中断することは，治療の成功のために不可欠なグループの凝集性にとって大きな痛手となる（Field-steel, 1996）。MIグループは最初から，受動的な出席よりも積極的な参加を引き出すようにデザインできる。メンバーの両価性と主要な関心を引き出し，鍵となる目標をみつけ出すことができるような積極的関与を促進する方略を立てることを勧める。

グループメンバー間の動機づけと変化を育む

たいていのMIグループは，（第9～12章で述べられているように）動機づけを構築し，変化を促進することを意図した単体の介入である。多くの場合，いろいろなことを幅広く改善することが望まれるものだが，MIグループでは決まって少数の特定の変化にしか焦点をあてない。それぞれのグループメンバーにとって望ましい成果は，**行動の開始，行動の減少，行動の中止**の組み合わせであることが多い。例えば，医療患者は，主治医から運動や定期的な服薬，血糖値のモニタリングなどの行動を始めるように助言される。そして，糖分の高い食べ物やアルコールの過度の摂取といった行動を減らすように言われ，喫煙などいくつかの行動をやめるようにも言われるだろう。依存症のクライエントは，あらゆる薬物使用をやめ，刑務所へ行く代わりとして自助グループへの参加などを裁判所から命じられるかもしれない。

> 多くの場合，いろいろなことを幅広く改善することが望まれるものだが，MIグループでは決まって少数の特定の変化にしか焦点をあてない

MIグループが，定期的な運動や服薬の遵守，断薬など，本人がすでに達成できている目標を維持するためのものであるならば，現在ある問題についての両価性に焦点をあてる必要はあまりないかもしれない。その代わり，元に戻ってしまうことへの恐れや，変化を維持させることへの両価性の増幅のモニタリング，以前の行動に戻りたくなる誘惑をどうすればよいかといった現在直面している課題を，メンバーと一緒にみつけていくやり方になるだろう。

MIグループには，多様な目的があるのが普通である。だれでも，参加者を積極的に招き入れ，グループにとどめ，変化への意思決定を助け，変化を実行していくグループを，好きなようにデザインできる。可能な限りの目的を考えなければならないが，グループの形式，時間枠，その他のデザインの要素を選ぶには，主要な目標を絞り込んでいくべきである。

グループの形式

グループの目的をはっきりさせたら，次のステップはグループの形式を選ぶことである。3つの一般的なグループ形式がある。それは，サポートグループ，心理教育グループ，心理療法グループである。ここではこれらを分けて説明するが，別個の形式というよりは，連続体のなかにある原型のようなものである。多くのグループが，それぞれの要素を組み合わせている。

サポートグループは，一般的に，がんなどの特定の状態にある人や，失職して求職中であるなど，人生で今とは違う新しい局面にある人，あるいはアルツハイマー病の親族の介護者になろうとする人といったメンバーが対象になる。サポートグループの目標は，新たな状況の受容と適応を促すことである。サポートグループでは，決まった話題で話したり，ゲストスピーカーが来たあとに話し合いをしたりすることもある。集団療法の訓練を受けていないリーダーがファシリテートすることも多い。MIアプローチを使えば，サポートグループを，服薬遵守や食事管理などの新しい環境や行動にメンバーが適応できるような変化を作り出すことに焦点をあてたものにすることができる。あまり訓練を受けていないサポートグループのリーダーは，メンバーの変化を励ますために，基本的なMIの技法と方略（例：OARSコミュニケーションスタイル）や，価値の探索，未来を心に描く，うまくいったことや自分の強みをみつける，変化に向けた最初の計画を立てるといった方略を用いることができる。これらの方略自体に変化を引き出すことが「組み込まれている」ので，チェンジトークに方略的に反応するとか，他の上級のMIスキルを使うことで，経験の乏しいリーダーであっても，グループを役立つものにできる。

心理教育グループは，新たな状況に適応するのに役立つような，その人が必要とする情報やスキルを提供するだけでなく，その人自身の機能を変えるものである。ほとんどの心理教育グループでは，リーダーは，メンバーが生活を改善するのに助けとなるような一般的な対処方略に沿って，臨床状態や人生の困

難な移行に関する情報を提供する。リーダーは，グループメンバーに対して，提供した概念を自分にあてはめて生活に統合させ，特定のスキルを実践してみるようにと手助けする。グループは，動機づけ，知識，スキルの向上に焦点があてられ，行動理論や社会的学習理論のような理論的モデルに基づいている。例えば，多くの依存症治療プログラムでは，アディクションの症状や再発のサイン，治療の選択肢，社会・心理的サポートなどを概観し，薬物を断るといったスキルを練習するといった心理教育グループを行っている。HIVのリスク軽減グループや自己主張トレーニンググループ，ギャンブラーの対処スキル・グループなどは，すべて心理教育グループの例である。MIによる心理教育グループでは，典型的な1日を探ったり，より良い未来を思い描いたり，変化がうまくいったストーリーを分かち合ったり，変化することの重要性や自信について考えたり，変化の計画を立てるといった話題に焦点をあてた半構造的なやり方をとることがある (Ingersoll et al., 1999)。これらのグループも，変化の段階を確認したり，決断のバランスを図ったりするような関連するアプローチの方略を統合している。

　心理教育グループのバリエーションの1つとして，アセスメントをフィードバックして，そのフィードバックや経験したことについてグループメンバーが話し合うというものがある。このようなアセスメントフィードバックグループは，治療を求めていない人たちに対して，問題となる自分の行動に気づいてもらうために行われることが多い。例えば，大学生に，自分の飲酒行動が社会的規範と比べてどうかを評価してもらい，飲酒に関するリスクに基づいて行動を考えさせるようなアセスメントフィードバックグループもある。現在，この形式についての実証的根拠の結果では，一致した見解は示されていない (LaBrie et al., 2007, 2009; LaChance et al., 2009; Walters et al., 2000)。1つ懸念されるのは，アセスメントフィードバックは他者の前で行われるプロセスであるため，本人の困惑や恥が生じかねないことである。他にも，グループで議論されたフィードバックが，否定的な再標準化プロセスになりうることも危惧される。例えば，血中アルコール濃度が危険域に達している飲酒者が，自分よりももっと酒量の多いメンバーたちと一緒のグループになってしまうと，「自分は普通だ」と認識してしまうかもしれない。個々の結果は全体で共有しないようにデザインされたフィードバックプロセスを用いることで，有害な行動がうっかりと標準化されないようにしているグループもある。さらに，グループの時間を変化に向けた目標に焦点をあてる内容にし，病理的な再標準化のリスクを軽減させる場合

もある。これらは，そのグループのニーズに合わせてグループのデザインを変える一例である。

　３つめの一般的な形式は，グループの状況で行われるプロセス志向の**心理療法グループ**である（例：Malat et al., 2011）。これらのグループは，たいてい経験豊富なグループリーダーによってファシリテートされており，たいていは非構造的で，苦痛の原因やその解決について特定の理論に基づいて行われている。例えば，大学のカウンセリングサービスでは，さまざまな適応上の困難を抱えた学生が自分の状況や反応について話し合う一方で，リーダーは対象関係論に基づいて，幼少時の重要な他者との関係から生じている現在の問題と関係した対人力動や葛藤のパターンを説明するために，グループプロセスを用いることがある。非構造的なMIグループの利点の１つは，変化に向けた触媒として（個人セッションと同じように），メンバーの関心やエネルギーをかなり自由に使えることである。それによって，半構造的もしくは構造的なカリキュラムよりも，創造的なグループにすることができる。しかし，グループのなかで起こりうる予測していなかった出来事を管理するだけでなく，その時々で生産的なことに焦点をあてながらグループを導くのには，かなりのスキルが求められる。

目的と状況に形式をマッチさせる

　あるグループをいくつかの達成可能な目標に合わせた形式にするには，どうしたらよいのだろう？　もし，グループの主たる目的が**招き入れる**ことなら，メンバーを惹きつける形式をとることで，メンバーが続けて参加できるようにする。サポートグループならば，同じような苦労を経験した人との絆を作ることで，参加が継続されるだろう。初期のセッションから個人的なフィードバックをする心理教育グループでは，さらにメンバーが求めるようなものにするとよい。メンバーの関与や凝集性が高い心理療法グループならば，メンバーが新しいアイデアを得ることができ，メンバーの興味が増すようなものにするとよい。もし，主たる目的が**行動変化**なら，メンバーがよりエンパワーされたと感じるように，両価性を解決したり，変化への動機づけを高めたりすることに焦点をあてた心理教育もしくは心理療法グループをデザインするとよいだろう。同時に，いくつかの形式を組み合わせるのも有効である。グループの目的が**行動の開始**である場合，新しいスキルを学ぶ心理教育グループの形式を入れながら，習慣を変えるためのメンバーの動機づけを高めていくようなサポートグループを組み合わせるとよい。MIグループは，これらのどの形式でも実施する

ことができ，期待できる可能性を見落とさないように留意することで，現在とっているアプローチの形式を変えていくことができるはずだ。

グループの構造

　構造化の程度は，クライエントのニーズ，能力，好み，使える時間の長さ，現場の要請や基準といったものに影響される。**非構造的**アプローチを用いるとは，中立的にグループを始め，会話に出てきた内容を扱うのにMIの方略を使うということである。別のやり方として，特定の話題について話し合うことから始め，クライエントの反応を引き出したり，探索したりするセッションが行われることもある。また，**半構造化**もありうる。これは，特定の話題に焦点をあてながらも，メンバーの関心や望みに応じて柔軟に対応し，それが有益であればテーマから外れてもよしとするものである。さらに，**構造化**されたセッションでは，話題とあらかじめ決められた課題によって，予定された計画通りにグループの時間を管理する。

　どのアプローチをとるかは，さまざまな要因に影響される。心理的マインドを持ち，自発的に参加しているクライエントであれば，非構造的グループに反応しやすいかもしれない。プロセス志向のグループリードの訓練を受けたリーダーは，非構造的作業に馴染んでおり，MIの概念と方略に馴染んだのちはこのアプローチをとりたくなるだろう。半構造化と構造化アプローチは，強制参加させられた，あるいは不本意ながら参加しているクライエントや，状況や文化あるいは過去の体験から，個人的な事柄を開示するのに積極的ではないクライエントに，当面は適しているかもしれない。こうしたアプローチは，CBTなどのより構造化されたセラピーを行っているリーダーにもしっくりくるものである。医療，矯正，アディクション分野においても，リーダーがグループリードに慣れていない場合，より構造化されたアプローチのほうが落ち着いてやれるだろう。

　これらのアプローチを組み合わせることもできる。開始当初からしばらく，メンバーが互いに知り合うまではグループを構造化し，メンバーが慣れてきたら半構造化していき，最終的には，自分の弱みや個人的な事柄を率直に話し合える非構造的な形式にするというように。あるいは，いくつかのセッションはより構造的なものにし，別のセッションは非構造的なものにしてもよいし，もしくは開放的に関心を探ることから始めて，次第に特定の課題に焦点を移して

いくこともできる。

グループの構成

　次に，だれがグループに入るかを考えなければならない。MIグループは，変化への刺激と支持を大切にしながら，クライエントの理解と受容とのバランスをとる。これらを促進するために何が最善かを決めることが，グループ成員を選ぶ目安となる。ほとんどのクライエントにとって，グループは，裁かれたり衝突したりする恐れなく居心地よく話し合える場であり，アイデアを探索したり新たな行動を試したりできると感じられるものであるべきだ。それには，同質のグループに参加するのが最適な人たちもいる。

> MIグループは，クライエントの理解
> と受容，変化と支持のバランスをとる

同質グループ

　同質グループは，鍵となる要因において類似したメンバーたちが集まるものである。例えば，減量といった特定の変化の目標に向けて取り組むメンバーたちのグループなどである。メンバーは，それぞれ異なる習慣を変えようとしているかもしれないが(例：食事を減らす，夜遅く食べない，運動する)，体重を減らすという目標は共有している。他にも，同質グループには，より大きな人生の困難(例：配偶者や子どもを失うなど)を共有していたり，うつやPTSDなどの臨床状態を共有しているものもあるだろう。この場合，メンバーは変化の目標に達するのに，異なるアプローチをとっているかもしれないし，同様の目標を共有していないこともありえる。しかし，メンバーは同じ診断名を有しており，おそらく似たような生活歴や苦労，治療経験を持っているのが普通である。

　同質グループは，都市の若者，大学生，女性といった特定の人たちに焦点をあてることもあるだろう。メンバーがグループに参加する理由はさまざまであり，異なる目標と方略，葛藤があるものの，メンバーの人口統計学的な特性やジェンダー，あるいは役割に関して共通したアイデンティティを有している。

　MIグループを，クライエントの変化への準備の程度，とくに変化の段階モデルに応じてグループをデザインすることもできる。例えば，変化の段階モデルを用いて，考慮，準備，実行，維持の段階ごとのグループを作ることもできる。

考慮段階グループは，司法場面にみられるように，行動変化を強制されたクライエントを対象とするかもしれない。このクライエントは，飲酒運転やDVといった法律違反行動を変える努力をするかどうか，まだ決めかねている。グループメンバーは，外からの圧力と法的強制に直面し，グループに参加するか，刑務所に行くか，あるいは罰金を払うかという選択に迫られている点で共通している。これは医療場面でもありうる。患者は健康上の変化を助言されるが，自分ではまだその変化を望んでいるのかわからない。こうした場合，患者が特定の変化をしたいと決めた時点で，次の準備グループに移る。そこでは，変化のための努力をするということは他のメンバーと共有されているものの，まだ変化に向けた具体的な計画は立てられていない。他にも，いくつかの段階を組み合わせるデザインも可能である。例えば，未決断グループと計画／実行グループを組み合わせるなど。いずれにせよ，こうしたやり方でグループを分けることによって，クライエントは同じような準備状態のメンバーと一緒に取り組むことができる。こうすることで，変化を決意した人が，まだ決めかねている人に足を引っ張られてまた迷い出したり，すでに実行に移している人がまだ決断していない人に圧力をかけたりするのを防ぐことができる。

　同質なグループは，メンバーが同質であるというだけで定義されるグループであるが，いくつかの利点がある。共通の状況や似たような困難を共有するメンバー間では，より絆が生じやすい。グループの話し合いの焦点は，関連する限られた話題にあてられるし，特定の事柄についての両価性も解決しやすい。グループメンバーは，自分自身の抱える困難が他のメンバーの困難とどんなふうに関連しているかがわかりやすいので，自分たちの関心を共有したり，スティグマを付与される恐れなく信頼を築いたりしやすい。そのため，招き入れや参加，凝集性を高めることが可能であり，それらはすべてより良い結果を促進するものとなる。

　同質なグループにも，不利な点がある。その1つが，手続き的な問題であり，グループを作るのに十分な人数に達するほど似たようなメンバーがいない場合があることである。もう1つは，似たような困難を持つクライエントは，時として，他者の恐れや恨み，変化に対する悲観的な態度を助長し，否定的態度の悪循環に陥ることがある点である。メンバーは，互いに励まし合って共通の課題を克服することもあるが，異なる課題や背景を持つクライエントが混ざることによって，創造性や多様な視点を欠いてしまうこともある。強制的な処遇による同質グループをリードすることは，時として，彼らをグループに参加させ

ている「制度」を象徴するリーダーに対して恨みをいだいている群衆を相手にしているような気持ちにさせられるかもしれない。サブグループについては第9章で取り上げるが，重要なのは，クライエント全員が1つのサブグループになり，リーダーが別のサブグループとして，両者が対立してしまうのを避けることである！

異質グループ

　もう1つの選択は，重要な点で異なるメンバーによって構成される異質グループである。この種のグループは，メンバー集めという点ではもっとも容易い。それぞれの背景，診断，変化の目標，変化への準備性などがバラバラでもよいからである。同質グループとは異なり，そのメンバーがあるグループに適切かどうかを証明する必要はなく，グループサービスに相応しい候補者でありさえすればよいので，スクリーニングに費やす時間も減らせる。重要な点で異なるメンバーがいることは，成長への最大の可能性も提供する。視点や経験が広がれば，メンバーは自分の診断名や問題だけに注目した限られたアイデンティティで自分自身を捉えてしまうという落とし穴を避けられるかもしれない。これによって，メンバーは普遍性という治療的要素を体験する可能性も高められる。

　しかし，異質グループは，ファシリテートするのがさらに難しいといえる。幅広い背景と課題を持ったメンバーに共通点をみいだし，メンバー同士をつなげるには，特別な努力が求められる。課題や下位文化に類似性があるグループで凝集性を作るのと比べると，想像することや目標設定といった変化のプロセスを経ながらグループの凝集性を発達させていくには，より強力なファシリテーションスキルが必要となる。そのため，異質グループでは，メンバーが互いに助け合えるように，各メンバーの参加と個人的探索を是認するようなデザインにするのがよい。なぜなら，もっとも重要なのは，人口統計学特徴や診断名にかかわらず，クライエントが互いの共通性を認めることであり，異質グループで，表面的には異なっていても深いつながりがみいだせるように援助することは，あらゆるMIグループの可能性のなかでもっとも影響力のある体験になるからである。

グループの定員

メンバーが何人いるのがもっとも効果的だろうか？　5～15 人が可能であるが，上限近くになると，グループセッションというより，授業や集会のようになる危険性がある。6～8 人だと，その場で弱みを探索しにくくなるかもしれない。12 人以上のグループには，入るのさえいやがる人も多い。心理教育グループの一部として情報提供をするだけ，あるいはサポートグループで基本的なサポートをするのであれば，10～12 人でも大丈夫であろう。心理療法グループや複雑あるいは傷つきやすい事柄に焦点をあてるグループであれば，リーダー2 人の場合で 8～10 人，リーダー1 人の場合は 5～7 人が理想的であろう。2 人のリーダーで 10 人のクライエントに対応するグループのほうが，より人数の少ないグループにリーダーが 1 人ずつ入るよりも効果的だというデータがある(Kivlinghan et al., 2012)。反対に，メンバーが 5 人以下の場合，リーダーがメンバー間のより深いつながりを強化しなければ，グループワークというより個別のバラバラな作業になりがちである。それくらい人数が少ないなら，短期間の個別 MI をしたほうがよいかもしれない。

できるだけ少人数のグループのほうが安全だと感じるクライエントもいる。グループに何人入れたとしても，しばらくすると一定の人数に落ち着くということもある。この場合，メンバーは出欠によって意思表示をしているとみなす。そうしたクライエントの知恵，あるいは少なくとも彼らの反応という現実を受け入れ，デザインを修正しなければならない。来なくなったクライエントに連絡をとり，個別サービスやより少人数のグループに参加する機会を提供するべきである。

結局のところ，あるグループに最適とされる人数は，次に挙げるようないくつかの要因に左右される。グループの目標はもとより，リーダーの人数とその経験やスキルの程度，セッションの期間と頻度，クライエントの問題の重篤さ，信頼性，ソーシャルスキル，クライエントの参加に対する開放性といった要素である。MI グループをデザインする際には，その限界についても現実的であるべきだ。重大な困難があり，きまぐれにしか参加せず，ソーシャルスキルが乏しく，グループの努力を敵対視しているようなメンバーが，アディクションからの回復，大幅な減量，服薬の指示に完璧に従うといったような大きな変化を遂げることはありそうにない。とくに，大規模なグループで，隔週 50 分のセ

ッションを，経験の浅いリーダーが1人で行うといった場合には，なおさらである。MIグループは，長所をのばすことはできるが，不可能を可能にすることはできない。とはいえ，臨床場面のクライエントのニーズや能力に合わせてMIグループをデザインすることは，資源を効果的に活用することで，大きな影響をもたらす機会を増やすものになるだろう。

グループの期間

　MIグループは，何回あるいは何カ月というように期間を決めることができる。心理教育グループは，決まった回数と，決まった順番のテーマや課題を用意することが多い。一般的に，MIグループは**期間限定**で，1回きりのこともあれば，超短期（2〜4回），短期（4〜12回），長期（12〜20回以上）のこともある。グループの期間は，その目的と機能による。例えば，招き入れることが目的で，本格的治療までの待機期間を埋める機能であるなら，より短い期間のグループが適切である。複数の目的があり，グループだけの治療であれば，より長期間のほうが適切であろう。クライエントがしょっちゅう入れ替わるのであれば，メンバーは二度と集まることがないのだから，1回毎のグループにすべきである。

　MIグループは，ずっと続く**オープンエンド**でもありうる。目標を達成したメンバーはグループを去り，代わりに新しいメンバーが加わる。オープンエンドで，構造化されていない心理療法グループは，MIの方略と一体化しているが，前もって話題の進展を決めることはない。オープンエンドの形式は，待機リストグループや他の治療の準備のためのグループでも使われる。とくに，そのグループへの参加期間がかなり短い場合にオープンエンドであることが多い。半構造化アプローチをとる場合，例えば4つの話題を繰り返し，メンバーがどの回からでも入れて，必要な限り参加できるようにしてもよい。

　オープンエンド形式のグループの利点は，クライエントが自分のペースで進み，グループを出ていけることである。進んで早く出たいと思っているクライエントは，一定のペースでの関与を前提とするグループや，ゆっくり進むメンバーに合わせて進むグループに，引っ張られずにすむ。ゆっくり進むメンバーは，皆と同じ時間でやれという圧力を受けずにすむ。非常に両価的なクライエントもいるし，一歩進むと新たな困難が生じて，やりたくなくなったり，難しく感じたり，変化への障害が出てくるクライエントもいる。単に，ゆっくり進

むのを好むクライエントもいるかもしれない。オープンエイド形式のグループの不利な点は，グループを前に推し進める力となる終わりがはっきりしないため，変化が遅くなる可能性があるかもしれないことである。

セッションの長さ

　セッションの長さも考えなければならない。セッションの長さは，グループの大きさと形式に合わせるのが理想である。6人以下の小さなグループでは60分，6～10人なら90分，10人以上なら120分といったところだろう。この長さは，グループ全体で話し合い，個々のメンバーに焦点をあて，グループを閉じるのに必要な時間である。2時間以上のセッションになると，休憩時間も必要になる。何より，2時間集中し続けるのは難しい。臨床場面に応じて，どのくらいの人数で何分くらいがよいか，試してみることをお勧めする。ある現場では，60分の2つの少人数グループを行うのがよいかもしれないし，別の現場では，もっと大人数で120分のグループのほうが適切かもしれない。さらに考えるべきことは，形式である。サポートグループは60分，心理教育グループは90分，心理療法グループは90～120分であることが多い。

メンバー選定と準備

　クライエントのグループへの準備性を確かめ，参加の準備をしてもらうためには，グループ参加の前に個別にクライエントに会うほうがよい。事前の面接は，MIグループに適しないメンバーをスクリーニングしたり，最低限，グループで扱うべき課題を把握したりするのに適している。グループを作る際に，MIグループが役に立たないかもしれないクライエントがいること，あるいはグループのやり方や課題が，あるメンバーにはグループの有効性を損なう可能性があることを知っておくのは重要である。クライエントは，ある程度の対人的な親密さやストレス，葛藤に耐えることができなければならない。グループ外で起きた出来事や行動について話し，それが自身の思考，感情，決断にどう関連しているかを伝えられる必要がある。また，グループに定期的に進んで参加し，適切に交流できなければならない。

　破壊的，支配的，敵対的なメンバーは，MIグループへの参加は難しい。グループを不快で危険なものだとみなすことで，他のメンバーが弱みを隠すように

なったり，中断させてしまうことになりかねないからである。同様に，劇的な症状を持つメンバーも，他のメンバーが絆と信頼を築くのを損なう可能性がある。一方，極端な社会不安，認知力の欠陥，現在深刻な危機の最中にいるメンバーも，グループの交流に十分参加できない可能性があり，個人療法のほうが適切かもしれない。そうした人は，MIグループから外すか，グループに参加する準備のために，最初は個人カウンセリングを行うのがよい。

　事前面接は，クライエントがグループでうまくやれるための準備にもなる。事前面接によって，メンバー候補を招き入れ，最初はグループで話したがらないであろうことの詳細を聴き，のちのちグループ内でその問題について取り組む際に，あるいはメンバー間で葛藤が生じた際に，役に立つ直接的なつながりを作るものだからである。クライエントにとっても，グループ参加への準備を高めるものとなる。メンバー候補者の懸念を聞き，それに応え，相手がグループに参加することへの関心を伝え，グループはサポーティブで役に立つだろうという信頼を伝える。最後に，秘密保持の原則の限界と，セッション中に苦痛な交流も起こりうることを伝えるのも重要である。メンバー候補者は，セッションが始まってからより，事前の個別面接のほうが十分な情報が伝えられ，真の意味で参加の同意をすることができる。

　事前面接のやり方については，第9章で詳述する。事前面接は，簡単に省いてもよいような手順にみえるかもしれないが，グループに適さないクライエントも除外できないといった特殊な状況がない限り，事前面接の手順をふんでおくことをお勧めする。グループとは別に，事前にクライエントとの個人的なつながりを作っておくことは，グループが困難になったときにきっと役に立つ。もし，どうしても事前面接ができないのであれば，初回の前に30分でもよいので，新しいメンバーに個別に会い，つながりを作り，初回に備えさせるほうがよい。

編　入

　グループへの受け入れには，いくつかのやり方がある。**閉鎖グループ**は，最初にメンバーの一群を入れたら，期間中は同じメンバーだけで行う。これは，一定の回数で決まった課題をやるという半構造化された心理教育グループなど，回数限定のグループで使われることがある。あるいは，外部のスケジュールにしばられた構造化されない心理療法グループでも使われる。例えば，大学

の学期中に開催されるグループや，次のクールまで待機者リストを作っていく年4回の特別グループなどである。閉鎖グループが始まり，期間中にメンバーが抜けたなら，それは話し合いの重要なテーマになる。参加をやめようと思ったら，事前に他のメンバーに知らせるようにと言われるグループもあり，その場合は，やめようとするメンバーも一緒に，メンバー全員でその人がやめることがグループにどのような影響をもたらすのかを話し合うことができる。やめていくメンバーに対して，正式に「お別れ」の儀式を行うグループもある。

閉鎖グループは，ずっと同じメンバーで行うので，開放グループよりも親密性が高い。固い絆で結ばれた閉鎖グループは，家族や親友の集団のような最善の要素をもつこともしばしばである。それによって，メンバーは互いを深く知り，関係性の中で己を知り，互いに愛他的に助け合うことで利益を得る。他方，閉鎖グループが有害なものになった場合，リーダーが危機を乗り越えるようグループをリードし，より深いレベルの寛容性や親密さ，信頼へとメンバーを導くことができなければ，グループでの体験は外傷的なものになりうる。

対照的に，**開放グループ**で運営されるMIグループもある。セッション毎に異なるメンバーが参加し，何度も参加している人もいれば，1回だけ来る人もいる。開放グループの利点は，グループの開催中はいつでも，クライエントがすぐにグループに入れることである。待機者向けのグループにとっては，とりわけ大きな利点といえる。だれだって，待機グループに入るのにクライエントを待たせたくないだろう！　開放グループの不利な点は，見知らぬ人同士のグループであるため，メンバーがかなり表面的になりやすいことである。

半開放グループは，1カ月ごととか，だれかが卒業して他のサービスに移ったとか，そうした特定のときだけ新たなメンバーを受け入れる。このアプローチは，閉鎖グループと開放グループの両方の強みを生かそうとするものである。新メンバーはそれほど待たずにグループに入れるし，現メンバーはそれまでに何回か一緒にやっているので，絆と信頼を築けている。新メンバー加入するときには，その人が持ち込む新しい力動を吸収する準備ができているのもよい。新メンバーの加入はまた，現メンバーが得たものを強化する機会にもなる。現メンバーは新メンバーに対し，今の状況や最初の頃との違いなど，自分の状況を要約して話すからである。

デザイン選択による難しさの比較

　グループをデザインする際に考慮すべきもう1つのことは，何を選択すると，どのくらい難しくなるかということである。グループの目的を最優先すべきではあるが，クライエントやリーダーのこれまでの経験によっては，デザインの選択がグループファシリテーションの難しさにつながってしまうことがある。図6.1は，難しさを比較して示したデザイン選択の順位表である。

　これらの要素を組み合わせるとき，もっとも簡単に思えるものを選びたくなるかもしれない。一般的に，よりやさしい要素を選べば，意図しない否定的な結果がもたらされる危険性は低下するが，肯定的な結果を得られる見込みも限られてしまう。MIアプローチは，グループを扱いやすくするので，比較的経験の浅いリーダーにも向いている。対照的に，より難しい選択をすると，深い変化をもたらす効果的なグループになる可能性があるが，うまくやり遂げるにはさらに上級のスキルが必要となる。

　経験の浅いリーダーが，より難しいデザイン要素をたくさん含むグループをリードすると，危険性が大きくなってしまう。例えば，深刻な情緒的混乱あるいは精神病理，難しい対人関係の葛藤の生起，その他のグループプロセスの困難など，さまざまな危険性が高まることを考えなければならない。グループリーダーに，こうした困難をすべて避けろといっているわけではない。楽に扱えることより，少し大変なことを経験するほうがスキルは高まるからである。とはいえ，予期されるグループの困難とリーダーの現在のスキルとを現実的に適合させることは重要である。楽すぎるレベルより少し無理をするのはかまわな

	より簡単 ←		→ より難しい
形式	サポート…………	心理教育…………	心理療法
構造	構造的…………	半構造的…………	非構造的
構成	同質……………………………		異質
定員	5人……………………………		15人
セッションの長さ	60分…………………………		120分
編入	半開放…………	閉鎖…………	開放

図 6.1　デザイン選択による難しさの比較

いが，グループをリードする作業を複雑にしすぎるとパニックになるので，やめたほうがよい。リーダーにとっても，クライエントにとっても，グループセッションがうまくいくことが何より大切なのだから。

機能するMIグループをデザインする

MIグループをデザインする際には，多くの選択肢がある。いったん目的を決めたなら，グループ形式，メンバー構成，1セッションの長さと全体の期間，新しいメンバーにどうやってアプローチするかなどを決める。表6.1はサポートグループ，心理教育グループ，心理療法グループの典型的なデザインの選択肢を示している。

このテンプレートは，グループの開始段階をさすものにすぎない。そのため，グループをやりながら，これらの要素を混合させたり，組み合わせたりすることもできる。

例えば，メンバーが新しい医療機関に適応するのを助けることに焦点をあてたサポートグループでは，メンバーが特定の変化を推奨する医療従事者と関われるように援助する。この状況では，MIグループは，現在の環境で直面している問題に応じて，非構造的な話し合いのグループで運営することも，関連するトピックスに限った教育と自由な話し合いの時間のバランスをとって，半構造的にすることもできる。15人を上限とする開放的な編入で，セッション毎の人数が変わってもかまわなければ，サポートやガイダンスが必要なときに，診断を受けてすぐにグループに参加できる。セッションは，45分から60分がよ

表6.1　MIグループデザインのためのテンプレート

	サポート	心理教育	心理療法
目的	関係づくり	何でも	行動変化
構造	何でも	半構造的	非構造的
構成	同質	同質	異質
定員	15人以上	8-12人	6-10人
期間	どちらでも	期間限定	制限なし
セッションの長さ	45-60分	60-90分	90-120分
編入	開放	閉鎖／開放	半開放
カウンセラーの準備	低	中	高

いだろう。利益をもたらすのに十分な長さであり，長すぎるとも思われない時間である。患者は，予定された個人面接の間に自分の問題を話すために，看護師などの職員との非公式な面接としてセッションを利用するかもしれない。グループは，終わりなしのものであれ，期間限定のものであれ，繰り返し行われるのを基本として，いつでも実施されているほうがよい。MIとグループリーダーシップに関する基本的なトレーニングは，グループを組織したり，特定のメンバーが会話を独占したり，傷つきやすい問題や複雑な問題が出てきたりするという困難に対する準備を高めてくれるものだが，サポートグループのファシリテートをするうえでは，必要なときに相談できる同僚さえいれば，MIや集団療法に関するさらなる訓練はおそらく必要ではないだろう。

　心理教育グループは，招き入れや他のサービスへの準備，あるいは行動変化といった目的に適している。こうしたグループは半構造化されているものが多く，目標となる焦点といくつかの計画された課題，起きた問題について探索する時間が組み込まれている。心理教育グループは，何らかの点で同質のメンバーを含んでいる。8〜12人という定員を設けることで，サービスの効果を高め，かつ単なる授業というより治療的な体験ができる機会にしている。12人というメンバーの人数は，どのセッションでも8〜10人の参加を確保するうえで必要だろう。心理教育グループは，臨床現場のニーズに合った一連の話題があり，期間限定であるのが典型的である。例えば，私たちが提案している社会内のアディクションプログラムは8週にわたって行われており，内容は次の通りである。①導入とライフスタイルの探索，②変化の段階，③よいこと—そうでもないこと，④将来に目を向ける／目標を探る，⑤決定のバランス，⑥両価性を探る／理想と現実の違いに気づく，⑦成功談を変える，⑧変化の計画をたてる (Ingersoll et al., 1999)。待機者用プログラムの4回のモデルでは，①，③，⑤，⑥のトピックスを用いる。1回のみのモデルでは，ライフスタイルやストレスと薬物使用，健康と薬物使用，典型的な一日，よいこととそうでもないこと，情報提供，将来と現在，心配を探る，決定を助ける，の内容のうち1つを選ぶ。広く活用するなら，モデルは固定しないほうがよい。例えば，ブレインストーミングや試行をしながら，それぞれの現場に合うやり方をみつけるべきである。

　60〜90分は適切な長さであるが，目標をうまく修正すればもう少し短くてもよい。心理教育グループでは，連続する一連の話題を取り上げるならばメンバー固定で閉鎖するのが一般的だが，初期のセッションに参加して後の回への参加が必要ではないことがわかれば，途中で抜けられるように開放してもよい。

クライエントの変化を促進するのに何の役に立たないような厳しい授業もどきにならないよう，リーダーは準備しなければならない (Faris & Brown, 2003; Miller & Wilbourne, 2002)。心理教育グループのリーダーは，MIに精通し，経験を積んでいるべきであり，グループサービスを提供するうえでの訓練や指導も受けていなければならない。

　心理療法グループは，もっとも難しいものである。このグループは，臨床的な変化に焦点づけられ，治療サービスの中心であることも多く，ケースマネジメントや他のサービスによって補足される。心理療法グループは非構造的であり，MIモデルがそれとなくリーダーを導いており，テーマはあったとしてもセッションの進行案は用意しない。リーダーは，一連のトピックスよりも，変化に向けて生じつつあるクライエントの課題を取り上げる。心理療法グループは，しばしば異質メンバーからなり，条件や状況，役割の共通性よりも，意図的に変化しようとする体験における共通性を強調する。グループの定員は6〜10人くらいで，期間の終わりは決められていない。各回のセッションは，グループの人数，複雑さ，慎重に扱うべき話題，メンバーの心理的マインドと自己主張の程度に応じて，90〜120分であることが多い。編入は，半開放で，慎重に扱うべき話題を深く探索し，安定した一定のメンバー間に生じるグループダイナミクスを大いに活用する。一定期間ごとに新メンバーを編入することは，グループの人数が減りすぎたりマンネリ化したりするのを防ぎ，新しいクライエントがサービスに入るというニーズにも合う。心理療法グループの構造化されない性質，慎重に扱うべき話題，非構造的な異質グループによって生じるグループダイナミクスを管理する複雑さ，参加者に重要で持続可能な変化を達成させるという目標といったさまざまな難しさゆえに，リーダーは十分に準備しなければならない。これらのグループを効果的にリードするには，MIとグループリードの両方の専門性が求められる。

　最善の結果をもたらす唯一のデザインというものはない。それぞれの臨床場面で，何がもっともよく機能するかを考え，MIグループの原案を作るべきである。デザインの重要な側面は，元の案をどんどん修正しようとすることである。試行して，実施者とグループメンバー，組織の関係者たちが，結果に満足するまで，修正を重ねていくべきである。

第**7**章

動機づけ面接グループを実施する

　ひとたび最初のグループを計画したなら，次の作業はグループの実施と評価のための基礎を築くことである。自分の臨床現場で動機づけ面接（以下，MI）グループを実施したらどんな困難さが生じるかを予測し，利害関係者とメンバーの情報を集めることは，グループを成功へと導く助けとなる。しかし，何より重要な要素は，グループリーダーのスキルと事前準備である。そのため，専門家のトレーニングやスーパービジョン，実施中のグループにおいて共同実施者とともにファシリテーションスキルを練習することなど，MIグループをリードするスキルをさらに磨くための方法について述べる。

MIグループを提案する準備

予測される困難

　新たなサービスを始める際には，いくつかの困難が予測される。多くの人は，MIについて耳にしたことはあるものの正確に理解していなかったり，グループでMIを実施できるかを判断するための十分な知識を持っていなかったりする。何より，最初に直面する困難は，スタッフがMIにさほど精通していないことであろう。MIが現場にとって馴染みがなければ，事前準備として何らかのMIトレーニング，とくにMIのスピリットを学ぶことは，MIグループに含まれるグループの目的や方法を理解するうえで役立つだろう。スタッフメンバーが個別MIに精通している場合，一連の治療を通して，もっとMIを活用していこうと主張するかもしれない。発言力の強い非公式のリーダー（こうした人たちは，スーパーバイザーでもディレクターでもないことが多い！）の支援を得ることで，「台頭者」に対する反発が避けられる。また，MIグループを計画するうえでの困難や望まれる成果について，一緒に話し合うこともでき

る。進めるにあたり，発言力のある人やさまざまな人の情報を得るように心がけるとよい。

第2の困難は，臨床現場にいない重要な立場の人たちは，サービスを変えないことを望むかもしれない点である。たとえ，実施者がMIグループは前向きな段階へ進めるものだと認識したとしても，照会元の機関は従来通りの対応を好むかもしれない。繰り返しになるが，こうした気の進まなさの原因は，MIやMIグループについて，あるいは，その変化が他の実践や手続きにどんなふうに影響するのかといった実施者の計画について，十分周知されていないことがあるためである。そのため，現場のサポートを得ようとするだけでなく，新しいサービスや改訂したサービスをどんなふうに外部の利害関係者に説明すべきかを考えなければならない。照会元の機関のスタッフは，MIスピリットとは調和しない報告を求めているかもしれない。もし報告書の体裁を変更するなら，MIグループを実行するときに，変更しようとしている点について事前に説明し，その案について同僚にも検討してもらうようにする。専門家たちがその情報を吟味する機会を設けることで，求められる具体的な情報がわかり，計画を微調整できるかもしれない。

クライアントに別のサービスを提供している専門家に，情報提供することも重要である。クライアントにとって，あるサービスと別のサービスがどう違うのかといった情報がないまま，複数のサービスのあちこちを円滑に利用するのは戸惑うことだからだ。クライアントがMIグループや他のサービスをどんなふうに利用しているのかについて，同僚とブレインストーミングするとよい。他機関の支援者に，こちらの努力を理解してもらい支持を得るとともに，こちらもまたそれに報いることができてこそ，クライアントにとっての利益が生まれるのである。

最後に，MIグループを計画するときは，現在もしくは過去のクライアント，あるいはフォーカスグループに，題材や実行計画について吟味してもらうとよい。それによって有益なフィードバックが得られ，計画と実際のクライアントのニーズをさらに結びつけることができる。利害関係者のグループの全員とともに，よいコミュニケーションを促進するフィードバックを得ることは，これから実施するグループに重要な文脈や内容をもたらし，MIグループの現実的な見通しを形形る。

MIグループリーダーの準備

MIグループのファシリテーションを習得するには長い時間がかかり，さらにいくつかの段階がある。MIの実践とグループのリーダーシップスキルのいずれも，学ぶには時間も努力も必要であり，両者をMIグループで統合しなければならない。理想としては，実践家はMIグループのトレーニングに参加する前に，個別MIとグループのファシリテーションを実施する能力を備えているのが望ましい。しかし，なかにはどちらか一方のスキルを持っていることが強みになるリーダーもいるかもしれない。確かなMI実践スキルを持ち，対象となる人々や問題に精通している人もいるだろう。あるいは，あまりMIに精通していないものの，集団精神療法やグループによる薬物乱用治療，家族療法，カップルセラピーのトレーニングや経験がある人もいるだろう。こうした人たちは，サブグループができたときにそれを扱うだけではなく，グループダイナミクスをうまく調整し，個人と全体としてのグループに焦点をあてるバランスをとることに慣れている。実践家が，共感と教示のどちらの要素も十分に理解しており，グループダイナミクスに精通し，対象者に敏感であれば，難なくMIグループプロセスの概念を把握し，いくらかのトレーニングと実践によってグループMIを活用できるようになるだろう。

一般的に，実践家はしっかりしたMIスキルを獲得するために，数日間の集中的なMIトレーニングを受けたうえで，実施中のプログラムのコーディングとコーチングを受ける必要がある。また，運用中のグループに関する理論的かつ実践的なトレーニングも求められる。そうしたトレーニングは，長い期間を要する。理論的なトレーニングでは，個々の行動，対人関係の行動，グループプロセスのモニタリング，グループレベルでの介入など，グループ治療の概念とスキルを学ぶ。グループをファシリテートするスキルを伸ばすうえで，実践に勝るものはない。私たちは，協働リーダーとして，経験のある同僚とともに時間をかけてグループスキルを身につけていく徒弟制モデルを推奨している。徒弟制のなかでは，その体験のプロセスについて，互いに観察したり，同じ立場の実践家に観察してもらったりする。

時折，MIまたは集団療法のいずれのトレーニングも受けていない実践家が，MIグループのファシリテーションを学ぼうとすることがある。もしそうならば，MIグループ実践のトレーニングを受ける前に，自分がまだ詳しく知らない領域について，もっとトレーニングを受けたほうがよいだろう。第6章で述

べたように，最初にMIグループを提供する際は，それほど難しくないグループのデザインで，自分が未習得の領域に詳しい協働リーダーと一緒に取り組むのがよい。この実践に対して，丁寧なスーパービジョンを受けることで，実践家としての学びを向上させることができる。

　MIとグループ実践の両方に十分な経験とスキルがあるなら，MIグループについて数日間の体験的なトレーニングを受講し，さらにMIグループの運営を始めたら，コーチングとスーパーバイズを受けるとよい。こうした経験とトレーニングに加え，実際のグループ（必ずしもMIグループでなくてもよい）や同僚と実施するグループでMIグループスキルを練習することで，スキルや自信を高めることができる。現在の臨床現場のなかで，MIグループのさまざまな構成要素を逐次試すことによって，MIグループのスキルを訓練して身につけることもできるだろう。とくに，グループを運営している臨床現場で働いているなら，協働リーダーとして参加し，次のようなMIグループスキルを実践してみるとよい。

　まず，治療の各段階で，選んだMIグループ技法をグループで用いながら，適切なMIグループのファシリテーションを実践してみることを勧める。例えば，初回グループでは，メンバーは互いに関わり合い，ライフスタイル，価値，両価性についての見方を探索していく。この段階では，共感的であることを練習し，提供するスタイルではなく引き出すスタイルを用い，メンバーの見方や興味，体験をつなげるためにOARS方略を活用する。こうした体験によって，グループを開始し，早期の会話を形作り，メンバーそれぞれが抱える問題や他のメンバーとの関係性についての共感的な理解を示すことの感覚がつかめる。さらに，メンバーが互いに聴くのではなく助言を与え合っていたり，変化ではなく現状維持を支持することでメンバーの動機づけを下げていたりすることを見逃さないようにする。メンバー同士が反応する前に，話された内容を言い換えるようなリフレーミングや簡潔なコーチングを行う練習をする。

　それから，心に描くこと，重要性と自信，変化の成功談について探索すること，強みを喚起することといった**視野を広げる**方略をいくつか試してみるとよい。この段階のMIグループワークに関連することとして，協働リーダーとの働き，内容（話し合われていること）とプロセス（話し合いの展開）の両側面からグループを理解すること，そして背景の異なる人たちからなるグループでの沈黙や緊張を扱うといった課題に，うまく対処できるように練習する。協働リーダーと一緒に，これらのスキルを身につけられるような役割を担ってみても

よいだろう。例えば，あなたはグループを全体として観察し，メンバーを話し合いに引き入れるようなリフレクションや質問をする。協働リーダーは，OARSスキルを使うよりも，こうした方略を中心に行う。もし，観察者や記録係がいるならば，自分たちがやってみた具体的なスキルや方略についてフィードバックを得ること。この他にも，メンバーの選択と統制を強調すること，MIのワナを避けること，より大変なメンバーにリフレクションや開かれた質問をするといった，さまざまな要素を試してみるとよい。

　もし，変化の計画を立てるとか歩み出すことに焦点をあてるグループでMIグループスキルを実践するなら，**行動に移す**段階で役立つ技法を試してみるとよい。何人かのメンバーが依然として不活発な状態であるときは，未解決の両価性を扱ったり，変化のための計画と実行の不調和を調整するようなスキルを身につけたりするといった，他の方法もやってみよう。ここでは，過去よりも未来に目を向けるようにメンバーをガイドすることで，ポジティブな流れを保持するスキルが身につけられる。あなたと協働リーダーは，内容進行役やプロセス進行役といった異なる役割を試すことができる。**ファシリテーター**は，「みなさんは，この変化によって何が得られればいいと思っていますか？」「どのようにそれをやるつもりですか？」「どうしたら，うまくいっているとわかるでしょう？」「どうしたら，それが役立っていないとわかりますか？」「グループ（あるいは他者）は，どんな手助けできますか？」など，鍵となる質問を用いて，変化の計画についての話し合いをしながら，チェンジトークや実行トークを引き出そうとする。こうした話し合いの際，ワークシートを用いて，話し合いの前や最中，または終わってからのメンバーの反応を書き出したり，内容進行役が図表に鍵となるポイントを記録したりしてもよい。そうしている間，プロセス進行役は，変化や両価性，あるいは変化への道筋についてのメンバーの心情を，メンバーが互いにどう支え合うかといった対人関係の面からまとめてつなげる。セッション後は，それぞれの役割をとってみて，そして互いに観察しながらわかったことを話し合う。

　実際のグループでMIスキルを試す別の方法は，互いにスキルを身につけるために助け合うことである。3人から5人くらいがメンバー役となり，1人か2人が練習用のグループをファシリテートする。やや困難な臨床状況を想定したロールプレイをしながら，メンバー役は自身の生活の課題を探索してみるのが理想的である。これは，変化への準備性がバラバラだとか重大な精神病理を有するなど，グループ内の不一致を扱うような，より難しい状況でのMIスキ

ルを身につけるのに安全なやり方である。このような方法で学びを深めるためには，同僚にさまざまなレベルの難しい行動や引きこもった行動を演じてもらうと，MIスキルを用いる自信が高まるはずだ。グループのプロセスを観察し，テーマとメンバーそれぞれの体験をつなげるまとめをしながら，別の方法（例：率直な話し合いか得点づけ，しゃべるか筆記課題）によって，重要性と自信の探索を練習する。それぞれのちょっとした練習のあとで，グループワークの段階に応じてやりとりをどう扱えばよいかについて同僚のアイデアを引き出したり，グループの相互作用を促進させる別の方法についてブレインストーミングをしたりする。これは練習用のグループなので，「いったん停止」をして，同僚やメンバー役に「どんなふうに進めたらよいか」とアイデアを求めてもよい。変化のための関与や計画を引き出して強化するためのさまざまな方法を用いるスキルを身につけるのに，この練習グループを活用してもよいだろう。このやり方なら，複数人のクライエントへ同時に対応するといったグループスキルだけでなく，6～10くらいの特定のMIグループ方略が練習できるはずだ。また，協働でのファシリテーションスキルも練習できるだろう。これは，MIグループを実施することへのあなたの安心感を増やし，自分の臨床現場でMIグループをさらに発展させようとする関心を高めるにちがいない。

　また，あなたは同僚とともに，自分たちの臨床現場でのクライエントに対して，どんなふうにMIグループをやったらよいか，できそうなMIグループをデザインしてみたり，試験的なグループを実施してみたりすることもあるかもしれない。この試験期間で，そのグループへの責任感が高まり，グループを実施する自信が持てるようになるだろう。

MIグループを実施する

　グループをデザインし，リーダーの準備が整い，協働実施者と利害関係者からの支持が得られたら，グループを始めるタイミングである。本章の後半では，グループの実践と達成しようとする成果への評価の仕方とともに，MIグループ実践への支援やスーパーバイズの方法について述べる。次章以降では，グループを運営するうえでの具体的な「やり方」と，グループワークの各段階で効果的な方略に焦点をあてる。

　MIグループを実践するには，グループ期間中も支援を受け続ける必要がある。MIのトレーニングやグループ進行中のリーダーへの支援が必要であり，グループ期間中は，臨床面に焦点をあてたスーパービジョンがなされる。グル

ープを支援する際には，クライエントが利益をどう認識しているかを検証し，できれば収集した成果についても検証する。リーダーが集めた情報に基づいて，継続的に質の保証と評価プロセスを続けることで，時間をかけながらMIグループのサービスを改善させることができる。

> グループリーダーの支援は，トレーニングだけでなく，グループ進行中のスーパービジョンも必要である

MIグループ実践のスーパービジョン

スーパービジョンでは，ケースの話し合い，臨床試験，臨床的な意思決定が行われる。また，スーパービジョンは，リーダーがクライエントの変化を引き出すグループプロセスを促進できるように手助けする。新たにリーダーとなった者は，さまざまな不安をいだいているものであり，それがスーパービジョンで扱われる。とくに難しいメンバーに対応するとき，リーダーはMIのスタイルを維持しながらグループを扱うことに不安を感じるかもしれない。スーパービジョンは，グループで生じている困難への解決策をブレインストーミングするための生産的な場である。さらに重要なのは，スーパービジョンによって，リーダーがグループ内のメンバーの動きをMIというレンズを通して捉えられるようになることである。リーダーが，メンバーの感じ方や視点，不安，考えについて，見逃さずに焦点をあてると，メンバーの自己評価による過度な不安は減少することが多い。しかし，リーダーがグループを進めながら，次にどうするかばかりに気をとられてしまうと，聴くスキルが低下する。反対に，リラックスしたリーダーは，基本的な聴くスキルとグループのファシリテーションスキルを活用している。スーパービジョンでは，経験の浅いリーダーを，こんなふうにリラックスして，グループに対する姿勢に自信を持っていられるようにガイドする。そうすると，グループメンバーの安心感が増して，メンバー自身の向上心とそれに向かう動きといったグループへの関与が高まることが多い。また，スーパービジョンによって，経験の浅いMIグループのリーダーが，前向きにグループの構造を学ぶことができ，メンバー間の重要な内容を関連づけ，そして生じてはいるものの扱われていないメンバー各自のプロセスやメンバー間のプロ

> スーパービジョンによって，経験の浅いMIグループのリーダーが，前向きにグループの構造を学ぶことができ，メンバー間を関連づけ，扱われていないメンバーのプロセスに注意を払えるようになる

セスに注意を払えるようになる。そして，リーダーはグループにおいて，どんなことも注意深く聴けるようになり，そうした問題をもっとうまく扱うためのアイデアが持てるようになる。可能ならば，スーパービジョンでふりかえられるように，グループセッションを録画することを勧める（録画が無理ならば録音でもよい）。

MIグループ実践への支援

　MIグループ実践への継続的な支援は，グループサービスを効果的に実施するうえで不可欠である。研修では，MIの概念や方略，スキルの練習，グループプロセスに焦点があてられる。ケースカンファレンスでは，実践家が困難なケースや状況について報告したり，同僚と記録内容をみなおしたりすることもある。さらに，外部からMIグループの専門家を招いて話し合うこともある。ケースカンファレンスでは，グループの段階や発達レベル，ターゲットとしている行動について，具体的なMIスキルと方略の活用とタイミングに焦点をあてるべきである。

　非公式なミーティングも，貴重な支援になる。例えば，MIグループの課題を話し合ったり，資料や治療マニュアル，文献をみなおしたりするような非公式なランチミーティングなど。もっとも非公式なものは，MIやグループプロセス，MIグループ，あるいは難しかったグループセッションについて，仲間同士で，あるいは相談役やブレインストーミングの相手になってくれる仲間と話し合うことである。こうした話し合いが役に立つと，リーダーは，自分のスキルや学び，自信を育むのに最適な相手を自然にみつけられるだろう。

MIグループの質の保証

　質の保証（Quality assurance：QA）とは，MIグループが基本を遵守しているかどうか，肯定的な成果を出せているかを測るものである。質の保証は，実践家のスキルや特定のケースに焦点をあてるスーパービジョンとは異なる。質の保証の構成要素は，次の2つである。①そのサービスがしっかりとガイドラインや原則を守っているかによって決まる治療の忠実度，②具体的なサービスが参加者に利益をもたらす程度に焦点をあてた効果評価。

治療の忠実度

　個別MIセッションの治療の忠実度は，MIの包括的スキルと特定の行動をコード化した評定システムによって測られる。MIの包括的スキルには，共感性や方向性といったリーダーの態度も含まれる。MIは，特定のコミュニケーションパターンによって特徴づけられる。MIでは，リフレクション，開かれた質問，アファメーション，まとめを一貫して使用することが定められており，クライエントの選択と統制を強調するといったコミュニケーション要素が用いられることもある。いくつかのコミュニケーション法（例：直面化，指示や警告，クライエントの許可なく与える助言）は，避けるべきである。実践家がこれらのパターンを遵守しているかどうかを検証するために，コーディングシステムが用いられる。もっとも一般的なコーディングシステムである動機づけ面接治療整合性尺度（Motivational Interviewing Treatment Integrity Scale：以下，MITI-3; Moyers et al., 2009）は，共感性，方向性，MIスピリットと，個別MIセッションにおいてセラピストがMIの方法を遵守しているかどうか，全体的なレベルを確実にコード化するものである（Madson & Campbell, 2006; Moyers et al., 2005; Moyers & Martin, 2006）。また，行動パターンも重要である。例えば，MIを遵守する実践では，質問の2倍のリフレクション，閉ざされた質問の2倍の開かれた質問，そして単純なリフレクションよりも複雑なリフレクションを多用することが求められる。しかし，MIの包括的なパターンと行動上のスキルは，個別とグループでは異なるため，MIグループの忠実度を直接的に評価するには，信頼性と妥当性のあるMIグループ尺度の開発が待たれる。ここでは，個別MIとMIグループの違いを考慮しつつ，現時点で，質の保証に有用と考えられる測定システムについて述べていく。

MIグループと個別MIの実践の違い

　治療の忠実度を念頭に置きながら，MIグループと個別MIの取り組みがどのように異なるのかを考えてみよう。グループリーダーは，共感の雰囲気，方向性，グループ全体のMIスピリットを育もうとする。こうした特性は，最初のうちは，リーダーの態度をモデルにすることから始まるかもしれない。グループの凝集性が高まってくると，リーダーは自身でMIの行動モデルを示しながら，メンバーがMIの一貫した方法でやりとりできるようにガイドする。この段階では，リーダーはメンバー同士がより共感的で協働的になれるように，メンバーをコーチすることもある。時間が経つにつれ，メンバーの協働的な態度

が多く示されるようになり，他のメンバーの自律的な選択をサポートできるようになる（MIスピリット）。すると，他のメンバーの体験を理解しようとする関心が生まれる（共感）。MIグループは，MIの一貫したコミュニケーションに向かって前進し続けるのである。リーダーがコーチしても，MIスピリットで十分にやりとりできないメンバーもいるかもしれないが，こうしたメンバーにも悪意のある直面化や助言がみられなくなっていくものである。メンバー間の否定的な相互作用を取り除くことは，MIの一貫した相互作用を促進するより重要かもしれない。

　MIグループにおける方向性や話し合いの時間は，時間の経過に伴い，よりMIで一貫したものになっていく。MIグループは，リーダーばかりがずっとしゃべっているクラスとはまったく別物である。MIグループでは，メンバーが話に加わってきたら，リーダーは一歩下がるのがよい。こうすることで，メンバー同士がもっと関与し合い，自律的になるのを促せる。メンバーは，リーダーよりもたくさん話すべきであり，会話のほとんどがメンバーによるものでなければならない。それでもリーダーは，MI治療の忠実度を点数化するために，わずかであれコード化できるだけの発言をしなければならない。さらに，リフレクションは，感情や体験的なテーマを結びつけるために用いられることもある。

　リーダーとメンバーのどちらの行動も，グループの生産性やMIの一貫した雰囲気に貢献するものであるのはいうまでもないが，グループの場合，リーダーやメンバーの個々の貢献をどう点数化するのかが難しい。実践家の行動の頻度は，個別MIセッションで観察されるものとはまったく異なるだろうし，前述したリフレクションの例のように，行動の定義もいくつか個別MIを修正しなければならない。こうしたMIグループと個別MIの違いは，行動出現数の比率の算出方法にも影響する。評価するうえで非常に重要な質は「グループ」そのものであり，メンバーの参加と利益のレベルを反映させる包括的なコードを用いて，グループのプロセス自体を評価するのが最善である。研究目的で個々のメンバーの発言にコードをつけたり，メンバーの結びつきを点数化するようなものを何種類も作ったりすることは，そうすること自体は可能かもしれないが，そのシステムは実際にはうまくいかないだろう。

MIグループの特性を把握するのに必要なコード化への適用

　MIコード化尺度は，グループ環境に合わせて用いるべきである。例として，MITI-3のカテゴリーのなかで，MIスピリットの鍵概念の1つである「協働」

について考えてみよう。MITIでは，このカテゴリーについて，「臨床家は，クライエントの考えがセッションの性質に大きく影響するような方法で，相互作用のなかで共有される力を積極的に育成，促進している」と定義している。したがって，個別MIにおいて，協働とは，臨床家が関係性のなかでクライエントの視点を引き出しつつ，クライエントを支配していないことが求められる。とはいえ，成功したグループセッションでは，多様なメンバーの間での焦点の共有，メンバー同士の相互作用，メンバー間の凝集性の進展などが生じるので，個別MIに合わせたMITIの「協働」の定義は，グループセッションでの協働のあらゆる側面を捉えられない。協働の定義をグループに合わせるなら，「リーダーが，グループの相互作用と共有を促し，積極的にメンバーの貢献のバランスをとっている。リーダーは，メンバーが話している人を遮ったり，焦点をそらしたりせずに注目するようにし，役に立つ体験や考えを共有し，そしてグループの課題を形作れるようにガイドしている」となるだろう。グループは，個々のメンバーとのミニセッションをうまくやろうとするものではないので，グループにおける協働の定義は，リーダーとクライエントの直接的な関係にならずに，どれだけメンバーがグループ全体としての協働的な雰囲気を作ることができているかをみるものでなければならない。協働の反対は，「リーダーは，個々のクライエントとのやりとりに時間をかけすぎていて，メンバー間の相互作用が阻止されている」といえる。

　MITIのコード化で用いられている定義を，そのままMIグループで使えるものもある。例えば，**自律性の支援**は，メンバーはそれぞれ違う選択をし，同じ解決法に至るとは限らないということである。**方向性**とは，メンバー個人が取り組んでいる行動に向かうよう会話への焦点を方向づけるだけでなく，セッションでメンバー全員が前進できるようなよい時間の管理をしたり，過去や現在よりも将来に焦点づけることに時間を費やせるようにテーマを管理したりすることである。メンバーの動機づけ，あるいは変化のテーマを関連づけるというリーダーのスキルも，グループセッションの方向性において重要である。なぜなら，多くのメンバーの動機を結びつけるような幅広いテーマをみつけることは，千差万別なバラバラの現象として，個々のメンバーの変化にアプローチするよりも，ずっと有益だからである。

　私たちは，MIグループを評価するいくつかの原理および方法の開発に着手した。それでも，個別MIセッションの尺度に基いてリーダーをコーチしようとする際には，どのようにしてグループのテーマを個別MIのテーマに補えば

124 第Ⅱ部 動機づけ面接グループの実践

よいか検討する必要がある。

プロセスの評価

　最近のレビューから，グループプロセスの構成要素に関する研究文献で160
の異なる尺度が使われていたことが示された (Strauss et al., 2008)。私たちは，
アメリカ集団精神療法学会（AGPA）のCORE-R作業部会 (2006; Strauss et al.,
2008) によって提案されたバッテリーのうちのいくつかの集団療法尺度を使用
することを勧めたい。これらの尺度は，MIグループに特化したものではない
が，重要な要素を点数化するのに役立つだろう。CORE-Rのバッテリーには，
グループの選択と準備，グループプロセス，グループの効果に関する尺度が含
まれている。すべての尺度を使うには多くの資源が必要になるが，グループプ
ロセスと効果を点数化し，グループの実施中にリーダーとプログラム責任者へ
のフィードバック用として用いるには，数種類の尺度だけを用いるので十分だ
ろう。いずれの尺度も，クライエントの視点からグループプロセスの要素と効
果について測定するものである。

治療同盟

　プロセスの点数化として，CORE-Rでは，個々のメンバーとリーダーの関係
性を点数化するための作業同盟尺度 (Working Alliance Inventory：WAI; Horvath
& Greenberg, 1989) がある。よいグループセラピーと関連する重要な変数は他に
もあるが，クライエントとセラピストの治療同盟がグループサービスの重要な
要素であるのはまちがいない。この尺度の36項目への記入にかかる時間は約
10分であり，治療目標の合意についてのメンバーの認識，その目標達成に必要
な課題に関する項目の他に，メンバーとリーダーの絆が測定される。AGPA作
業部会は，使用するプロセス評価尺度を1つに絞る場合の第一選択肢として，
WAIを推奨している。リーダーの態度を測るのに有用なもう1つの尺度は，
共感性尺度 (Empathy Scale：ES; Persons & Burns, 1985) であり，これはリーダー
の温かさと共感性についてのメンバーの認識を測定する10項目の尺度で，正
と負の両方の項目を含んでいる。

グループプロセス

　グループ評価スケール (Group Evaluation Scale：GES; Hess, 1996) は，7項目の
尺度で，メンバーの視点からみたグループについての全体的な印象，グループ
内で起きた問題に対する話しやすさ，自律性と責任感を高める努力が理解され
て支えられている感じ，そしてメンバー自身が他のメンバーの役に立てている

という感覚を点数化するものである。グループ風土質問紙 (Group Climate Questionnaire：GCQ; MacKenzie, 1983) は，12項目の尺度で，関与 (メンバー同士の距離の近さ，グループの重要性についての認識，他のメンバーに関わり理解しようとする意欲，自己開示への意欲)，回避 (変化への責任を引き受けることへのリラクタンス)，葛藤 (グループ内の緊張，怒り，不信，距離感をすべて含んだものの認識) を点数化するものである。治療因子目録 (Therapeutic Factors Inventory：TFI; Lese & MacNair-Semands, 2000) の凝集性下位尺度は，グループ内で知覚された信頼，協力，受容，所属感を測る9項目の尺度である。そして，もう1つ検討すべき尺度は，重要な出来事に関する質問票 (Critical Incidents Questionnaire：CI; MacKezie, 1987) であり，これはグループの期間中に起きた重要な出来事に焦点をあてた物語形式の自由記述式質問票である。この質問票は，メンバーが変化の促進において，とくに重要だと認識している出来事についての情報をもたらすものである。

効果評価

効果評価では，全般的な生活の質 (QOL)，全般的な医療面での効果，社会的支援，特定の行動変化を測定するものなど，本章では扱いきれないほど多くの標準的な指標がある。たとえ，グループの効果を点数化する公式な尺度を用いたわけではなくても，グループである人の問題行動が変化したのであれば，メンバーの改善に影響している要因がありそうだということで，それは進展を実証するものとされてきた。大半のプログラムのニーズを満たすうえでは，それでも十分だろう。一方，より完全な効果評価では，MIグループが変化をもたらしたかのかどうかを検討し，他のサービスと比較して効果を検証するために，MIグループの待機者リストとの比較や他のサービスの効果との比較を試みている。

クライエントの一般的な効果

成果に関する質問項目45 (Outcome Questionnaire 45：以下，OQ-45; Lambert et al., 1994) は，苦痛の症状 (不安，抑うつ，薬物乱用)，対人関係 (友情，家庭生活，恋愛関係における満足度)，社会的役割の遂行 (仕事，家族，余暇における機能のレベル) を測定するものである。これらの問題は，MIグループの変化にとって具体的な目標であることもあれば，目標ではない場合もあるが，いずれにしても何らかの行動変化に影響を及ぼしたり，その行動変化によって変わりうるものであったりするので，多くの臨床サービスにおいて重要なものである

（そしてMIグループへの参加を通じて，それらを向上させることができるだろう）。OQ-45 の所要時間は約 10 分であり，変化の測定としてサービスの前後に用いられたり，フィードバックや計画を立てる際のツールとして定期的に行われたりする。これには，いくつかの代替バージョンがある（30 項目の短縮版，重度精神疾患者用，心理的サービスへの照会のための 10 項目の医療場面用など）。OQ には，グループの準備性のスクリーニング用紙，グループ環境とセッション追跡用紙も含まれている。

自己受容

10 項目のローゼンバーグ自尊感情尺度（10-item Rosenberg Self-Esteem Scale：SES; Rosenberg, 1965）は，両価性の解決と長期的変化への進展の重要な要素と考えられる，クライエントの現在の自己受容の程度を測定するものである。

対人関係上の問題

64 項目の円環モデル（64-item Circumplex：IIP-C; Alden et al., 1990）と，32 項目の短縮版対人問題目録（32-item Short-Form versions of the Inventory of Interpersonal Problems：IIP-SF; Soldz, Budman et al., 1995）の使用を勧めたい。対人関係におけるクライエントの問題（例：攻撃性や自己主張の困難さ）は，たとえそれらがMIグループで目標とする行動ではなくても，行動変化を妨げるものである。この尺度は，スクリーニングや事前事後比較のために使用できる。どちらの尺度も，MIグループのサービスの効果評価に有用であり，事前事後両方のグループについて関連する情報を簡易に収集することができる。

個々のクライエントの目標

目標不満尺度（Target Complaints measure; Battle et al., 1966）は，クライエントが定めた 3 つの目標について本人が認識する進歩と，現在の苦痛の程度を点数化するものである。この簡易尺度は，グループ修了時に目標についての進展をふりかえる際に使用できる。

クライエントが立てた変化の計画も，進展の軌跡と成果を測るのに用いられる。集団精神療法の効果尺度はどれもMIグループについて有益な情報をもたらすが，もっとも役に立つ評価は，クライエントがどんな目標を定めて，どのように目標に到達できたかであろう。

> もっとも役に立つ評価は，クライエントがどんな目標を定めて，どのように目標に到達できたかであろう

クライエント自身の効果の認識

グループの参加者に直接，MIグループの利益をどう認識しているかを質問

し，リーダーにもそれについての考えを尋ねてみるのが重要だろう。

　第8章の冒頭では，さまざまなタイプのグループやグループの異なる段階で，よいMIグループの実践を行うための具体的なスキルと方略を取り上げる。

第8章

グループの会話を形作る

グループがうまくいくために不可欠な凝集性や課題の焦点化，相互サポートは，自然に生じるものではない。役に立つグループになるためには，会話の流れ，順番に話すこと，メンバー間のコミュニケーション，グループ全体の関与を促すガイドが必要である。グループの効果を最大限に引き出すには，会話を形作るための高度なスキルが求められる。

> グループには，会話の流れ，順番に話すこと，メンバー間のコミュニケーション，グループ全体の関与を促すガイドが必要である

うまくいく治療グループは，メンバーの体験や視点，態度，希望，計画に焦点化した探索を通して進展する。自然に生まれた会話は，たいてい混沌としていて，限られた人が話し，雑談になり，過去の出来事に焦点づけられている。グループリーダーとしての仕事は，グループの会話を形作ることである。それによって，グループは生産的な焦点と流れを持ち，メンバーをより明確な個々の価値観と目標に向かって導き，さらに変化の計画への投資になる。

グループのファシリテーションをするときは，以下の会話方略のうち少なくとも1つを行っているはずである。

- 話題の焦点を定める
- 話し合いを引き出す
- メンバー同士をつなげて，互いのコミュニケーションをガイドする
- 非生産的な話に流れないよう，話題の焦点を維持する
- 焦点を変換する
- 会話が生産的なペースで前に進むようにガイドする
- 一定の問題についてより慎重に考えるためにグループが進む速度を落とす
- メンバーが焦点を広げたり，狭めたりするのをガイドする

- メンバーが，感情，価値観，テーマについて，より深く考えられるようにガイドする
- メンバーを深みにはまっているところから表面的なレベルに戻したり，重くなったムードを軽くしたりする
- 会話を終わらせる

　グループの焦点を定めることは，会話の交通整理を行うようなものである。会話に対して，停止，進行，方向転換，待機の合図を出したりするのも，リーダーの仕事である。口火を切ったり，メンバーを会話に招き入れたりもする。メンバーを会話に招き入れたら，メンバー同士をつなげることで凝集性を高め，生産的な会話への焦点を維持することが重要である。やがて，話し合いを終える時間を迎える。

> グループの焦点を定めることは，交通整理を行うようなものである。停止，進行，方向転換，待機の合図を出したりする

　グループの会話を生産的にし，グループが前進しながら1つになるためには，焦点を定めたり，維持したりすることに加え，グループが最大限の効果をもたらすように会話を形作る必要がある。会話が早すぎたり遅すぎたり，表面的すぎて意味がなかったりすることもある。会話が漠然としすぎていると，変化を促せなくなり，行動に結びつかない単なる話し合いのグループになってしまうことがある。また，話の細部にこだわりすぎて，メンバーのやる気を削いでしまう場合もある。

　会話を形作るためには，深さ，幅，勢いを考慮するとよい。

- **深さ**とは，日常の出来事や事実，一般的な関心事といった表面的なものから，より個人的なこと，価値観，アイデンティティにまつわる問題，根底にある視点や感情といった，より深い会話までのレベルを意味する。
- **幅**とは，会話が1つの出来事や特定の問題，発想にどれだけ狭く焦点づけられているか，反対に，どれだけより一般的なテーマに広がっているかを意味する。
- **勢い**とは，会話のなかで新しい発想が生まれたり，会話を一定の結論や行動に向かわせたりするような，会話が前進するペースを意味する。逆に，会話がよりゆっくりとしたスペースで進み，単に発想や問題を探索しているだけで，結論に向かっていないときは，勢いが減速している。

130 第Ⅱ部 動機づけ面接グループの実践

高度な会話形成法を使って，勢いを加速させたり減速させたり，焦点を広げたり狭めたり，焦点を深めたり浅くしたりすることで，グループの効果を最大

> グループの会話の幅，深さ，勢いを形作ることによって，グループの効果を最大限に引き出せる

限に引き出すことができる。まず，基本的な会話形成法を押さえてから，より高度な方法へと話を進める。

基本的な会話形成法

焦点を定め，維持する

治療グループの会話を焦点化させることで，メンバーが得られる成果が向上する(Barlow et al., 1997)。リーダーとして，会話をファシリテーションする際の基本的な任務は，(話題，テーマ，人物，体験などの)焦点を定め，進展させることである。グループの会話はあちこちに話題が飛ぶので，グループの関心を焦点づけておくことが不可欠である。前に進むための勢いを維持するために，いつ，どのように焦点を変えるかを知っておくことも重要である。表8.1 に，方略の要点をまとめている。

焦点を定める

リーダーが最初にすべきことは，会話の焦点を定めることである。セッションの開始時に話題を呈示するにも，課題や活動を導入するにも，新たな人物や問題に注意を向けさせるにも，グループが焦点づけられないまま，さまようこ

表8.1 基本的な会話形成法の方略

目的	いつ使うのが一番適切か？	どの会話法か？
焦点を定め，発展させ，維持する	・初回のセッション ・2回目以降の開始時 ・会話が生産的なとき	・導入時の枠づけ ・喚起する，開かれた質問 ・単純なリフレクション ・個々のコントロール感の強調
焦点を変える	・メンバーが，非生産的な話や細かすぎる内容，概念に焦点をあてているとき	・移行させるまとめ ・焦点の変換 ・誇張されたリフレクション ・ねじれへの同意

とがないようにしなければならない。動機づけ面接（以下，MI）グループでは，グループを生産的にするのは，メンバーの仕事ではなく，リーダーの仕事だということを肝に銘じておくべきである。メンバーにブレインストーミングをさせたり，自分たちの活力や関心をみつけるための探索をさせたりするときにも，そうした課題に取り組めるようにリーダーがグループをガイドし，考えてもらう時間を区切ったりする必要がある。最初に焦点を定めるときは，グループで話し合ってほしいことを簡潔に述べるだけでよい。長々と説明すると，かえって複雑になったり，探索心を抑制してしまったりする。サポートグループや心理教育グループをリードするときは，プリントを配布したり，板書をしたり，視覚的な刺激（例えばアートワーク）を用いて焦点を定めることもできる。新しい話題のとき，とくに根本的な問題や中心的なテーマを掘り下げる前にメンバーに詳しい話をしてもらうときには，順に話してもらうか，ペアになってもらうのが役に立つ（詳細は下記）。グループによっては，焦点を定めるために動きを取り入れるのもよい（例：床や壁に 0 から 10 の数字を書いて，重要性や自信がどのくらいか，メンバーにその数字まで移動してもらうと，視覚的に把握しやすくなる。また，それによってメンバー全員に聞かなくても，それぞれの数字に立った代表者から話してもらうことができる）。

話し合いを引き出す

　メンバーが強制されてグループに参加している場合でも，たいていはすぐに会話に加わってもらえる（こうしたメンバーの初期のコメントは，肯定的なものばかりではないが！）。しかし，あまり話さないメンバーや表面的なことしか話さないメンバーもいるし，自分の弱さを感じているときも話せないものである（話すよりも，参加するだけで多くの利益を得られることもある）。

グループに聞く　メンバーにコメントを求めるだけで会話が始まることもよくある。最初に，メンバーに次のように伝える。「グループはメンバーを支援するためのものであって，みなさんに変化を強制するものではありません。変化するかどうかは，みなさん自身が選択することです」と。また，すでに他のメンバーが発言した内容と似たような発言であっても，全員の発言を聞くのが重要だということも伝える。複数のメンバーが同じようなコメントをするということは，そのテーマが重要だからだと説明する。また，同意や単なるコメント（例：「なるほどね」など）であっても，まわりが黙っているよりも何らかの反応を示してくれたほうが，人は自分の意見や考えを言いやすいものだと伝える。そして，会話を喚起するような開かれた質問をす

ると，メンバーはコメントしやすくなる。何人かが話しだしたら，「他には？」とか「他の人は？」などと声をかけるだけで，他のメンバーも会話に加わってくる（会話を終わらせたいときでない限り，「他にもありますか？」や「他にもいますか？」といった閉ざされた質問をすべきではない。この訊き方だと，関心からではなく礼儀として訊いているだけのように聞こえてしまう）。テーマをリフレクトして，他のメンバーにそれと似たような考えや気持ち，あるいは違う考えや気持ちがあるかを聞くと，会話を前進させることができる。リーダーに向けて話すのではなく，メンバー同士で話すように伝えるのもよい。もし，焦点を変えようとする前に会話が失速してしまったら，特定の人に注目が集まらないようにしながら，まだ話していない人の名前を複数挙げるのもよい（「スティーブ，アストリッド，ステラ，あなたたちがどう思っているのか知りたいです」など）。

　同様に，視線を使うこともできる。もし，だれかが発言しているときに，そのテーマや状況に関連のあるメンバーがわかっていれば，発言の最中と終わりにその人に視線を向ける（みつめるのではなく，さりげなくみる）だけでよい。それだけで，その人は話し出すだろう。もし，具体的な状況やテーマにだれが関係しているかわからなければ，定期的に全員の顔を軽くみまわす（控えめに，何気ない様子で）。そうすることで，だれがそのテーマに反応しているのか，ただ聞いているだけなのかがみえてくる（また，顔を見回すことでメンバーの注意を維持することもできる）。実際にリーダーをやるときは，あるメンバーが話している間は，全体をみわたしているものである。そうすることで全員を引き込むことができ，たとえその時点では1人しか話していなかったとしても，この会話がグループのものであると非言語的に伝えることにもなる。

ペアを作る　もし，開かれた質問を用いても発言が引き出せなければ，グループの状態に合わせて，小グループかペアに分かれて話してもらうのもよい。とくに，グループの初期で，繊細な問題について人前で話すには居心地悪さを感じたり怖気づいてしまうような，大きめのグループの場合に適している。サブグループに分けるときは，指示を明確にする（例：「ペア同士で，互いの視点や体験について10分間で話してください。2人で，平等に時間を使ってくださいね」など）。サブグループで話したあとで全体に共有するときには，あらかじめそれを伝えておき，ペアの間で全体の前で報告してほしくないことがあるか確認しておいてもらう。もし，リーダーが，サブグループによる話し合いのなかの，重要な発想について考えさせたり強化したりした

いときは，ペアで話し合った内容の要点を全体にフィードバックしてもらう。とくにその必要がないときには，内容には触れずに，話し合ったプロセス（「ペアで話してみて，どう感じましたか？」など）や，課題の効果（「この課題をやってみて，今どんな気分ですか？」「何がわかりましたか？　どんなことが頭に思い浮かんでいますか？」「今話したことを，グループでどう前進させたいですか？」など）について話してもらってもよい。ペアで話をさせることで，メンバーを元気にさせ，そこからグループ全体の話し合いを活性化させられることがよくある。

ラウンド　全員が少しずつ話して一巡する**ラウンド**と呼ばれるやり方でも，メンバーを会話に引き込むことができる（「みなさんの人生を支えてくれている人を，1人挙げてください。その人のどんなところが助けになっているのでしょう？」など）。始める前に，数秒ないし1分程度，考える時間をとるとよい。何回か行う場合，別のメンバーから始めたり，回す順序を逆にしたり，その両方を行ったりする。人は，最初と最後のコメントが印象に残るものなので，その内容について否定的な感情を抱いている人や，まだ質問や答えに迷っている人は，最初か最後にあてないようにする。例外的に，あるメンバーが否定的にとらえている事柄について，肯定的な側面に焦点をあてたいときには，その人を意図的に最後にすることもできる。ラウンドで一巡したら，より深く話し合ったほうがよいテーマ，あるいはさらに探索を深めたほうがよさそうなメンバーに焦点づける。もし，ラウンドの最中に感情的になったメンバーがいたら，一巡したあとでもう一度，話してもらうと伝え，そのメンバーを落ち着かせて，自分が何を探索したいのか少し考える時間を与える。また，もしどうしても順番が終わったあとではなく，そのタイミングであるメンバーの状況や問題について扱ったほうがいいと思われる場合，とりわけそれがまたとない機会で，もし最後まで一巡するのを待っていたら，その人はもう話さなくなってしまうかもしれないと思ったときには，途中でラウンドを止めることもある。その場合，それが終わったら，再び，ラウンドに戻って全員が話せるようにすることを伝える（そして，実際にそうすること）。

視覚に訴える　グループによっては，プリントやワークシートを活用してもよい。資料を読んで考える，質問への答えを記入する，文章を完成させる，ある場面・感情・発想を絵で表現する，あるいはリストに列挙してもらうことができる。ほとんどのメンバーが仕上げられるだけの十分な時間を与え，終了の1分前になったら知らせる。終わったら，これまでに述

べたようなペアや小グループでの話し合い，ラウンド，もしくはグループ全体
で話すといった方法で話し合いを行う。

待つだけでなく，招く　メンバーがグループの活動や相互作用に参加する
のが重要だが，さまざまな理由から，あまり話さ
ないメンバーもいる。内向型だったり，大半のメンバーとは異なる背景を持っ
ていたり，グループに参加することに恥や怒りを感じているといった場合など
である。こうしたメンバーには，話すようにとプレッシャーを与えるのではな
く，グループのやりとりに参加できるように招き入れるのがよい。ラウンドに
よってグループへの期待を順番に述べてもらったり，コメントを求めたり，質
問に答えてもらったりしながら参加を促す。それでも，そのメンバーが話すの
をためらうようであれば，話したくないという本人の意向を認める。グループ
での関わり合いのなかで，よくしゃべるメンバーが他のメンバーの話をよく聴
くようになったり，あまりしゃべらなかったメンバーがよくしゃべるようにな
ったりして，時間の経過とともにグループの相互作用が生まれてくると，メン
バーの参加のばらつきは少なくなる。また，メンバーに酌量すべき事情があっ
て，どうしても積極的な参加ができないものの，グループには参加したいと思
っていて，参加することがその人の役立つといった場合を除き，なるべくセッ
ション中に一言も話さないメンバーがいないようにする。一般的に，ずっと話
さないでいると，余計話しにくくなるものである。話が進んでしまったり，よ
いことを言わなければとプレッシャーを感じていたりすると，自然の流れのな
かでの参加が難しくなってしまう。

グループが静かだったら　全般的に静かなグループの場合，何が起きてい
る（または起きていない）ことで会話が抑制さ
れているのか，幅広く検討してみる。グループ初期に焦点が定まっていないと
きや，グループメンバーがリーダーの自分たちへの接し方を様子見しているよ
うなときは，静かであることはさほどめずらしくない。リーダーがメンバーに
プレッシャーを与えず，適度に（過度にではなく）友好的に接していれば，リー
ダーと大半のメンバー間の文化などの違いによって，あまりにも会話が制限さ
れることはない。しかし，時間が経っても，メンバーが必要以上に静かな場合
は，そのグループを安全に感じていないとか，そのグループが役に立つと思っ
ていないなど，それ相応の理由があるだろう。

　グループにいることに対する責任を果たさせるために，あえて沈黙を取り除
かない心理療法プロセスグループとは異なり，MIグループはより実践的な面

に焦点をあてている。メンバーが各自の課題に取り組んでいるときのように明らかに生産的な沈黙でない限りは，MIグループでは，一般的に沈黙は長引かせないほうがよい。そうしたときを除き，沈黙はさまざまな理由で起こるものであり，異なる対応が求められる。通常，沈黙に対応するには，まず，話し合いの焦点に着目して，その逆をいく。もし，その話題が狭すぎて言うことがないのなら，焦点を広げる。もし，話し合いが表面的すぎて言うことがなくなってしまったのなら，その根本にあるテーマや感情や価値に焦点をあて，会話を深める。もし，焦点が深すぎてメンバーが居心地悪くなっているのなら，ムードを軽くする。

　もし，セッションの開始時にメンバーが静かだったら，リーダーのガイドが不十分であったか，メンバーがまだその話題について探索する準備ができていないか（そのためにほとんど話せない），あるいは，話したら傷つくかもしれないと感じている（だから危険を冒したくない），といった理由が考えられる。その場合，ペースを落としたり，まずは表面的なことに焦点をあてたりするとよい。セッションの開始前にちょっとした話をしながら，堅苦しくないムードを保ちつつ徐々にセッションに入っていき，ウォーミングアップの話し合いをしたり，前回のセッションからの進捗や今回のセッションで得たいことなどを話し合うことで，セッション開始時の沈黙に対応することができる。

　また，沈黙している時間を，グループのプロセスについて話す機会にすることもできる（Faris & Brown, 2003）。リーダーは，会話に加わる人が増えるほど，全員が「一緒にいる」感じを長く感じられ，心地よい相互作用が増えていくことを説明する。例えば，「話すべきなのかどうか，わからないことはだれでもあります」「他の人の話を聞いているうちに，自分が何を言おうとしたのか忘れてしまうこともあります」「新しい話題についていこうとしたら頭のなかが混乱してしまい，流れに入れなくなるともあります」などと伝える。「あとになって思い出したら，そのときに発言してくだされればよいですから」とも伝える。こんなふうになるのはグループではよくあることだとメンバーに言い，もし，話題が他に移ってしまったあとでも，あとになって自分の意見を思い出したら話してかまわないと伝えるのである。「議題とずれたことを言ったり，他の人がすでに言ったのと同じようなことを言ったりしたとしても，気にしなくてかまいません。こちらでグループの話し合いが生産的になるようにしますので，みなさんはリラックスして会話に入ってきてください」と伝えておく。

　セッションの途中での沈黙は，傷つきやすい話題によって，つらい気持ちに

なるのを怖れているためかもしれない。こうした沈黙は，そのグループがその話題について話すのはまだ早いとか，少なくともその話題について話し始めるまで，もう少し構造化されたやり方や，もっと表面的なレベルで進めてほしいといったメッセージでもある。また，セッション途中の沈黙は，意図的かどうかはさておき，だれかがグループのルールに違反したときにも起こる。同様に，メンバーのなかに，あまりにも早く開示しすぎたり，あけすけに開示しすぎたりする人や，攻撃的なコミュニケーションをとる人，絶望感を感じている人がいることで，他のメンバーが沈黙してしまうこともある。そのようなときは，グループにおいてリーダーがはっきりとしたリーダーシップ（上下関係をみせつけるようなものではなく，説得力のあるリーダーシップ）を発揮して，メンバーが感じている緊張を軽減すべきである。こうした場合，その反応を示しているメンバーに個人的に働きかけるのが有益なときもあるが，そのメンバーへの注目や，そのメンバーが発しているエネルギーをほかへ転換させるほうが望ましいことが多い。焦点をずらすときには，リーダー自身もその場の雰囲気に怖気づいてしまったと思われないように対応することが重要である。その状況を引き起こしているメンバーを孤立させたり，そのメンバーのコミュニケーションスタイルを病的なものとみなしたりせずに，そのときにメンバー全員をつなげられるテーマを探すようにする。重大な変化を遂げようとしているときに生じやすい否定的な感情についてリフレクションしたり，変化への試みがうまくいかないときの気持ちを話し合ってもらったりするのは，比較的容易にできることが多い。必要に応じて，人は変わろうとするときにわき上がってくる否定的な感情や考えのために，変化から目を背けてしまうことがあるということについて考えてもらうことによって，心理教育をすることもできる。

　とくに重たい話を扱ったセッションの最後や，重大な話題について探索したあとで新たな局面に進むのにためらいがあるときも，沈黙が起こりやすい。そういうときの沈黙のために，時間稼ぎと思われないような，簡単に話せる話題をいくつか用意しておくとよい（例：次回のセッションまでに変化に向けてやれることについて確認するなど）。私たちは，予定より早くセッションを終わらせることがないようにしている。それがあたりまえになってしまうのを避けるためである。

メンバーをつなげる　　メンバーをつなげることは，グループのリーダーシップにおいて欠かせない方略である。凝集性は，グループが効果をあげるうえで重要であるので，常に凝集性を高めるよう心がけ

るべきである。そのためには，メンバー間の関心，テーマ，感情，態度，目標，動機をつなげることが最善の方法である。ごくたまに，メンバー間の違いについて強調すべきときもあるが（例：個人の選択を強調するなど），一般的には，メンバー間の関連性，類似性，共通の体験等を探し，メンバーの関心を引きつけることが重要である。

　個人の話を詳細に聞くよりも，メンバーの発言の根底にあるテーマや感情を強調し，メンバー間の関連性に着目したリフレクションやまとめをすることでそれが可能となる。できるだけ，「**私たち**」「**みなさん**」「**グループ**」「**全員**」などの言葉を用いるなど，暗黙的にメンバー全員を想定した問いかけをすることも，凝集性を高めるのに役立つ。共通点がみられるたびに視線を送ることでメンバーをつなげることもできる（とくに，メンバーが他のメンバーの話をよく聞いていないときにも，黙って目を向けるだけでメンバーに気づかせることもできる）。MIグループでは，メンバーの変化への関心や変化を重要と感じること，変化できるという自信，変化を生じさせるためのやる気をつなげることがとりわけ有用である。メンバーに共通点があるのかわからないときでも，何らかの類似性があるはずだと考えてみることが有益な場合もある。実際，何をしたらよいかわからないときには，とにかくメンバーをつなげる方法を考えれば，グループにとって価値のあるひとときになるだろう。

メンバーのコミュニケーションをガイドする

　MIには，特有のコミュニケーションスタイルがある。そのため絶えずとはいかなくても，MIのコミュニケーションに対するアプローチのスピリットと概ね一貫した方法でメンバー同士がやりとりできるようにガイドすることが重要である。リーダーによっては，メンバーがOARSの方略を使えるように明確に教えることもあるが，そこまで徹底させる必要はないし，そのことにグループの時間を割くことが最善でない場合もある（だからといって，そうしたことをしなくてよいと言っているわけではない）。しかし，第9章で述べるように，グループの初期に，MIグループの一般的な特徴やスピリットを示しておくことは重要だろう。例えば，プレッシャーをかけることなく互いにサポートし合うという発想を重視することや，否定的な面より肯定的な面に焦点をあてること，変化への多数の可能性に焦点をあてること，MIにおける唯一のルールとしてメンバーそれぞれが自分の変えたいことを自分で決めるといったことである。そのほか，MIグループでは，グループ内のやりとりのなかで，メンバーが自分自身の体験や各自の状況についての捉え方を話

すようガイドすることに焦点をあてており，特定の事柄について助言したり，「正解」を主張したりすることを避けている。

第13章では，メンバーが自分の意見を言うときに，「私は〜」といった表現（例：「私は〜と思う」「私は〜と感じる」「私は〜のほうがいい」など）の使用を促すことで，彼らが自分の意見を正当化したり，防衛的になったりせずに，思っていることを話せるようになると述べている。本書の他の共著者らも，グループ内での難しいやりとりを扱う方法について，さまざまな提案をしている。これらのアイデアはどれも重要だが，メンバー同士のよいコミュニケーションをファシリテートするうえで何より重要なのは，リーダー自身が常にメンバーのモデルとなることかもしれない。とくに，セッションの開始時や困難な状況を扱う際には，リーダーが説教くさくなったり，メンバーを統制しようとしたりしてしまうことが多いからである。

焦点を維持する

MIグループの効果は，変化に向けて焦点を維持できるかどうかにかかっている。この点は，他のグループ治療のアプローチと異なるところである。MIグループでは，メンバーが自己主張ができるようになったり，対人関係での感受性を高められたり，感情表現が豊かになることに焦点をあてていない（どれも価値のあることに間違いないが）。同様に，MIグループは，メンバーが自分にとって最善のやり方でグループを作り上げることによって，自己の主導性を学ぶものでもない。MIグループは，クライエント中心であり，自身の人生の選択と行動のパターンを自分で決められるようになることに焦点をあてている。リーダーがグループを実施するときには，メンバーを尊重しながら招き入れなければならないが，メンバーが自身の視点に関心を向け，それを探索し，広げて，行動に移すという大まかなステップを進むことができるように，グループのプロセスと会話の焦点を管理するのがリーダーの責任である。これらのステップを進むためには，（強みや過去の成功体験の探索といった）さまざまな話題の探索がなされる。そのため，リーダーには，グループの焦点を注意深くモニタリングし，ガイドすることが求められる。本章の後半に書かれているように，グループの焦点を深めたり広げたりなどするようガイドすることには価値がある。構造化されていないMIグループであっても，ガイダンスがなければグループの会話の焦点がずれてしまうので，リーダーはグループが取り組むべき課題に集中させなければならない。これは，意図的にやらなければできるものではない。

たいていの場合，グループの焦点がずれてきたときは，リーダー自身がそれに気づけるものである。しかし，個別カウンセリングと比べて，グループはより焦点が緩いので，グループの焦点がずれるのを防ごうとするよりも，堂々とした態度で焦点をあてなおしたほうがよい。私たちの臨床経験からいえば，メンバーが互いの考えや話に反応して焦点が拡散したり，脱線したりするのは，グループにつきものである。それによって凝集性が高まることもあるので，問題ない。グループが脱線しても，リーダーが不安になったり，イライラしたりせず，説教をしているようにみえないことが大切である（もし，そのようなワナにはまってしまっても，再び，静かで落ち着いたグループから話し合いを引き出す作業に戻ろうとすればよい）。逆に，気楽に，ユーモアを交えて，グループを生産的な会話に戻せばよい。その際，現時点の焦点を望ましいものにつなげる方法をみつけるとよい。

　焦点を維持するとは，必ずしもセッションの話題を維持し続けなければならないという意味ではなく，変化への生産的な道筋から外れないようにすることである。時には，リーダーが最善だと考えていた話題とは異なる方向へとグループの力が働くこともある。明らかにメンバーの関心が薄い話題に焦点をあてようとするよりも，その力にまかせて，その瞬間にグループが関心を寄せていることを扱うほうが，グループをより生産的なものにできる。MIモデルを十分理解し，もしもグループが脇道にそれ，具体的なトピックに焦点をあてようとしても反応が得られない場合は，グループのその場の関心を，変化の重要性，自信，準備性，心に描くこと，解決，計画性もしくは両価性といった変化の側面に関連づけるか，開放性，凝集性，サポート，普遍性，利他性といったグループの発達の側面に関連づけるとよい。表面上のずれを生産的なものにするためには，正しい道筋や方法がたくさんある。グループでは，計画されたMIの焦点とは異なるものが求められるときもある。リーダーができる最善の方法は，そのずれをできるだけ生産的なものにして，セッションの後半か次回に，もとの話題にグループを再焦点化することである。

　リーダーが話題にしようと思っていたこととは別の話題であっても，メンバーが新しいことに注意を向け始めたり，今まで頑なに隠してきた弱みをさらけ出そうとしたり，今まで避けてきたことを考え始めたりしているのであれば，特定のメンバーに焦点をあてるのも有用である。もしもそのメンバーが，それまで口数が少ない，表面的，もしくはその人に焦点があてられてこなかった場合，とくに重要である。

よいグループのリーダーシップには，忍耐力も大切である。時に，当初はずれているようにみえたことが，意外にも焦点の深まりや広がりにつながることもある。しかし，グループが予期しない方向に進んでいるばかりか，話題と無関係で生産的でもない話になっているとリーダーが認識したときは，早めに，そして自信を持って対応しなければならない。長く待てば待つほど，グループの方向性を戻すのが難しくなる。方向性を戻す方法はたくさんある。ちょっとした直接的なガイドを与えてグループの方向性を戻すだけでもよいし，後でその話題に戻ることを約束してから，当初計画していた話題に焦点を移すのでもよい。あれこれ複数の話題について話したり，ただのおしゃべりをするよりも，1つの話題に集中するほうが重要であることをメンバーに伝えてもよい。グループでの会話に戻る前に，しばらく個別のメンバーとやりとりして，その人に直接焦点をあてた探索をすることもできる。構造化されていない会話から，ペアや小グループ，ラウンド，活動，課題，グループでのブレインストーミングに変えるなど，新たなプロセスを導入してもよい。一時的に，メンバーの主体性に任せてもかまわない。グループの会話の焦点が定まらないのは，メンバーがグループをつまらないと感じているサインかもしれない。そのため，話題やメンバー，プロセスなど，何らかの焦点を変えてみることでエネルギーを取り戻せることがある。

焦点を変える

グループの目的を達成させるための生産的な話題やプロセス，テーマへの焦点を維持することも大切だが，方向を変えることが重要なときもある。例えば，あるメンバーに焦点をあてすぎて，他のメンバーの注意が散漫になったり，あるメンバーが脈絡なく話し続けたりしていることに，リーダーが気づくことがある。会話が堂々巡りになっているときも，グループが前に進むために新たな焦点に移す必要がある。あるいは，だれかの発言が問題になることもある。例えば，あるメンバーの発言によってカッとなるメンバーがいたり，「あの人には，ちょっと難しいことや手厳しいことを言ったほうがその人のためになるだろう」と思って，他のメンバーに批判的になるメンバーがいたりすることもあるだろう。こうしたケースはどれも，リーダーが焦点を変えなければ，グループの勢いが失われ，グループがほころびかねない。

リーダーがクライエントを助けたいという願望をいだいているとして，心要なときだけ介入したいというリーダーの生来の傾向と，衝突することになるか

もしれない。しかし，リーダーが否定的なプロセスに介入しなければ，グループは活気がなく，有害なものになってしまう。活気のないグループが有害であるとは限らないが，探索や変化の促進においては十分な効果が見込めない。MIグループは，メンバーがより活動的になり，自信と勇気を持って生きられるようになることで，メンバーがよりよくみて，より注意深く考え，自身が直面している困難を乗り越えようとするように，その人を動機づけることによって成果が得られる。活気のないグループは，メンバーにそうした努力をもたらさない。グループのエネルギーと勢いは，それそのものの力によって，一般的に，さらに強力で焦点化されたエネルギーと，より勢いのあるほうに向かって進むか，あるいは苦労して進み，衰えていき，いつしか失敗に終わってしまうかのどちらかに至るものである。グループが成熟しないうちにエネルギーを失ってしまうときは，純然たる衝突によるというより，むしろグループへの帰属意識や凝集性，課題の相互依存性に対する認識，希望の注入，利他主義といったグループに不可欠な要素が不足していることによる，エネルギーの衰退から生じることのほうが多い。グループによっては，手遅れになるまでリーダーが否定的なやりとりを見過ごしたり，修正しなかったりした結果，グループの環境が有害で安全ではなくなり，メンバーがグループを自分たちの人生において役に立つものだと感じられなくなり，グループが失敗に終わってしまうこともある。グループは有機的な生き物であり，それを生かしておくためには，時間通りにグループを始めて終わらせるだけでなく，予定していたトピックを進めなければならない。よって，リーダーは，自身の社会的な不快感によって，グループ内の相互作用に直接介入することに躊躇したとしても，よいグループリーダーになるためには，時には，メンバーのやりとりを中断して，彼らのエネルギーと焦点の方向転換を行わなければならない。

　MIの基礎的（かつ不可欠）な方略として，**焦点の変換**がある。一般的な教訓として，会話が進むにつれてクライエントの抵抗感が強まるようであれば，それは相互作用が建設的ではない方向に向かっていることを示しているので，焦点の変換が必要である。抵抗をうまく利用し，より生産的な方向に向けていくことが大事だが，いつもそれができるわけではない。単純な焦点の変換をすることで，さらなる抵抗を防げることがよくある。

　本書では，不和や抵抗にはあまり焦点をあてていないが，基本的な考え方はグループと同じである。つまり，悪い方向に行きかけたら，別のことをしたほうがよい。うまくいっていない方向につき進んでいくのは有益ではない。危機

によってさらに高いレベルのグループになれる可能性もあるが，反面，その衝突がさらなる衝突や防衛，不信感を生み，可能性を閉ざしてしまうこともある。MIグループは，グループに衝突が生まれることでメンバーがそこから学んでいく精神力動的なプロセスグループとは異なり，衝突が生まれたら，それを消滅させて肯定的な雰囲気に戻すことをめざすものである。

　グループのもつれた糸を解きほぐすために焦点を変えるには，迅速かつ自信を持った対応が必要である。その場でリーダーが説明しようと話を中断させること自体が，焦点を変換しようとする試みを弱めてしまうこともある。否定的なやりとりが有害になる前にギアを入れ替えて，そのやりとりを止めるほうがよい。個人の話を遮るのではなく，グループの方向転換をするのだと考えるほうがやりやすいだろう。そして，あとでまたその話題に戻って，方向転換を処理することができる。

　第9章では，一部のメンバーによる否定的なやりとりや問題によって，グループの勢いが非常に否定的なものになったり，グループが乗っ取られてしまうといった状況について説明する。こうした状況では，否定的な出来事に対して，あからさまではっきりとした焦点の変換や方向の転換をすべきである。しかし，緊急性が低い場合には，このあと述べるような勢いの形成，話し合いの幅や深さの形成，そしてグループの焦点をより微細で，緩やかで，継ぎ目のない方法で変換するといった，高度な会話形成法を用いるとよい。

高度な会話形成法

勢い：焦点を加速させたり，減速させたりする

　高度な会話形成法の1つめは，会話を形成して，話の筋を前に進めたり，もしくは減速させて，現在焦点をあてている問題を探索することである。いつ，どのように，グループの会話の勢いを加速させたり減速させたりするかを表8.2にまとめた。

加速させる

　時に，メンバーは，変化に向けた基盤を作るうえで，必要以上に，これまでの出来事や現在の細かな状況について探索することがある。メンバーが前に進めなくなっているときには，メンバーの詳細な状況を知ることが役立つが，必要以上に詳細に触れるのは特別な理由があるときに限られる（例：メンバーを招

第8章　グループの会話を形作る　　143

表8.2　高度な会話形成の方略：勢い

目的	いつ使うのが一番適切か？	どの会話法か？
加速させる	・最初に視点の探索をしたあと ・メンバーが過去に焦点をあてていたり，発想や価値を選択や行動に結びつけるのを「途中でやめてしまった」とき	・変化についての開かれた質問 ・「言い継ぎ」リフレクション ・アファメーション ・変化の可能性についてのグループ・ブレインストーミング
減速させる	・難しい問題について，メンバーが話を飛ばしたり，急いでやりすごそうとしたとき ・メンバーが，複雑でリスクを伴う変化に対して自信過剰になっているとき	・減速を提案する ・関連のある派生的なテーマを探索する ・記入作業をしたり，ペアや小グループでのワークを取り入れる ・つなげるリフレクションを使用する ・想定される変化への障壁，および予備計画を探索する

き入れる，焦点を定める，グループの進行を緩めるときなど）。メンバーは，リーダーが時間をかける事柄が重要なことだと受け取るものである。リーダーが，これまでに起きた出来事や対人葛藤，変化への否定的な考えに焦点をあてると，それが重要だとメンバーに強調してしまうことになりかねない。それはまた，より良い未来を思い描き，それに向けて前進するための時間を奪ってしまうことにもなる。何よりも，メンバーそれぞれの詳細な状況を掘り起こしていたら，まったく時間がなくなってしまう。

　メンバーは，MIグループが何に焦点をあてるものなのか，わかっていないかもしれない。しかし，時間の経過に伴い，グループは通常，後ろをふりかえることよりも前を向くことに焦点をあてるようになってくる。人が自然に細かなことをふりかえるのをやめ，変化のための選択について考え始めるまで待つのは，長いプロセスである。同じことをぐるぐると言い続けて，そこから抜け出せなくなる場合はなおさらである。加速させるとは，グループが問題についての探索を続けたり，どんどん過去を掘り下げたりするよりも，変化に向けてグループを導くことである。よって，メンバーが，生産的でなくなるほどに過去や現在の詳細な状況に焦点をあてていたり，選択や行動に結びつく発想や価

値が「途中で止まってしまった」ときは，会話を加速させるよいタイミングである。

　他の会話形成法と同じように，どういう状況がメンバーにとってよいのか，どんな選択肢があるか，どうすればメンバーを悩ませていることへの否定的な感情反応を解き放ったり，前進することの妨げになっている「解決できていない問題」を終わらせたりするのに役立つのかをメンバーに尋ねることで，問題を直接的に扱うことができる。さらに，メンバーが変化に向けて進んでいる場合にメンバーが次に言いそうなことを推測する**言い継ぎリフレクション**という方法もある。これは，現在の会話でまだ語られていないことをリフレクションとして伝えるものである（これは，許可を得ることなく，「こっそりと」アドバイスをいれこむのとは異なる）。

メンバー：また運動を始めるなんて，私にはとても無理。

リーダー：だからこそ，最初の数週間を乗り切るために，あなたがおっしゃっていたちょっとしたご褒美の出番なわけですね。

メンバー：私の前ではもう飲まないでほしいと言っているのに，彼ったら聞く耳を持たないんです。何度も伝えているのに（ため息）。

リーダー：ということは，あなたは彼にはっきりと伝えられているわけですね。たとえ，しばらくその場を離れたのだとしても，あなたは彼にそれ以上言わずに，ご自身のケアに焦点をあてたということです。これまでのところ，うまくやれているようにみえますよ。

　メンバーが，堂々巡りの会話に陥ってしまったときに役立つ方法として，メンバーを悩ましていることを変化させるような，メンバーの強みを強調するアファメーションの使用がある。

メンバー１：まるで，彼らは，あなたのことを貶めようとしているみたいじゃないか。

メンバー２：その人たちは，本当のところ，あなたにそのままでいてほしいのよ。自分が主導権を握っていたいからって。

リーダー：おふたりとも，周囲が自分の足を引っ張ろうとしたとしても，自分が正しいと思うことをやり遂げようとする意思がおありのようですね。

会話を加速させるもう1つの方法は、いくつかの選択肢について、グループでブレインストーミングをすることである（すなわち、メンバーが前進できそうな方法をいくつか挙げてもらう）。アドバイスを与えるのではなく、グループの力を借りてブレインストーミングしてみるのはどうかとメンバーに尋ねる。もし、メンバーが「やりたくない」と言ったらやらず、「やりたい」と言ったならば、グループに提供してもらいたいことの枠組みを尋ねる。まず、グループに、数多くの選択肢を出してもらい、そのなかに、その人が試したり考えたりしてみたいものがあったかを検討してもらう方法だということをグループに理解してもらうようにする。いくつかの選択肢が集まったら、いったんストップし、メンバーにそれらの選択肢について考えてもらう。初めてブレインストーミングをやるときには、メンバーがやりたくないことや、まだ準備ができていないことを考えさせたり、単に、一番いいと思ったものやもっと考えてみたいものはどれか、メンバーにコメントしてもらうだけでもよい。もう少し深く考えてみたいと思えるような選択肢が出るか、メンバーが追求したいと思える方向性がみつかるまで、このプロセスを繰り返す。そのプロセスが済んだら、グループに感謝を伝える。

減速させる

前に進むのではなく、メンバーがもっと詳細に検討したり、じっくりと選択できるように、減速させたほうがよいときもある。例えば、かなり脆弱な捉え方や傷つき体験のあるメンバーらが、相手を信頼できるほどの凝集性ができていないうちや、選択肢を探索する前に、グループが変化の方略に向かって急速に進んだときは、減速させたほうがよい。時に、メンバーは、不快感を感じている過去の課題や体験、選択肢について、よく考えずに、急いで通り過ぎようとするものである。また、メンバーが思うほど変化が容易ではなくリスクを伴う可能性すらあるにもかかわらず、本人が変化に対して自信過剰になっているときも、急いで進んでしまいやすい。その人にプレッシャーをかけるのはMIのやり方ではない。そして、速度を落として心を開いてもらおうとし、それにメンバーが反応しなければそのまま続けることと、プレッシャーをかけるのとは別物である。

メンバーが、過去の重要な話題や要素を駆け抜けようとするときには、前に進む勢いを減速させるとよい。ふだん通りに、「ちょっと速度を落として、この話題についてもう少し話してみましょう」と提案するか、もっとはっきりと「この話題は重要ですね」と言うのもよいだろう。メンバーがその話題を新た

な方向から検討できるように，別の観点を紹介するのも役に立つ。もし，グループのメンバーが，ある事柄を話し合うのに互いを十分信頼していないようであれば，その事柄をいったん棚上げすることも1つの戦略的方法である。そして，メンバーがもっと話しやすい事柄について話し合うことで，つながりや信頼感，凝集性を高めることができる。こうしたやり方ができなければ，小グループやペアになってもらったり，構造化されたワークシートを使ったり，一時的に話し合いから離れ，メタコミュニケーションに焦点をあてたりして，メンバーがより安心できる方法でその話題にアプローチしてみるとよいだろう。**メタコミュニケーション**とは，今起きているグループの相互作用のプロセスやダイナミクスに焦点をあて，メンバーがグループの環境をどう捉えていて，部屋にいるときはどんな気分なのかを探索したり，メンバーがもっと安心したり信頼できるためにはどうしたらよいか，ブレインストーミングしたりすることである。時にメンバーは，場の雰囲気をより心地よいものにするための具体的なアイデアを持っていることがある。あるいは，グループで自分の体験を話し合うのはタブーではないと伝えるだけでも，メンバーが心を開くことがある。

　もし，メンバーの1人だけが重要な事柄を飛び越えようとしているなら，つなげるリフレクションを用い，その話題を以前に話し合った話題と関連づけ，そのメンバーに両者のつながりを考えてもらうことも減速させる1つの方法である。この方法は，そのメンバーをその話題に留まらせるだけでなく，探索している内容から注意をそらさずに行うことができる。

　自信過剰の問題は，扱うのが少し難しい。MIでは通常，クライエントの視点に反対するスタンスはとらない。その人の自信がみせかけだと判断した場合は，リーダーはその人と同じ土俵には立たないようにする。といっても，その人の自信がみせかけではなく本当に高いのか，リーダーが低く見積もっただけなのかを正確に知ることはできないので，その人の大胆で健康的なスタンスを傷つけるようなリスクはとりたくない。とはいえ，経験と知識を持つ専門家として，クライエントがうまくいきそうにないのに，一足飛びにステップを踏ませるようなこともしたくない。本人が，目下の成功を控えめに見積もって変化しようとしたもののうまくいかなかったのであれば，それほど害はないが，当人が自信過剰であった場合，失敗はその人をかなり落胆させてしまう。

　こうした状況を扱うには気遣いが必要であり，同じようなメンバーがたくさんいるグループではなおさらである。メンバーが，恥や侮辱を感じたり，何をしても無理だと思わせたりするようなアプローチは避けたい。たとえ，当人は

そんなふうに思わなかったとしても，他のメンバーのだれかが恥ずかしい思い
をしていると受け取ったら，グループが表面的なレベルに戻ってしまう。こう
した状況へのアプローチの１つとして，そのメンバー自身の，変化を比較的簡
単だとする捉え方を受容し，リーダーがより現実的だと考えられる計画に対し
て起こりうる障害と代替案を探索させる方法がある。他には，メンバーの変わ
ろうとする意思を是認し，他のメンバーの変化にまつわる体験や，予想よりも
うまくいったことや難しかったこと，どのようにその困難を乗り越えたかとい
った話を聞きたいか尋ねる方法もある。リーダーの目標は，当人を変化から遠
ざけることではなく，いうまでもなく変化こそがグループの最大の目的である
のだが，その計画がうまくいかなかったときには，当人が打ちのめされるのを
受けとめ，自我や感情，社会的地位が揺らぐのをやわらげることである。次回
のセッションで，そのメンバーに，その後の状況や気づいたこと，予測してい
なかった困難について他のメンバーに役立ちそうなことがあるか聞いてみるこ
とができる。もし，最初の取り組みがうまくいかなかったのなら，別の計画に
変えたり，計画をみなおしたりさせるためである。

幅：焦点を広げたり，狭めたりする

　高度な会話形成法の２つめは，表8.3にまとめたように，会話をより生産的

表8.3　高度な会話形成の方略：幅

目的	いつ使うのが一番適切か？	どの会話法か？
広げる	・メンバーが細かなことに焦点化しすぎていたり，視野が狭まっているとき	・つなげるまとめ ・開かれた質問 ・両面リフレクション ・イメージや比喩を用いたリフレクション ・「引き出す-提供する-引き出す」の繰り返し
狭める	・多面的な問題のなかの一側面に焦点化したほうが，変化を促進できそうなとき ・メンバーが，変化につながらない，漠然とした話や，原理や価値観について話しているとき	・閉ざされた質問 ・選択的リフレクション

なものにするために，焦点を広げたり狭めたりすることである。

広げる

　グループのメンバーが細かなことに焦点をあて過ぎていたり，関係のなさそうなたくさんの問題に圧倒されてしまっているときには，**広げる**という方略を用いる。広げるとは，態度もしくは状況を関連づけ，共通するテーマをみつけることである。これがうまくいけば，メンバーは視点を広げることによって，いくつかの小さな要素を含んだ幅広い変化を遂げることができ，変化についてより計画的になり，ストレスを軽減させることができる。

　クライエントが，変化したい事柄のリストを持っていたとする。例えば，ジャンクフードの量を減らす，また水泳を始める，ヨガのクラスに通う，ストレスを減らす，睡眠時間を増やすなどである。ある女性が，昨年1年かけて，これらの目標に向かって前進していたにもかかわらず，「逆戻りしてしまった」ことで，やる気を失ってしまった。逆戻りしてしまうと，彼女は不安やうつ状態になり，やけ食いしたり，ワインを飲みすぎたり，夜更かしして睡眠時間が短くなり，それでますますイライラして，やる気が下がってしまう。「すべて計画通りに進んでいるときには，何もかもうまく回るんだけど，仕事の締め切りだの人間関係のトラブルだの，何かにつまずいた途端，全部どうでもよくなってしまって。そうなるとすっかり落ち込んで，『もうどうにでもなれ』って投げ出して，何もかも面倒くさくなるの。それで暴飲暴食をしたり，TVばかりみて過ごしたりするようになるわけ」と彼女は言う。

　それぞれの状況に1つ1つ対応しながら，それらに別々の計画を立てていくことにも価値はあるが，「より健康的な生活」というふうに，テーマを関連づけたほうが明らかに利益は大きい。なぜなら，こうした広い目標に向かって進もうとすれば，1つ1つの変化がより大きな変化の一部になる。また，統合されたやり方でアプローチできるので，本人が変化を維持する力が増大するからである。すべてを一度にやろうとして，結局，いくつもの悪い習慣をいっぺんに直せなかったときに，自分が「ダメ」だとか失敗だと思うのではなく，いくつかの小さな目標のうちのどれかが習慣になるまでやり続けることによって，大きな目標である「より健康的な生活」に向けて取り組むことができる。その次に，別の具体的な習慣を変化させていくことで，全体的な変化の目標に向かって歩み続けられる。この女性は，しばらくの間気分が上がっていたとしても，一度にたくさんの変化を遂げようとして，結局失敗して，幻想から目覚め，自分を責めて，いつもの不健康な生活習慣に戻ってしまうことは，実際には健康的な

第8章　グループの会話を形作る　　149

生活ではないと信じるようになったのかもしれない。より健康的な生活を送るということは，変化を増やしていき，少しずつその変化を自分のライフスタイルに合わせていき，数カ月あるいは数年かけて，全般的により良い健康に向かって歩み続けることだといえるだろう。

　なかには，これより複雑な変化もあり，結びつけられるテーマがはっきりしないこともある。しかし，焦点を広げるねらいは，複数の独立した変化をめざすのではなく，1つの全般的な生活の変化を生じさせるために，集合体としてアプローチするための包括的なパターンをみつけることである。個々の要素に分けて別々の変化としてアプローチすることから得られる利益もあるかもしれないが，それぞれの要素をつなげる広いテーマがあったほうが，変化がより容易になるはずだ。人は，より大きなテーマのなかから具体的で小さなパターンをみつけるほうがやりやすく，幅広い変化に対する意欲を活用して，具体的な個々の要素に取り組もうと努力を強めることができる。

　他にも，次のようなよくある状況においても焦点を広げることが役立つ。メンバーのなかには，本人には関心のない何らかの理由や問題によって，グループに照会されてくる人が少なくない。こういった場合，クライエント自身の関心に焦点をあてるといったクライエント中心のアプローチでは難しい。このような状況にアプローチする方法はいくつかあるが，クライエント本人と，クライエントをMIグループに照会した裁判所や雇い主，家族といった人たちの，双方の関心を含めたものに焦点を広げるのが最善である。例えば，裁判所は，禁酒を義務づけられている人をグループに照会してくるかもしれないが，本人は禁酒に関心がないばかりか，むしろ禁酒を義務づけられたことに怒りの気持ちすらいだいているかもしれない。裁判所とクライエントの関心は相反するものであり，実践家はどちらの立場に立つのか，判断を迫られているように感じるかもしれない。もし，裁判所の立場をとれば，クライエントに反対することになり，クライエントの抵抗を招きかねない。とはいえ，クライエントの立場をとっても，それは勝つ見込みのないリングでクライエントに闘わせるようなものであり，たとえ闘いに「勝てた」としても，どのみちクライエントの最善の利益にはつながらない。そうしたジレンマを解決する方法の1つが，焦点を広げて，クライエントと裁判所双方の利益に応えるような目標をみつけようとすることである。例えば，復学や，新たなスキルや関心のある領域を伸ばすなど成長につながる挑戦をしてみて，就業機会を改善したり，どう改善していけるか探索したりして，自分の人生をより良くする方法をみつける手助けをした

りすることができる。広い目標に向かっているときは，当初の衝突が新たな目標に向かって進むうえでの妨げになるならば，その衝突はもうクライエントにとって闘う価値がないものになる。もし，当初の問題行動が，新たな目標と相反するものであればなおよい。ある習慣が，クライエントが取り組み始めた目標の妨げになるようなときは，わざわざそれに焦点をあてなくとも，クライエントはその習慣をやらなくなることが多い。いずれにせよ，焦点を広げることで，外部の力に逆らうために費やしていた当初の労力が減り，クライエントも抵抗しなくなっていく。

　焦点を広げるには，開かれた質問を用いるのが一番である。なぜなら，開かれた質問が，自然に焦点を広げるからである。例えば，「そのことを全体像にあてはめてみると，どうでしょう？」「それは，あなたが達成しようとしている他のことと，どうつながっていますか？」など。また，開かれた質問によって，2つの別個の問題をつなげることもできる。例えば，「ジャンクフードの食べ過ぎと夜更かしは，どうつながっていますか？」「お姉さんがいつもあなたにお金を借りに来ることと，職場で同僚があなたに単調でつらい仕事を必要以上に押しつけてくることには，どんなつながりがあるでしょう？」などである。

　視点を広げるためのもう1つの方法が，**つなげるまとめ**を用いることである。リーダーが，メンバーが現在取り組んでいる問題とこれまでに交わした会話の内容に，関連したテーマやパターンがあることに気づいたら，両者の要素を結びつけるまとめをして，それについてメンバーに考えさせる。このような，内容に方向づけられたつなげるまとめを，グループのメンバーたちを結びつけることに使えれば，具体的な内容に焦点化した話し合いの幅を広げるだけでなく，個人の問題からメンバー間の共通したテーマへと焦点を広げることができる。

　例えば，HIVの支援グループでは，次のように話すことがある。

　「コーリーさん，あなたは，このところ倦怠感と吐き気が増してきていることを主治医に言うつもりだとおっしゃっていましたね。診察に行くときにはいつもそのことが頭のなかにあって，主治医に話そうと思うものの，他にも話したいことが出てくると，そのことはそれほど重要ではないと思ってしまうんでしたね。それに，数週間前には，HIVに感染していることがいつも頭のなかにあるのがいやなので，薬を飲まないことがあるとも話されていました。それから，アンジェロスさん，あなたはこのグループに来ることが好き

だけれど，ここに来てグループが自分を歓迎してくれていることがうれしいということを思い出すまでは，グループに行くのが怖いと思うときがあると話されていました。HIVのことを頭から追い出そうとするのも1つの対処法で，いつもそのことばかり考えているよりもいいのかもしれませんが，考えないようにするにも労力がいるので，それにも弱点がある気がします。みなさんは，どう思いますか？」

両面リフレクションも，焦点を広げるのに有用である。ジレンマの両端を行ったり来たりするのが，両価性の性質である。人はしばしば，どちらかを決められずに固まってしまうとか，もしくはかけ離れた2つのパターンを交互にやってみて，結局どっちつかずになることがある。例えば，ある喫煙者は何カ月あるいは何年間も禁煙しようと考え続けていることがあり，どこかにやめたいという気持ちはあるものの，実際には禁煙できないということがある。あるいは，突然，喫煙をやめてしばらくは禁煙状態が続くのだが，新たなストレッサーに耐えられなくなるとストレス対処として喫煙を再開し，それがまた新たなストレッサーになってしまい，元の木阿弥になってしまうという喫煙者もいる。両面リフレクションは，問題の両価性を魔法のように解決するものではないが，両方の方向性（あるいはバランス）の思考や感情，誘惑，欲求不満の統合へと門戸を開くことの助けとなる。そして，その人が禁煙することによって得られる健康上の利益と，喫煙することで得られるストレスの軽減（その他の利益）を探索することで，やがてそのバランスが，安定して持続される方向へと傾いていく。両面リフレクションは，「あなたは禁煙しているときの感覚が好きなんですね。一方で，喫煙はリラックス感をもたらしてくれて，つらさを乗り越えるのに役立つわけですね」というような言葉かけで，このプロセスに着手することができる場合もある。

　想像と比喩を使ったリフレクションとアファメーションによって，焦点を広げることもできる。

- 「まるで，いっぺんに7つのボールをジャグリングしているみたいですね」
- 「1つの問題を叩き潰したと思ったら，別の場所から他の問題が起こる。まるで，モグラたたきのようですね」
- 「いつでもうまく着地できるなんて，まるで猫のようですね」

これらの方法の利点は，メンバーを焦点づけしなおせることである。例えば，問題について話し合うことから，問題をうまく取り扱うためにはどうしたらよいかを話し合えるようになっていく。こうした取り組みによって，自分が受動的な被害者であるとの見方から，自分は問題を能動的に管理できる人であるというふうに，視点を変化させられるようになる人もいる。このような視点の変化によって，非常に大きな利益がもたらされる。

焦点を広げるための別の方略として，情報のやりとりにおける「**引き出す-提供する-引き出す**」のアプローチもある。これによって，メンバーが新しい情報を取り入れ，自らの視点や計画について考えられるように手助けをすることができる。これについては，第11章で詳しく紹介する。

狭める

会話によっては，狭い焦点で始まる場合と，その逆がある。メンバーは明らかに幸せな気分ではないものの，何を変えたいのか漠然とした感覚しかないことがある。何が違っていたらいいか尋ねると，「全部」と答えたりする。もう少し聞いていくと，「もっと幸せになりたい」とか，「もう人生を無駄にしたくない」などと言う。もっと具体的なことを言う人もいるが，それでもまだ幅が広すぎていて，自分の悩みや関心をその解決に向けた具体的な行動に結びつけることが難しい。「もっと自分の人生をコントロールできている感覚を持ちたい」とか，「先延ばしにするのを減らしたい」などと言う。焦点を**狭める**ための方略は，人生がより良いものになるといった一般的で幅広いテーマから，より明確化された変化への関心や目標へと，会話を形作っていくことである。

焦点を狭めることは，認知的または心理的な困難を抱えるクライエントにも有効である。慢性の心理的疾患を持った人は，行動と結果のつながりを見失うことがある。不安症の人は，不安が高まるような状況を避けるうちに，結果的に恐れを強めてしまい，長期的にはさらに不安を増幅させていることに気づいていないかもしれない。慢性的なうつの人は，自分の悲観的な考え方と落ち込んだ気分が，他者を遠ざけてしまい，それによってさらに寂しさや孤立感を永続させてしまうことに気づいていないかもしれない。こうしたクライエントが，自分の人生により広く影響を及ぼす変化に向かって焦点を狭めていくよう支援することは，個別療法ではかなり難しい。その人の情緒的反応や対人的習慣が優先されてしまう日々の生活のなかでは，セッションではよいアイデアだと思えたこととの関連性や緊急性が失われてしまうからである。グループセッションでは，セッションのなかでそうしたパターンが生じることで他のメンバ

ーにも影響が及ぶので，**その場**でその問題を取り上げて探索することで変化への目標を定めることができるので，より直接的に扱える。MIグループは，グループ内の対人関係に主な焦点をあてる対人関係プロセスグループとは異なる。しかし，MIグループのなかで，メンバーが問題となるパターンに気づけるよう手助けしたり，他のメンバーの力を借りて自分の問題の解決を図ったりすることができる。こうしたことは，個別MIではいつでもできるものではない。

　焦点を狭める方略を用いることで，時間の経過に伴い，クライエントの関心を引き出すことができる。メンバーが，具体的な変化の目標を持ってグループを開始する必要はない。また，目標を設定すること自体が目的化して，メンバーが圧力をかけられることもない。リーダーとして，肯定的な変化の方向へ焦点化するには，必ずしも具体的な目標が必要ということもない。メンバーが，人生をより良くするためのさまざまな方法についてブレインストーミングをすることで，エネルギーが生まれ，それがグループ初期の段階でクライエントが立てた目標よりも影響力の強い変化の目標をもたらすことが多い。MIの方略には，すでに方向性が組み込まれているので，クライエントが変化への道のりのどの段階にあっても，そこから歩み続ける手助けができる。グループメンバーが，自分にとって**より良い**とはどういうことかを定義し，物事をより良くする方法がわかるようになり，変化に向けた行動を起こすのを手助けすることで，自然と焦点が狭まってくるものである。

　クライエントにもっと具体的に焦点を定めるように伝え，自分が変えるべきもの，それを実現させるためにしなければならないこととあきらめなければならないこと，また，どう始めるのかを整理することは，どれも焦点を狭める方法である。MIは閉ざされた質問の多用を推奨してはいないが，だからといって使ってはいけないわけではなく，焦点を狭めるのに役立つ場合もある。加えて，クライエントが具体的な変化に向けて焦点を狭められるように，クライエント自身の発言から選択的にリフレクションすることで，メンバーが目標や計画を発見することができる。また，こうしたことは，直接的な質問ではできない場合がある。焦点を狭めることは，焦点を広げるのと同じように，発見のプロセスであるといえる。

深さ：焦点を深めたり，浅くしたりする

　会話の範囲（広さと狭さ）に加えて，会話を問題の表面に焦点化したり，深層にある感情や価値観，テーマにより深く突っ込んだりすることもできる。どう

154　第Ⅱ部　動機づけ面接グループの実践

表8.4　高度な会話形成の方略：深さ

目的	いつ使うのが一番適切か？	どの会話法か？
深める	・メンバーが，傷つきやすい問題を共有する準備ができたとき ・メンバーが，表面的な細部に焦点化しすぎたり，知性化したり，解決できない両価性に行きづまったりしたとき	・感情や価値観のリフレクション ・アファメーション
浅くする	・セッションやグループの終了時 ・深刻で重いムードになったとき，もしくはメンバー間の衝突が起きたとき	・終了時のまとめ ・焦点の変換 ・つなげるリフレクション ・ユーモアを用いる

いうときに，焦点を深めたり浅くしたりするのが適切か，またよく使われる会話法について表8.4にまとめる。

深める

　MIでは一般的に，両価性が解決の方向に向かうと，目標設定と達成についていくらか実践的な焦点があてられるようになる。しかし，その実践的な焦点は，クライエントが目標をより意味のあるものにすべく突きつめていくことを阻害するものではない。メンバー同士の信頼感が高まったら，焦点を安全に深める方法を探さなければならない。それぞれの行動がバラバラに変化するのではなく，MIグループは，人々の人生を変えるうえで有力な道具となりうる。時に，ある1つのパターンを深いレベルで変化させることによって，いくつもの表面的なレベルの行動変化が引き起こされることもある（例：大切な人に対してもっと正直でいようと決意すると，嘘をついたり，反論したり，避けたりする頻度が減り，さらに，大切な人々から隠さなければならなくなるようなことをしないようになっていく）。焦点を深めることで，グループでもっと傷つきやすい内容も扱えるようになり，メンバーの凝集性や信頼感を高められる。また，焦点を深めることは，メンバーが表面的な細部にとらわれていたり，知性化していたり，両価性から抜け出せなくなっているときにも有用である。

　例えば，アディクションのあるクライエントが，その使用をやめるという目標を定めて自助グループに参加することはよいことである。薬物の使用によって，機能不全が生じ，生活が立ちゆかなくなっているときは，それはもちろん

価値のある目標といえる。しかし，アディクションを克服した人たちの例から
わかるのは，アディクションの克服は，薬物の使用をやめるだけで達成できる
ものではないということである。薬物の使用が生活の中心にあった状態から，
薬物の果たす役割がなくなっていくという変化を達成した人たちは，さらに深
いレベルの変化を体験している。彼らは，もっと自分の感情に気づけるように
なったり，それを機能的に自分の生活に組み入れたり，より率直で正直になっ
たり，一層強固な人生の意味や関わりを構築している。こうしたより深いレベ
ルでの変化によって，あらゆるものを包含した変化が達成される。

　自分のありのままの姿でいられ，もっと開放的になって人を信頼でき，柔軟
になるというプロセスは，スピリチュアルなものだと考える人もいるが，その
ために枠組みは必要ない。Rogersは，個人であれ人間中心のグループであれ，
焦点を深めることを推奨したが，それはMIグループにもよくあてはまる。そ
れぞれのメンバーが焦点をあてる問題や目標がなんであれ，MIグループは，
メンバーの生活におけるグループの価値を高めるものである。感情，価値観，
目的，関わりについて考える機会をみつけることは，どれもMIグループの体
験を深めることにつながる。メンバーの関与や目的のレベルを深めながらメン
バー同士を結びつけることで，それ
ぞれの価値観がどのように行動選択
に影響しているかの認識が深まり，
グループ共同体感覚も高められる。

> 感情，価値観，目的，関わりについて
> 考える機会をみつけることは，MIグ
> ループの体験を深める

　メンバーの行動の基盤にある中核的価値（利他主義など）が特にグループセ
ッションのなかでみられたときに，それを強調することによってアファメーシ
ョンをとおして焦点が深められる。肯定的な行動を肯定すると，メンバーのグ
ループへの参加を通した成長の機会が促進され，グループの凝集性が高まるこ
とが多い。有意義な方法で他のメンバーを助けることは，非常に深い体験にな
る。グループのメンバーがともに体験を重ねるなかで，そうした機会を探すと
よい。もちろん，少しずつ，誠実な態度で行わなければならない。MIグループ
は，即時的で，明確で，偽りのなさと透明性を強く求めるがためにいささか人
工的で時に攻撃的になりかねないエンカウンターグループとは異なる。ある人
の人生に深く入り込むことは，時間をかけて信頼性が培われたときにこそなし
える特権である。

浅くする

　深めることとは逆の方略として，会話のムードやトーン，重さを軽くするや

り方がある。これは、メンバーを表面的なレベルに引き戻すために用いられる。メンバーの手に負えないほど急速に深まりすぎたと感じたときや、セッションの終了までにあまり時間が残されていないときに、とくに重要である。グループで探索した内容によっては、過去の虐待体験を乗り越えるといったメンバーの強力な変容が起こりうる。しかし、そのためにはリーダーの熟練したスキルのみならず、メンバー個々の準備性と、グループメンバー間の深い信頼感と開放性、時間も必要である。それらすべての要素が揃っていないときには、メンバーがあとから後悔したり、グループを安全な場だと感じられなくなったりしないよう、探索が深まりすぎたりメンバーが開示しすぎたりするのを防ぐことも重要である。深いレベルで取り組むことに意味があるときでも、セッション終了時にクライエントが危険にさらされていたり傷ついていることのないようにするのも、リーダーの責任である。グループがふだんから深いレベルで話せるようになるまでは、セッションが終了するまでに十分な時間を残して、表面的なレベルの話し合いや軽い話題に戻すよう、十分に気を配る必要がある。深くて濃密な探索が避けられないときもあるが、とくにメンバーがその体験や問題について初めて話した場合は、時間がなくなったからといって、その話題の途中でグループを終了させてはいけない。新しい話題について話し始めたメンバーの方向性を変えなければならないとしても、セッションを終了するまでには、必ず表面的なレベルに焦点化するだけの十分な時間を残しておくべきである。

　深い話をするには、まだ十分な親密さや信頼感、時間が足りないのに内容が深まりすぎてしまったことを伝え、「深い探索はとても大切なことなので、また別の機会にしましょう」と言って、グループをより安全な話題へと方向転換すると、焦点を軽くすることができる。そして、深くて傷つきやすい問題に取り組もうとしたメンバーのやる気と勇気、そしてグループメンバーが築きつつある信頼感を肯定する。こうした移行が自然なものに感じられるよう、深い部分と、メンバーの変化に関わる日常の表面的な要素をわかりやすく関連づける。適切であれば、軽くて気持ちを高められるようなユーモアがその場の雰囲気を軽くすることもできる（この場では皮肉や無情なユーモアを言うべきではないので、気をつけること）。言葉でそうしたいと伝えなくても、より表面的あるいは行動面についてのクライエントの問題の細部に焦点化したリフレクションを使って、徐々にグループを表面的なレベルに引き戻すことができる。メンバーは、自然とリーダーの焦点に合わせて、話を表面的なレベルに戻すだろう。

表 8.5　高度な会話形成の方略の比較

目的	実践家	クライエント
(最初のクライエントの言葉)		「みんな，私に『責任を持って行動しろ』と言うんです。私がよくなりたいと思っていないとでも？　私が死にたいとでも考えているっていうのか？　って考えてしまうんです」
加速させる	「では，まず，それに焦点をあてましょう。あなたが，すでに取り組んでいることは何でしょう？　他にやってみようと思っていることは？」	「禁煙しましたよ！　とても大変でした！　あとは，もっと健康的な食生活にして，もっと運動もしたいと思っていますが，それはあまりうまくいっていませんね」
減速させる	「あなたは，プレッシャーを感じているようですね。それでは，余計に悪くなってしまいますよ。悪い方向に行ってほしくないので，ゆっくりいきましょう。何かやらなきゃと急ぐよりも，長い目でみて正しくできているほうが得策ですからね」	「みんな，私があたかも怠け者か，努力する気がないとでも思っているような態度なんです。でも，私は禁煙したし，食生活も改めようとして，運動だってもっとやろうとしているんです。みんなが思うほど，簡単なことじゃないんです。本当にやりたいと思ってるんですが，しばらくすると忘れてしまうんです」
広げる	「あなたは病気を治したいだけではなくて，全般的にもっと健康になって，幸せになって，ストレスを減らしたいわけですね。つまり，水の上に頭だけ出せればOKというわけではなく，ちゃんと泳ぎを楽しみたいってことですね」	「その通り。病気でいるのは，もううんざりなんです。それに，いつも病気のことばかり考えたり，話したりするのも。ただ病院に行かなくてすむだけではなく，もっとよい人生を手に入れたいんです。それから，あまり大変な仕事ではなく，もっと自分のやりたいことをしたいかもしれません。そして，もっとリラックスして，友人と過ごす時間を増やしたいかも。ただ日々を生き延びるのではなく，自分の人生を謳歌したいんです」

次頁に続く

158　第Ⅱ部　動機づけ面接グループの実践

表 8.5　続き

目的	実践家	クライエント
狭める	「あなたにとって，とても重要なことなんですね。一般的なことを話す段階から，具体的なことに焦点をあてていく準備ができたようですね」	「そうなんです。痩せなきゃいけないとか，ストレスを減らしなさいと言われているだけじゃ，意味がないんです。いくつかダイエットも試したし，呼吸法もやってみました。でも，あまり効果がなかったですね」
深める	「なるほど。あなたは奥さんとともに年齢を重ねて，お孫さんの成長を見守りたいのですね」	「はい，何よりも。私は，自分がいつも心配事を抱えているのが怖くて，つい食べたくなったり，喫煙したくなったりするんです。そのことが頭から離れなくて，余計に病気がひどくなっている気がします」
軽くする	「ちょっと失礼。落ち着きましょうか（微笑む）。そうですね…そうしたことに引きずられないように，あなたができることはなんでしょうね。どうしたら，まわりの声に左右されずに，この1週間，自分の計画通りにやっていけるでしょうか」	「あぁ。信じてほしいんですけどね，私もまわりの言葉に影響されないように，自分ができることを考えてみました！（笑う。）ですが，実際のところ，何が一番いやかと言えば，まわりに信じてもらえないことなんです。そうなると，自分のことさえも信じられなくなってしまいます。だから，自分ができることだけに焦点をあてて，まわりの声を気にしないようにすれば，やっていけるかもしれません。そんな私をみたら，妻も私のことをそんなに心配しなくてすむだろうと思います」
焦点の変換	「話したほうがよいことが，たくさんありそうですね。あなたが感じていることを話してくださって，感謝します。私は，疑っていませんよ。今はあまり時間がないので，どうしてこのことがあなたを苦しめているのか，それからどうすればあなたがそれを乗り越えるのを私たちが手助けできるか，探索する時間があるときに，この話題に戻ることにしてもかまいませんか」	「そうしてもらえるとありがたいです。今はチェックインの時間だから，こんなふうに言うつもりじゃなかったんですが，とても参っていて，何か言わずにはいられなかったんです。もし別の機会に話せるなら，どうして自分がここから抜け出せずにイライラしているのか，もう少し考えられるかもしれません。そうすれば，何をしたらいいか手がかりが得られそうですね」

高度な会話形成の方略の比較

　MIグループでは，生産的でありながら，グループの会話にメンバー全員（と彼らの視点）を入れるように焦点を管理することが主たる方略の1つである。これらの目標を達成するために，また，会話の勢いや幅，深さを形成するために，さまざまな会話の焦点を管理する方法がある。これらは抽象的な概念であり，高度なスキルであるが，実践を続けるうえで取り入れることが不可欠であると考える。それらのスキルを実践に取り入れやすいように，会話を形成しようとするリーダーの反応例とメンバーの反応を表8.5にまとめる。

会話を終了する

　セッションの時間がなくなってきたときや，他にやるべき課題があるとき，もしくはその話題についての話し合いが終わったときが，話し合いを終了させるときである。終了時には，話し合った内容や課題の要点をまとめ，その話題はもう終わりにするのか，あるいは次回も引き続き話し合うのかを明確にし，メンバーを，話題や活動，セッションから，各自の生活に移行させることを目的とする。もし，時間の都合で終了しなくてはならないものの，まだメンバーにエネルギーが残っていて，次の課題に移ったり，セッションから各自の生活に戻ったりするのが難しそうであれば，いくつかの方法で対処できる。例えば，「今回の話し合いで得られたことは何ですか？　自分のなかでは解決したと感じられたか，それとも引き続き考えたり取り組んだりしていきたいか，どちらでしょう」といった質問や教示をして，ラウンドで一巡する。他には，協力しながら取り組む課題として，メンバー同士で要点をまとめてもらうこともできる。もしまだ解決していないと感じているメンバーが何人かいたら，新しい話題に移る前に，次回も引き続きこの話題に取り組みたいかを尋ねてみる。そうでなければ，今回のセッションによって，パズルのピースがもう1つはまった，もしくは変化へのステップを一段のぼったことを伝え，グループへの参加と互いをサポートし合ったことへの感謝の意をメンバーに伝えて終わりにする。

　メンバーが，セッション終了後にこの問題についてもっと考えないといけないときなど，まとめをしないほうがよいと思うときもあるだろう。しかし一般

的には，何らかの形でまとめをすることで，メンバーが今回得た視点や取り組んだ課題に対する理解を強固なものにし，それを忘れずに日常の生活に移行できるようにすることができる。

第9章

第1段階：グループに招き入れる

　動機づけ面接（以下，MI）グループは，参加メンバーの人生に肯定的な変化をもたらすグループとして，メンバー同士がともに活動するよう招き入れる。つまり，MIグループは，グループプロセスに重点を置くアプローチと，個人に焦点をあてるアプローチとの間に位置するものである。グループを活用した対人関係プロセス・アプローチでは，メンバーが幼少期に重要な他者との関わりを通して発達させた対人関係のパターンや認知を引き出すために，グループの相互作用を活用する。グループの力動について，メンバーの対人関係のパターンや認知から考察し，メンバーの他者への接し方や認知の仕方をその場で修正し，変化させる。また，リーダーがそれぞれのメンバーとの個別的なやりとりを導く手法としては，リーダーとあるメンバーの相互作用を他のメンバーたちが黙ってみていて，そのあとでリーダーが短くフィードバックするというやり方もある。MIでは，個々のメンバーの問題の探索に焦点をあてるものと，他のメンバーの関心事にも関連する一般的な問題に焦点をあてるものとを織り交ぜた，中間のアプローチをとる。そして，個人の問題とメンバー全員の問題の両方を探索していく。私たちのアプローチでは，グループの力動にはっきりと焦点をあてるのではなく，変化を手助けすることを目的としてグループを活用している。

　本章では，グループがメンバーに最適な効果をもたらすために，グループの発展を促進したり，難題を扱ったりすることに焦点をあてる。また，MIグループにおいて，協働リーダーがいることの利点も論じる。さらに，MIグループの初回セッションを準備したり，運営をしたりという，セッションを構成する一般的な方略について述べる。グループに招き入れるうえで，おおむね十分な情報だろう。

グループの発展を促進する

　MIは元々，個別カウンセリングのアプローチとして発展してきたものである。MIグループが個別のカウンセリングと大きく異なるのは，1人ひとりを深く探索するのに十分な時間が持てないことである。また，ある人の状況を深く探索していると個別カウンセリングになってしまい，グループを弱めてしまいかねない。初期の実践家のなかには，個々のメンバーとの複数の小セッションを行っているようなもので，他のメンバーはそれをみているだけというやり方もみられた。しかし，その後，多くのグループ研究によって，グループプロセスへの招き入れ，グループの凝集性，互いの課題への関与が，グループ成功の鍵となることが確認された。こうした知見の積み重ねから，グループリーダーは，グループセッションのなかで1対1の介入をするのではなく，メンバー間の治療的な相互作用を促進することが期待されるようになった。つまり，個別の面接をするのではなく，グループの相互作用を促進させる方向へと移行してきたのである。

　図9.1から9.5は，メンバーたちが周囲からみているなかで2者間のやりとりをする場合と，グループが互いにやりとりする場合との違いを表している（Farrall, 2007より）。図9.1では，リーダーは，5人の小グループに対して働きかけている。こうした相互作用では，リーダーは個々のグループメンバーに1対1でコミュニケーションし，個別に関わっている。図9.1で表されるように，

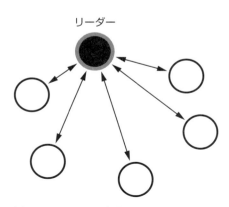

図9.1　リーダー中心のグループ

そうしたアプローチでは，本質的にリーダー中心のグループになってしまい，グループのメンバーはリーダーだけと関わるため，必然的にリーダーにはメンバーよりもたくさん話す順番が回ってくる。そのため，メンバーは互いにその場にいながらも，いくぶん孤立したままとなる。

　グループの力は，メンバー同士の相互作用と共働から生まれることが多い。そのため，メンバーの経験や課題，変化についての態度にみられる類似点に注目して，互いにつなげることが重要である。メンバーがつながりを内在化するにつれて，メンバーは，同じ部屋にいながらバラバラに分かれたメンバーとリーダーと一緒に過ごしているというのではなく，むしろメンバー同士がまとまりのある作業グループとして互いに関わるようになる。以下の図はどれも，個人的な課題を意識し始めた2人のメンバーをつなげようとしてリーダーが動いたときに，どんなことが起こるかを表している。

　図9.2では，メンバーらの興味や関心，変化への動機の類似点をリーダーが示唆したり，リフレクションしたりすることによって，両者のつながりを深めている（例：「おふたりは，それぞれ別の問題に焦点をあてていますが，どちらも他者に対して自分のニーズをもっと主張していきたいという課題に取り組んでいますね」）。

　リーダーが，メンバー同士の類似点を強調すると，その2人は互いに交流するようになる。それに別の2人のメンバーも加わるようになる。リーダーは，つなげるリフレクションやアファメーションをしたり，グループ全体に向けた質問をしたりすることで，この関わり合いを強化していく。それを表したの

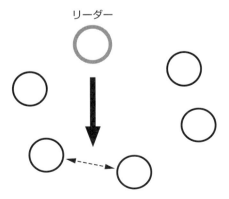

図9.2　二人のメンバーをつなげるリーダー

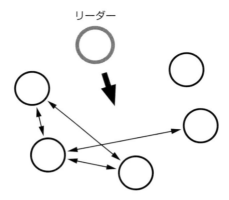

図 9.3　グループ全体をつなげる

が，図 9.3 である。

　5 番目のメンバーが，しばらくやりとりに加わらないままでいたら，リーダーはその人に手を差し伸べる。たとえ，そのメンバーが特定の話題に加わらないままであっても，つながりを維持するのである（図 9.4）。

　グループの目的は，時間の経過に伴って，リーダーがしょっちゅう手を入れなくても，グループそのものの力で維持されるようになることである。それは，グループの関与や凝集性が高いレベルであることを示す。メンバーは，他のメンバーの（ほぼ）全員と交流する。リーダーが，メンバーと個別に直接的なやりとりをしているうちは，グループ全体に向けたコメントを多くする。グル

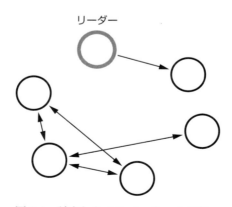

図 9.4　孤立したメンバーをつなげる

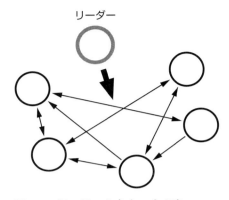

図 9.5　網の目のようなつながり

ープを進めていくなかで、図 9.5 に描かれるような網の目のようなつながりがみられることがよくある。進展していく強固なつながりが張り巡らされることは、強力な作業グループができあがったということである。そうなると、グループ機能のより深い面へと焦点を移すことができる。

> グループの目的は、リーダーがしょっちゅう手を入れなくても、グループそのものの力で維持されることである

　必ずしも、すべてのメンバーが他のメンバー全員と話さなければならないわけではない。それよりも重要なのは、グループの力と効果を最大にするために、メンバー間のつながりと相互作用を強めることである。凝集性のあるグループは、より良く共働するだけでなく、メンバーが自分の関心や課題、変化への動機について、すべて事細かに話す必要がなくなる。十分に関与しているメンバーは、互いを通じて間接的に利益を得られるようになる。ある人が両価性を探索し、変化することを決心し、変化のための方法を考え始めると、関わっている他のメンバーも、その旅の道連れとして、自分の話や探索、決断についてすべて語らなくても、自分にとって鍵となる部分を探索するだけで、その作業を進めることができる。この目的を達成するために、メンバー同士の相互作用が促進される。いったんグループが関与し、相互のつながりができると、個々のメンバーはさらに支えられる時間を持つことができる。また、自分の課題を探索する際、グループの相互作用を織り交ぜることによって、グループに関与し続けるのである。

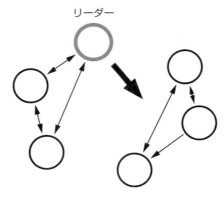

図 9.6 サブグループができる

サブグループ

注意してみておかなければならないのが,サブグループの発展である。サブグループができたことによって,リーダーはグループ全体とのコミュニケーションがとりにくくなる場合がある。そればかりか,図 9.6 で表されるように,グループのなかで別々のグループと互いにやりとりをしなければならなくなる。特定の話題に対して短期的にサブグループが生じることは間違いないが(そして,それが役立つこともあるが),サブグループが恒常化するのは防ぐべきである。なぜなら,サブグループが恒常的になると,グループの凝集性と力が減退し,メンバー同士が互いを無視するか競争するかのどちらかになってしまうからである。

難しい対人関係スタイルのメンバーを招き入れる

リーダーシップの課題として,メンバーたちの異なる対人関係のスタイルが不必要な摩擦を生み出さないように,グループの力動を管理することが求められる。また,メンバーが,グループ内で健全な役割をとれるようにし,グループ機能を妨害するような役割から遠ざけるよう舵をとることも,リーダーシップの課題である。グループを肯定的なものにしておくために,メンバーが他のメンバーに対して無神経あるいは偏見に満ちたことを口にしたときには,介入することも重要である。

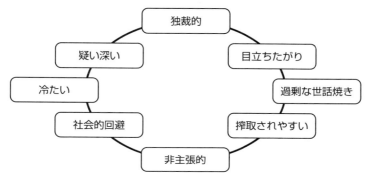

図9.7 対人関係の問題の円形

対人関係の問題

　対人関係の相互作用に関する研究からは，8つの問題あるスタイルのモデルが示されている（Alden et al., 1990; Hopwood et al., 2011; Locke, 2000）。図9.7で表されるように，コントロール（支配から服従まで）と関係性（友好的から敵対的まで）の次元からなる円型のモデルである。

　一般的に，こうしたスタイルは，その頑固さと極端さが問題である（そして難しい）とされている。健全な対人関係機能を持つ人は，他者と関わるアプローチが柔軟である。自己主張的になるのが最適なときは自己主張し，黙っているほうがよいときには沈黙している。こうした人たちは，必要に応じて，主導したり，従ったり，世話をしたり，現実的に考えたりできる。また，健全な対人関係機能には，極端な状況に対して，自身の強さを合わせる能力も含まれる。友好的なあり方が求められる状況でも，楽しく落ち着いた親しみやすさが適切なときもあれば，より快適にしたり，ケアをしたりすることが求められる場合もある。対人関係の問題を持つ人は，社会的な手がかりを読み取ることが難しい。そのため，さまざまな相手や状況，異なる要求に対して，自分のスタイルを合わせたり，関わり合いの強度を調整したりするのが難しいことが多い（Kiesler, 1996）。グループにこうした人がいると，凝集性の維持やサポーティブな雰囲気，課題の達成，個人とグループ全体の間を織り込んでつないでいくといったグループの力にかなりの影響を及ぼす（MacNair-Semands, 2002）。対人関係の問題がある人はまた，自身の問題のあるスタイルと一致させたやり方で，グループの雰囲気や出来事を解釈しやすい（Kivlighan & Angelon, 1992; MacNair-

Semands & Lese, 2000)。それは，問題となる対人関係スタイルの根本にある愛着の不安定さによるところが大きい (Chen & Mallinckrodt, 2002)。加えて，こうした人たちは頑固で極端なスタイルをとることが多いので，グループの雰囲気について，他のメンバーとは異なった**感じ方をしている**ことがある。例えば，疑い深いグループメンバーは，グループから支えられていないと認識しやすく，グループの雰囲気を距離があって友好的ではないものだと感じてしまう。一方，同じグループであっても，過剰に世話焼きのメンバーは，他のメンバーから温かさや友好的な態度を引き出し，グループの雰囲気を受容的でサポーティブなものだと感じやすい (MacNair-Semands & Lese, 2000)。このように，MIグループでは，個別MIでは重視されない対人関係の問題を管理することも必要となる。

　とはいえ，対人関係の問題を減らすことを目的としたグループであっても (例：Malat et al., 2011)，通常は，パーソナリティスタイルとはしっかりと確立されたものであり，それほど変わるものではないので，こうした人たちが引き起こしやすいグループ機能への妨害をできるだけ小さくする一方，異なるスタイルを伸ばす方向でMIグループを進めることに焦点をあてるほうがよいだろう。グループに肯定的な力を構築することに焦点をあてるために，こうしたスタイルに対応する望ましい方法の１つは，それらと関連した強みを探して，是認することである。表9.1は，さまざまな対人関係の問題に伴う強みを示している (Locke & Sadler, 2007; Sadler et al., 2011 より作表)。グループの初期から強みをよく探し，それを言葉で伝えて承認するとよい。強みを是認してメンバーと関わることは，メンバーの長所を引き出しやすくし，彼らと関係を築き，グループの凝集性を高めるのに有益である。こうした取り組みは，グループメンバー間の葛藤が起きたときの重要な備えになる。グループの発展を通じてそれらの強みを是認するのに加え，MIにおいては一貫した方法でメンバーの強みを描き，グループへの悪影響を最小化するために，以下のような方略をとる。

さまざまな対人関係スタイルに関連した強みを探して，是認する

メンバーの役割

　こうした難しいスタイルの他に，メンバーはグループで何らかの「役割」を引き受けているようである。例えば，あるメンバーがいつでも他者を是認する「サポーター」の役目を担っているようにみえることもある。こうした場合で

あれば，それはグループの単なる特徴であって，問題にならないことも多い。しかし，特定の役割は，グループに混乱を招いたり，あるいは少なくともグループプロセスが十分に機能するのを制限したりしてしまう可能性もある。問題となる役割の1つに，「セラピストもどき」がある。これは，メンバーがあたかもグループリーダーであるかのようにふるまうことである。セラピストもどきのメンバーは，分析，解釈，精査，挑戦などを行い，時には直面化さえしうる。通常，あるメンバーが，他のメンバーよりも自分を上に置こうとすることは，凝集性やグループの力動を発達させるうえで問題になりやすい。とくに，MIグループにとって，これらの行為は問題になる。なぜなら，そうした動きはMIアプローチとは真逆であり，グループの有効性を脅かすものだからである。

　こうした状況に対しては，介入するのが重要であると同時に，否定的なことは伝えないのも大切である。実際に，こうした場面は，グループが最後まで成長を遂げられるかどうかに関わる局面であり，MIのスピリットがきわめて重要となる緊張した瞬間である。最初の何回か，あるいはそのやりとりが穏やかなうちは，単に会話をより肯定的に方向づけなおせばよい。例えば，そのメンバーにグループの支えとなる目的を思い出させたり，否定的な役割を担っているメンバーに，それがどのように自身の問題と関係しているか考えるように方向づけをしなおしたりする。もし，そうした方向づけをしなおすだけでは不十分な場合は，メンバーの発言をMIに一致するものに言い換えてみて，その言い換えの適正さについて本人に確認する。例えば，閉ざされた質問は，開かれた質問に言い換えられる。解釈は，複雑なリフレクションに言い換えられる。挑戦的な言葉は，個人の選択の問題に言い換えられる。

　もし，セラピストもどきの行動が，強烈であったり，いつまでも続いたりするならば，方向づけをしなおしたり，言い換えたりするよりも，もっと強い態度が必要になる。その行動の意図を探るか，あるいは，反応を探索するか，の2つの選択肢がある。**意図の探索**では，セラピストもどき役のメンバーが，挑戦的なコメントや要求がましいコメントをした際，そのやりとりを止めて，その意図を確認する。意図の探索は，方向づけしなおしたり，言い換えたりするよりも危険性が高いので，前向きな意図を「付与する」よう手助けしたほうがよい（少し誘導する）。例えば，「チャック，あなたはエイミーを気にかけていて，彼女の状況が少し心配なものだから，あなたにとってよいと思える方向を示すことで，彼女のことを助けようとしているわけですね」など。必要ならば，リーダーがなぜ，やりとりを止めたのかについてのヒントをチャックに与えるため

表 9.1　対人関係の問題とそれに関連する強み，および MI グループの方略

スタイル	説　明	強　み
独裁的	操作的・支配的で，他者を変えようとする	野心的， 決然としている， 決断力がある， 説得力がある， 自己主張的である
疑い深い	他者を信じず，疑い深く，自分のニーズと葛藤するときは人のニーズに気を配ることができない。	賢い，懐疑的，用心深い，機知に富んでいる
冷たい	感情を表現したり他者への愛を感じたりできない，寛大になったり，人とうまくやったり，他者を許したりできない。	動じない，率直，ぶれない，感傷的にならない
社会的回避	人といると不安できまりが悪い，人と社会的な相互関係を持ち，感情を表現し，社交するのが苦手である。	でしゃばらない，ソフトな話し方，ひとりを好む，控えめ
非主張的	他者にニーズを伝えるのが苦手，権威的な役割をとると居心地が悪い，他者に主張したり，はっきり言うことができない。	満足している，貢献者，人の邪魔をしない，言い争いを避けることができる
搾取されやすい	他者を傷つけてしまうという恐れから怒りを感じたり表現したりするのが苦手，だまされやすい，容易に他者に優位に立たれやすい。	謙虚，控えめ，寛大，優しい
過剰な世話焼き	人を喜ばせるためにがんばりすぎる，優しくしすぎる，信用しすぎる，世話しすぎる，寛大すぎる。	思いやりがある，温かい，友好的，感じがよい，役に立つ，癒してくれる，理解してくれる
目立ちたがり	不適切なほど自己開示する，注目をあびたがる，ひとりで過ごせない。	社交的，親しみやすい，活発，表情豊か

第9章 第1段階：グループに招き入れる　　*171*

戦　略
1.　そのメンバーから役立ちたいという意図を引き出し，リフレクションをする
2.　そのメンバーに，自身の経験や興味，関心に焦点をあてるよう方向づける
3.　(援助したいという) そのメンバーの意図と，それが実際に他者に与えている影響との差を確認するために，他のメンバーの反応を聞いてみようと促す (たいていの場合，そのメンバーの要求に反対する人が出てくる)
4.　メンバーの決定を是認する
1.　個人の選択や統制を強調する
2.　そのメンバーは他者を攻撃しようとしたのではなく，他のメンバーから攻撃や批判を受けるかもしれないと思って自分を守ろうとしたのだということを引き出す
3.　(それが適切なときには)「現実的であり続けている」ことを肯定する
1.　実際的な問題解決発見を強調する
2.　これまでに学んできた「厳しい真実」を話すように誘う
3.　必要なときには「ひとりでやれる」能力を是認する
1.　強みについて話をする際に，参加するよう誘う
2.　輪になった際，不安が高まらないように (最初にあたらないようにして) 2番目か3番目に話してもらうようにする
3.　安心できるようになるまで黙ってみていてもよいと伝え，セッションの後半になってから参加を促す
4.　それぞれの美徳や強みを是認する
1.　他者のジレンマに対する理解や反応を分かち合うように励ます
2.　グループの力動やプロセスについて観察し，コメントを求める
3.　個人の選択／統制を強調する
4.　(適切なときには)「チームプレイヤー」であることを是認する
1.　ストレスの低い状況で，知覚を高める
2.　他のメンバーが他者に優位に立たれた出来事や，怒りを表現できなかった話をしているときに，考えを分かち合うよう誘う
3.　個人の選択／統制を強調する
4.　優しくて，寛大な性質を是認する
1.　自身のニーズや願望に焦点をあてるように，穏やかに引き戻す
2.　重要な他者とより良いつながりが持てるよう，他のメンバーを助けてほしいと頼む
3.　個人の選択／統制を強調する
4.　理解しようとし，他者を助けようとする意図について是認する
1.　話が脱線しないように，テーマや感情をリフレクションする
2.　ラウンドで話すときは，そのメンバーを最初にして，全員から話を聞くことを強調する (あるいは最後にする)
3.　活動の間は静かに他者を観察するように頼み，その後，要約してもらう
4.　活発さや元気のよさを是認する

に，いくらかフィードバックしてもよいだろう。「でも，それがエイミーにも伝わっているのかわからないので，あなたに確認しておこうと思ったんです」など。それでもまだ役割が続くなら，リーダーは，グループや言われたメンバーからフィードバックを引き出したり，目的と効果の差を強調したりする。もちろん，メンバーに「他のメンバーをガイドするような役割をとらないように」と頼んでもよい。リーダーがどのアプローチを選択しようとも，リーダーがメンバー間で進めようとするコミュニケーションタイプのモデルになることを意識する必要がある。

　他にも，「道化師」や「指導者」など，メンバーがとりうる役割はたくさんある。私たちは，ふだんはこうしたラベリングを好まないが，そうした役割をとることの本質をつかみ，それがどんな意味があるのかを理解するうえではわかりやすいだろう。こうした役割は，メンバーが自身の問題に向き合うときに生じやすい両価性を避ける態度であり，少なくともその人（役割をとっている人）がいることで，グループがあまり安全に感じられなくなる，ということを間接的にフィードバックする。このようなことが起きたとき，リーダーがとるべき選択としては，穏やかで安全ではあるが効果の薄い方法から，より効果的ではあるが危険を伴うような強い方法まで，さまざまである。そうした問題に対処する際，私たちは可能なときはいつでも，より穏やかな方法を優先している。もし，グループのやりとりを方向づけしなおすことがうまくいかなければ，リーダーの反応を増やせばよい。最初からやりすぎて，グループの上下関係が強まったり，争いが起きたり，メンバーが沈黙してしまったりして，リーダーが引くことになるよりも，あとからリーダーの反応を増やすほうが簡単である。強度を徐々に高めていくために，基本的には次のなかから選択する。無視してグループを進める，グループを方向づけしなおす，言い換えるか再形成する，意図や反応を探る，メンバーにグループのガイドラインを思い出させる，違反するメンバーに直接頼んだり，教示したりして，行動を変えるよう導く，である。

偏見に満ちた，あるいは無神経な発言

　リーダーが，より迅速に，直接的に介入すべき状況の1つは，民族的特性，人種，宗教，ジェンダー，性的指向，その他の集団など，そうしたカテゴリーに基づいて，他のメンバーへの偏見や無神経さ，敵意が表明されたときである。できるだけ直接対決しないようにしながらも，どのメンバーも1人ひとり異なっ

ており，それぞれの選択や特徴があること，そしてグループの目的はメンバー自身が決めた変化を手伝うことに尽きるということを，即座にグループに思い出させる。一般的に私たちは，メンバーが具体的な変化を生み出すのを手助けするときを除き，互いがより大きな価値体系を探索したり，偏った，あるいは狭い世界観を克服したりするための場所として，MIグループを捉えてはいない。私たちが，メンバーの性格を変えるためにMIグループを用いないのと同じように，根底にある文化的な誤認や無神経さ，偏見を変えるためにグループを使ってはいない。それはそれで価値ある目標であるが，MIグループの目的とは性質が異なる。とはいえ，無神経なコメントを無視することは，グループを転換させることにもなりうるため，介入や再度の焦点化が必要になることがある。

協働リーダーとの取り組み

　グループリーダーは，多くの責任を負うものである。グループを開始し，グループに集中させ，前向きに取り組ませ，両価性の探索と解決を通してメンバーを導かねばならない。リーダーはまた，時間に気を配りながら，グループ全体に関わっていく必要がある。また，全体としてのグループメンバー間の力動や，グループのなかでの特定のメンバー間の力動，インフォーマルなサブグループの発展などに注意を向けることも大切である。さらに，グループのセッションで十分に扱われなかったメンバーの課題や関心を払い，書き記しておき，それに対して敬意を表し，改めて話し合おうとすることを確認するのも大切である。そうすれば，メンバーの懸念についてあとで対処できる。さあ，スタートしよう！

リーダーにとっての協働ファシリテーションの利点

　協働リーダーとともにグループを進めていくことは，グループの課題を遂行していくうえで，より多くの選択肢を提供する。協働リーダーは，グループの力動と個人の変容を同時に進めていくための優れた能力や，メンバーが生じさせた否定的な対人関係のプロセスを扱うための柔軟性を持ち，探索するのに役立つが言葉にされず記録にも残らないような問題に気づくためのより多くの機会を持っている。さらに，協働することによって，セッション後の検討，概念化，計画立案が，より徹底されたものになる。リーダーを2人置くことは非効

率的にみえるかもしれないが，協働することによって，必要となる外部のスーパービジョンやコンサルテーションの回数を減らしたり，グループの効率を上げたり，機能不全に陥っているグループのパターンがグループをのみ込む可能性を減らしたりできる。長きにわたり難しいグループを率いてきた人は，おそらくグループのぐらつきや，グループ内の分裂を経験してきたはずである。こうした経験は，メンバーとリーダーに等しく心の傷を残すものである。肯定的な雰囲気のもとではっきりと焦点化と強調がなされれば，他のアプローチと比べてMIグループのほうが，こうしたことは起こりにくいだろう。協働リーダーは，もし事態が悪いほうに進み始めたら，重要な緩衝の役目を務めることができる。グループの進行を元に戻すためのツールとして，役目を果たせるのである。

メンバーにとっての協働ファシリテーションの利点

治療的グループのメンバーは，協働リーダーによるグループから非常に大きな利益が得られる (Kivlighan et al., 2012)。協働リーダー同士が，グループについて同じ考えを持っており，それでいて異なるスキルや対人関係スタイルを持っている場合，グループメンバーの関わり合いは深まり，葛藤も少なくなる (Miles & Kivlighan, 2010)。リーダーが2人いることで，メンバーたちにさらに注意を向けやすくなる。変化のプロセスにおいて，ある時点で，メンバーが傷つきやすい状態になることがある。そのとき，リーダーたちがメンバーに注意を払えているかどうかが，グループが前進するか，停滞するかの違いになる。協働リーダーがいることのもう1つの利点は，メンバーが2人のリーダー間の相互作用を経験できることである。単独のリーダーとしてグループのメンバーと関わるときは，ある意味，MIスピリットや実践に矛盾はない。リーダーのスタイルは，重要なメッセージを伝えるものの，メンバーはそうした丁寧なアプローチを，単なるリーダーの役割だとしか思わない。2人のリーダーがMIの一貫した方法でやりとりするのをみることで，メンバーは，リーダーたちが共通の目標に向かって，どうやって協力し，話し合い，互いを理解するかを目の当たりにして，MIスピリットをより良いものとして取り入れるようである。リーダーたちが互いに敬意を表し，互いの視点に関心を持ち，決定するために協力し，互いの自律性を支え合うことができれば，メンバーたちにとって，人々が感情を共有しながら交流し，目的に向かって進む方法と示す貴重なモデルになりうる。リーダーたちが，グループの方向性について別々の欲求や知覚

を持っているときは，グループの前進のために，まずは丁寧に方向性を統一させなければならない。

協働リーダーの役割

協働リーダーは，リーダーシップを分かち合うか，もしくは異なる役割を担う。例えば，構造とプロセスで役割を分担することもある。1人のリーダーが，そのセッションを組み立て，話題を紹介し，焦点や時間を管理して，もう1人は，メンバーの興味や関心をつなげることによって，グループの凝集性と相互作用を構築していくことに集中したり，黙っているメンバーを参加させようと励ましたり，活発すぎるメンバーには控えてもらい，否定的なメンバーや脱線するメンバーには再度方向づけする。または，一方が個々に焦点をあて，もう一方はグループの力動に焦点をあてることもある。このように課題を分けることは，セッションをより効果的にする。また，リーダーたちが同じ問題を異なる方向へ導こうとするといったような，非生産的で混乱をまねく動きを防ぐことができる。グループがさらに進展するような，グループワークの別の側面にもメンバーの注意を向けることもできる。グループが成熟するにつれて，協働リーダーの役割は，予想される方向，あるいは予期せぬ方向へと変化するかもしれない。こうした変化を目のあたりにできるので，グループの成長はメンバーにも有意義なものになる。

セッションを構造化する

初期のグループワークにおいては，メンバーを招き入れることが重要である。メンバーは，おそらく変化のための準備や支援サービスへの関心，治療的グループの知識の程度などがバラバラな状態で，グループが始まる。グループに参加する前に，ライフスタイルに重要な変化があったメンバーもいれば，グループに飛び込む準備が整っているメンバーもいる。メンバーは，グループのなかで互いに関わり合いながら，グループが提供してくれるものを確かめる。他方，自分の人生の問題について話すものの，それは外側の問題だと捉えているメンバーもいる。こうした人たちは，自身の選択によって問題が続いているとは思っていないし，自分が変われるとも思えていない。以前にもグループに参加した経験があり，どんなことが行われるのかがよくわかっている人もいれば（経験次第では，まるっきり誤解している人もいる！），人生における悩みを

これまでだれにも打ち明けたことがない人まで，さまざまである。

　そうしたメンバーの多様性を考えると，変化のための準備や参加への関心，経験や考えを互いに共有するための率直さにかかわらず，メンバー全員が歓迎されている感じをもてるようにグループを始めるのは，やりがいのある挑戦といえる。グループの約束としては，メンバーの積極的な参加が必要なのは間違いないが，だからといって，それは直ちに心を開くことや，不安や悩みを打ち明けて傷つきやすくなること，何もかも話そうとすることを意味しているのではない。メンバーが参加しているかどうかは，簡単にわかるようなものではなく，とりわけグループ開始の初期はわかりにくい。1人のメンバーが話しているとき，他のメンバーは頷いていることがあるかもしれない。リーダーが，あるメンバーの心配についてリフレクションをしたときに，別のメンバーがしかめ面をすることもあるだろう。あるいは，あるメンバーが現在，苦労していることを話したときに，別のメンバー同士が視線を交わしているのに気づくかもしれない。また，だれかが人生における滑稽な出来事を話すと，メンバーは笑って聞いているかもしれない。初期のグループの目標は，メンバーたちの準備がどの程度であれ，メンバーを招き入れることである。少しずつメンバーを巻き込んでいく機会を逃さず，安心できる，重圧のないペースでグループを展開させていく。

　グループに招き入れるためには，いくつかの構造化された方法がある。

グループ前の社交時間

　メンバーの立場になってグループへの参加を想像してみると，クライアントの視点について役立つ洞察が得られる。私たちは，専門家として，セッションのなかで起きていることに焦点をあてるが，メンバーにとってのセッションは，臨床現場での体験全体という広い文脈のなかに位置づくもので，メンバーの人生の大きな文脈のなかに位置づく体験でもある。リーダーは，前後の仕事によってグループセッションを区切るかもしれないが，メンバーにとっては，セッションの始まりや終わりといった境界線は，さほど関心のないことである。

　メンバーをグループ体験にしっかりと招き入れる方法の1つとして，セッションの開始前に，インフォーマルなやりとりをさせることがある。私たちは，通常，セッションが始まる20〜30分前にグループの部屋に着く。部屋を準備し，メンバーが到着するとリラックスして会話をする。この時間は，私たちも

気楽な話題や，日々の出来事や経験談，世界のニュースや地域の事件，関心事などを話したりする。メンバーが検討したい問題以外にも，彼らの日常にも焦点をあてる。彼らが参加したスポーツや文化的イベント，趣味や関心事など，日常の一コマについておしゃべりする。これが緊張をほぐすことになり，いくつかの大切な機能を提供していると考えられる。まず，初めは人としてクライエントと関わることで，敏感な問題を話し合うことで傷つきやすくなる前に，つながりを育む。また，対等な治療的関係性を築くことで，クライエントが人生の問題ある側面を超えて，自分の人生全体に焦点を広げ始めるのを手助けできる。

セッションを始める／ウォームアップ・エクササイズ

グループの開始時に，特別な儀式かウォームアップ・エクササイズをするグループリーダーもいる。そうした活動は必須ではないので，グループが作業モードに入っていたらすぐに会話を始めてもよいし，簡単に「よくお越しくださいました」と伝えて，「さぁ，始めましょう」とセッションを開始するのでもよい。ところが，リーダーがグループを開始しようとしても，メンバーがその気になっていないこともある。その場合，「今の気分」や「話したいこと」などをラウンドで話してもらう簡単な「チェックイン」をしてもよい。前回のセッションについて考えたことや感じたことを聞いて，別の方向から考えてみたいかを尋ねてもよい。あるいは，ちょっとした時間を使って，隣同士のメンバーで，「来週の目標」や「他に焦点をあてたい問題」について話してもらうことで，全体のグループで話す際のウォーミングアップにすることもあるだろう。第14章では，リラクセーションによる"心と体のフォーカシング"をもとにした，より広範な活動について述べている。総じてMIは，話し合いよりも体験を通して変化を促すといった体験的アプローチではないので，開始時の活動は短時間で，刺激の弱いもののほうがよいだろう。しかし，簡単なウォームアップ・エクササイズは，外界からグループセッションへの橋渡しとして有益なものになりうる。

途中の休憩

セッションが長くなったときや，啓蒙的な部分と話し合いや支え合いの部分が分かれているサポートグループをリードしているときは，途中に休憩を挟むことによって，新たな活動へと移行しやすくなったり，短い休みをとれたりす

るので，メンバーは残りのセッションに集中しやすくなる。また，メンバーが，治療的な問題だけではなく，個人的な興味や経験などを個別かつインフォーマルに話すことができ，開始前の社交時間と同じように用いられる。他の社交場面同様，菓子を用意することで，この時間のメンバー同士の相互作用はより快適になる。

セッションを終える

　セッションをよい形で終えるための時間を確保しておくことが重要である。終了の時間は，メンバーをグループの相互作用から「外界」へと戻す機会になる。加えて，学習した内容や新たに得られた視点（または手放した視点），そして話し合った体験によって，メンバーはグループセッションから多くのものが得られる。もし，特定のテーマがある構造化されたグループをリードするときには，終わりの時間は，メンバーに伝えたいメッセージを強調したり，メンバーが遂げつつある変化という大きなプロセスをセッションのテーマにつなげたりする機会になる。メンバーそれぞれの課題や進展をまとめるのは，通常，非常に時間がかかり，リーダーが中心となってやるものだが，とくに顕著な開示や進展がみられたクライエントに対して，ちょっとの時間でよいので是認するのは有用である。終了時のリーダーの発言は，次のセッションの予告にもなる。

　セッションの終了部分に「時間をかけすぎる」べきではないが，通常，セッションが終わるギリギリまで，クライエントの話を探索し続けるのは避けるべきである。リーダーは，メンバーが探索したいと思いながらもできなかった問題やテーマなど，やり終えていない作業があると気づくことがある。例えば，エスカレートはしなかったものの解消もされなかったメンバー間のちょっとした緊張が残されているとか，情緒的な問題を探索したけれどまだ内心ではモヤモヤしているメンバーがいるといった場合，日常を取り戻させたり，そうしたメンバーにリーダーが気づいていて気にかけていることを知らせたりすることは，よい機会になる。問題は解決されるわけではないが，たいていメンバーは感謝し，それによってグループをより安全なものとして体験するのである。

　メンバーに，セッションの要点や考えたこと，セッションで体験した自分の変化をまとめてもらって，終わりにしてもよい。メンバーが自分の変化の目標（「変化について考えること」も含む）に向けて前進し続けるために，次回のセッションまでにやれることを話し合ってから終わるという選択肢もある。

初回セッションを準備する

グループ前のオリエンテーション

　第6章で，グループへの参加希望者に，事前のスクリーニングやオリエンテーション・ミーティングを開くことの目的について論じた。このミーティングは，グループに参加しても得られるものがないと思われる場合や，メンバー同士が関わり合うことで他の参加者にも危害が及ぶ危険性があり，グループの進行が妨げられるような場合に，その人に他のサービスを進めるのに用いることができる。グループへの参加希望者にとっては，こうしたミーティングは，グループからの脱落を減らし，メンバーの率直さや希望，メンバー同士のつながりを強め，成功の見込みを高めるものになる。

　私たちは，グループの事前ミーティングを実施することを推奨する。たとえ，クライアントを選ぶだけの贅沢ができず，グループを準備するのに精一杯時間に余裕がなく，また，初回セッションの直前にしかミーティングを予定できないとしても，である。事前ミーティングは，参加希望者が見知らぬ人と一緒の部屋で過ごすのをためらうかもしれないことを教えてくれ，参加希望者がグループで経験するであろう不安を緩和するための治療同盟を築き始めるのを助けてくれる。こういったつながりと理解を共有しておくことは，あとになって，リーダーが支配的なメンバーを方向づけしなおしたり，話をすることに抵抗があるメンバーを励ましたりする必要が生じたときに役立つものである。

　事前ミーティングでは，グループの目的や実施方法を説明する。それによって，参加者はグループセッションに参加し，他のメンバーと共有する詳細についての守秘性を理解し，招き入れるための準備となる。また，守秘義務の限界について話し合い，その他の倫理上の問題についても前もって（初回ミーティング，ならびに新しいメンバーが加わるときはいつでも）話し合うべきである。インフォームド・コンセントと他の治療提供者との連絡について，詳細を話し合っておくこと。あらかじめ決まっているグループのガイドラインはないかもしれないが（ガイドラインは，初期のグループプロセスのなかで，協働的に作るほうがよい），出席と遅刻といった重要な規則，料金の支払や参加者の権利，グループ外での他のメンバーとの接触，グループセッションの際に明らかな酩酊で現れたときなど，関係する機関の規則について話し合うのも大切である。

このミーティングは，クライエントにとっては，しばしば援助者であるリーダーやMIグループの概念と初めて接する機会となることを忘れずに。もっと他に扱うべきことがあるかもしれないし，時間も限られているだろうが，ミーティングはMIの一貫した方法によって実施されるべきである。つまり，「引き出す−提供する−引き出す」のスタイルによって情報交換をしながら，クライエントに「リーダーはどんなふうに動く人なのか」という感触を持たせるのである。クライエントの治療上の問題や人生の課題に深入りするのは避けたいと思うリーダーもいるが，MIグループがメンバーの人生に肯定的な変化をもたらすことを目的としたものだと伝えるのは役に立つ。のちに取り組むグループでの探索の準備として，前もってクライエントの目標について多少の情報を引き出すことも役立つだろう。もし時間があれば，クライエントの強みや価値といった関連した問題について，簡単に把握しておくのも有益である。

　これから始まるグループに肯定的な印象を与え，多くの人はグループ体験を有用でサポーティブなものとして体験するということを伝えると，クライエントの不安は軽くなり，関心や活力，希望を高めることができる。グループでは肯定的なことに焦点をあてるが，時には不快な瞬間や緊張することもあると簡潔に述べてもよい。そうした瞬間が生じたら，それは変化のプロセスの一部であって，リーダーは肯定的な焦点づけに戻るようクライエントとともに取り組むということも伝えておく。

　事前グループでは，クライエントの経験を引き出すことには時間を使わず，必要ならば，これから始まるグループと比較，対照し，グループ参加についてのクライエントの質問や考えを引き出す。クライエントはすぐに質問が挙げられないかもしれないが，リーダーが辛抱強く，真の関心を持って接することで，形だけで聞こうとしているわけではないことを保証できる（また，「何か質問はありますか？」といった閉ざされた質問ではなく，「どんな疑問や考えをお持ちでしょう？」という開かれた質問を用いる）。ミーティングでは，常にクライエントの質問や意見を聞きながら進めるのだということを伝えてから，ミーティングを始めるのもよいだろう。

　事前ミーティングの終わりに，クライエントに，初回セッションまでに考えてきてほしいことを伝える。例えば，「グループに参加することで，よくなったらいいと思うこと」「目標に向かうステップについて考えていること」などを尋ねてもよい。

　最後に，クライエントがグループを役に立つものと思えるか，また続ける価

値があるかどうか決めるには，だいたい4回以上はセッションに専念してもらう必要があると，クライエントに伝えておくことも有益である。もし，クライエントがグループから脱退することを考えているならば，グループ体験について話し合う時間として，個別面談を提案するのも可能である。クライエントは，初めの数回のセッションでは，グループに参加することへの両価性や不安を感じるものなので，そういうふうになるのも当然であり，グループに落ち着くまでには相応の時間を要するものだという話をする。この時点で，こうしたことを話し合っておくことで，早い段階でのグループの中断を減らせる。また，グループからの中断があると，グループの凝集性や信頼感の発展が損なわれ，有益な体験をしないうちにその機会が奪われてしまう。身体が慣れるまでは，運動がただ不快なもので，最初のうちは苦痛ですらあるものだという喩え話（あるいは，薬物療法の効果が表れるまでには，副作用を伴うなど）をするのもよいだろう。

ミーティング会場を準備する

　私たちの場合，メンバーが来る前に椅子を円型に並べ，理想的には，サークルの中央にはテーブルや他の障壁を置かないほうがよいと考えている。とりわけ，心理療法的なグループでは，そのようにする。部屋の端に，資料や軽食を置けるテーブルを置く。必要に応じて，出席表，消耗品，ティッシュもそこに置く。メンバーが，セッションの残り時間を知り，それに応じて調整できるように，時計は見える位置に置くべきである。明るい蛍光灯は頭痛や疲労の原因となりうるので，穏やかな照明のほうがよい。もし，実践家がグループの相互作用を記録する場合，備品は決まった場所に置いて準備するが，メンバー全員がそうしたモニタリングに同意するまでは（事前のオリエンテーションで同意をとっておくべき），許可なく記録しないほうがよい。サポートグループや心理教育グループでは，ホワイトボードと全員が見やすい黒マーカーも必要だろう。心理療法的なグループでも，初回セッションでは，グループのガイドラインを話し合って書き出し，全員で見ながら修正するために，板書用のグッズを用意しておくと非常に役立つ。もし，リーダーが色付きのマーカーを使うならば，色盲のメンバーがいないか注意する。よくあるのが，赤と緑の識別がつきにくいという問題である。メンバーは，さまざまな障がいを有しているかもしれないので，グループ機能のあらゆる面がメンバーにとって不便がないかを確認するのは，リーダーの責任である。

プライバシーが守られ，邪魔されずにセッションができれば，グループはより生産的になる。グループは，個室で開催されるべきであり，外界の音があまり聞こえず，用もない人が部屋を通り抜けたりせず，電話や館内アナウンス，その他にも外界から入り込んでくるものがないようにする。リーダーは，セッションの間は電話などで邪魔されないようにする。メンバーは，セッション中，携帯電話やミュージックプレイヤーの電源を切っておく。前もってそう伝えておくほうが，事態が発生してから説明するよりも容易である。

初回セッションを指揮する

初回セッションをファシリテートするうえでの難しさ

グループをうまく始めることは，とても簡単なときもあれば，かなり難しいときもある。話さないメンバーもいれば，話しすぎるメンバーもいるかもしれない。不満を述べる人もいれば，長々と詳細を話す人もいるし，最小化して表面的なままの人もいるかもしれない。新たなグループは，さまざまな方法で，リーダーの忍耐や楽観性，自信，スキルを試してくるだろう。

初回ミーティングの影響を最大にしようとして，結果，メンバーが困惑し，安全感を失い，脅威を感じ，暴かれるような気がするといった危険を冒すよりも，ちょっとしたことをより良くしていくほうが大切である。第1の課題は，治療的な変化を追求するよりもむしろ，グループのプロセスにメンバーを招き入れるための安心・安全でサポーティブな雰囲気を作っていくことである。変化の目的に向かって進むことよりも，肯定的で，快適で，生産的な環境を作る。メンバーが，グループリーダーとだけ話すよりも，メンバー同士が互いに交流するほうが重要である。初回ミーティングのなかで，クライエントに，リーダーへの信頼とグループが有益かもしれないという期待とともに，またグループに参加したいと思わせる（少なくとも，グループにきてもいいかなと感じさせ

> 第1の課題は，治療的な変化を追求するよりもむしろ，グループメンバーを招き入れるための安心・安全でサポーティブな雰囲気を作っていくことである

る）ことは，治療的な焦点を確立することよりも重要である。作業面よりも社会的な面を強調することで，人は敬意を払われ，注目されていると感じられるものである。それによって，メンバーは，グループを「自

分の人生について報告しなければならない場所」(そして,安全を感じられない
ときは「ウソの報告をする場所」)とみなすのではなく,「自分の変化を助けて
くれるところ」として活用できるようになる。

セッションを開始する

　第一印象が大切である。初回セッションの前に,リーダーとクライエントが
個別で顔を合わせていたとしても,セッションの開始時には,グループのアイ
デンティティや,協働することで発展していくさまざまな相互関係が動き始め
る。ここで大切なのは,リラックス,呼吸,笑顔,友好的であること,急がない
こと,安心してもらうことなど,ちょっとしたことである。リーダーは,導入
や概要について長々と話さずに,基本的なオリエンテーションをして,クライ
エントがグループに馴染むための時間を設けるだけでよい。

　同様に,すぐにグループのガイドラインを作る作業に移るべきではない。リ
ーダーが簡単に自己紹介をするときは,あまりに私的な内容であってはならな
いし,詳しく話しすぎない程度に留める。互いがどんな人か少しわかったら,
これから一緒にやっていくグループでの話し合いや作業に戻ることをメンバー
に伝える。生活の肯定的なこと,楽しみにしていること,あるいは趣味や関心
事を話してもらう。分かち合いをする際は,やりとりのないまま1人だけが話
すのではなく,メンバー同士が会話しながら進めるように,リーダーは最善を
尽さなければならない。リーダーは,グループを進行しながら,メンバー同士
のつながりを作っていく。そして,グループの「課題」に集中する段階に移る前
に,メンバー同士がよく知り合えるように,メンバーの類似点やリーダーの熱
意をまとめて伝える。こうしたやりとりは,気楽でいくらか表面的なようにみ
えるかもしれないが,最初に,メンバーたちの問題とは関わりのないところで,
メンバーを招き入れることが大切だと考えている。人というのは,抱えている
問題以上のものであるという,鍵となるメッセージを伝えることで,メンバー
の見方を広げ,変化のための資源を構築するという,のちに取り組む作業の基
盤が提供される。また,メンバー同士の肯定的なつながりを作ることは,のち
に緊張が生じたときにも役に立つ。こうした会話は,ちょっとしたものかもし
れないが,非常に重要なものである。

グループの概要

　メンバーが互いを少しずつ知り,会話が自然に進むようになったら,MIグ

ループの課題の一部について話し合うときである。リーダーは，グループの目的やMIグループでどんなことに焦点をあてるかなど，個別でのオリエンテーション・ミーティングで伝えた要点を改めて伝える。メンバーは，リーダーが話したことをすでに聞いているわけだが，こうしてグループで復習することで，メンバー全員が同じ話を聞き，共通の理解のもとでグループが開始するのだということを強調できる。また，メンバーはすでに共通の体験をしているので，これがメンバーにとって最初の関わり合いであっても，すぐにグループの凝集性を作り始めることができる。

　グループは，肯定的であることをめざしている。そのため，メンバーが苦闘したり困難にぶつかったりしたときにそれを話し合うのは自由であるが，グループではふりかえるよりも前進することに焦点をあて，何が間違いや問題であるかよりも，それらをより良くすることに焦点をあてることを強調する。リーダーは，こうした内容を明示するために，以下のように話してもよい。

　　「みなさんのなかには，他のグループに参加したことがある人もいるかもしれませんね。このグループは，そうしたこれまでに経験されたグループとは，全然違うかもしれません。おそらく，他のグループでは，それぞれが自分の話をするだけで交流はないといったものから，お互いに論駁しあい，助言を与えあうといったものまで，それらのどこかに位置づくようなものだったでしょう。このグループでは，何を変えるかを決めるのは，みなさん自身です。リーダーは，みなさんに圧力をかけるのではなく，みなさんが一番助かると思うようなやり方で支えていきます。そして，みなさんも，そんなふうにしてお互いを支え合ってほしいと思います」

　全体的に，メンバーは，サポートされたり，自分が望んでいるものがはっきりわかったり，自分が望むような人生をもたらす変化を起こす自信と勇気を後押しするものとして，グループを経験すべきである。リーダーが，グループが前に進み続けられるようガイドすると，メンバーは，リーダーが助けになる存在であり，グループを安全に保ってくれる人だと認識する。

　後半の章では，共著者たちが，実施者がグループを始めるうえでのさまざまな方略を紹介している。さらなるアイデアを知るには，それらをお読みいただきたい。参考のために，Velasquezら（2013）では，グループを開始するときの課題をOPENの頭文字を用いて説明している。

- グループの目的の概要（Overview）を示す：メンバーの目標や心配事，選択肢を知る
- メンバー自身（Personal）の選択や自主性を重視する
- グループの環境（Environment）では，メンバー全員に対する敬意と励ましが示されている
- グループの非対立的（Nonconfrontational）な性質が共有されている

委託のプロセスを精算する

　グループに参加することを命令されたり，圧力をかけられたりした参加者も少なくない。そうしたメンバーは，グループを照会されたプロセスに対して嫌悪感を抱いているだけでなく，グループに悪影響を及ぼしかねない形でグループに参加する場合もある。つまり，リーダーに対して，自分たちの望みに反して支配する人だとか，権力構造の一部とみなしていることがある（実際に，実践家はそうした権力構造の一部である場合もある）。

　メンバーが，どの程度強制されて参加しているのかによって，リーダーはさまざまな方法でこうした悪影響を取り除くことができる。1つは，単に肯定的な環境を作る方向づけをして，別の不和が起きたときと同じように，起こっている問題を処理する方法である。それほど強制されたわけでもなく，ゆるやかな強制である場合には，この選択がもっともよいかもしれない。別の選択肢として，この問題を率先して早めに扱ってしまうこともある。参加が必須であって，参加しなければ厳しい結果にならざるをえないのであれば（懲役，仕事や子どもや家族を失うなど），このほうがうまくいくかもしれない。守秘性の限界をはっきり示すだけでなく，グループリーダーとしての自身の関心を明らかにし，メンバーがグループに委託されるまでに出会った（あるいは，グループにきたあとも関わっている）他の専門家との違いを明確にすることが大切である。次のように説明するとよいだろう。

　「私たちの主な関心は，みなさんの人生がより良いものになるよう援助することです。このなかには，だれかに言われなければ絶対にグループに来なかったという人もいるでしょうし，グループでの取り組み内容がどこかに報告されるという状況の人もいますね。私たちは，みなさんの同意を得たうえで，メンバーそれぞれのために最善を尽くしたいと思います。でも，みなさ

んの意志に反して，変化させようと無理強いすることはありません。みなさんの人生がどうしたらよくなるのか，みなさんの代わりに決めたりもしません。つまり，何がみなさんにとってよいことなのか，みなさんがどう変わりたいのかは，みなさん自身にしかわからないことなのです。それぞれのお考えをグループのなかで話してもらうのはありがたいことですが，私たちの目的は，みなさんそれぞれ状況も異なるなかで，みなさんに最高の援助ができるように，そしてお互いに支え合うことができるように，このグループをガイドすることです。もし，みなさんがグループに参加されないなら，それによって起こりうる問題に対して，私たちは何もできません。ですが，私たちの役目は，結果を強要したり，みなさんを抑えつけたりすることではありません。私たちは，ただ最高の援助がしたいのです」

　もちろん，他機関からの委託を受けていない立場でグループをガイドするならば，この委託プロセスの精算は比較的容易である。とはいえ，実践家が協定や命令に違反した結果を裁定する役割を果たす制度の下で働いている場合でも，リーダーの役割や関心を明確に示すことは有益である。グループリーダーの役目は，できるだけ報酬や処罰といった権力構造的な報告を含む仕事とは切り離されていたほうがよい。例えば，アディクション臨床や刑事裁判場面での薬物使用検査は，支援者と調査者もしくは報告者の二重の役目を担わない第三者が行う。グループのまとめを書く際は，詳細は書かずに，メンバーの出席状況と全体的な進展のみとする。（実践家が，最小限の報告しか書かずにすむ自由があるとしても）メンバーが実践家の書いた報告書や記録をみせられることがあるかもしれないし，彼らについて書かれたコメントを目にすることもありうる。実践家は，援助することと強制することのプロセス（あるいは，他の権力構造的な課題）を慎重に分けて考えなければならない。そうしなければ，クライエントはリーダーに対して心を開かないし，正直にもならず，クライエントの変化の可能性は低くなってしまう。私たちは，グループのメンバーとともにこうしたことを確認するのが最善だと確信している。

グループのガイドライン

　メンバーがグループに慣れてきたら，グループのガイドラインを作り始める。階層的な意味合いのある "ルール" よりも，特別に "ガイドライン" という言葉を使うことを提案したい。また，リーダーがメンバーにガイドラインを与

えるのではなく，メンバーからガイドラインを引き出すようにする。もし，メンバーだけではガイドラインに必要な要素を挙げられなかったら，リーダーが重要な要素を足せばよい。ガイドラインのアイデアを引き出しながらグループを組み立てていくことで，メンバーは「自分たちのグループ」だと感じられるようになる。個々のメンバーの問題に焦点をあてる前に，メンバー同士がともに課題に取り組むことで，グループの凝集性が高まる。また，傷つきやすい個人的な問題を扱う前に，MIのスタイルやスピリットを経験的に示す機会にもなる。

　まず，グループの目的や進め方の概要について，どう思うかを尋ねる。それから，どんなガイドラインであれば，肯定的で，支えになる，前向きな方法で，メンバーに焦点をあてられるものになりそうかを尋ねる。メンバーが，実際に使えそうなアイデアを出したら，それに対する賛否を問う前に，全員が見えるようにそのアイデアを書き出す。そして，最初に出されたグループの提案について，メンバー全員が同意して守れるガイドラインに推敲し，もっとも重要でだれにも異論がないガイドラインを選ぶ。たくさんの具体的なことが書かれたガイドラインよりも，2，3の大まかなガイドラインのほうがよいかもしれないので，できれば類似した事項はより広いテーマで1つにまとめる。また，ルールや専門用語ではなく，メンバーが覚えやすくて，協働のスピリットに重点がおかれたものにする。最初の段階で，何らかの規則違反があってグループに委託されたメンバーがいる場合，他の制度に対する不満をグループの環境に持ち込むような力動を作らせないことが大切である。MIグループの中核的な目標は，メンバーが以前の機能不全パターンから脱して，今までとは違う体験ができるようにすることである。そのため，みんなで協働してグループのガイドラインを作り上げることは，グループを開始するよい方法の1つである。

　もし，提案されたガイドラインのどれかに合意しないメンバーがいた場合は，「このセッションだけ」でよいから試してみるよう提案し，セッションの終わりや次回のセッションの始めに，再度ガイドラインをみなおすことを約束する。ガイドラインを作るこうしたプロセスは，リーダーがメンバー全員の視点を理解するために共感的な努力をしながら，グループのガイダンスを行うものであり，暗黙のうちにグループのモデルを浮き彫りにするものである。Feldstein Ewings (2013) では，こうしたアプローチによって，「メンバーたちが，自分たちのガイドラインに違反しないよう気を配るようになるために」，ガイドラインが守られるのだと述べている。

基本的なガイドラインは，次の通りである。

- **守秘性**：グループで話し合ったことについて，部屋を出てからも話すことがあるかもしれないが，その際には，グループのメンバーの個人情報や特定の経験は話してはならない（リーダーが守らなければならない守秘の限界についても，繰り返して確認する。つまり，本人の同意か法的規定がない限り，リーダーは個人情報を漏らさないことを強調する）。
- **尊重**：メンバーは，話を打ち明けたことで，つらく感じるかもしれない。メンバーが問題に向き合って試みたことや，問題を解決しようと努力したことに対して，敬意を表すことが大切である。尊重しない例としては，話をさえぎる，批判する（たとえ「ある人にとっては正しいこと」であったとしても），自分の見方や意見を他者に押しつける，だれかが話しているときに背を向けたり，無視したり，苦しんでいるメンバーに対して知らないふりをする，といったことである。
- **一巡**：メンバーは，自分が話したくない話題について無理に話させられることはないが，通常は，自分の体験や視点について交代で話すものと思っておくべきである。メンバーは，自分の話にどのくらい時間がかかるかを意識しておかなければならず，他のメンバーが話す時間も必要であることを忘れないようにする。

もちろん，臨床現場によっては，出欠や参加状況，遅刻や再発などについて，たくさんのガイドラインがあるだろうし，それも重要である。他の章でも，他のガイドラインについて論じられている。

メンバーの目標を引き出す

ガイドラインができたら，リーダーは，しばらく，メンバーに「参加してどう変わりたいか」という最初の願望を引き出す。自分から望んでグループに参加したメンバーもいる一方で，家族，他の治療者，裁判所または他機関によって決められた目標を持って参加しているメンバーもいる。しかし，強制的に参加しなければならないグループであっても，それぞれのメンバーは，自分の願望や意向，目標がある。例えば，メンバー全員が「糖尿病を管理する」という総合的な目標を持っていたとしても，メンバーそれぞれは，食事管理，運動，服薬，睡眠，ストレス，その他の健康問題といった個人的なニーズや特別な目標を持

っているものである。

　さらに，それぞれのメンバーが，異なるグループプロセスの目標を持っていることもある。グループに対して，「支えてほしい」と望むメンバーもいれば，「問題解決を援助してほしい」とか「挑戦させてくれるグループ」を望むメンバーもいる。他にも，他のメンバーの話や考えを聞きながら自分の考えをはっきりさせたいので，グループでは「話を聞く立場でいたい」というメンバーもいる。もちろん，強制された要件を満たせるよう，「やれと言われたことだけやる」というメンバーもいるだろう。さらに難しいのは，個人的な目標を定めるといった行動が習慣化していないメンバーにとっては，グループに参加しても，何がしたいのかすぐにみつけられないということである。

　こうしたことはどれも，それぞれの目標を引き出すことの重要性を示している。それぞれの目標を引き出すことは，グループが続くあいだ，一定の間隔で繰り返される。治療者は，クライエントの回復や服薬遵守，疾病管理といった，機関にとっての目標や一般的な治療目標を考えてしまいがちである。クライエントが心の中に自分なりの明確な目標があるのか，確認しないことも多い。しかし，本人の目標を重視すると，メンバーはグループの話し合いにしっかりと参加でき，リーダーが紹介する教育的な情報を自分のものにすることができる。新たな話題がメンバーにとってどれだけ重要であるかを確認するために，時間を要したとしても立ち止まるべきである。そうすることでメンバーを招き入れ，情報や実例，話やコメントについて，自分には価値がないものと思い込んで聞き流してしまうことなく，耳を傾ける準備ができるからである。

　私たちの全般的なアプローチは一貫して，何かをやめる・なくす・減らすといった回避目標をめざすよりも，何かを達成する・獲得する・向上させるという最初の目標に焦点をあてることに価値があると考えている。回避目標に焦点をあてすぎると，最初の変化が生じ始めると迷いが出てしまい，かえって再発の危険性が増すことがある。初期のグループプロセスで，回避目標に焦点をあてると，グループにはずみがつく前にエネルギーを消耗させ，メンバーが変化への自信を失いやすくなる。何かをやめるという変化を目標にしたときでも（禁煙など），今の習慣から置き換えられた別のものに焦点をあてることが有益である。例えば，甘い物を減らそうとするよりも，果物や野菜を食べる量を増やすことに焦点をあてる。パートナーとのケンカをなくそうとするよりも，関係性をよくするためにできることや，相手を尊重しつつ自己主張できるようになることを強調する。

190　第Ⅱ部　動機づけ面接グループの実践

　クライエントが最初の目標をみつけるのに苦労しているときは，問題から目標へと焦点を移すように援助するとよい。

リーダー（男性のペアレンティング・グループ）：みなさんは，ペアレンティングにまつわる何らかの問題によってお越しになったわけですが，1人ひとりの目標をもう少し明確にしていけるとよいでしょう。

ボブ：私の場合，目標はかなりはっきりしています。私は離婚協議中で，子どもの親権を分けることには同意していますが，私と妻ではずいぶんやり方が違っているんです。間もなく「元妻」となる彼女は，かなりきっちりしていますが，私はとてものんびりしている。だから，彼女は，私から子どもを遠ざけたいわけではないのでしょうが，私が子どもの登校前の準備や宿題の面倒など，あれこれをうまくできないのではないかと心配しているのです。それで，私に週末しか子どもと会わせたくないと言ってきたんです。でも，私は，少なくとも半々の親権を得ることに同意したわけです。だから，離婚の決着がつく前に，この数カ月の裁判中に，こうしたグループでペアレンティングについて学ぶつもりだと彼女に言ったんです。

リーダー：あなたは，彼女が若干，過度に反応しすぎていると思っているわけですね。でも，それが本当なのかは確認するつもりはなく，また，彼女が安心してあなたと親権を分け合えるような方法を探したり，考えたりはしていないようですね。

ボブ：そうです。私は，親としての自分のやり方に問題があるとは思っていませんから。私たちは，ただやり方が違うだけなんですよ。彼女は何にでも神経質すぎて，そのことで私たちはいつも言い争っていた。でも，今は争っているよりも，このグループに参加して，裁判官に「隔週の週末だけ」なんて制限をされないようにしたいんだ。

リーダー：それで，あなたは何に焦点をあてれば，一番役に立ちそうですか？

ボブ：えぇと，まず，私が寝坊して，予定通りに事が運ばなかったり，子どもたちがケンカしたり散らかしたりして，バスに乗り遅れてしまい，私が車で学校へ送っていくはめになることがよくあります。そうしたことが改善されれば，彼女ももっと安心するでしょうね。

リーダー：そうすると，朝にやるべきことや，もしかしたらその前の晩にしておくことを整理するのに焦点をあてて，学校がある日は時間通りに過ごせるようにしたい，ということでしょうか。

ボブ：まぁ，時間通りとまではいかなくても，子どもたちに忘れ物がないかどうか，スクールバスのなかでパンをかじったりしていないか，髪の毛もとかさずボサボサになったままでないかといったあたりが確認できれば…。

リーダー：すばらしいですね。外からみたら些細なことのように思えるかもしれませんが，ボブは，今の状況で，子どもたちをめぐる元妻との葛藤を悪化させかねない問題を避けることに，焦点をあてています。彼女との葛藤から逃げようとしたり，彼女の心配事は杞憂にすぎないと言ったりするよりも，ボブはうまくいくためにやり方を変えたほうがいいとわかっていますし，それによってボブ自身の生活も少し楽になるかもしれません。他の方はどうでしょう？　何を変化させれば，みなさんの今の状況をより良くできるでしょうか？

　後半の章では，何人かの共著者が目標の設定について論じており，具体的な治療的課題に焦点をあてている。例えば，Lane ら（2013）では，より幅広い疾病管理グループで具体的な目標を立てるために，「引き出す−提供する−引き出す（E-P-E）」の方略の活用について述べている。また，Feldstein Ewing ら（2013）では，思春期の少年と目標を設定するときには，ゲームのようにして「E-P-E」を行うやり方を紹介している。個人的な目標を設定するのが不慣れなメンバーには，方向性を確立するよりも，初回のセッションでよい体験をしてもらうことのほうが重要である。もし，メンバーが最初の目標を立てるのが難しそうなら，グループに参加したことでどんなふうになりたいか，簡単に話してもらうだけにする。それも難しければ，次回のセッションまでに，目標について少し考えてきてもらう。メンバーには，自分の目標を定めることは，グループセッションを通して取り組んでいくので，急いでみつけようとしなくてかまわないと伝える。

初回セッションを閉じる

　ここまでに述べたさまざまな作業や他の作業が終わっていようといまいと，初回ミーティングの終了時間がきたら，しっかりとグループを終わらせることが大切である。リーダーは，グループを閉じるための時間を残しておいてもよいし，短い時間で終えるのでもかまわないが，時間がきたからといってただ終わるのではなく，ちょっとした秩序や一貫性が感じられるようにして終わるほうがよい。短い時間しかなければ，初回ミーティングで立てられた目標やプロ

セスをまとめる。そして，グループで出された話や計画について聞きたいことがないか，メンバーの質問を受ける。初回セッション，あるいは（とりわけ）何らかのグループのアイデンティティができつつあり，発展させようと努めているときには，「とてもうまくいっています」とグループを是認するのを忘れないこと。もし，十分な時間が残されていたら，初回セッションについての考えを引き出したり，セッションについてよかったことなど，感想を聞いたりする。しかし，メンバーからの質問を受けるときには，メンバーが否定的な反応をしたとしても，それに対応できるだけ時間が残っているかを確認しておく。もし，メンバーの否定的な感想を探索する時間が足りなければ，少なくとも彼らの懸念に理解を示し，次回のセッションで応対することにする。他に，グループを閉じる方法として，メンバーが抱いているかもしれない安全面に関する心配に応対する，次回のセッションまでに生じうる強い衝動，他のリスク，脅威などについて話し合う，また，グループを終える儀式を行うなどもある。儀式とは，次回のミーティングまでに自分がするつもりのこと（あるいは考えておくこと）を，全員がラウンドで述べるといった単純なことでかまわない。

第10章

第2段階：視点の探索

　メンバーが1回なり複数回なり，グループプロセスに関わったなら，**視点の探索**の作業段階に移る。グループ開始時は，たいていだれもがストレスを抱えており，メンバーがもっとも苛立つことや障壁となっていることだけに的が狭められている。視点を探索する目的は，メンバーの状況，ライフスタイル，習慣，両価性，中核的信念を探るプロセスを通して，ストレス要因となっているものを広い枠組みのなかに位置づけることである。

　この段階では，メンバーをグループプロセスに招き入れ，基礎的なグループの凝集性を作り上げる方略から，状況に対するメンバーの視点に焦点をあてる方略に変換する。アプローチの仕方を変えるわけではないので，この移行に気づかないメンバーもいるだろう。実際，メンバーを受容し，共感的に反応し，メンバーの視点を理解しようとする作業は，これまで通りに続けていく。グループ作りからメンバーの視点探索へとわずかに方略を変換するだけで，メンバー同士が互いの状況や視点を学ぶようになり，メンバーが自分のなかで長年持ち続けていた自身の仮説に疑問を抱き始める。こうなると，新しい学びと変化に向かう動きの段階に入ったことになる。

> この段階では，メンバーの招き入れから，状況に対するメンバーの視点への焦点化に変換する

グループリードの原則

　メンバーの視点を引き出すうえで，いくつかの役立つ原則がある。この段階において，第1の原則として何より重要なのは，クライエント中心の視点を持つことである。できるだけ早い段階で，メンバーの生き方や考え方，価値について，深く理解するべきである。視点の探索段階で得られたものが，次の視野を広げる段階でも，新たな可能性を生み出す原材料となる。そして，メンバー

の視点，感覚，価値，強みを深く関連づけることで，なりたい自分をめざす心構えができる。この段階での問題や視点の探索が表面的なものに留まると，メンバーの視点が広げられず，のちに変化の可能性についてブレインストーミングをするときに十分な支援ができなくなる。

　リーダーの経験や知識にかかわらず，この段階では，メンバーの視点を引き出すことに焦点をあてるのが重要である。専門家や自助グループで聞いたこと，あるいは読んだ本の話に，メンバーの本心が隠されていることも多く，リーダーの経験や知識にかかわらず，時間のかかる作業である。これらはメンバーの視点を知るうえで重要な情報源になるが，少し掘り下げて，メンバーが今，本音のところでは何を信じているのかみつけ出し，それについて話し合うことが大切である。動機づけ面接（以下，MI）は，クライエントの内面から出されたものを扱うので，メンバーが他のメンバーが言っていることを真似たり，半信半疑の考えを口にしたりしているだけなら，のちにメンバーの視点を広げるのはとても難しくなるだろう。

　共感的にメンバーの視点を探索する作業を続けつつ，**肯定的な面に焦点をあてる**という2つめの原則に移ることが望ましい。肯定的なことに焦点をあてるとは，グループにいる利点を引き出し，それを探索すること，そして，現在変化をめざしてメンバーが考えている前向きな選択，スキル，経験を引き出し，探索することを意味している。個別MIでは，問題の引き金になるような習慣やクライエントの価値と反する選択など，変化を起こすうえで否定的なことに焦点をあてることもあるが，MIグループではそれはほとんど役に立たない。また，個人の内面や対人関係の力動を大きく取り上げるグループでは，否定的な要素にばかり注目してしまうと，生産性のない恥，困惑，批判，中傷的な議論を引き起こしやすい。他方，グループの環境によっては，肯定的なものを生み出すこともできる。強み，希望，相互支援，改善しようとする強い意志は，グループで成長するために重要な肯定的動機である。

　グループで否定的な出来事や反応について話し合われたときこそ，肯定的なことに焦点をあてるよいタイミングである。グループに「送り込まれた」メンバーは，グループに強制的に参加させられている感覚を持っているものである。グループに参加して間もない頃は，グループに参加させられた経緯について，不満を口にすることが少なくない。こうしたメンバーは，恥や罪悪感といった感情を抱いているのだろう。メンバーの視点を探索するプロセスでは，再度こうした不満が話されるかもしれない。メンバーの意見を認めることが重要

であり，それによって，自分の話を聴いてもらえた，理解してもらえたと感じ，わずかながらもグループ参加への肯定的な面に改めて焦点をあてることができる。こうしたことは，さりげなく行う。なかには，腹を立て続けているメンバーもいるが，簡潔に話をまとめて，次のように伝えてもよいだろう。

　「ジョン，あなたは主治医からライフスタイルを変えるようにと，かなりきつい圧力をかけられて，このグループを紹介されたのでしたね。ここに来るのを面倒に感じていたようですが，実際には，きちんと参加して意見も述べているし，自分の将来や今後どのように生きたいか，たくさんの考えがおありのようですね。あなたは意欲的ですし，もし自分を変えようと思うなら，この場は自分にとって役立つものになると想像してみてください。あなたが腹立たしく思っていることは理解していますが，今は，あなたの気に障る医者の問題は横に置いておいて，自分が変わるために役立つことは何かを考えてみませんか？」

メンバーにあれこれ言わずに，彼らが本当に心配していることや欲求不満を受け入れ，メンバーそれぞれのよい面を是認することによって，グループに強制的に参加させられているという当初の両価性を減らすことができる。グループでメンバーが否定的なことを言う場合も，同じように対応すればよい。

　3つめの原則は，グループを**今，この瞬間にいさせる**ことである。これは，単純に，メンバーを歓迎しながらグループに受け入れ，関心をグループに向けさせることで，ある程度達成できる。例えば，「前回のミーティング以来，どうされていましたか？」と，グループ外で起こったことに焦点をあてるのではなく，「今夜の調子はいかがですか？」「今日は，リラックスしているようですね」「今朝は，どんな目標を達成したいと思っていますか？」といった問いかけをする。

　これは，メンバーの人生について話すときに**現在に焦点をあてる**という，4つめの原則にもつながる。メンバーにとって重要な出来事や人物についてよく知ることも役には立つが，長々とした話は，グループプロセスを減速させてしまう。初めのうち，メンバーは"今"に焦点をあてるようにというリーダーの方向づけに戸惑うかもしれないので，例えば，次のような簡単な説明をしてもよいだろう。

　「みなさんは，このグループに来られるまでに，さまざまなことを経験され

たと思います。ですが，ここでは，過去に起こった細かい出来事に焦点をあてるよりも，"今"と"前に進むこと"に焦点をあてたいと考えています。そして，他の人が日々どのように生きているかを知るのも大事ですが，みなさんの人生と，みなさん自身がより良い生き方をしていく可能性に焦点をあてたいと思います」

視点の探索に関連する5つめの原則は，**不平は聴くが，苦情は引き出さない**ことである。メンバーは，自分が味わった人生の苦しみや悩みをグループに持ち込んでくる。自分は変化する必要があるのか，変化できるのか，それが自分のよい人生につながるのかといったことへのメンバーの視点は，彼らの苦痛な体験が影響を及ぼしている。苦痛があると，そこばかりに注目してしまい，進展が妨げられる。幸いなことに，その悩みを他のメンバーと分かち合うだけで，それを過去のものとし，より良い生き方をすることに目を向けられるようになる。彼らの悩みやその原因，否定的な体験の詳細を分析するために，時間を費やす必要はない。否定的な体験があっても，メンバーの感情と前に進もうとする決意をリフレクションするだけで，この原則を達成することは十分可能である。

視点を探索するためのグループリードの原則
- クライエント中心の視点をとる
- 肯定的な面に焦点をあてる
- グループを今，この瞬間にいさせる
- 現在に焦点をあてる
- 不平は聴くが，苦情は引き出さない

グループダイナミクス

互いに交流する段階では，他のメンバーの趣味，生活習慣，関心事といったそれぞれの特徴がわかってくる。交流が深くなるにつれて，さまざまな社会的ネットワーク（家族，同僚，友人など）との交流パターンを反映したメンバーの**社会的アイデンティティ**が現れてくる。メンバーはそれぞれ異なる習慣で人と関わりを持つが，日常生活における対人パターンがグループでも再現され，表面化し，グループプロセスに影響することがある。こうしたことは，心理療法グループやサポートグループと同様に，心理教育グループでもかなり大きな影響を受ける。

メンバーの交流パターンは，他の問題にも影響する（例：自己主張が苦手な

メンバーにとっては，過食や薬物使用などにつながるストレス要因を減らすのがより難しくなるかもしれないし，怒りの問題を抱えるメンバーは，批判的ではない内容までも攻撃的に受け取ってしまうことがある）。したがって，グループの利点は，グループ内の交流を通して，グループ外の実生活での関係性にも応用できる新たな社会的スキルや対人関係スキルを学べることである。メンバー同士の対人力動をよくみて，それがメンバーの社会生活での問題を反映していないかに注意を払わなければならない。メンバーの社会的役割やパターンを検討し，より生産的な段階に進むために，やりとりをいったん止めてから再開させることもある。メンバーが他者と関わる際の視点を探索するには，初めのうちは，単純に新しいメンバーのやりとりへの違和感や何度も繰り返されているやりとりを記録しておくのが役立つ。メンバーの視点を広げたあとで，メンバーに変化への勢いがみられれば，改めてこの問題を扱ってもよい。MI グループは，それほどプロセス志向が強いわけではないが（グループ内での交流やグループダイナミクスについて重点的に焦点をあてるわけではない），メンバーが自分の社会的パターンに気づき，それを変化させるのには有益である。また，それらのパターンを扱わないと，変化への障壁が残ったままになってしまうこともある。

　うまく機能している MI グループでは，メンバーが参加し，つながり，互いに影響し合うなかで，グループが自然に**肯定的な社会的ネットワーク**を構築する。これらの動きを促進させるには，メンバーがつながり，共通の関心をみつけ，他のメンバーが探索していることや目標への関心や関与を促し，互いにサポートし合うことが役立つ。メンバーが，グループアイデンティティを持ち，自身の社会的アイデンティティやグループ内での役割を確立すると，新たな社会的習慣，役割，アイデンティティが育まれる。これによって，メンバーがグループのために投資しようとする行動や，他のメンバーに意欲的に自分の意見を開示しようとするオープンさが促される。こうした変容プロセスによって，メンバーは自己認識の拡大，新たなスキル，今まで以上の自信を身につけることができる。

　メンバー同士の絆ができると，課題を改善するために互いに努力をしているという共通感覚が生まれ，互いに支え合う経験を通して，グループの**凝集性**がさらに高まる。グループの凝集性を高めるには，メンバーに，バラバラな個人としてではなくグループとしての関わりを持たせ，特定の個人に焦点をあてたり，グループ全体に焦点をあてたりするのを相互に繰り返しながら，焦点を織

り交ぜていく。課題や話題を、「あなた」ではなく「私たち」の問題をともに探索していくものへと枠づけるだけで、わずかながらもグループの凝集性が高められる。互いに関わりのある内容のテーマ、信念、態度、希望を探索することで、メンバーをつなげていくことでも、凝集性が築かれる。凝集性とは、関与、自己開示、投資、努力、そして最終的には、グループの成果と関連するものであることを忘れずに。

治療的要因

　第2章で述べたグループの4つの治療的要因は、この段階ではとりわけ重要となる。すなわち、**普遍性、受容、希望の注入、他者との相互作用からの学び**である。

　初期のグループへの招き入れによって、メンバーがその人が孤立している状態から、協働的なグループの一員になる。当初の関わりよりも、メンバーがさらに深く関与して探索を進められると、他のメンバーの状況、問題、視点、課題に、もっと気づけるようになっていく。メンバーの課題と困難を慎重に関連づけることで、困難、奮闘、停滞の**普遍性**についての意識が高まる。メンバーの問題と視点を探索する作業を続けていくと、メンバーがつながり、それによってメンバー同士の絆が生まれ、孤独感や孤立感が軽減する。また、自分の体験を他のメンバーの状況に置き換えて考えられるようになるので、自身の理解も一層深められる。

　しばしば、グループメンバーは共通のつながりを分かち合う経験によって、自身の動機づけを高め、問題を「自分たちの問題」として広く捉えなおす。グループとして一般化したり難題に取り組んだりするのは、今、始まったグループが発達し続けてやがて開花するように、焦点を拡大するということである。これは、メンバーが他のメンバーに**受容**されたという感覚をもたらす。メンバー個人の問題という視点が、グループによって分かち合った変化のプロセスへと変わったとき、また、メンバーが他のメンバーから情緒的サポートを受けたときに、楽観性も増大する。当初は、意気消沈しているメンバーが多いので、グループが**希望の注入**を行うことは、グループによる援助の重要な側面である。個別MIでは、セラピストの態度や期待によって「MIは効きそうだ」という感覚がもたらされるが、グループでは、他のメンバーが成長する姿を目の当たりにすることこそが、希望を取り戻すための非常に強力な要素になる。グループが

絆を強め，話題を探索し続けるなかで，メンバーは安全な環境で社会的スキルを発達させて練習を重ね，それによって対人交流から学ぶ機会を得る。精神障害，嗜癖性障害，慢性的な健康問題，犯罪行動といった問題に悩む人たちの多くは，社会的スキルが未熟で，不適切な生活習慣を持っている。グループでは，セッションが始まるまでの待ち時間や終了後に，「おしゃべり」をする練習の機会がある。メンバーは，自分の考えを話したり，人の話を聴いたり，フィードバックをしたり，あまり面識のない人と会話をするといった練習もできる。社会的スキルを高めるこうした機会は，日常生活にも般化できる。

　より深い関係性のなかで，自分の考えやメンバーに与えた影響について相互にフィードバックし合うことは，信頼関係の築き方，弱さを分かち合うこと，他者の視点を理解することにもつながる。これらは通常，親，家族，恋人，親友といった重要な関係性のなかで学習されるものである。これまでの人生で肯定的な相手と出会えた経験があるメンバーもいる一方，根深く否定的な対人関係を経験し，それを克服するのに苦闘しているメンバーもいるが，それもグループで扱うことができる。グループのなかで，より良い「与え，与えられる関係」を学ぶことによって，ほとんど無自覚なまま不適切な反応を引き出してしまう対人関係の過敏さや，他者に否定的な影響を与える自身の行動に気づけるようになる。

リーダーの機能

境界線を管理する

　最初にグループに招き入れるときから，グループの規範を確立していき，その後のセッションでも鍵となる境界線の管理に注意を払うべきである。境界線の管理とは，時間管理，メンバーの資格，グループに出席して参加すること，話題の焦点を形成することを含む。メンバーには，毎回出席すべきなのか，欠席せざるを得ないときはグループに伝えなければならないのか，時間通りに着席してセッションの終了まで席を離れるべきではないのか，といった説明が必要かもしれない。グループでは，出席して参加することが，そのメンバー個人にとって大切であるだけでなく，他のメンバーにとっても重要である点を強調しておくのが重要である。このような案内は，遅刻や欠席が起こらないうちに伝えておき，メンバーが遅刻したときや欠席後にグループに顔を出したときは，

そのたびに伝えるとよい。例えば，次のように言うこともできる。

「今，私たちは，お互いの視点について探索していて，相手を知ることで理解を深めつつあります。それぞれの経験をグループで分かち合うことによって，お互いの理解や信用が深められるわけですが，そのためには，だれかが欠けることなく，全員が毎回出席して，取り組む必要があります。みなさんが時間通りに集まり，最後まで参加して，できるだけ多くグループに関わってもらえれば，とてもいいグループ体験になるでしょう。もし，欠席する場合には，事前にグループに知らせていただければと思いますが，いかがですか？」

グループの規範

　この段階では，話す時間や内容などのグループの規範は，同意されたガイドラインや話し合いのなかで発展させていく。リーダーは，特定のメンバーにどれだけ時間を費やしているか，メンバーがどう時間を使い，あるいはどんなふうにして自分の順番を回避しようとしているかに，注意を払わなければならない。メンバー全員が平等に時間を使えているかどうかは，それほど重要ではない。あるメンバーが他のメンバーよりも多く焦点をあてられたとしても，メンバー全員にとって利益があり，別のセッションでは他のメンバーにも焦点があたれば，メンバーは，少しずつであれ全員の問題を扱ってもらえるという感覚を持つことができる。メンバー間で内容とテーマが共有できていれば，あるメンバーが具体的な問題を話題に挙げなくても，他のメンバーが似たような問題を話したときに，そのメンバーはその話題に関わることができる。
　メンバーの話す順番と時間を管理する一方で，個人に費やす時間とグループ全体に費やす時間のバランスをとる必要もある。セッション開始当初は，比較的個人に費やす時間が長くなり，グループ全体に費やす時間は一般的に短くなりがちである。しかし，リーダーが，グループでみえたプロセスを述べることで，メンバーはグループ全体としての意識が強くなり，時間の経過に伴い，グループのアイデンティティやプロセスについて意見を述べるようになる。視点を探索する段階では，メンバー同士でつながりのある話題や共通のテーマについて，70～80％はメンバーに焦点をあて，残りの20～30％はグループの境界線や規範，話題といったグループ全体の事柄に焦点をあてる。

他に，バランスをとるべき領域として，過去，現在，将来によせる関心の度合いがある。最終的に焦点をあてるべき目標は，現在と将来について考えることである。しかし，メンバーが，なぜ今，この場所にいるのかを探索する際は，最初のうちは過去に焦点があてられる。今の状態に至った理由がわかる程度に過去について話すのはかまわないが，"現在"から逸れないように，過去の詳細ばかりに着目しないように説明しておくべきである。

この段階で，他にグループ規範として確立しなければならないのは，他人の問題に意見を述べるよりも，自身の問題を開示すること，そしてグループとつながりを持つことである。個人的な興味や関心事について質問したがるメンバーもいるかもしれないが，特定のメンバーがグループのなかで"セラピスト補佐"の役割を担うのは避けるべきである。これは，他のメンバーが出した話題に意見を述べさせないという意味ではない。メンバーは互いに自由にフィードバックし，共通の経験を分かち合うべきだが，相手の状況を考え，適切な自己開示をしつつ，深すぎず，早すぎない程度で，バランスよく意見を述べることが求められる。次に示す場面は，視点を探索する段階で，こうしたことがどのように展開するかを描いたものである。

トマス：だからさ，こうしたすべてが俺をイラつかせるんだ。裁判官は俺のことをしつこく監視しているし，上司は俺が刑務所行きになったらクビにすると脅してくるし，女房はこれ以上付き合いきれないなんて言いやがる。彼女は，俺に正しいことをさせようとするもんだから，それがプレッシャーになるんだ。

バネッサ：そうなんだ，トマス。すごいストレスみたいだけど，彼女も同じくらい大変みたいね。

トマス：まぁな。大変だよ。

バネッサ：奥さんについては，どうするつもりなの？　お互いのために何か改善しようと思っているの？

リーダー 1：バネッサ，あなたはトマスのことを心配していて，彼がどのように状況を改善するかに関心があるようですね。彼の話は，あなた自身の状況と重なるところがありますか？

バネッサ：そうね。奥さん自身がそうしたくてやっているわけじゃなくて，そうしなければならない状況になってしまったんじゃないかって思うの。私も，彼女と何ら変わらない状況にいるんだもの。私は，自分を変えようと

思ってここにいるけど，彼がどうするつもりかみているところだし，彼も荒れているの。私や子どもたちをちっともサポートしてくれないし，刑務所に出たり入ったりで，いないも同然。子育てして，オムツや洋服，その他の支払いも全部，私がやらなくちゃいけない。時々，なんて不公平なのかしらと思うし，彼にどうやって償ってもらおうかと考えることもあるわ。だから，私はトマスの奥さんの気持ちがわかるの。私も，トマスが奥さんに正しいことをしてほしいって思うんです。

リーダー1：なるほど。トマスが奥さんの反応について話したとき，あなたは彼の奥さんと自分が重なるところがあると気づいた。それで，トマスに，どんなふうに奥さんに接してあげてほしいか，提案したくなったというわけですね。

バネッサ：ええ，そうです。トマスには，奥さんに正しいことをしてほしいの。奥さんだって，トマスが本当に変わろうとしているところをみたいはずよ。だから，彼が，奥さんを苦しませているのはわかってるって伝えられたら，彼女はもっと彼をサポートしてくれるはずだわ。

リーダー1：もし，あなたのパートナーが，心を開いてあなたの話をきちんと聴いてくれるとしたら，あなたは彼にどう変わってほしいと頼みますか？また，あなた自身は何ができますか？

バネッサ：そうね。この荒れた状況を抜け出して，少しでも私をサポートしてくれるような，彼なりの計画を聞いてみたいわ。彼が，この問題を何とかしようとしている間も，私がこんなに負担しているんだってことも，彼に認めてほしい。もし，彼がそうしてくれるのなら，私だって彼にあたらずに，もっと彼の助けになれると思うわ。

リーダー1：そうすると，あなたは少し待つ姿勢でいて，彼がどう行動するかをみたうえで，それに合わせて動こうと思っているわけですね。

バネッサ：ええ。でも，迷っているところ。だって，先に彼が変わるのを待っていたら，時間ばかりが過ぎてしまうかもしれないもの。

リーダー2：今の会話を聞いていて，まだ，みなさんとしっかり話し合ってなかったことを思い出しました。お互いのことに興味や関心を持つことは，いいことです。だれかが自分と似たような話をしたとき，それがどんな問題なのかに注目することも大切です。他者の話に反応することは，自分が抱えている未解決の問題のヒントにもなります。話を聞いて自分が反応するまで，自分ではそれに気づけないこともありますからね。ですから，メ

ンバーが話したことの裏に何か隠れた感情がありそうだと感じたら，それについて尋ねてみてもいいかもしれません。重要なことがわかるかもしれませんからね。

サラ：それって，A.A.（アルコホリック・アノニマス）グループでいうクロストークはダメってことね。

リーダー２：えぇ，たしかにA.A.グループでは，「クロストークは禁止」と言われていますね。これは，どういう意味でしょう？

ジョン：分かち合った話に関心を寄せ，そこから学ぶけれども，それにコメントはしないってことです。話す順番が来たら，自分のことだけ話すんだ。

リーダー２：そうです。A.A.のやり方とこのグループでのやり方は，少し違いますね。どなたか，この違いを説明できますか？

トマス：ここでは，自分たちが似たようなことに直面していたり，共通する話題について話し合っているときには，お互いに話し合って，聴き合って，分かち合うことが許されている。もし，興味があるなら，フィードバックしてもいい。でも，ここでは，あくまで焦点をあてるのは自分自身と，自分の人生をどう生きるかといったことに焦点をあてていると思う。

バネッサ：あぁ，なんとなくわかってきたわ。

リーダー２：そうなんです。グループが前進しているときに，お互いの話にどれだけ時間をかけたらよいか，話し合ううえで必要なお互いのつながりがあるか，どんなふうにグループが機能すればよいかといった，今，グループで起きていることについて話すのはよいことです。ここでは，自分の悩みや計画だけでなく，私たちがグループとして動けているかといったことも話されます。

トマス：いいね。

リーダー１：トマス，あなたの話を中断されたとは感じてほしくないんです。よければ，奥さんとの関係について，もう少し話してもらえませんか？

トマス：実際，バネッサの話を聞いて，今の状況が妻にとってどれだけストレスか，それから彼女が俺にちょっとばかり不満を持つのも当然かもしれないっていうわかったよ。（笑いが起こる。）でも真面目な話，バネッサが言う通り，彼女が正しいし，心配しているのはわかるんだが，今の俺のひどい状況のせいで，彼女は何をするにも無力感を抱いていると思うんだ。とんでもないヘマをしたよ。仕方ないよな。自分で片づけなきゃいけない問題だ。だから，俺が努力してるってことと，どれだけ彼女のサポートと忍耐

に感謝しているかをちゃんと伝えられれば，彼女の状態も少しはよくなる
かもしれないな。

　この例では，1人のリーダーが個人の問題に焦点をあて，もう1人がグルー
ププロセスに焦点をあてている。リーダー1は，バネッサのコメントがメンバ
ーの肯定的な視点の探索プロセスから脱線させてしまうのではないかと危惧し
ていた。バネッサの最初のコメントを，挑発的でやや敵意のあるものとして捉
えたため，関係性がまだ十分深まっていないメンバーだけでこの局面に対処す
るのは難しいと考え，メンバー間のコミュニケーションについて説明をした。
そこで，リーダー1はまず，バネッサのコメントはトマスを気にかけているも
のだと肯定的にリフレーミングをし，それからバネッサ自身の問題に焦点をあ
てるようにシフトした。バネッサがこの流れに乗ってきたので，リーダー1
は，バネッサ自身がどこでつまずいているのか，彼女の対人力動を検証するた
めに焦点を広げた。ここで，リーダー2は，この2人のメンバーからグループ
の規範を築くための流れにシフトさせ，リーダーから規範を提示するのではな
く，できるだけ規範に対するメンバーの意見を引き出そうとした。そして，自
主的にメンバーが変化するのを手助けするためのグループであるという目的と
規範を結びつけた。このプロセスが終了したところで，再び，リーダー1が話
を切り出したトマスに焦点を戻し，一時的な焦点の変換によってトマスが話を
中断されたと感じていないかを確認した。そして，トマスがグループの話し合
いに対する自分の視点を述べたあと，改めて彼の問題に戻ったという流れであ
った。

感情を管理する

　この段階では，感情的な刺激は控えめにしながらも，メンバーの感情表出を
促していく。リーダーは，グループで起こる感情表出の安全管理者として機能
する。感情的になっているとき，とりわけ否定的な感情の場合は，不快になっ
たり，早く退出したくなったり，手に負えない状況だと感じるメンバーもいる。
あるいは，好戦的になって，「それは違う」とか「そんなふうに受け取るほうが
悪い」といったように，メンバーを"説得"しようとするメンバーもいるだろ
う。どちらの場合も，グループのなかで安全に感情表出することにはつながら
ず，動機づけにもならない。この段階の初めのうちは，リーダーから，メンバ
ー間で少しずつ感情を分かち合うことや，少しばかり用心しつつも心を開いて

いくという姿勢をガイドする。メンバーが深い絆とより強い信頼を築くと、リーダーの指示がなくても感情を表出し、グループに及ぼす影響も自分たちで調整できるようになる。

メンバーの安全を確保しながら感情を喚起させる方法の1つが、注意深くリフレクションすることである。メンバーが強い感情を表したときには、いくらかそれを和らげつつその感情をリフレクションするか、あるいは感情が向けられている対象ではなく感情そのものを扱うように変換させる。感情以外の部分をリフレクションしたり、感情を話の流れのなかに位置づけたり、強烈な感情をグループで扱うための方略を引き出したりすることも考えられる。

ジョン：マジでムカついてならねぇし、また俺に近づいてあんな態度をとってきたら、マジで殺ってやるぜ！　もしまた捕まんなけりゃ、ボコボコにしてやるんだけどな。

リーダー1：なるほど、かなり怒っているようですが、怒り続けてさらに問題が大きくなるのは避けたいという思いもあるみたいですね。

ジョン：わかってる、わかってるさ。それが俺の目標だよ。だれでも、追い込まれればキツイだろう。一線を越えずに、どれだけ我慢すりゃいいんだよ？

リーダー2：他の人はどう思いますか？　みなさんは、こうした状況にどう対応しますか？

サラ：よくわかるわ。私のまわりにも、黙ってたら調子に乗るヤツがいるんだけど、放っておけないのよね。そんなヤツらに、力をふるわれたくないわけ。わかるでしょ。

ジョン：その通りだ。放っておいたら、ヤツらはますます調子に乗るからな。あいつらは、俺がどれだけ怒ってるか、わかっちゃいないんだ。

トマス：肝心なのは、やっちまえば多少気がすむかもしれないけど、今、変えようとしている自分の人生を台無しにしたくないってことだよな。

リーダー2：そうすると、相手と衝突しそうになったときにできることは、まず我に返って、自分が目標としていることを考えるということですね。それをするには、かなり力が要るでしょう。とくに、自分を怒らせようとする人たちに対しては。衝突に対処したり、そもそも衝突に巻き込まれないようにしたりするには、どうしたらよいでしょう？

ここでは，リーダー1がメンバーの怒りについて，より生産的で向社会的に統制できると思われる方略について，再度焦点をあてている。リーダー2は，メンバーの意見をまとめる前に，他のメンバーから方略を引き出している。さらに，目的を達成するための方法に焦点を狭める前に，メンバーを是認し，グループ全体へと焦点を広げている。

クライエントの自己覚知を伸ばす

この段階でのリーダーのもう1つの重要な役割は，メンバーが自分の不満や悩み，問題を，どのように実行可能な治療的課題としてリフレームできるか，という自覚を育むことである。たいていの人は，自分の人生で起きたことについて，どのようにそうなったのか，それはなぜなのか，はっきりわかっておらず，しばしば，だれかの過ちのせいで自分が被害者になったとか，自分は運が悪かった，いつだって問題を抱える運命だったという視点を持ってグループに来る。こうした人たちは，だれかが悪いと思っているうちは，友人に不満をぶつけるばかりで，自分から状況を変えようという選択をしたことがほとんどない。こうした視点を探索する際は，彼らに耳を傾け，彼らを理解し，長年抱いていた彼らの非生産的な態度や信念に疑問を抱いたり，それらを変えようとする気にさせる雰囲気作りをする。メンバーの選択や強みがはっきりわかるように支援することで，のちに話題として取りあげる彼らの不満や状況を客観視することもできる。また，大きな問題を細かく分解し，それらを段階ごとに分けて開示できるように手助けすることも求められる。

MI方略

グループで視点を探索する際は，他とも共通する多くのMI方略が用いられるが，そのなかでもうまく機能し，抵抗を和らげる技法について取り上げたい。こうした技法は，グループの初期段階で用いるのが適切である。なぜなら，建設的に問題解決ができるほどメンバー間の絆や信頼が確立されていないときは，メンバーの葛藤が喚起されにくいからである。否定的な感情を引き出す技法や方略を使うのは，グループが発展してからである。初期のうちは，新たな方法で視点を探索し始めたメンバーの関与を促すような軽い雰囲気を維持し，さらにユーモアを用いることを勧める。

ここで紹介する構造化された技法は，心理教育グループやサポートグループ

に役立つだろうし，とくに非構造化による心理治療グループにも組み込めるかもしれない。特別な形式を勧めるわけではない。できそうな課題について熟考し，その目的と肯定的なグループプロセスを引き出し，グループを前進させ，どんなやり方にするか調整するために創造的になる必要がある。各自のグループに合わせて，ここで紹介している形式や課題を少し変えてやってみてもよいだろう。重要なのは，ここで挙げた例を真似ることではなく，メンバーが自分の人生の満足感を妨げている状況について，探求して扱うことの価値がわかるようになることである。

ライフスタイルの探索

　グループを開始したらすぐに，メンバーのライフスタイルを探索するのが役に立つ。たとえ，メンバーに似たような問題や診断があったとしても，まだ互いのことを知らないので，互いに気を許せるようになるまで傷つきやすい問題は話しにくいものである。ライフスタイルの探索は，凝集性の高いグループになるためにメンバーが通うわけではない，1回きりのセッションのグループでも役に立つ。この方略は，簡単に理解できるうえ，防衛を強めることもないので，メンバーの生活状況を理解するとっかかりとして用いることができる。

ライフスタイルと習慣

　ライフスタイルを探索する1つの方法は，それぞれのメンバーがどんなふうに日常を送っているかを大まかに把握することであり，それから（もし，わかっていれば）ターゲットとなる行動も含めた習慣についても話を広げ，そうした習慣がメンバーの生活にいかに位置づいているかを理解することである。これは簡単な会話方略なので，どのグループにでも使える。

どのように行うか　　初めに，**ライフスタイル**という言葉について説明する。ライフスタイルとは，一般的な過ごしかた，よくやっていること，時間の使いかた，だれと一緒に過ごすかといったことである。話し合いを始めるときは，「それぞれのライフスタイルについて，少し話してみましょう。みなさんは，どんなふうに時間を使っていますか？　みなさんの日常生活には，何かパターンがあるでしょうか？」などと声をかけてもよい。グループ全体で扱ってもよいし，ペアを組ませたり，小グループに分かれたりして，互いのライフスタイルについて話してもらうのもよいだろう。互いによい関係ができるまでこのワークを続けていくと，大半のメンバーは自発的に自分の習慣について開示するようになる。そうしたら，「他の習慣については，

いかがでしょう？」と，過食や薬物使用など，メンバーにとって問題となっている他の習慣を例に挙げて，「その習慣は，どのように生活のなかに組み込まれていますか？」と尋ねる。その行動が自分のライフスタイルにどう組み込まれているか，その行動の肯定的な面と否定的な面について探索する。あるいは，健康に焦点をあてて，「その習慣は，みなさんの健康にどんな影響を及ぼしていますか？」と尋ねてもよい。グループ全体での話し合いをリードしているときは，グループの人数やセッションの残り時間に合わせて，それぞれのメンバーが話していたこと全員に共通するテーマの両方について，話をリフレクションする。まだ身についてはいないものの，習慣化しつつある健康的な行動（例：定期的な運動，規則正しい服薬，適度な睡眠）についても尋ね，それらがどのように生活のなかに習慣づいたか尋ねてもよいだろう。メンバーに対して，このテーマについて思ったことや，グループで得たものをどのように自分の日常に取り入れたいかを尋ねたり，メンバーの意見をリフレクションしたりまとめたりしてから終わらせてもよいだろう。Lane ら (2013) には，慢性疾患患者たちのグループにおいてライフスタイルを探索する実践例が挙げられている。

典型的な一日

メンバーのライフスタイルや習慣を把握し，より細かい情報を得るためには，メンバーに自分の典型的な一日について尋ねてみるのも役に立つ。この課題は，あらゆるグループに適しており，グループ初期の課題として役に立つ。また，グループの後期であっても，メンバーが実際の行動よりも概念ばかりにとらわれているときや，治療グループというより討論グループになってしまっている場合にも役立つ。

どのように行うか　Rollnick ら (1992) は，個人コンサルテーションの場面で，この課題の初期バージョンを提案した。そこでは，次のような質問で始めることが推奨されている。「5〜10 分で，一日の始まりから終わりまでをふりかえってみましょう。何が起きたか，どんなことを感じたか，どこで習慣が生じたか？　では，始めましょう」など。そして，まず，「これを話すことで，みなさんが典型的な一日をどのように過ごしているかがわかります。互いに数分間，話し合ってみましょう。自分の典型的な一日についてお話しください。私が方向づけていきます」と，この会話の意図をグループに説明する。最初に自発的に典型的な一日の話をしてくれるメンバーに，その日の感情や行動に焦点をあてられるように手助けする。その話をまとめた

ら，そのあと順番に回していくか，次の人が話をしてくれるまで待つかして，次のメンバーの話に移る。メンバーが自然に話し出したら，「何人かのメンバーにとっては，帰宅途中にあるレストランが大きな引き金（過食，飲酒，喫煙）になっているようですね。他の方はどうでしょう」など，共通する話題に感想を加えながら，メンバーをグループに巻き込んでいく。他のメンバーの反応を確認したり，メンバーから質問を出してもらったりすることが重要である。そうしないと，この課題が1人のメンバーにだけ過度に焦点をあてるものになってしまい，他のメンバーが取り残されてしまうからである。グループを前に進めるために，必要ならば，的を絞る目的で閉ざされた質問を用い，個人的な質問を投げかけて，メンバーそれぞれの話をガイドすることも大切である。とくに，人数の多いグループでは，別の方法として，問題行動がどのように生活のなかで起きていて，新たな習慣をどこに入れ込むことができるかを考えるために，朝，昼，夜の活動内容を引き出すワークシートも利用できる。メンバーがシートに記入したら，その内容をグループで共有し，時間ごとの活動内容の例を挙げてもらい，どの時間帯に問題行動が起こるのか，どの時間帯に健康的な習慣を取り入れるかを尋ねる。仲間同士で話し合い，相手の話をどう思うかを尋ねて，グループを閉じる。典型的な一日の活動の例についてはVelasquezら（2013）に述べられている。

両価性の探索

　人が健康的でより良く機能するために，自分の両価性を解明することがMIの主な目的である。だれでも，自分の置かれている状況や可能性について相反する考えや気持ちがあるために，行きづまってしまうことはよくある。ある選択から別の選択をするのに迷ったり，決心できなかったり，行動に移せないようなあやふやな決定をしたりして，精神的に揺れ動くものである。MIの方略の1つは，メンバーの思考の整理を手助けすることである。それによって，1つの視点から別の視点に移すという狭い焦点のあてかたではなく，一度に「全体像」を捉えることができる。これは，メンバーがグループを始めたとき，外圧によって反射的に生じる防衛的な姿勢から脱却させるのに役立つ。両価性を探索することによって，メンバーがまわりの全員から変化させられると思い込んで，両価性のうちの現状維持を守ろうとするのではなく，メン

> メンバーが「全体像」をしっかり捉えられるように，彼らの思考の整理を手助けする

バーが自身のあらゆる考えや気持ちを表現できるようになる。

両価性の概念の紹介

　メンバーは，自分たちがなぜ変化したいのか，したくないのかを考えることについて，さまざまな意見があるのに気づくだろう。個別MIでは，表面化された防衛反応を容易に観察できるので，そうした反応を減らすために素早く方略を変えることができる。同じことをグループでやろうとすると，難しくなる。変化しようとする数人のメンバーのコメントによって，他のメンバーを及び腰にさせたり，批判や変化への反論を引き出したりするかもしれない。変わることに意欲的なメンバーは，単純で非現実的だとみなされ，一方，変わることにそこまで意欲的ではないメンバーは，怯えているとか自分の問題を「否認」しているなどと言われたりする。否定的な相互作用が始まったら，メンバー間で傷ついた気持ちや憤りを言葉にすることに焦点を変換しなければならないだろう。こうしたパターンは，グループではよくみられるものである。とくに，何人かのメンバーは変化に対して意欲的なのに，それ以外のメンバーはそうでもないと思えたときには，早いうちに両価性の概念を紹介して対応するほうがよい。

　どのように行うか　まず，変化することの難しさを率直に認めるとよいだろう。変化が単純で簡単なものなら，メンバーはすでに変化しているはずである。変化することについて，だれでも入り混じった感情を持つものであると伝えてから始めるのもよいかもしれない。メンバーは，変化したいとは思うものの，今すぐに変われるわけがないという「お手上げ」の感情や思考によって，ひるんでいることもある。そのため，グループメンバー同士で，「変わろうとする」と「変わりたくない」の両者のバランスについて理解し，探索するのが重要である。どのメンバーにも，何かを変えることを強要するつもりはなく，メンバー自身の感情とそれらの感情がどう自身を行きづらせているのかを理解する支援がしたいのだと伝える。メンバーは，理解された喜びと問題をさらけ出した安堵を感じることが多い。

　もし，この前置きの話をメンバーの両価性の探索に広げるのであれば，否定的な意見や現状維持を十分に受け入れつつ，最終的には変化する前向きな理由を強調し，彼らが変化する際に直面する誘惑，悩み，喪失感をどのように克服していくかという話し合いを引き出す。

　もし，両価性について詳細な話し合いが引き出せなかったときや，心理教育グループやサポートグループをリードしている場合には，次のような構造化さ

れた課題に取り組むのもよいだろう。「よいこと・そんなによくないこと」は，メンバーの現在の行動や状況のなかで，好きなこととあまり好きではないことに注目して話し合う課題である。また，「両価性の円」は，両価性を視覚的に示したもので，変化に対するメンバーの思考と感情に焦点をあてる。意思決定バランス課題のゲーム版である「4マスゲーム」は，メンバーが十分な情報を得たうえで（そして，できるだけ長く続けられる）変化を決定するために，変化することや同じままでいることの賛否について考える課題である。

よいこと・そんなによくないこと

少なくともメンバーの数人が，同じようなものでも異なるものでもかまわないが，すでに変化のターゲットとなる行動を特定できていれば，この会話方略がうまく機能する。

どのように行うか

共通のテーマをまとめることから始める。例えば，「みなさんのなかには，喫煙に関して，タバコの本数を減らそうか，それともタバコ自体をやめようかと悩まれている方がいますね。みなさんにとって，喫煙のよいところを探してみるのが役立つかもしれません。喫煙には，どんなよいことがありますか？」と尋ねる。グループがターゲットとなる行動のよい面についての意見を出し尽くしたら，それらの意見を集約して，鍵となるコメントを簡単にリフレクションする。まとめをしたら，「喫煙について，あまりよくないこともありますね。どんなことでしょう？」と投げかけてみてもよい。メンバーの意見を集めながら，とくにチェンジトークが含まれている発言があったときには，途中でリフレクションをする。そして，メンバーから出されたチェンジトークと，重要なポイントやテーマをまとめる。最後に，次のように，メンバーから出された両価性を強調したまとめを述べる。

「大半の方が，喫煙を楽しんでいるわけですね。リラックスできるし，ストレスから解放されるし，友人と交流するきっかけにもなる。一方で，みなさんは健康も気にしています。スーザンは，父親が肺がんで亡くなっているので，自分も同じような道をたどりたくないといった理由から，禁煙することを考えていますね。リックは，かつてあったほどのエネルギーがなくなり，呼吸障害もあるため，本来，お子さんと楽しめるはずのスポーツを一緒にできない。他にも，喫煙がお子さんに影響するのを好ましく思っていないとか，タバコの値段が高い，臭いが気になるといった意見もありました。みな

さんにもあてはまりますか？」

そのあとで，みんなで自由に話し合ったり，ラウンドでメンバーにコメントしてもらったりする。

両価性の円
　この課題は，メンバーの両価性を尊重しつつ，現在の行動から変化の可能性に焦点を変換させるものである。

　どのように行うか　ホワイトボードや配られた資料に，円を描いてもらう。その円を半分に分けて，下図のように，半分には「変わろうとする」と書き，もう半分には「変わろうとしない」と書く（または，「変わりたい」と「変わりたくない」でもいいし，「変わる」と「そのまま」でもよい。どんなやり方でも，グループにとって使いやすく，基本的な考えが伝わるものなら何でもよい）。変化することについて，メンバーの感情が完璧につりあっている状態ならば，「変わろうとする」と「変わろうとしない」の2つの部分を均等に分けると説明する。

　また，円がちょうど半分ずつで分かれている人もいるが，片方がもう片方よりも大きいとか，片方の感情が円のほぼ全体を占めることもよくあると，グループに伝える。入り混じった感情（両価性）の図は，片方よりももう片方のほうが強かったり，大きくなったりして，下図のようになる。

　これらのどの図が，自分の体験にあてはまるかを尋ねる。もし，メンバーが

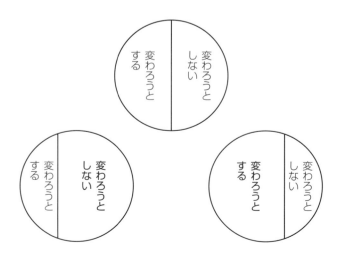

気乗りしないとか意気消沈しているようなら，自信を持たせるために，過去に困難な場面でも変わろうと努力したことを思い出させ，そのときの変化はどの図にあてはまるかを質問する。それによって，自分が変化することに両価的な思いを持っていたとしても，変わることができたという過去の成功体験を思い出させる。こうした体験や変化するうえで助けになるメンバーの考えについて，十分な時間をかけて話し合うべきである。話し合いのあと，変化は「変わろうとする」側が「変わろうとしない」側よりも大きくなったときに起こるものだとメンバーに伝えてもよいだろう。両方の気持ちが同時に存在しているものであり，変化に向けた意思決定をするには，その両側面を探索するのが役立つと述べる。

このように両価性の概念について紹介することで，メンバーの防衛反応を軽減したり，自身の問題として考えられるようになったり，自身で自由に選択することで変化の可能性の枠づけができたり，メンバー同士の凝集性が構築されたりする。時々，メンバーが心の奥底にある変化への否定的な感情を話したり，変化や変化への外圧に対立する立場から話し合ったりすることで，話し合いがさらに深まることもある。両価性を探索する際のアプローチについては，他のいくつかの章で記述されている。また，Dunn ら (2013) では両価性に関する議論を，体重管理における諸行動の諸機能の探索にまで拡張している。

4 マスゲーム

このゲームは，心理教育やサポートグループに適しており，にぎやかに楽しく，メンバーのあらゆる面の両価性を声にすることができる意思決定バランスの修正版である。とくに，薬物使用や過食など，メンバー全員が同じ問題を共有しているグループで有効である。

意思決定バランスとは，変わることと同じままでいることの賛否を考えるのに役立つ認知療法の技法であり，2つの選択肢について慎重に，かつ意識して決定させるのに役立つ。これを用いるときは，完全な中立の立場をとるわけではないが，変化する理由を強調する一方で，そのままでいることの魅力も尊重する。

どのように行うか　　次頁の図のように4つのマスを描く。各グループに少なくとも2人を配置し，人数によってグループを2つか4つの小グループにわける。**ゲームでは，どの小グループがそれぞれのマスにベストアンサーを思いついたかを競う。**例えば，4つの小グループに分かれたなら，各グループに4マスのうちの1つを割りあてて，その

	賛成	反対
変わらない		
変わる		

意味について説明する。2つの小グループしかできないときは，どちらかの小グループに「変わらない」の列（賛成・反対）を，もう一方に「変わる」の列（賛成・反対）を割りあてる。

　それぞれの小グループに紙を配り，「5分以内で，自分たちが割りあてられたマスのなかに，できるだけ多くの答えを書き出しましょう」と伝える。時間が来たら，小グループごとに発表してもらい，その答えの内容と数を記録する。回答数を数え，一巡目でもっとも多く答えを出した小グループを勝利とし，賞賛する。また，投票でベストアンサーを決定し，それに選ばれた小グループも祝福する。

　グループ全体に対して，他に4つのマスに入るものがないか尋ねる。「変わらない」に挙げられたよい面と，「変わる」に挙げられた悪い面の意見を整理しながら，これらのマスは長期的に考えたときには，自分にとってあまりよいものではないことを続ける誘惑や「引き金」であると伝える。「変わらない」の悪い面と，「変わる」のよい面をまとめ，これらのマスは変化への動機づけになることもおさえておく。

　図をみて何か気づいたことがあれば，それは互いにとって大切なことだから話してほしいとメンバーに伝える。もし，変化に向かう側の意見が出たら，変化するためにそれをどう役立てられるかを尋ねる。もし，現状維持の側の意見が出たら，それをどう克服するか，または何か代わりのもので埋め合わせができないかを尋ねてみる。

　もし，現状維持の小グループがゲームに「勝利」し，非常に魅力的な内容がたくさん挙げられたなら，それらの誘惑をどうやって克服できるかという話し合いにつなげてもよい。もし，現状維持の小グループがもっとも多くの回答数を

出し，ベストアンサーに選ばれてゲームに「勝利」したとしても，だからといっ
て，変化は無理だとか変わることを望んでいないといった解釈はしない。そう
ではなく，まるで魂が宿っているかのように，自分たちの不健康な習慣が「勝
利」したことについて考えなおし，誘惑に打ち克つことや喪失を受け入れるこ
との話し合いに持ち込むのがよい。

　両価性を探索する方法は，他にもたくさんある。第13章では，メンバーが変
化の目標を紙に書いてポケットに入れておく「小さな変化」という課題を紹介
している。また，Martinoら（2013）では，「塀の上」と呼ぶ課題を用いている。
メンバーが比喩的に「塀の上」に座っているとして，グループは変化についての
賛否を話し合う。また，「ホットシート」と呼ばれるワークもある。メンバー
の１人がグループの中心に座り，変わることの肯定的な面について話したら，
他のメンバーが順番にその人の向かいに座って，変わることへの反対意見を述
べるものである。これは，メンバーによって，変化を支持するチェンジトーク
を引き出すことを意図している。他の章でも，MIグループにおいて両価性に
焦点をあてるためのさまざまな方法が紹介されている。

価値の探索

　メンバーの価値は，変化する重要性を考えるうえで大切な道標となる。ほと
んどの人が，**価値**とは，人生において重要なもの，意味があるもの，よいもの
についての信念だと考えている（例：家族，正直さ，社会に貢献すること）。宗教
性あるいは精神性を含む用語として，価値を捉えている人もいる。さらに，価
値は，リラックス，ワクワク，楽しさ，または平和など，人々が好む体験もさす
（Wagner & Sanchez, 2002 参照）。メンバーが，自分の価値（例：信用されたい，家
族の一員として認められたい）について話すことで，自然に，彼らに備わって
いるよい一面が呼び起こされ，変化に向かっていく機会が提供されるだろう。
メンバーがまだ語っていない価値は，しばしば会話を深めるだけでなく，それ
をさらに探索することによって，彼らが何をめざし，どんな人になりたいかを
思い出させるものになる。そして，彼らのもっとも重要な価値と一致した生き
方に向けた行動変化に焦点をあてるように励ます。

　話のなかで急に，メンバーが「私は自分の価値に従って生きていないから，
居心地が悪い」と言い出すなど，こうした話し合いが不一致にまつわる否定的
な感覚を高めてしまうことがある。リーダーは，「この先，どうしたら自分の
価値にもっと近づいた生き方ができるでしょう？」といったふうに，メンバー

の発言を前向きに枠づけするとよい。もし，メンバーが否定的なコメントをしたら，完璧に自分の価値に沿って生きられる人はいないことをリフレクションし，ここでの話し合いは，だれかに居心地の悪さを感じさせたいわけではなく，前に進むことに焦点をあてる手助けすることをめざしていると伝える。この話

この先，どうしたら自分の価値にもっと近づいた生き方ができるでしょう？

し合いは，とりわけ心理療法グループに有効であるが，心理教育グループやサポートグループでも活用できる。

どのように行うか

前節までのやり方と同様に，まず，価値について紹介する。正しい答えがあるのではなく，だれもが理想や好み，すべきこととやりたいことといった，入り混じった価値を持っていることを強調する。この話し合いで重要なのは，メンバーにとって何が日常生活の動機づけになっているかを考えることである。価値のなかには，大半の人が思うような，いわゆる典型的な「理想」（例：楽しむ，活動的になる，静かに時を過ごすなど）とは限らないことも忘れずに伝える。十分な時間をかけて，メンバーの核となる価値を引き出し，メンバーがその中核的な価値をなかなか認識できないときには，「今この瞬間に，重要だと思えることは何でしょう？」と尋ねてみる。

メンバー自身の価値について考える時間を設け，いくつかの価値を挙げてもらう。そして，特別な価値を１つ選んでもらい，その価値がいつ重要な道標になったのかを尋ねる。この話し合いでは，感情が表出されることが多いが，これはよいことであり，それらの感情を受け入れるべきである（しかし，感情はあくまで体験を深めるために用いられるべきであり，通常は，会話のなかで主として焦点をあてるものではないので，必要以上に感情に注意を向けないようにする）。メンバーの重要な価値が，自分の体験や決断において鍵となったときの話をグループでしてほしいと促す。感情の動きが起こり，重要な価値と深くつなげていく流れのなかで，メンバーの価値が自身の選択や行動をどう導いているか尋ねてみてもよい。異なる価値がどうやって同時に機能するのか，あるいは，さまざまな価値がどんなふうに別々の方向に導くのかを尋ねて，もしどのような価値であれ対立した価値があるなら，それについてどう感じ，考えているのか聞いてみてもいいだろう。グループを前に進める際は，それぞれの価値の内容にまつわる同一のテーマを結びつけ，それらの価値を道標として用いるにはメンバーはどうすべきかを確認する。

次に，メンバーに，先を見据え，自分のもっとも重要な価値に近づいた生き方をするにはどうしたらよいかを尋ね，その価値を将来の選択の道標として活用する。こうした肯定的な面を話し合ったあと，今，直面している問題について，それらの価値がどう自分を導いてくれるかを尋ねる。メンバー間で，問題と価値をつなげて考えられそうなほど，相互の共感とグループの凝集性が高まっているならば，引き続き，メンバーの体験と彼らの中核的な価値に一致した生き方を結びつける。価値と行動の不一致について話し合うよりも，それらをもっと一致させ，価値との調和をめざすといった肯定的な方向に焦点をあて続けるほうがよい。互いの話に対するメンバーの反応を引き出すのが望ましい。

グループへの参加のきっかけとなった問題行動についてすぐに話したがるメンバーもいるが，こうしたメンバーには，話すべきときが来るまで待つように伝えるほうがよいだろう。最初のうちは，価値について広く肯定的に考えてもらい，次第に特定の価値と行動の関係性に焦点を絞り，その流れのなかで出された具体的な問題行動について検討する。テーマに対してさまざまなリフレクションをしてグループを終わらせるだけでなく，メンバーの選択や行動を自身の中核的な価値に合わせるような希望や計画の語りを強調するのもよいだろう。あるいは，一番影響を受けたメンバーの話や価値について取り上げ，どの考えを取り入れたいかを尋ねる。最後に，もし適切ならば，それまでにやった課題をもっと自分に引きつけて考えるために，この課題をやって感じたことを深めたり，考えを分かち合ったりするようなリフレクションを行う。メンバーがさらに率直になり，信頼が深まり，グループの凝集性もより強まってきているようであれば，互いにさらに支え合えるようなグループになるために，メンバーはどんなきっかけがあれば前進できそうかを述べてもよい。

他の章でも価値の探索に焦点をあてたものがある。Martinoら (2013) では，精神障害と薬物乱用の併合診断を受けた人の価値と目的を明確にするための構造的なアプローチについて記述している。

コツとワナ

コツ

まず，話すより聴くこと。聴くことによって，グループメンバーは会話に加わりやすくなり，安心して話せるようになることで，グループに関われるよう

になる。聴くことで，リーダー以外のメンバーとも交流し始めるようになる。また，聴くことで，リーダーがグループで安心して話し合えるペースを示すモデルにもなるため，それによって自然な形で問題を表面化させることができる。

次に，メンバーによい傾聴スキルを教える。互いにさらに尊重し，自主性をサポートし合い，たくさん是認し合えるようなコミュニケーションを形作り，リフレームする。互いにコミュニケーションがとれるようになったら，メンバー同士でつながれるように共通の内容やテーマをリフレクションする。

3つめに，グループの凝集性を発展させる。グループの自主性の成長がみられるたびに，コメント（そしてサポート）をする。

4つめ，グループに関する専門用語を使わずに，一般的な言葉を使う。

5つめ，リーダーがいくらかの情報を提示するときは，MI方略を用いる。先に，グループがすでに知っていることを引き出すのを忘れないように。そして，短い説明でメンバーが知らない部分を補う。そして，さらに開かれた質問を続けていく。

ワナ

この段階のグループにも，いくつかのワナがある。まず，会話を続けようとして，たくさんの情報を提示するのは避けるべきである。そうでないと，会話ではなく，リーダーの独白で終わってしまうからである。これと関係して，「情報提供者」としての専門家の役割を担ったり，グループとの距離感を生じさせるような難解な専門用語を使ったりするのも避けるべきである。これは，グループの発展を妨げてしまう。

メンバーがやるべきことについて，メンバー自身が理解する手助けをせずに，いきなり課題に入ってはいけない。

同様に，「カリキュラム」やセッション計画に過剰にこだわる必要はない。前もって計画を立てることで，リーダーの自信は高まるが，グループにいる瞬間こそがより重要なのである。

これと関連して，グループで起こるかもしれないことを怖れてはいけない。どんなことが起きようとも，リーダーが落ち着いた態度と自信を示すことで，メンバーは本音で分かち合えるようになるだろう。

グループでの対人関係の基調は，早い段階で決まる。そのため，メンバー間での衝突や攻撃を放置してはいけない。もし，衝突や攻撃が起きたら，すぐに

コミュニケーションを再度方向づけ，リフレームするべきである。

　いろいろなメンバーとかかわらずに，1人のメンバーとだけ長時間やりとりしてはいけない。また，メンバーの数人だけに会話を独占させないこと。彼らが進んで話してくれたことは是認して，できるだけ早く他のメンバーも巻き込むべきである。

進歩の指標

　メンバーが詳しい話や互いの視点を分かち合うようになり，「さて，どうしよう？」といった感覚や，新たな発想を探索したり前進しようとする開かれた態度を示すようになったら，グループは変化に向けて進展しているといえる。グループを実施する臨床現場，グループの対象者，メンバー数やその他の問題によって，グループの進展は1回で達成されることもあれば，数回のセッションを経て達成できるかもしれない。グループを前進させようと急がないことが重要だが，少なくともメンバーの半数が新たなことを考える準備ができたら，次の**視点を広げる**段階に移行するときかもしれない。

第11章

第3段階：視点を広げる

　この頃になると，メンバーはまだ互いを知ろうとしているところで，ほとんどの意見がリーダーに向けられていた状態から，メンバー同士が互いに会話を交わすようになっているというグループの変化に気づくだろう。メンバーはまだ，これまで通りにリーダーとやりとりしているかもしれないが，他のメンバーの置かれた状況や視点がよくわかるようになり，互いのつながりを深めようとしている。互いの状況を探索するなかで，「そんなふうに考えたことはなかった」とか「どうしたらいいのかはわからないけど，私には違うほうがいいみたい」など，自分の考えを表現するようになり，新たな開放性を示すメンバーも現れる。この時点で，グループは**視点を広げる**という次の段階に移りつつあるといえる。

　動機づけ面接（以下，MI）グループは，クライエントに対して，個別に物事の見方や対応の仕方を教えようとするのではなく，クライエントの視点から問題にアプローチするものである。しかし，私たちは，メンバーがすでに持っているアイデアや視点のみに対して働きかけるわけではない。なぜなら，それはグループの有用性を制限してしまうからである。メンバーは，自身のチャレンジを自ら制限するような信念や，自身の状況に対してより生産的なアプローチをとるやり方についての認識不足に縛られて，動けなくなってしまっていることが多い。そのため，ここでの課題は次の2点である。①グループメンバーに，別の方法で物事をみたり，やってみるよう説得しようとするリスクはとらない，②生活を送るうえでより生産的なやり方をみつけたり，発展させられるように，メンバーが直面している問題に対する視点を広げさせる。

　新しい考えや興味を取り入れるためにメンバーの視点を広げることによって，メンバーはより広い範囲の選択肢が得られる。彼らの視野を広げることで，自由であるという感覚が増大し，それとの比較で自分の抱えている問題がより小さくみえるようになる。メンバーの視点を広げる働きかけを通して，方

向性や勢いを喚起させ，変化の可能性に対する投資や自信を高めることによって，グループを前進させ続けることができる。同時に，グループに参入するのに時間がかかるメンバーや，まだ何に焦点をあてたらよいかがはっきりしていないメンバー，あるいは防衛的な態度を示すメンバーに注意を払う。リーダーがグループと一緒に取り組んでいくなかで，はっきりとその変換を導いてもよいだろう。例えば，次のように伝える。

　　「みなさんとは４回のセッションを一緒に行ってきて，そろそろお互いのことや，それぞれが直面している状況が理解できてきた頃でしょう。はっきりと明確な焦点が定まっている人もいれば，まだよくわからない人もいるでしょう。私たちは，みなさんが心配していることや直面している圧力について時間をかけて話し合い，そして，どうやってみなさんがここに来たのかについても少し話しました。次は，将来に目を向けてみましょう。慌てて先に進むのではなく，迷子にならないように，海路に慣れた船乗りのごとく，進むべき道を示す星を選び出して。このグループのなかで，みなさんが進む方向を導いてくれる自分の星を探すのです。他にも，よい例はあるでしょうか？」

　リーダーが航海の例なり，別の例を使うにせよ，グループに合ったイメージを活用することで，メンバーが将来に焦点をあて，可能性を想像する方向に変換するのを手助けできる。メンバーの考えを取り入れ，関連づけるには，彼らが前進することに対して抱いている疑念や不安を受け入れながら，一方で可能性に焦点をあてることが重要である。

グループリードの原則

　視野を広げるという作業に着手しているときには，いくつかの原則を心にとどめておく必要がある。まず，メンバー１人ひとりの前向きな願望，ニーズ，計画，そしてあらゆる側面に注意を払うなど，**肯定的な面に焦点をあて続ける**こと。例えば，どのように変化したいか不明確なメンバーに対して，「変化するのは，あなたにとって少し不安なことかもしれませんが，新たな可能性に開かれているということでもあるんですよ」などとリフレクションしてもよいだろう。これまでに起きたさまざまな問題に焦点をあてることに固執し，変化の

可能性に焦点をあてないメンバーに対しては，「あなたは，本当にこの問題を深く理解したいと思っていて，自分にとって最善の変化をする準備が整っていることを確かめたいようですね」というように，リフレクションとリフレームをしてもよい。さらに，これらの一般的な見方に加えて，肯定的な面に焦点をあてることで，平穏，好奇心，喜び，受容といった肯定的な感情を自然に引き出すような雰囲気を意図的に作ることもできる。これらの前向きな感情は，メンバー自身の恩恵になるだけでなく，グループ内で不和が起きる可能性を減らし，メンバーの創造性を喚起し，グループの凝集性を高めることにもつながる。

視点を広げるという概念は，Fredrickson の肯定的な感情の「拡張−形成」モデルを一部取り入れている (Fredrickson, 2004; Fredrickson & Branigan, 2005; Fredrickson & Losada, 2005)。伝統的な感情理論では，否定的な感情は，知覚した脅威に注意を向けさせ，人に行動を起こす準備をさせるといわれている（例：怒りや恐れといった否定的な感情は，「闘争−逃走」反応を引き起こす）。Fredrickson は，否定的感情が注意を狭めるのに対し，肯定的感情は注意を広げるものであり，それによって人は想定されるもの以上の可能性を認識できるようになり，問題解決に対してより創造的になれるという補足的な概念を提唱している。このモデルの「形成」部分では，脅威と脅威の合間の安定した期間において，肯定的な感情は，次に脅威に晒されたとき自分にとって助けになるような力，例えば，身体的能力だけでなく，社会的絆，凝集性，グループのメンバー間の相互依存性を形成するのに役立つとしている。このように，否定的な感情が脅威的な状況において即時的に身を守るうえで役立つものである一方，肯定的な感情は，脅威と脅威の合間で創造性を高め，保護的で支えとなるような枠組みを形成するのに役立つ。

これを MI グループに応用すると，肯定的なグループ環境は，メンバーが否定性という負のスパイラルから抜け出すのに直接的に役立つだけでなく，より良い長期的な解決策を形作る際に，より創造的であることや，より大きな集団における知恵や資源と結びつけることにもつながる。このことは，認識できる可能性の範囲を広げ，変化に対する自信を与え（「私」ひとりでは成し遂げられないことも，「私たち」なら一緒に成し遂げることができるかもしれないという点で），より良いウェルビーイングへと向かう正のスパイラルの発達が促進される (Fredrickson & Joiner, 2002)。

この段階における方略は，メンバーをグループのより大きな力に結びつけることである。そして，自分が何者であるか，また自分がどのような選択肢を持

っているかについて，これまでの狭い視野を超えたアイデアに触れさせること
である。このプロセスは部分的に，メンバーが過去や現在の状況よりも，**将来
に焦点づける**ための一助となる。メンバーに幾通りもの将来の可能性を想像さ

せたり，グループで得られそうなた
くさんの方向性について想像させた
りしてもよい。実際に，メンバー
は，過去よりも将来的な展望に焦点
をあてた新しい目標を立てるように
なる。

> メンバーをグループのより大きな力に
> 結びつけ，自身のことや自分の選択肢
> について，これまでの狭い視野を超え
> て視点が広げられるように手助けする
> ことで，大きな変化が促進される

グループの発展におけるこの段階では，肯定的なやり方で**食い違いを大きく
する**ことが有益である。食い違いを大きくするには，クライエントの価値と行
動の隔たりや，あるいは彼らの望む将来と，その望みや目標にはつながらない
現在の行動との違いについて探索する。食い違いを大きくしていくと，クライ
エントはジレンマから脱出しようとして，もしくは望まない結果を避けようと
して，自らを変化させようと過度な緊張を体験することがある。さらに，食い
違いを大きくすることは，興味や好奇心をそそることで，将来を肯定的に心に
描きなおしたり，より成功へとつながりやすい方法を探したり，クライエント
が現在のライフスタイルの代わりとなるようなものを探す動機づけを行う一助
となるかもしれない(Wagner & Ingersoll, 2008)。私たちは，食い違いに対して肯
定的に焦点をあてることが，グループのなかでよい働きをすると確信してい
る。どのようにしたら，メンバーの生活はより良くなるのか？　どうしたら，
彼らはもっと自分に誇りや自信を持てるようになるのか？　どうしたら，彼ら
は自身の根底にある信念や価値とできるだけ一致した生活を送れるのか？　現
在の行動と望んでいる将来との食い違いがあると，人はそのギャップを埋めよ
うとする。それには，行動を変化させるか，将来の希望を手放すしかない。グ
ループのサポートは，夢を小さくするのではなく，より良い将来を形作るほう
を選ぶことで，メンバーがこの食い違いを解決しやすくするものである。

食い違いの個人的要素(その個人のみに関係するもの)に加え，グループメン
バーとのやりとりを通して，その人のなかで肯定的な食い違いを大きくするこ
ともできる。例えば，成功談，自分の強み，成果，個人的目標を共有するなか
で，あるメンバーの成果や成長を，他のメンバーの希望や強みなどにつなげる
ことができる。メンバーは他のメンバーをサポートするだけでなく，個別MI
で空想上の可能性について話し合うよりも大きな影響力をもたらす方法で，互

いに刺激しあい，取り組むべき可能性の具体例を示すことができる。

　視点を探索する段階で，メンバーが初めてリーダーや他のメンバーとやりとりする際，そのメンバーはリーダーに心を開いたり，見知らぬ人たちがいる部屋で過ごしたりすることに対して，やや防衛的になるかもしれない。視野を広げる段階でも，メンバーが変化しようと考えたときにまた緊張するかもしれないが，それはよくあることであり，変化するための燃料のようなものにもなる。しかし，多くの人にとって，あまりにも不確実性なことがあるのは耐えがたいものである。圧力を感じたり，打ちのめされたような気分になったりして緊張が苦痛の域に達すると，人は討論を始めたり，疑いを抱いたり，逃げ出してしまうものである。そうしたレベルに達したときには，MI方略を用いて防衛的な態度を和らげる。メンバーが，変化しなければならないという圧力に直面して，自律性を防衛しようとするのではなく，安心して，自分の変化の可能性に焦点をあてなおせるようにするのである。

　防衛を受け入れることは，グループがうまくいっているときには不要なスキルと思われがちだが，いつどんなときでも欠かせない。なぜなら，不協和はグループのあらゆるところで生じるものだからである。他のメンバーが話している間，無言のままイライラしているメンバーもいれば，別のメンバーのあたりさわりのないコメントが，メンバーの不満や恐れ，怒り，絶望感を引き出してしまうこともある。否定的な感情を扱うことは，グループワークではよくあることである。否定的感情が表れても，リーダーが落ち着いていれば，じっくり考えながら解決に向かうことができる。一般的に，問題の解決策を考えたり，人生で重要な変化を起こそうと必死になっているときには，だれでも多少のリラクタンスが生じるものであることを忘れないように。リーダーが緊張すると，グループで何が起きているか，そしてそれに対してどうアプローチするのが最善か，それらを概念化する能力が発揮できなくなる。リーダーが，ほどほどの緊張を保ちながらも安心しているときには，メンバーは，心地よい状態で，自分の感情や関連した問題を通して体験したり，取り組んだりできるものである。

視点を広げるためのグループリードの原則

- 肯定的な面に焦点をあてる
- 将来に焦点づける
- 食い違いを大きくする
- 防衛を受け入れる

グループダイナミクス

　この段階では，グループをリードするためのこうした原則を用いながら，グループダイナミクスが変化することを予期しておく。一般的に，グループで同質性の感覚が共有されると，グループへの同一化が強まり，凝集性やグループ全体に対する信頼感が高まる。ここでは，そのことについて論じよう。

　前述した通り，社会的アイデンティティとは，家族や友人といった他者との関係性や，公的であれ私的であれ集団への関わりに焦点をあてている。これらの集団に同一化することで，孤独感が軽減し，「私」という見方から「私たち」のなかの1人という見方へと広げられる。「私たち」という見方は，社会的相互作用のなかで，自分が何者であるか，何を信じるのか，何に価値を置くのかといったことを形成する。リーダーは，メンバーのテーマや体験をグループに関連づけることで，自分が何者であるかの一部分としてグループを活用するのである。この**グループへの同一化**というプロセスを通して，グループは最終的に「私たち」になる。メンバーは，グループを単に課題を達成するためだけに（もしくは出席を要求されているから）行く場所とみなすのではなく，「私たちのグループ」，つまり自分たちのアイデンティティが感じられる場所とみなすようになる。メンバー同士の絆は深まり，共同体の一員として自分がグループに貢献できると感じている。これにより，ますますグループの凝集性は深まってゆく。

　凝集性が深まり，グループのアイデンティティが確立するにつれ，個人に対する信頼（「サンディは，私の言いたいことをわかってくれて，手助けしてくれる」）と，**グループ全体に対する信頼**（「このグループは，私が悩んでいるときに支えてくれる」）の両方が高まっていく。リーダーは，メンバー間で助け合おうとしていることに気づき，それを是認することで，この変化を促進させる。メンバーが，グループを信頼して，自分のつらい体験や認識を話してくれたら，リーダーはグループのプロセスをリフレクションする。そのメンバーが，思いきって話すというリスクをとっていることをリフレクションしてもよいし，自分の弱い部分を話したり，自分の問題を解決しようとしているメンバーが安心できるように，グループがどんなふうに支えになれているかに焦点をあててもよい。グループの凝集性の芽が十分に育つまで，リーダーはリフレクションによって凝集性の芽を守っていくのである。

凝集性やグループへの同一化を生み出す別の要素は，メンバーが自分たちをともに旅する仲間と考えることである。年齢，人種，もしくは重大な社会的背景といった外的な類似性ではなく，もっと中核的な類似性や体験を分かち合えているというメンバーの感覚である。リーダーはメンバーの類似性を引き出し，リフレクションすることによって，**グループの同質性**の感覚を発達させることができる。これらの類似性は，状況に特化したもの（例：似たような問題や目標を持つ）もあるが，変化に対するメンバーの両価性，より満足できる生き方への相互努力，自分の人生の所有権を自身が持ち，目標を達成するために変化しようとする感覚などを関連づけることで，同質性の感覚を深めていくことができる。リーダーは，変化の道のりを歩む仲間として，さらにはもっと大きな人生の道のりにおける仲間として，メンバー同士で分かち合った話をより広い視点からリフレクションする。凝集性やグループへの同一化を生み出すもう1つの要素として，メンバーの課題が**相互依存的**である点も強調しておきたい。相互依存的であるために，メンバーは互いの視点やアイデア，目標達成のためのサポートから恩恵が受けられる。このように，メンバー1人ひとりが人生のなかで得るものがあれば，グループ全体にとっても利益が得られ，メンバーは互いに成果を祝福し合うことができるのである。

治療的要因

この段階では，まだ多くの治療的要因が関連しているだけだが，そのうちのいくつかの要因がより目立つようになる。メンバーとリーダーは相互にガイドし合う。どのようにガイドするかは，メンバーが新たな考えを取り入れて自身にあてはめるか，それとも新たな考えを無視したり，却下したり，拒絶するかどうかの鍵になる。もう1つは，**代理学習**である。何人かのメンバーが問題への対処法や解決法を話し合うと，他のメンバーもその人たちの問題に対する考え方や話し合う姿勢を真似るようになり，その方法も試してみる。グループのなかで前向きな努力や方略を是認することは，単に是認されたメンバーを後押しするだけでなく，他のメンバーに対してもそれらの方略を強調することになり，メンバーたちにその方略に気づかせ，考えさせることができる。

メンバーが感情を表現して癒された体験をすると，他のメンバーにも，精神的な緊張が緩和された開放感である**カタルシス**がもたらされる。これは，後悔，罪悪感，恐れ，悲しみなどに打ちのめされるリスクを減らし，変化に向かう

新たな行動を後押しする。MIグループでは，感情の障壁や防衛を打ち破るために意図的にカタルシスを体験させることはしないが，グループのなかでカタルシスが起きることはよくあり，生産的なグループの進展にもつながる。

MIグループはまた，他のグループアプローチに比べると，**自己理解を深める**ことにはそれほど焦点をあてていない。しかし，人はおそろしい現実に直面したくないという理由から変化を避けながらも，自分の人生が手に余るようになり，負のスパイラルから抜け出すためには，変化が必要かもしれないと認めざるを得なくなる。メンバーにとっては，時には何年にもわたって避けてきた孤独に向き合わなければならないとか，これまでの快適ではあるが機能不全的な役割をとるのをやめて，自分が本当は何者であるのかすらわからなくなるとか，これまで慣れ親しんできた支えなしで対処するといった，未知の状況に足を踏み入れていくのは容易なことではない。MIグループは，より深い実存的な問題について，メンバーに意図的に探索させることはしないが，メンバーが人生をより良いほうへ変化させる必要性に直面すると，そうした実存的な問題が自然に現れてくることがある。そのような問題を探索するには，他者の前で弱みをみせられるような安心感が不可欠であり，凝集性，信頼，希望が十分に確立されている場合に限られる。もし，実存的な問題があまりにも早いタイミングで，あるいはグループの終了間際に現れると，メンバーはグループの支えを感じられず，恥の感情からグループにいられなくなったり，その人の脆弱性に注意が向けられたりしてしまうかもしれない。また，そうした探索は，一歩引いて表面的なものに逃げている他のメンバーにとっても大きな緊張を伴う。なぜなら，そうしたメンバーはそれと類似した自身の問題に直面する準備ができていないからである。しかし，グループの凝集性，信頼，希望が十分にあれば，実存的問題の探索は，新たな可能性だけでなく，自己についての定義を広げたり，意味や目的を新たなものにしたりすることにつながり，視野を広げるうえで大いに役立つものになる。それによって，メンバーは自身で狭めていた以前の自分の見方や信念を本当の意味で乗り越えることができる。

この段階のグループでも，**希望を注入すること**は引き続き重要な治療因子である。だれでも自分の視点が問題や葛藤，絶望によって狭められると，身動きできなくなってしまうものである。視野を広げることで，可能性や強みの感覚が増大し，より良い将来についてのビジョンが明確になる。仲間であるメンバーが行動に移すのを目のあたりにすることで，こうした肯定的な要素により大きな焦点があてられ，メンバーの視野が広がる。グループの安全な場のなかで

新しい選択に挑戦することで，メンバーは自身の将来への希望を持てるようになる。

リーダーの機能

リーダーの機能には，視野を広げる段階と密接に関係するものがある。他の段階と同様に，協働リーダーとともに取り組む際は，一方のリーダーがMI方略と各メンバーの意見を引き出すことに焦点をあて，もう一方のリーダーは，グループダイナミクス，治療的要因，リーダーの機能に焦点をあてたりする。

境界線の管理

グループの初期段階では，境界線の管理には，時間の管理，出席，参加といった実務的な内容が含まれる。視点を広げる段階になると，リーダーの関心は，メンバーのグループ体験と相互作用に関する境界線の管理へと移行する。グループでの体験が深まり，表面的なやりとりの先に進むと，感情表現や不安の程度に個人差がみられるようになる。初期の楽観的な態度は，人生を変化させるという困難にまつわる不安に取って代わられるだろう。メンバーのなかには，イライラを募らせて不満を口にする人や，不安を内在化して無口になる人もいるだろう。メンバー間のちょっとした違いが，大きな違いに発展することもある。だれかがたまたま口にした提案に，やけに過敏に反応するメンバーもいるかもしれない。

こうした発展は，グループが変化するプロセスにおいてよくみられるものである。メンバーの反応は，自分の置かれた状況と自分の状態の食い違い，あるいは自分の望みや欲求と自分がしなければならないと考えていることとの食い違いなどに気づくようになったがゆえのものである。こうした反応に注意を向けることで，グループ体験が圧倒的で手に負えないものになるのを避けることができる。場合によっては，メンバーの反応をリフレクションするだけのこともある。あるいは，起こった問題に取り組み続ける苦しさを我慢しようとするメンバーの意思や忍耐力を是認するのが有益な場合もある。サポーティブな軽いユーモアが，深刻な瞬間を打開する助けになることもあるし，しばらく沈黙のままでいて深く考える時間を与えるのがよいこともある。

グループの規範

グループが発展したら，リーダーは相互作用をメンバー同士でできるように変換させる。1つの方法として，すぐに質問に答えるのではなく，グループにコメントしてもらい，さまざまな反応を引き出しながら，「いいアイデアはたくさんある」とか「いろいろなやり方がある」といった概念を説明する。そして，質問をしたメンバーに意見を求めて終えたり，リーダーがまとめたりする。

メンバーの興味を，自身の関心だけにとどめるのではなく，他のメンバーの問題へと向けさせることもできる。この変換が起きるまでは，メンバーは自身の話をする順番を待つだけで，他のメンバーが話している内容にはほとんど関心を払わず，まるでグループを個別セッションの集まりのように捉えているリスクが常にある。よく機能しているグループでは，メンバーは自身の問題に目を向けるだけでなく，他のメンバーの取り組みにも興味を持ち，共感や楽観的態度を示すものである。リーダーがメンバーに対して，話し手に注意を向けるように伝えることで，グループの関心やサポートによってメンバーが利益を得られるようにする。その問題や関心，あるいはプロセスが，どんなふうに自分にも関連しているかを注意深く聴くようにと伝える。リーダーはメンバーと個別にやりとりするのを減らしていき，メンバー同士で話せるようにガイドする。

> よく機能しているグループでは，メンバーは自身の問題に目を向けるだけでなく，他のメンバーの取り組みにも興味を持ち，共感や楽観的態度を示すものである

加えて，変化の道のりにおけるメンバーのテーマや体験を関連づけることで，メンバーは互いに対する関心を広げていく。例えば，リーダーは，メンバーの両価性の体験をつなげることもできる。

　「ジョン，あなたとトマスは，おふたりとも飲酒の代わりにできそうなことを話していましたね。また，飲みたい気持ちと飲みたくない気持ちが混ざっているとも。そしてデニス，あなたは薬物療法を受けることに対して，そんな混ざり合った感情があるとおっしゃっていました。みなさんは，そうした混ざり合った感情を抱きながらも，自分の考える最善策を講じることに焦点をあてているようですね」

リーダーは，グループプロセスでまだ明かされていない側面をリフレクションし，促すこともできる。

- 「みなさんは，だれかがとても大変な問題を抱えてきたときでも，いつもていねいに話を聴いて，その人が話し終えるまでじっくり待ってくれましたね」
- 「今日のグループは，生き生きとしていますね。みなさんがお互いに協力し合う様子をみるのは，とても楽しいです！　みなさんが肯定的な方向へと変化することについて話をしているときは，エネルギーに溢れた雰囲気になりますね」
- 「みなさんは，お互いへの信頼感をどのように高めるか，どうやって自分たちの望むようなグループにするかという重大な問題に取り組まれています。自分たちが進みたい方向へ行ける雰囲気を作るのは，みなさん次第です」

　視野を広げる段階では，互いにサポートや助言をすることについての規範を固める。初めのうちは，メンバー同士でやりとりすると，彼らはこれまでの自分の人生から実体験を話したり，方向性を示したり，直接的な助言をすることもある。次第に，メンバーが互いに調和し，相手の話を深く聴くようになり，さらにリーダーからのガイドやモデリングがあると，メンバーは自分の体験談や助言が本当にそのメンバーにとって必要で有益なものであるか，口にする前に考えられるようになる。それどころか，メンバーはグループで助けになれるのはどんなことかを相手に尋ねたり，仲間が言ったことに対してコメントしてもよいかを承諾を得たりするようになるかもしれない。リーダーが傾聴や相手を尊重する態度をとり，さらに以下のようなコメントをすることでモデリングとなり，こうしたグループのプロセスが進展する。

　　「みなさんは，自分と似たような状況でだれかが苦しんでいるときに，お互いに助け合うという体験を分かち合いたいのですね。そうしたくなる思いは，すばらしいものです。一方で，他者の成功談が助言のように聞こえて，聞くのがつらい人もいるかもしれません。その人がみなさんの話を聞く準備ができているかどうかを確認するために，『私はあなたの状況に対して思うことがあるのですが，最初にその状況を自分がちゃんとわかっているか確認

させてください。あなたがサポートやアイデアを求めているのか，教えてもらえますか』と，相手に聞いてみてください」

グループが発展するにつれて，メンバーは自分たちの相互のやりとりに焦点をあてるようになる。リーダーの例にならって，メンバーは相互作用のあり方に意見を述べるようになるだろう。「ねぇ，気づいたんだけど，私たちが話し始めて声が大きくなると，サラがこの場から逃げたがっているようにみえるんだ。サラ，大丈夫？」など。グループが進展すると，メンバーはグループ外でのやりとりについてよく話すようになる。しかし，今，この部屋で起きていることに焦点をあてた話し合いをするほうが，より大きな学習と変化につながるだろう。リーダーは，以下のようにはっきりとモデリングを示し，提案することで，グループの規範を変換させることができる。

　「気づいたのですが，だれかが話に圧倒されていたり，相手に不満があるようにみえるときは，いつもどなたかが，おそらくその緊張を軽減させるために，話題を少し軽いものに変えてしまいますね。みなさんにとってつらい話を探求するのを避けることで，何か失われているものがあるように思います。どうしたら，みなさんがそんなに固くならず，雰囲気を軽くせずに緊張した空気のなかでも自分の思いを話せるか，何か気づいたことはありませんか？」

リーダーはまた，苦痛を感じる問題をどう扱うかといったことに焦点をあててもよい。例えば，次のように話してもよいだろう。

　「少しだけゆっくり進めましょうか。トマスとマット，あなたたちは少しイライラしているようですね。何を考えておられますか？　おふたりには何か共通する見方があるのか考えてみましょう。トマス，あなたがどう感じているか，そしてマットの考えを聞いてどう思ったか，教えてもらえますか？」

この段階で変化しそうなグループの規範のもう1つは，メンバーがグループの方向性を自分たちで定め，「これは自分たちのグループで，自分たちが望むようにできるのだ」という感覚を育むことである。メンバーが安心して話し合えて，互いをより信頼できるというふうに，表面的なやりとりを越えてグルー

232　第Ⅱ部　動機づけ面接グループの実践

プが深まっていくことの喜びを口にするメンバーもいるだろう。どのようにグループを発展させたいかを率直に話し合える準備ができると，グループについて何が役に立つか，そしてもっとどんなふうにしたいかというテーマで，メンバー同士をつなげる機会も作れる。この段階では，あまりグループに関与していない他のメンバーを指摘したり，黙ったままのメンバーに対してもっと話してほしいと求めるメンバーが現れたりすることがよくある。

ロビン：私は，自分のことを話すのはすごく安心できるんだけど，パトリシア，あなたが何を考えているかわからなくて，少し不安になるわ。

デイビッド：うん。パトリシア，君が黙っていると，まるで審判されているように感じるときがあるんだ。もっと話をしてほしいな。

パトリシア：何ですって？　審判なんてしていないわ。私にとって，自分が考えていることを話すのは難しいの。みんなは自分の感じていることを話せて勇気があるなって，いつも思っているわ。私には到底できないもの。だから，審判のように座っていることしかできないわけ！

ロビン：そうなの，それならよかった。でも，あなたは黙っていると時々…イライラしたり怒っていたりするようにみえるのよ。だから，あなたが私たちの話に対して非難しているようにみえてしまうの。

パトリシア：私はいつも内心，自分がこのグループでちゃんとやれていないって思っているから，イライラしているようにみえるのかもしれないわね…。みんなは，自分の考えを言うことができるけど，私はどうすれば言えるのかわからないの。助けが必要なんだろうけど，どうお願いすればいいのかもわからなくて。

ジョン：やあ，ロビン，このことを話題に挙げてくれてよかったよ。パトリシア，僕は君が他人行儀な人なんだと思っていたよ。でも，そうじゃなくて，自分自身を抑え込むのにストレスを感じていただけで，本当はもっと話せるようになりたいんだというふうに聞こえたよ。それはいいことだよ。だって，僕たちみんな，それを望んでいるからね。（メンバーたちがうなずく。少し，間が空く。）

リーダー：パトリシア，それを聞いてどう？

パトリシア：たぶん，みんな，私が何も考えていないとか批判的だとか思っていたんだと思う。私は，自分の頭のなかで行きづまっていただけなのに。でも今は，私が怒っているわけじゃないとか，みんなの発言が気に入らな

いってことじゃないって，わかってもらえたと思う。みんな，私に自分が考えていることを話してほしいって思っているのよね。でも，どうやって始めたらいいのかわからない。

リーダー：みなさんはどう思いますか？（メンバーはパトリシアの発言を是認する。）みなさん，この問題をよく取り上げてくれましたね。今，パトリシアは，自分の考えをどうやって話せばいいかわからないと言ってくれました。どうすればいいと思いますか？

デイビッド：話し合いをするときに，君から始めるのはどう？

パトリシア：うーん，でも，スポットをあてられたように感じて固まっちゃうかも。

ジョン：僕たちがパトリシアが話していないのに気づいて，何か話してほしいなと思ったときに，君の心の準備ができているときだけならどう？　初めの頃を思い出してみてよ。僕は，だれとも話したくなかった。みんながいい人だって気づくのに何セッションかかかって，やっと自分のことについて話をするリスクを背負うと決めたんだ。

パトリシア：いい考えね，自分のこともちう少し話してみようかな。話をするとか，自力でやってみるっていうのは，変化するために必要なことだと思う。だから，私が何か間違ったことを言っても，笑わないって約束してくれる？　絶対に挑戦してみるから。

ロビン：すごい！　あなたにとって話をするのがどれだけ大変なことか，教えてくれてありがとう。

リーダー：では，まずはそれほど大変ではないと感じられることからやってみて，徐々に進めていくわけですね。これは少し大変だなと思ったら，みんなでしっかり話を聴いて，サポートをしてあげましょう。

感情に注意を払う

　視点を広げる段階では，感情表現が増えることによって，グループが深まり，より意味のある探索に進むようになる。個別MIでの感情のリフレクションが複雑なプロセスであるのと同じように，グループで感情を表現し，リフレクションして，それを分かち合えるサポーティブな雰囲気作りをするのも難しいことである。この点で，グループのメンバーが信頼や凝集性を高めたとしても，もし，急激な強い否定的感情の爆発が十分に解決されなかった場合には，グル

ープがそうした否定的感情に脅かされ続けてしまう。ここでの目標はむしろ，メンバー自身が対処できるレベルで不安を保ちながら，視点を探索して広げるなかで生じた感情を表出するときに，グループの安心感を徐々に高めていくことである。このプロセスによって，グループがつらい気持ちを表出して解決するための安全な場になる。そして，このことは変化を起こすうえでも重要である。情緒性は，変化するうえで焦点をあてるべきものでもあるからだ。自身の感情をよりうまく表現することを学ぶ必要があるメンバーもいるだろうし，一方で，相手の反応をみながら調子を穏やかにする必要のあるメンバーもいるだろう。第8章でも述べたように，グループを深めていくプロセスでは，感情の共有と，感情的に意味のあることを話し合えるようにしていくのも重要である。

　時には，グループが感情表出に耐えうる限度を越してしまい，（第8章でも述べたように）リーダーが焦点を軽くしたほうがよいときもあるだろう。そんなときは，雰囲気を軽くするために，言葉の強さを少し抑えながら（例：「怒っている」よりも「困惑している」といった言葉を用いる），感情をリフレクションする。また，グループで感情を共有するプロセスで気づいたことについて意見を述べてもよい。例えば，より一般的な方法で感情を扱うことについて話し合うときに，他のメンバーも巻き込みながら，あるメンバーの感情表現についてリフレクションすることもできる。

　　「フローラ，あなたの母親の発言は，あなたを深く傷つけたのですね。そして，母親があなたの進歩に気づいていないというふうに思っている。その心の痛みを麻痺させるために，感情を高ぶらせなければと感じる一方で，だれが何と言おうと前進し続けたいとも思っていますね。他のみなさんは，こうした感情をどのようにコントロールしていますか？」

　感情を共有する場面でリーダーが発言するときは，グループが過度に感情に焦点をあて始めたことへのメンバーの不安を和らげるために，必要そうなガイドラインを示してもよい。

　　「私がグループの信頼が高まっていると感じられる理由の1つは，みなさんのうち何人かが強い感情を表に出し，メンバーがそれをしっかり聴けていることです。だれかが強い感情を表すと，グループがまるで感情の大きな波

のようになるんじゃないか，と心配される人もいるでしょう。

　それについて，私は役立ちそうなガイドラインを示したいと思います。だれかが感情を話したら，これまでのように相手に敬意を払って聴きましょう。でも，グループが終わるまでには，深い感情を表したメンバーは全員，その感情をまとめる機会が得られるようにしましょう。そうすれば，安心して退席できますし，グループが終了してもまだ動揺しているかもしれないと心配する必要はないでしょう。また，もし感情的な会話が少しでも残っていたら，グループが終わる前に，みんなで軽くチェックアウトを行うこともできます。話されていた話題が自分の問題ではなくても，自分の感情のスイッチが入ってしまうことがあり，話してくれた人に対する動揺や不安が残ってしまうかもしれないからです。いかがでしょうか？」

　こうした方法で，リーダーは，安心して感情が話せることを示しつつ，安全性に十分な注意を払うことができる。このような発言は，どんなメンバーがこうしたことを望んでいるかという話し合いにつながるときもある。

意味に注意を払う

　視点を広げるという側面の1つは，変化に対するメンバーの両価性，苦労，準備性といった概念を一般化することである。それができれば，メンバーは，自身の具体的な状況をもっと一般的なこととして認識するにはどうしたらよいかがわかり，孤立感や不満を軽減させることができる。それにより，メンバーそれぞれの困難の詳細について話し続けるのではなく，両価性や苦労，重要性，自信，準備性に関連したより一般的なテーマにメンバーを方向づけなおすことができる。また，何が話されたかよりも，話されたことの意味をリフレクションすることができ，この意味のレベルでメンバーをテーマごとにつなげられる。他には，価値を探索するワークや他の活動を通して，意味や価値が明らかになるように探索する方法もある。

透明性を高める

　グループの自律性や個人の成長の発達に伴い，リーダーはグループダイナミクスに対するリーダー自身の考えやリーダーとして示す選択肢をだんだん開示できるようになる。それによって，メンバーはメタレベルで自分たちのグループをみる機会を持てる。視点を広げる段階でこれを始めるのは重要である。な

236 第Ⅱ部 動機づけ面接グループの実践

ぜなら，防衛や惰性に対処するためには欠かせない道具になるからである。リーダーとして，グループの発展を遅くするプロセス，とくに通常の社会規範の下では触れにくい対人関係のプロセスに言及することで，「言葉にならない話」を言語化することができる。

　「デボン，親権にまつわる話題になると，スイッチが入るようですね。私はそのことについて批判しているわけではありませんし，離婚前のご家族があなたに監督なしではお子さんに会えないように嘘をついていたことについて，あなたがどれだけ怒っているかも理解しています。あなたは怒るのが唯一の方法で，話したって何の役にも立たないとおっしゃっていました。私はその意見を尊重します。また，グループもあなたが自分で望んで話したときには支えるし，話したくないときは聞いたりしません。それから，似たような問題が挙がったときにも，あなたが強い反応を示すことにも気づきました。例えば，身を縮めて座ったり，脚をしきりに組み替えたり，頭をグラグラさせたり。そうすると，他のメンバーが何か重要そうな話をしていても，あなたの態度をみて話すのをやめてしまうのに気づきました。それで，みなさんが考えなければならない話を，どうしたら最後まで話せるようになるのかと考えました。だれかが人の話を邪魔しているというふうに考えているわけではありません。ですから，このようなことが起きたときに，みなさんがどんなふうなのか少し話してもらうことで，全員にとっての妥協点があるか考えたいと思います」

　グループのなかで，自身の感情について自己開示を行うアプローチをとるリーダーもいる。例えば，「私は，グループがまたこの問題を話し合うかどうかで堂々巡りになっていることに，気づまりな気分でいるのに気づきました」など。しかし，MIグループでは，リーダー自身の内的体験に関する自己開示は控えるべきである。メンバーが互いに関心を向けるのではなく，リーダーに向けるパターンに戻ってしまうリスクがあるからである。この段階でリーダーがやるべきことは，グループを守り，取り組みの勢いを推し進めることなので，参与観察者としての役割も担う。しかし，リーダーの役割について，できることとできないことを説明することで，メンバーが固定的に捉えすぎているコミュニケーションのパターンを打ち破れるかもしれない。

MI方略

視点を広げる段階におけるMI方略のほとんどは，非構造的に行われるもので，メンバーは課題よりも会話をするように促される。私たちがそれぞれの方略について述べていることは，焦点を深め，目的を達成する方法の一例である。

発見的モデル

この段階における有用な方略の1つは，メンバーは今も続いている自分の習慣やパターンをみなおすための発見的モデルを説明することである。発見的モデルには，変化の段階モデル，「やれる―やりたい―できる」モデル，そして慢性疾患への適用モデルが含まれている。多くの有用なモデルがあるが，もっとグループに適したモデルもあるかもしれない。メンバーが自分と異なる観点で物事を捉え，自分の現在のものの見方をはっきりさせるのに役立つような，前向きなモデルを活用するのが大切である。

この方略を使用する際は，初回のチェックインのあとで，これらの概念モデルの1つを説明する（セッションのなかで使用するモデルは1つに絞ることを勧める，またグループでも1つのモデルにしたほうがよいかもしれない）。教育するというよりも，ちょっとした役立つ情報（少しの内容）を提供するようなものだと考えてほしい。話し合いを引き出すものであり，その情報はメンバーそれぞれにあてはめて用いられる。リーダーがどのようにわずかな内容を紹介し，どんなふうにメンバーが視点を共有できるよう手助けできるか，いろいろ試してみること。ペアになるか，小グループに分かれるか，あるいはグループ全体でラウンドして話すか，それとも普通に話し合うか。リーダーがグループに話をさせ，共有させるのにちょうどよいバランスを探そう。最後に，こうした活動における話し合いは，肯定的なグループダイナミクスと本章の前半で述べた治療的要因を促進し，将来への肯定的な焦点づけに寄与するためのものであることを忘れずに。

変化の段階

どんな文脈でも使用できる一般的な発見的モデルは，変化の段階モデルである。他書でも，メンバーがより広い方法で自身の変化のプロセスを枠づけるためのモデルの活用方法が紹介されている（Velasquez et al., 2001; Velasquez et al., 2005）。

変化の段階モデル

　変化の段階モデルは，5つの段階に分かれる。**前考慮段階**では，人はまだ変化を起こそうと考えていない。変化について考えたことがない，もしくは変化したいのに自信がなくて挑戦できない状態である。例えば，喫煙者がタバコを吸うことが健康に害を及ぼすとわかっていても，そんなに心配していないか，やめられる気がしない，もしくはいつかやめられると思っている，などである。

　変化について考え始めたとき，人は**考慮段階**にある。このとき，人は何か違うことをするか，今の状態を維持するか迷っている。変化によい面とあまりよくない面があるのと同じように，現在の習慣やライフスタイルにもよい側面とあまりよくない面がある。この段階では，ほとんどの人は混ざり合った感情を持っており，それぞれの可能性の間で揺れ動く。選択肢の間で身を引き裂かれる思いがして，混乱する。そのため，喫煙者は，「やめるべきか？」「本数を減らせばいいか？」「迷わずに喫煙を続けるか？」と揺れ動くだろう。

　ある時点で，人々は変化することを決心し，**準備段階**に入る。この段階では，どうしたら変化を起こせるか考え，計画を立て始める。喫煙者は，「禁煙パッチを使ってみようか？」「薬物治療を受けようか？」「スパッとやめるか，それとも徐々に減らしていくか？」「催眠術を試そうか？」などと考える。

　行動段階では，人は変化の計画を実行し，新しい習慣や方法を試してみる。もし，それについてだれかと話したいとか，安全策をとりたいと思うなら，サポートしてくれる人を探したり，しばらくそれを続けたりする。この段階では，自身が変わったとは思えていないだろう。喫煙者が最初にタバコをやめたときは，まだ自身のことを喫煙者だと思っていて，自分は「タバコをやめようとしている人」だと捉えている。

　維持段階では，人はその変化を維持しようとする。この時点で，その人のアイデンティティも変化していることがある。自身を元喫煙者とみなし，ストレスが高まったときや喫煙者が近くにいるときは，またタバコの誘惑にかられる。とはいえ，もうほとんどタバコのことは考えていない。タバコは，背景に消えていく。

　再発することもめずらしくなく，そのときは，以上の段階を再び巡ることになる。それは至って普通のことである。なかには，変化に成功する人もいるし，自分は喫煙者ではないことにあるときふと気づいた元喫煙者のように，もはやそのことについて考えることさえなくなる場合もある。

どのように行うか メンバーに，これまでの人生で起こした大きな変化について考えてもらい，簡単にいくつか例を引き出す。次に，彼らが初めてその問題に気づいてから変化しようとするまで，どのくらいかかったか尋ねる。たいていメンバーの回答はさまざまであり，気づきから変化への試みまで何年もかかったという人もいる。そして，最初に変わろうとしてから変化を終えて，それが過去のことだと感じられるようになるまでどれだけ時間がかかったか尋ねる。その道のりのなかでくじけたときのさまざまな感情など，共通のものをリフレクションする。変化を試みたときはだれでもいらだちを経験するものであり，同じような体験をすることを伝える。変化はすぐには起こらない場合がほとんどであり，むしろ時間のかかるプロセスとして起こることや，時には後退するものであることも話す。

　メンバーに，自身のこれまでをふりかえる別の方法を知りたいかどうか尋ね，もし興味があるなら，変化の段階について簡単に紹介する。それぞれの段階の意味を説明する際には，モデルの車輪または螺旋を描いた図を用いるのもよい。今ある習慣を変化させるには，大変な努力が必要になるものであるという，ちょっとした情報を伝えるのも役立つ (Prochaska et al., 1992)。これにより，メンバーがこれまでに成功した変化を思い出させ，防衛を低くし，現在の問題に対しての自己効力感や楽観的態度を高めることができる。こうした見方で現在の問題に向き合うと，変化はもっと達成可能なものだと感じられるようになる。そのため，このモデルが役立ったというメンバーが多い。鍵となる言葉をリフレクションし，変化は人によってさまざまであるが，他者が変化しようとするのをサポートすることで，小さな変化だけを起こすのと人生の変革を達成できることの違いが生まれる。

　メンバーが，現在，変化させようとしているターゲットがはっきりしているなら，このモデルがどのように自分に適合していると思うか尋ねる。メンバーのものの見方に対する批判的ではない受容のモデルを示しながら，共通の視点をまとめ，違いに焦点をあてる。そのまとめは，話し合いが向かっていく方向を示す地図となるが，大切なのは，メンバーの意見を用いて，次にグループがどこへ向かうのかを示す要素が含まれていることである。これは個人の選択や自律を認める一方で，グループの同一化や同質性，信頼，相互依存といった力動を強調するのにも役立つ。

「やれる─やりたい─できる」

　他の発見的モデルとして，Miller と Rollnick (2002) が提唱した「やれる─やり

たい―できる」モデルがある。これは動機づけについて，ありのままの，専門用語を用いない文体で述べたものである。

どのように行うか 　人は"動機づけられた"ときに変化を起こすものである，という考え方を説明する。それからメンバーに，その意味について尋ねる。白板に書くなどして，「やれる―やりたい―できる」の３つの要素が何を示すかを引き出す。メンバーが考えている変化への「やれる，やりたい，できる」がどのくらいか，0～10点で尋ねる。この３つのどこかで立ち往生してしまうことが，変化の妨げになることを伝える。メンバーの「やれる，やりたい，できる」の方法について考えていることをリフレクションし，低い得点を高めるためのブレインストーミングをするのもよい。もし，あまり会話が弾まなければ，メンバーをペアや小グループに分け，それぞれで考える時間を設けてから相互に発表してもらう。

慢性疾患への適用

慢性疾患に対処するためのモデルは，医療現場でのグループに有用である。慢性疾患への適応は，自己変容と一連の非線形課題の習得を必要としている (Cohen & Lazarus, 1979)。また，対処モデルは，病気であるというラベリングを避け，メンバー自身が選択した目標となる行動や健康的な変化へのプロセスに焦点をあてているので，MIの観点にもよく適合する

どのように行うか 　モデルについての簡単な説明をする。例えば，SamsonとSiam (2008) の統合モデルによると，慢性疾患への適応は次の５つの領域における個人の特性が関係しているとされる。①個人の生育歴と社会的背景，②病気の認知的評価，③適応面での課題，④対処スキル，⑤認識されている疾患の予後，である。このモデルは，専門用語を使用しているので，グループの読み書き能力を考慮して，もっと簡単で説明的な言葉に変えるほうがよい。例えば，個人の生育歴と社会的背景は，「人生経験」と「病気についての家族・文化的な信念」などと言い換えられるだろう。同様に，認知的評価は「自分の体調についての不安，どんな資源や手段が助けになると思うか」，適応面での課題は「食生活や仕事を変えたり，ソーシャルサポートや精神性の重要性をみいだすなど，病気を補うためにしていること」，対処スキルは「情報を得たり，助けを求めたり，目標を設定するといった，これらの課題を達成するためのスキル」，認識されている疾患の予後は「どれだけバランスをとることができているか，普通でいる感覚を取り戻しているか」などと言い換えられる。メンバーが自身の体調を調整するうえで，これらがどれだけ影響

第11章　第3段階：視点を広げる　*241*

しているか，具体例を挙げてもらう。疾患によって置かれた新たな環境への適応方法を引き出し，メンバーのテーマをリフレクションする。以下は，その例である。

リーダー：みなさんは，行動を起こして通常の生活に戻るのに役立つような，自身の健康を理解するためのモデルについて関心をお持ちでしょうか？（グループのメンバーがうなずき，「あぁ」「もちろん」「ぜひ」などと答える。）健康について考える方法の1つは，人生の5つの領域がいかに健康に影響し，健康問題がどのように人生の領域に影響を及ぼしているかに着目することです。1つめは，「人生経験」です。これは，みなさんの個人的な生育歴，つまり，子どもの頃のこと，病気をした家族や友人，これまでに健康や病気について習ったこと，学んだこと，今の家族や職場，社会的な集団のなかでの立ち位置，仕事，社会的集団などをさします。みなさんの経験は，自分の健康状態にどのような影響を及ぼしていると思いますか？

ケイティ：まさにそうだわ。私が子どもの頃，母は病気でほとんど寝たきりでした。私は，糖尿病が進行し，母のようにベッドで寝たきりになるのが怖いです。

リーダー：病気によって身体機能が損なわれるのではないかと心配なのですね。

ケイティ：えぇ，何とかして病気を管理したいんです。そうすれば，母のようにならないでしょう。

モーガン：俺の場合は，まったく逆だ。こんな深刻な病気を患ったのは俺だけなんだ。時々，友だちは健康なのに，どうして俺はこの若さで心臓病に苦しまなきゃいけないんだと，不公平な気持ちになるね。

トレーシー：私は，努力しつづけ，諦めないことを人生経験から学びました。鎌状細胞が痛みを起こし，衰弱しても，落ち込まないようにしました。病気は進退するものだし，前向きでいようとしているんです。

リーダー：3人とも，ご自身の経験が自分の病気に対する考え方に影響を及ぼしたと思われているんですね。他の方はどうですか？

（会話が続く。）

リーダー：このリストの別の領域には，「適応面での課題」もあります。みなさんは，自分の病気に適応するためにどんなことをしていますか？　病気に対処したり，取り組んだりするのに，何が助けになりましたか？

242　第Ⅱ部　動機づけ面接グループの実践

スザンヌ：私は，癌であることのストレスを軽減するために神に祈っています。そうすることで，恐れではなく，最善の治療を受けることに焦点をあてられるんです。

シーン：私は，担当医からストレスを減らすために瞑想やヨガをしてみるのを提案されました。どちらもよく知らなかったのですが，2つほど講習を受けてみて，夕食前にやってみることで，これほどリラックス効果があるのに驚きました。

トレーシー：祈り，瞑想，ヨガ…　私には，もっと実用的な対処スキルが必要なの。私は，毎週食事なんかの必需品を配達で受け取って，子どもの活動のために自動車の相乗りサービスを契約しているのですが，そのおかげで発作が起こったときにもゆっくりできるんです。だから私にとって，外部の援助を受けることは重要です。

リーダー：みなさん，とてもよい例を出してくれました。他の方はどうですか？

（会話が続く。）

　最後に，ラウンドで質問に答えてもらいながら，これらの問題について考えたことや，他のメンバーの意見を聞いてわかったことなどをまとめる。2巡目に，自分がやれそうなことを尋ねる。それから，新たにやってみようと思うことを尋ねる。全員の意見を共有したら，鍵となる点，内容の共通点，メンバー間のプロセスのテーマについてまとめて終わる。

アセスメントのフィードバック

　アセスメントのフィードバックは，一般的に個別MIで用いられており，カウンセラーはアセスメントの結果をクライエントに報告し，変化への動機づけを高めるために内容について話し合う。MIグループの初期の研究では，大学生を対象にアセスメントのフィードバックを行って話し合われていたが，その研究結果では，グループのなかでフィードバックを行うことは，簡潔に書面で行うフィードバックに比べて効果が薄いことが明らかにされた。おそらく，気恥ずかしさや防衛心のためだろう。グループのフィードバックが望ましくない行動様式の規範を強めてしまい，変化への動機づけの妨げとなることも懸念される。しかしながら，半構造化された小グループにおける話し合いを用いた近年の研究では，修正されたアプローチにより，これらの望ましくない効果を避

けたアセスメントのフィードバックが組み込まれている（Faris & Brown, 2003; LaBrie et al., 2006; Labrie et al., 2008; 本書第5章参照）。私たちのグループでは，時々，いくつかの情報に絞った選択的なアセスメントのフィードバックを実施している。Martinoら（2013）では，重複診断を受けた人たちのMIグループにおけるアセスメントのフィードバックについて述べられている。

どのように行うか　　通常の臨床的アセスメント，健康もしくは疾患の生体指標，あるいはフィードバックのために実施された尺度は，すべてフィードバックに用いることができる。第7章で述べたような対人問題目録など，社会的機能に焦点をあててもよい。あるいは，職業スキル，レジリエンス，「ビッグファイブ」の性格特性，対人関係上の強みなど測定する尺度を用いて，肯定的な特性を測定することもできる。

それぞれの結果はさまざまだが，メンバーには同じ要素についてフィードバックを行う。大切なのは，メンバーに新しい情報を与えて，新たな考えを刺激することである。書面にまとめたフィードバックをフォルダに入れて配り，他の人にはみせないように指示し，リーダーがその意味について解説する。グループに対して，リーダーが各要素について話し，定義したら，用いた尺度や分類について説明するのが典型的である。評価された特性，リスク，強み，またメンバーが物事を改善する際に助けになったり，難しさが生じたりするのはどのようなことかといった反応を引き出す。

その人がリスクにさらされていることを本人に説得しようとするのではなく，将来的に害が及ぶリスクが会話にのぼったときに，何が起こりうるかを話し合い，それがどのようにリスクと関連しているか，そのリスクを減らすにはどうすればよいかといった実際的な内容をグループで話し合う。そうすると，グループの話し合いは，メンバーがその情報をいかに自分にあてはめて活用するかに焦点をあてられる。しばしば，思いがけないフィードバックがなされ，メンバーの変化への切迫感を高めるだろう。

この方略は，リフレクションしながらの傾聴と「**引き出す−提供する−引き出す**」という会話方略の両方の熟練が欠かせない。「引き出す−提供する−引き出す」は，クライエントが情報を取り入れて活用する範囲を増やすので，リーダーが提供しなければならない情報を減らすことができる。この方略において，最初の**引き出す**では，特定の問題についてメンバーがすでに知っていることを引き出す。グループでは，引き出すことこそ何より重要である。なぜなら，メンバーに関連のある論点がすべて挙げられるからである。引き出されたとき

は，グループで共有された基礎的な知識を是認し，互いをアイデアの資源として捉えるという価値を強調する。しかし，その話題に関する重要な要素が挙がらなかった場合は，「空欄を埋める」ためにグループに情報を**提供する**。また，メンバー同士で不正確な情報が話されたときには訂正するが，その際，どのメンバーにも恥ずかしい思いをさせないように配慮する。メンバーが，情報にみせかけて個人的な見解を話した場合は，そのメンバーが話してくれたことは是認しつつ，丁寧に事実と意見とを区別する。最後に，情報を与えたあとに，メンバーの反応，とくにその情報がメンバー自身の状況にいかにあてはまるか，もしくは，どのようにその情報を活用したいかといった反応を**引き出す**。情報を自分にあてはめることで，単なる事実が行動の動機づけへと変化する。

> 情報を自分にあてはめることで，単なる事実が行動の動機づけへと変化する

リーダーがグループを構造化しようとすることで，参加するのではなく観察ばかりしている側に回ってしまったり，生産的な内容に焦点をあてられなかったりするといった否定的なグループのプロセスを回避できる。

将来に目を向ける／心に描く

　将来に目を向ける／心に描くことには，将来的に自分がどこにいるか，もしくは，どこにいたいかについて，メンバーに考えてもらうことも含まれる。それぞれの臨床場面によって，適切な時間的枠組みは異なる。例えば，減量をめざしたグループの場合，1カ月後と6カ月後の将来の自分を心に描くほうが，5年後の自分の状態を心に描くよりも適切だろう。一方，全体的なライフスタイルの変化に焦点をあてた治療グループでは，より長期的な時間的枠組みのほうが望ましいだろう。将来に目を向けるアプローチでは，変化を起こさなかった場合の将来の自分をメンバーに想像させ，変化を起こした場合の将来の自分と比較する。変化しなかった場合との比較はせずに，単に変化できた自分を想像させるだけでもよい。こうした肯定的な面への焦点づけは，勢いを生み，メンバーに想像上での成功体験をさせ，より大きな希望を注入することができる。この想像上での成功は大きな力を持ち，自分はこれからどこか肯定的なところへ向かっているのだという感覚をメンバーにもたらすことができる。

どのように行うか　　将来についての話題を紹介することから始める。

　「みなさんの多くは，これまでなんとかやってきたことや，直面した困難に

対処したことについて話してきました。もちろん，自分の人生に投げ込まれたことに対処できるのは重要なことです。さらに，将来についてのはっきりとしたビジョンを持つことも，みなさんの背中を押し，自分の人生をより一層自身の望むようにすることに焦点をあて続けるのに役立ちます。これから，将来について焦点をあてていきましょう。最初に少し時間をとるので，将来について少し想像してください。目を閉じて，将来のある時点でそうなればいいと思うような自分自身を心に描きましょう。それが現実的であるかどうかについては悩まず，自分の人生がどうであってほしいか，ただ想像するのです。自分自身について，そして自分が望む人生に発展させるような自身の成功について想像してください。（少し長めの時間をとる。）前向きな将来について強いイメージを持てたら，リラックスして目を開けてください」

　メンバーが全員，目を開けたら，それぞれのビジョンを分かち合ってほしいと伝える。まず，2，3人のメンバーに，自分の変化やそれについての考えや感情，そして自身の将来を想像してみて気づいたことなどを話してほしいと伝える。ラウンドで一巡したり，自由に話し合いながら，それぞれのメンバーのビジョンを引き出す。そして，メンバーの話した内容やテーマ，感情やアイデンティティを関連づける。もし，十分な時間があるなら，将来に向けて行動するという具体的な方法には移らずに，そのビジョンを心の中に置いたまま，それについてメンバー自身で考え，想像し，そして具体化してみるように伝える。リーダーが，この課題を1回だけのセッションで用いるならば，リーダーは「その想像を実現するには，何が必要でしょう？」「みなさんは，そのときまでに想像通りになるために，どんな段階を踏めばよいでしょう？」「取りかかるにあたって，グループからどんな助けが欲しいですか？」といった鍵となる質問を尋ねるのもよいだろう。もう1つの方法が，違いをみつけることである。「将来に向かって今できることを，1つ選ぶなら？」などとメンバーに尋ねる。第13章では，強制参加のメンバーの「希望と夢」を引き出すことに焦点をあてた課題を用いている。Dunnら(2013)では，体重管理の話し合いにおいて，メンバー同士が「自身の冒険を選ぶこと」を話し合わせている。

期待の再検討

　この方略の目的は，メンバーが自分の生活やアイデンティティ，関係性などに抱いている思い込みや期待の内容を整理し，それらが現在の生活にどの程度

合っているのかを検討することである。ここでは，会話を活用した方法を用いる。

どのように行うか　この話題は，否定的な感情（例：不安，失望，恥など）についてのグループでの話し合いから始まることが多く，そうした否定的な感情はしばしば，非現実的な期待や現実に即さない期待と関係している。メンバーのリフレクションや探索によって，子ども時代や青年期の頃からの人生で期待していたことを，さらにリフレクションさせてもよいだろう。似たテーマを関連づけ，それらの期待や思い込みが今の人生にも合っているのか，あるいは現状に合わせて変えるべきなのか，メンバーに考えてもらう。メンバーが自分の期待を修正しようとするなら，そこで彼らの反応を引き出す。メンバーは古い夢を手放そうとするとき，しばしば安堵と悲しみの入り混じった気持ちを表現するものである。新たな期待と反応について話し合い，これらが行動したときにどう役立つかを想像してみるよう，グループをガイドする。

意思決定バランス

第10章で意思決定バランス方略のゲーム版について述べられているが，これはメンバーの進展を妨げ，行動に移せずにいるものが何であるのかを明らかにするうえで有用である。

どのように行うか　会話方略では，リーダーは，このままでいることの利点や賛成理由とともに，変化することへの反対理由や困難さについて，メンバーに考えてもらう。次に，このままでいることへの反対理由をメンバーに尋ね，変化することへの賛成理由や利点も考えてもらう（初めに，メンバーが前進できずにいる不安要素を扱ってから，そのあとで変化を起こすことにつながる肯定的な要素を探索するという順番が，変化への勢いを生む）。もし，リーダーが以前にも意思決定バランスの課題を行っていたなら，そのときとの違いを尋ねる。もし違いがあるなら，何の動きが自身を変化に向かわせたのだろうか？　どうすれば，メンバーはさらなる勢いを生み出せるのだろうか？

重要性と自信を探索する

この方略では，メンバーは，特定の変化がなぜ自分にとって重要なのか，また自分がそれをやるのにどれだけ自信があるかを探索する。それから，リーダ

ーは，メンバーに自身の変化の重要性と自信を高めるやり方を探索するようガイドする。

どのように行うか　リーダーは，初めにメンバーそれぞれにワークシートへ記入させ，それからペアごと，もしくはグループ全体でワークシートを集める。グループ全体で取り組むときには，メンバーに話し合いたい変化やその方略について選んでもらう（例：ジムで運動することや，パートナーに対してもっと自己主張的になるなど）。メンバーに，自分で統制できる範囲での部分的な変化や達成可能な変化について話してもらう。それから，ホワイトボードに0から10までの線を描いたり，そのような線が印刷された用紙をメンバーに渡したり，あるいは部屋のなかに想像上の線をイメージしてもらったりする（または，床の上に数字を書いた数枚の紙を置いて目印をつける）。それから，「0は，みなさんが選んだ変化が自分にとってまったく重要ではないという意味です。一方，10はとても重要であること，5はちょうどその中間を表します。変化について考えてみましょう。0から10の尺度で，現在，この変化を起こすことは，自分にとってどれくらい重要でしょうか？」と説明する。そしてメンバーに，自分の数字を尋ねる（もしくは，数字の目印のところに立ってもらう）。メンバーの数字を共有したら，それぞれに（もしくは，低得点，中得点，高得点などに分けて）「その数字にした理由はどうしてですか？　なぜ，0ではないのでしょう？」と尋ねる。メンバーになぜその点数なのかを尋ねるのは，チェンジトークを引き出すのに重要である。メンバーの回答をまとめ，チェンジトークを強調しながら，全員にあてはまる発言を要約しながらグループを全体として取り上げる。また，メンバー数人にあてはまるテーマは，「私たちのうちの何人か」として取り上げることで，グループのアイデンティティと凝集性をさらに発達させることができる。これによって，変化を引き起こす重要性についての価値や理由は，人によってさまざまであるという考えを強調できる。必要に応じて，「みなさんの得点を少し上げるために必要な要因は何でしょう？」と尋ねる。重要性を高める要因を考えさせることで，自分が起こすべき変化についてもわかりやすくなる。

　重要性の点数化に続けて，同じ尺度を用いながら「今，この変化を起こすことに，どのくらい自信がありますか？」と尋ねる。再度，メンバーに「その数字になった理由はどうしてですか？　なぜ，0ではないのですか？」と尋ねる。前と同じく，メンバーが回答した答えは，どんな小さな数字であっても，何らかのチェンジトークにほかならない（注：稀ではあるが，たまに「0」と答える

人もいるだろう。リーダーは,「今の段階では,あなたにとってそれはまった
く重要ではないわけですね」とか「現段階では,あなたは変化を引き起こす自信
がないのですね」とリフレクションする)。それから,「これはできるという自
分の自信を高めてくれるものは,どんなものでしょう?」と尋ねる。メンバー
間のテーマをリフレクションして結びつけてから,変化を引き起こす自信を高
めるためにグループがどう手伝えるかを決めて,フォローアップを考える。

テーマの重要性や自信を扱うことがグループのニーズに適していれば,それ
らに焦点をあてながら,行動に移すために考えなければならないことを課題と
して挙げていってもよい。第Ⅲ部のいくつかの章では,重要性と自信について
探索している。Lane ら(2013)では,メンバーが重要性と自信について混乱して
いるときは,両者の違いを明確にする支援の例を紹介している。

変化の成功談

変化の成功談を引き出すのは,変化を過去の成功とつなげたり,現在の変化
の可能性についての自信を高めたり,新しい変化の試みに刺激を与えたりする
ことによって,メンバーの視点を広げる会話方略である。

どのように行うか まず,メンバーが過去に引き起こした変化を思い出す
ことが有益であると説明する。メンバーに,自分が起
こしたいくつかの変化について考えてもらうために,少し時間をとる。そのあ
と,これらの変化の1つについて,自分がどのように変化のプロセスを開始し
たか,どんなふうにその変化を達成したかに焦点をあてて話してもらう。メン
バーの話を引き出し,メンバー間の内容とテーマをつなげて,チェンジトーク
をリフレクションする。変化の成功談を共有したあとで,過去の成功した変化
から現在の変化にあてはめられることについてメンバー同士で話し合ってもら
う。

もし,変化を成功させられたことをみつけにくいメンバーがいたら,会話を
広げて,彼らがみつけられる成功や肯定的な成果はどんなものでも取り上げ
(変化に限らなくてもかまわない),メンバーが自身を誇りに思ったことも含め
てよい。メンバーは,過去の成功を価値下げすることがよくあるので,忍耐強
く,小さな成功を探していかなければならない(だれにでも小さな成功談はあ
るものだ)。それでもメンバーが肯定的なことを何もみつけられなければ,そ
れを受け入れ,他の人の意見を聴いておいてもらい,本人が望めばあとで一言
話してもらう。いずれの場合も,成功や肯定的な達成をみつけられないからと

いって，だれかが居心地の悪い状況にならないようにする。こうした状況は，人々が落ち込んでいるときや否定的な気分になっているときには，実際によく起きるものである。そのため，「もし，今すぐに何も思いつかなくても大丈夫」と伝えるべきである。

　共著者の章のなかには，変化の成功談を引き出すことに焦点をあてたものがいくつかある。Lane ら (2013) では，当初は過去の成功をみつけられなかったメンバーと取り組んだ事例が紹介されている。Martino ら (2013) では，この課題を創造的に広げて，精神保健と嗜癖障がいの多重診断を受けた人たちのグループにおいて，将来の想像上の成功についての課題が示されている。

強みを探索する

　強みを探索することは，視野を広げることによく適している。その理由は，多くのメンバーが，変化に向けた動きの一部である自分の強みについて，考えたり気づいたりすることに不慣れだからである。自分の強みを挙げて，互いに自分の強みを説明し，自分が気づいている強みや他者から言われた強みについて，他のメンバーからフィードバックを得ることで，自信を強め，変化を試みるよう意欲を増すことができる。これは，グループの凝集性，信頼，同質性の認識，そして希望を高めることにもなる。

どのように行うか　まず，「変化しようとするとき，持っている道具はどんなものでも成功に役立てられることを覚えておきましょう」とメンバーに話す。その道具の1つが，それぞれの個人的な強みである。メンバーに，自分の強みについて考えてもらう。リーダーは，「粘り強い」「勇敢」「賢い」「親切」「思いやり深い」といったいくつかの例を示してもよい。数分の時間をとって，メンバーに自分の強みを5つくらい挙げてもらう。それから，メンバーの強みを話してもらい，それが過去の状況でどのように自分の助けになったかを話し合う。ラウンドで，1人ずつ自分の強みをすべて挙げたら，他のメンバーからもその人の強みを言ってもらい，それも頭のなかのリストに加えてもらう。メンバーに関わり続けてもらうために，人から人に強みを伝え合うだけでなく，強みから強みへと展開させてもよい。メンバーが「決断力」といったことを口にしたら，その強みがどんなふうに，さまざまなメンバーが状況に対処し，自分の運命を改善する助けになるだろうかと探索するのである。次に，自分の現在の状況を改善するために，自分の強みをどのように活

用できるかをメンバー同士で話し合ってもらう。ラウンドで一巡したら，話し合い中のグループにおけるエネルギーの観点から，リーダーが気づいたことをコメントする。そして，強みに焦点をあてると，どんな気分になるかを話し合う（たいていメンバーはより肯定的な気分になって，動機づけも高まっている）。第Ⅲ部では，メンバー自身の強みに焦点をあてる取り組み例を紹介している。

コツとワナ

コツ

第1に，リラックスしてグループを楽しむこと。リーダーがメンバーの好きなところに焦点をあてると，圧力をかけることなく共感的な姿勢が伝えられる。

2つめに，リーダーは，プロセスと内容の両方に注意を払い続け，そのためにさまざまな方法を用いること。とくに，協働リーダーがいない場合，リーダーの仕事と機能のすべてを完遂し，グループで話し合えるようにガイドするのは容易ではない。次のセッションまでに記録をとったり，グループ直後の記憶が新しいうちに経過をまとめた資料を作ったりするとよい。もし協働リーダーがいるなら，毎回のセッション後と次のセッション前に，再度グループについて話し合う時間を設ける。これによって，リーダーが見逃したことや前回取り組めなかったことに注意を払う手がかりになり，そのときに対処できなくても，同じ局面がグループで起きたときに改めて扱うことができる。

3つめに，招き入れと視点の探索の段階でリーダーがとっていた強力なリーダーシップを弱めていき，リーダーが提供する構造や話題，対人関係の境界にグループが依存している状態から，ゆっくりと，しかし確実に，「離乳」させること。リーダーが身を引くことで，メンバーが自分たちのグループのリーダーシップや方向性の責任を引き受ける余地が作られ，最終的には，リーダーはメンバーの成長のコンサルタントのような存在になる（メンバーが自らの変化の当事者となるよう強化し，活性化を促進させる）。

ワナ

この段階における第1のワナは，同じコインの裏表である。つまり，ゆっく

り動きすぎるか，速く動きすぎてしまうということである。もし，グループが
あまりにゆっくりと動くなら，あまりに長く活動していないままでいること
で，再び両価性がかき立てられてしまう。変化への準備に「追いつく」必要のあ
る数人のメンバーを待っているうちに，他のメンバーが退屈したり，グループ
から離脱したり，あるいは準備のできていない状態に後戻りするかもしれな
い。逆に，グループが速く動きすぎると，まだ整理できていない両価性が抵抗
や士気の低下を招くだろう。そのうえ，次の段階への移行に求められるほどの
グループの凝集性と信頼は築かれない。そのグループにとってちょうどよいペー
スをみつけるために，必要に応じて第8章で述べた加速や減速の方略を用い
るとよい。

進歩の指標

どんなグループでも，視野を広げる段階に費やす時間はさまざまである。あ
るグループでは，数セッションにわたって同じ課題に焦点をあて続けるだろう
し，一方で，別のグループではより少ないセッション数で進展がみられるかも
しれない。メンバーの大半が，変化に向けた行動をとる準備ができたと思われ
たら，グループは次の作業である**行動に移す**段階に入る。

第**12**章

第 4 段階：行動に移す

　視点を広げることは，メンバーが自分の生活や機会，優先事項，強みについての捉え方を広げるのに役立つ。メンバーの視点がより狭い範囲にとどまっていた頃よりも，問題は小さく，そして管理可能にみえるだろう。メンバーは，自分の将来にはたくさんの機会があることに気づき，過去の選択やその結果に縛られている感覚が少なくなるだろう。

　自由の感覚が高まることで，メンバーはすでに，新たに認識できるようになった機会にまつわる自然な変化を生じさせているともいえる。希望と目標を強く感じるようになったメンバーもいる。こうした感情の高まりによって，新たなことを試してみる意欲が増加し，メンバーは自分の努力に対するグループのサポートに感謝するようになる。この時点で，グループの凝集性が高まっていることが多い。つまり，メンバーは互いに率直に話し合い，互いのウェルビーイングのために力を注ぐ。そして，グループへの参加を辞めようとしたり，緊張したりする時期は過ぎ去っている。

　これらはどれも，グループが最終段階である**行動に移す**段階へと進展したことを示す指標である。メンバーは，自分の状況と可能性に対してより広い視点を持てるようになると，次は焦点を狭め，変化をもたらす計画の調整に入る。目標達成に向けて目的に沿った行動をとるようになり，自身の経験に応じて目標と方法を適合させ，自分が変化するために他のメンバーの意見や経験を役立てようとする。この段階の終盤では，グループのメンバーは，しっかり考えられた行動計画が立てられているべきであり，また，かつて彼らを立ち止まらせた両価性を越え，妨害する力がなくなるほど，アイデンティティと視点が深く変化していなければならない。グループのメンバーが変化に成功するにつれ，グループの終結やグループの継続的なサポートなしでの生活へと移行する準備をする。

　すでに述べた通り，グループ全体としての活動は，ほぼ予測可能な形で進む。

しかし，グループメンバーの進展は通常一様ではない。変化することを受け入れ，変化に向かって段階を踏むメンバーもいれば，いまだに可能性を熟考しているメンバーもいる。グループ体験として共有されている本質は，グループのサポートを得て成功した体験を共有するメンバーが，今度は，確信を持てない状態にとどまっているメンバーのための役割モデルの機能を果たし，それにより行動に移すための希望や勢いを増加させることである。この方法により，グループのプロセスは，動機づけ面接（以下，MI）技法のみで達成できる範囲を越えて，勢いを起動し，維持することを可能にする。

グループのメンバーは，自分が行動に移す動きについて，次のような言い方で表現することがある。

- 「今週は，（薬物を）使っている友だちに近づかなかったから，誘惑を避けられたよ」
- 「サムとマリアが生活を大きく変化させていることを考えると，私も変化できるんじゃないかって，自信を持てました。だから，今週は小さな変化をみつけるために，自分が食べたものの記録をとることにしたんです」
- 「もっと自己主張する練習をしていますが，今のところ，だれからも悪い反応をされていません」
- 「いまだに，毎日，血圧を測って薬を飲むのを忘れないようにしないといけないのだが，グループで提案されたようにカレンダーを使ってみたら，そのほうが覚えやすかったよ」

メンバーの進展がバラバラなときは，それぞれのニーズとグループ全体の進展とのバランスをとる必要がある。この段階では，個人とグループ全体のどちらの側面も重要であり，グループをうまく機能させるには，どちらか一方だけが中心になってはならない。

メンバーの個人的ニーズとグループ全体のニーズとのバランスをとる

グループリードの原則

グループの早期段階では，肯定的な体験や可能性，個人の特徴に焦点をあてていたが，今度は，メンバーの行動に焦点を移すときである。**行動に焦点をあてる**ことで，たとえ小さな一歩でも，グループが変化に向けて前進することを

254　第Ⅱ部　動機づけ面接グループの実践

維持できる。通常は，この時点でメンバーは，リーダーやグループ全体，そして互いに対して強いつながりがある。しかし，グループにおける自分のニーズをまだ特定できていなかったり，共有できていなかったりするメンバーもいるかもしれない。そうであれば，グループが終結に近づいていることを念頭に置き，**必要なものを求めるようにメンバーを導く**のがよい。変化を起こすことについて，まだ話されていない心配ごとについて話し合うときである。グループのプロセスは時間をかけて変化するものであるため，**グループプロセスに関心を払う**ようにグループを促し続ける。メンバーが肯定的な変化を遂げるにつれて，グループの勢いは形作られ，スピリットが高まる。そのため，この時期は，

行動に焦点をあてることで，たとえ小さな一歩でも，グループが前進することを維持できる

楽しく活気のあるグループや，平穏で自信に満ちたグループとなるものである。

　差し迫るグループの終結を意識するにつれて，終結後も互いにつながりを保ちたいという願望を表明したり，やってくる喪失に対する悲しみを共有したりするメンバーが出てくる。これらの考えや感情は，グループの健全な終結プロセスの一部として注目に値する。数週間先といった**直近の将来に焦点をあてる**ようメンバーを導き，自分が取り組んでいる変化に向けて行動し続けるようにする。メンバーに，グループをどんなふうに終わらせたいか，そしてグループが終結してすぐの数週間をどう保つかといった話し合いも行う。最後に，この段階では，自分が計画した変化をもたらすために行動するときには，**自己効力感をサポートする**ように気にかけ

行動に移す課題におけるグループリードの原則
- 行動に焦点をあてる
- 必要なものを求めるようにメンバーを導く
- グループプロセスに関心を向けさせる
- 直近の将来に焦点をあてる
- 自己効力感をサポートする

る。メンバーは，新たなことに挑戦するなかで障壁や挫折に直面することがあるが，それらは一時的なもので解決可能であると捉えることが重要である。

グループダイナミクス

　行動に移す段階で，リーダーがこれらの原則に基づいてグループを実施する際，メンバーがともに課題に取り組み，互いを資源として活用することで自分

たちの進展を最大化できると，メンバーに理解してもらえるように手助けしていく。**課題の相互依存**にグループを焦点化させるのである。例えば，変化に向かってグループをうまく活用しているメンバーがいる一方で，単独で取り組んでいるメンバーがいるなら，リーダーは次のように述べる。

　「ほとんどの方が，自分が起こしたい変化について基本的な決定をするに至っているようです。新たなことに挑戦する，行動に移す段階に入っている人もいます。ジョアナが飲酒をやめると決めたとき，彼女は断酒を目標に設定しました。トムは酔っぱらうのをやめるというだけではない変化が必要だと話してくれました。例えば，これまでとは別の仲間と出かけるとか，誘惑の多いイベントを避ける，喫煙者である彼女と別れることさえも検討する必要があると。同じ頃，ケイシャはお菓子を食べるのをやめると決め，血糖値をよりうまくコントロールするためにウォーキングを始めましたね。

　これらのどれもが，何かを変えるためのみなさんの決意です。ですが，私が注目するのは，次に起きたことです。この３人は，変える決意と最初の段階を歩み出す計画を話しただけでなく，実際に主要な変化を生じさせるためには，他にも変化させるべきことがあるのに気づいたと言いました。トムが話した後，ジョアナとケイシャも，目標を達成するために考えたさらなる変化について話し始めました。そして，次のセッションでは，それがどうなったかを報告してくれました。他のメンバーも，この３人が変化できるように自分たちの体験を話してくれて，互いにサポートすることに喜びを感じているようにみえました。みなさんはどう思いますか？」

グループの注目を他のメンバーたちとの協働に向けさせるような開かれた質問で終えることは，課題の相互依存の価値を強調し，他のメンバーから新たな経験を引き出すことにつながる。

治療的要因

グループが行動に向けて準備するときは，視点を広げるために不可欠な２つの治療的要因が引き続き重要になる。それは，**ガイド**と**代理学習**である。それまで，メンバーは自分たちが知っている情報や学んだことのある情報を共有していたが，ここからは自分の経験に基づいた情報になる。いったん変化が始ま

ると，メンバーが予想しなかった問題に直面したり，低く見積もっていた自分の強みを発見したりすることがよくある。これらを共有することで，メンバーが信頼できる本質的な検証済みの情報が提供されるようになる。あるメンバーが，別のメンバーが話していた困難を念頭におきながら，自分の変化のための計画を調整することができるので，これは結果的に，具体的で建設的な代理学習となる。したがって，グループの早期段階では，このように手本となるような代理学習はほとんどみられないが，メンバーが経験を共有し，調整し，行動するという一連のよい流れを通して成長して進歩することで，相互作用が起きてくる。

　この段階では，別のさまざまな治療的要因も重要になってくる。**利他主義，自己理解，希望の広がり**といったものである。メンバーは，利他的に経験を共有し，利己的ではなく仲間に知恵とサポートを提供し，そして提供することで得られる利益も経験する。快活な気分や自尊心といった肯定的な感情が高まるのも経験できるだろう。見返りを期待せずに与えるという行為は，あるメンバーにとってはこれまであまりしたことのない体験である。リーダーがこのことを強調すると，メンバー同士で与える行為がさらに深まり，広がっていく。

　同様に，行動についての自己理解をより深く探索するメンバーも増えていく。視点を広げる取り組みをするなかでこれらのことを考え始め，この時期になると，自分の問題に個人の歴史がいかに関係しているかをより深くふりかえられるようになる。こうしたメンバーは，自分の人生に意味をみいだすことについて，新たな気づきが得られるだろう。グループでの体験によって，自分がこれまでどんなふうに他者とつながったり断絶したりしてきたかといった人とのつながり方を考えたり，目標とする行動へと変化するのと同じように，人間関係における変化も起こせないかと熟考したりするメンバーもみられる。変化を達成できないかもしれないと不安を感じているメンバーは，友人を変えるとか，居心地のよさや自分のアイデンティティまでも捨てようとするといった，これまでに考えたこともないリスクを負う決意をすることもある。グループの状況によっては，変われなければ死の可能性にさえ直面するメンバーもいるかもしれない。

　これらの気づきや洞察は，メンバーが行動に移し，真の変化をもたらすために重大なリスクを負うなかで自然に生まれる。ここでのリーダーの役割は，次の2つである。まず，メンバーが変化への勢いを維持できるよう焦点化するのを手助けすること。そして，同時に，こうした重要な洞察を承認し，敬意を表

することである。自己理解は重要であるが，自己探索を深めすぎるとMIグループの変化への焦点から脱線させることにもなりうる。プロセスの途中で起こるメンバー自身についての深い洞察は，思いがけない贈り物ではあるものの，MIグループにとっての不可欠な焦点ではない。

　最後に，メンバーが変化するにつれ，グループにおける**希望**は増大する。メンバーは，学んだことを活用したり，生活の別の領域でそれを応用したりすることについて，楽観性を口にするようになる。まだその段階に至らないメンバーも，仲間の達成の満足感を味わうことができ，自分にもできるかもしれないと思えるようになる。この希望の広がりは，行動を起こすのに時間がかかるメンバーの変化に向けた最後のひと押しのための燃料となる。

リーダーの機能

　リーダーの役割は，この段階でも再び変化する。

リードよりもファシリテーション

　成熟したグループでは，メンバーは互いに自由に話し，リーダーはメンバー同士の話し合いに目立って参加することは少ない。グループをガイドし，グループのコンサルタントを引き受けること。つまり，通常通りにセッションを開始して終了させるが，その最中にはグループの会話に参加するよりもさりげなく会話を形成する。将来にたどり着くまでに直面する実際の困難について述べる際には，自分の将来に楽観的な視点を持てるように，まず，新たな話題を始めることに踏み込み，つながりを作り，メンバーがともに取り組めるよう手助けする。これまで通り，各セッションの終わりにグループのプロセスと内容をまとめて，直接的なサポートを提供するのではなくメンバー間の相互の助け合いに焦点をあてるのが一般的である。こうした移行において重要なのは，内容を詳しく尋ねたり，すべてのプロセスにコメントしたり，メンバー同士をつなげるようなリフレクションを毎回行ったりするのではなく，メンバーが進み続けるのに必要なものに焦点をあてることである。今やメンバーは，自分たちだけでどんどん課題に取り組めるようになっているはずだ。

境界線侵害を管理する

　境界線や葛藤，やがて迎えるグループの終結について気を配ることは，それ

ほど時間をとるものではないが，この段階でのリーダーシップの重要な側面である。つながりを感じているメンバーは，グループの外でもつながりを持ち続けたいと願うことがある。グループの特質によっては，それも受け入れられるかもしれないが，境界線を破ることにもなりかねない。メンバーが，グループ外でも友人関係を持つことを受け入れたとしても，他のメンバーとグループ全体に対して何らかの影響が及ぶ可能性があることを考慮しなければならない。グループ外で連絡を取るようになると，あるメンバーが取り残されたと感じるような排除的なサブグループが作られるかもしれない。グループのなかではなくグループ外での情報や体験を話すことで，グループ体験が生産的なものではなくなる可能性もある。私たちは，こうした展開についてメンバーと率直に話し合うことを好んでいる。そうして，グループが終了するまではグループ外で友人関係を築かないようにするかどうか，あるいはメンバーが相互に交流し共有するもっとも大切な場としてグループを保つかどうかといった選択へとメンバーを導くことができる。こうした問題は，サポートグループよりも心理療法グループで起こりやすいかもしれないが，開放性の度合いによらず，どんなグループでも境界線を定めることは有益だろう。

　境界線にまつわる別の問題に，メンバーが最初の変化を成しえたときに起こりやすいものがある。目的としていたものが得られたと感じたことで，グループへの参加をやめようかという誘惑が生じるのである。行動を起こすという体験を味わったことで気分が高まり，後退するリスクについて考えるのを避けたくなる。実際にこうしたことが起こる前に，グループに喚起しておくことで，メンバーはそれについて話し合うことができる。また，下記に示すような長期グループの例のように，メンバー自身でガイドラインを作ることもできる。

トマス：気分がいいよ。ヨガや運動をして，ぐっすり眠れたから，奇跡的に気分がいいんだ。自殺企図や抑うつがあってから約3週間になるけど，かろうじて飲まずにいるしね。妻も，前よりも幸せそうだし，少なくとも前よりも希望を持っているようにみえる。こんなふうに，いろんなことがいっぺんに起こるなんて，思いもよらなかったよ。

ジョン：それはすばらしいね。僕はまだ苛立つことはあるけど，ここ1年，ケンカをしていない。でも，僕が君なら，もうしばらくグループを続けるだろうな。

サラ：トマス，おめでとう！　あなたならできるって，みんな思っていたよ！

今回のことで，コカインを永遠にやめられるという希望を私にもたらしてくれたわ。私もこの1カ月は使っていないけど，友だちから電話がかかってくると，彼らが何をしているかわかるでしょ。そういうときはなおさら，まだ正直，コカインが欲しくなるの。だから，グループをやめるなんてありえない。トマス，あなたもグループをやめようなんて思っていないよね！

トマス：まだ，もう少し残るつもりだよ。

ナターシャ：もし，自分が望んでいた変化を達成したら，私たちはどのくらいグループに来るべきなの？

リーダー：みなさんはどう思いますか？　グループを活用する方法や変化を起こす方法は，たくさんありましたよね。このグループの終了について，みなさんはどうしたいですか？

ジョン：僕は，過去にもグループに参加したことがあるんだけど，そのときは授業みたいに回数が決められていたから，それが終われば終了だった。ここには，それがないね。

ナターシャ：でも，自分の目標を達成したらここに来るのをやめるっていうのは，筋が通っているわ。

サラ：確かにね。でも，私は，自分の考えや体験を話せるからという理由だけでここに来ているわけじゃなくて，みんなの考えやみんながどうやって変化しているかという話を聞くのがすごく好き。計画がうまくいかなかったと聞くのさえも。私は毎回，どうしたら薬物から離れたままでいられるか，薬物以外の部分の人生をどうより良くしていけばよいか，そういうことについて新たなアイデアを得て帰っているの。だから，私としては正直，すごい変化を遂げた人もしばらくはグループを続けてほしい。そうした話を聞いたり，そういう人の姿をみたりすることが，私の助けになるから。それに，ここにいるだれかが抜けたら寂しいもの！

トマス：僕も同じような感覚かな。しばらくは，長めにグループに残りたいと思う。ずっとではないけど，でも確実に3，4週間は続けるよ。

ナターシャ：もし，グループを出る準備ができたと思った人は，数週間前に知らせるようにしたらどうかしら。こうすることで，永遠に参加する必要もないし，全員が想定しておけるでしょ。

ジョン：すごくいいね。数カ月後までを見通すことはできないけど，数週間なら見通せる。もし，来るのをやめたいと思ったら，お互いに2，3週間先の

こととして伝える。「さよなら」と「がんばって」を言う機会が欲しいよな？

（グループはうなずく。）

リーダー：みなさんがお互いに尊重し合い，それぞれの意見を重要だとみなしていて，終結に対して自分たちで準備する機会を求めているようですね。みなさんはつながりを感じていて，だれがグループを出るときには，それに配慮したいと。終了の数週間前に告知をすることで，敬意を示したいわけですね。

サラ：お願い，3週間にして。3週間がいい。

トマス：いいね。（他のメンバーも，「わかった」と口にしたり，同意して頷いたりする。）僕にとっても，いい感じだよ。毎週ここに来るとき，僕が成し遂げるためにみんながいるってことがわかるのは。こんなことは初めてだよ。つまり，僕にとってこのグループは大切だってことに気づいたんだ。ものすごく大切だよ。グループのみんなのことも，友人だと思えるんだ。

サラ：私も。それに，トマスがすぐにやめるんじゃなくてよかった！　私はまだ問題がかなりあやふやで，飲酒したくなったらどうしたらいいのかわからないの。トマス，抑うつ的な気分が迫って来たときや飲酒の誘惑に負けそうになったときは，どうやって対処しているの？

（グループが続く。）

グループの葛藤を平常化する

　この段階で起こりうるもう1つの課題は，グループ内での否定的な感情や不協和音が出現するかもしれないことである。なかには，まわりがどんどん目標を達成しているのに，自分だけつまずいているとか恥ずかしいと感じたりして，変化を諦めたかのようにみえたりするメンバーも出てくる。メンバーの変化を最小化する方法を探したり，変化を維持する能力に疑問を投げかけたりするなど，挑発的な態度をみせるメンバーもいる。こうしたグループの葛藤を平常化し，緊張を低減させるための方法の1つは，それは両価性の表れとして扱うことである。人が変化するときには，しばしば両価性が表面化する。リーダーは，全体としてのグループと，両価性を抱えてがんばっているメンバー個人の両方に関心を向けなければならない。グループが成熟していれば，批判的で関わりを避けているメンバーが自分のしていることをどう認識しているのか，

グループはどうしたらそうしたメンバーをサポートできるかといった点を探索するのは有意義だろう。

　個人とグループ全体の焦点のバランスをとることは，グループのどの段階においても重要であるが，とりわけこの段階では，グループがサブグループに分裂するのを避けるために非常に重要である。なぜなら，あるメンバーが変化し，あるメンバーは行きづまるなかで，メンバーの互いの不一致が大きくなることがあるからである。1人でもメンバーが行動から退こうとしていると，グループの勢いやエネルギーが維持されなくなることがある。さらに，メンバー個人のレベルでは，絶望や自己非難の視点を避けるために，前に進むうえで必要な両価性の解決を手助けすることが重要である。前進するのがもっとも遅いメンバーは，毎週直面するのを避けるために，グループを中断して自分の両価性を解決しようとするかもしれない。この問題を明確に扱うには，変化を遂げたメンバーの終結のリスクを扱うのと同様に，やる気をなくしたメンバーの中断のリスクを取り上げるとよいだろう。例えば，次のように会話を始めることもできる。

　　「だれもが，それぞれのペースで変化を遂げることは，以前お話した通りです。自分は変化できるのだろうか，むしろ自分は他の人の足を引っ張っているんじゃないかという疑念を話された人もいましたね。変化について確信が持てずにいる人にとっては，グループに来るのをやめたいという誘惑に駆られているかもしれません。もしそうであれば，グループはどのように手助けできますか？」

　グループが終結に近づくにつれて，否定的な感情を話すメンバーもいるだろう。関わりを避けるようになったり，成長の重要な部分を成し遂げたメンバーに対して尊大な態度で接したりすることは，他者が達成したものを自分が得られていないことの喪失感や恐れ，自己非難に対する防衛といえる。このような葛藤があるにもかかわらず，それを率直に話し合えていないようであるなら，そうした否定的な感情が強まりイライラしているメンバーに肯定的な注目を向けるとよい。グループの早期段階で，変化への肯定的な焦点化をしたのと同じように。そうすれば，そのメンバーはより良い将来を思い描き，前に進むことができる。グループの終わりは，単なる移行であって，機会の終わりではない。

　あるいは，否定的な感情について探索することもできる。経験を積んだグル

ープなら，リーダーが気づいたことを伝えるだけで，自分たちの否定的な感情の意味とその調整法について，生産的な話し合いを始められる場合もある。こうした体験について，間もなく別れを迎えるとわかっている人たちに共通にみられる心情として平常化することもできる。例えば，兵士たちは，兵役に送られる直前に愛する人たちと口論になることがよくある。同じように，大事な経験を互いに共有したメンバーは，今まさに，グループのない人生に直面しているのである。グループが終わるときに，自分の恐れている寂しさから身を守ろうとして，グループに葛藤をもたらしたり，感情的に関与するのをやめたりすることで，グループを「拒絶」するか「闘う」かするのであろう。

グループ終結に向けて準備する

メンバーのなかには，これまで健全で計画的な終結を経験したことがない人もいる。和解や終局の余地が与えられないまま，不意に自分の人生からだれかがいなくなったり，突然亡くなったりした経験のある人もいる。たとえ数セッションしかなくても，メンバーにグループの終結と向き合う機会を与え，学んできたことや互いがどんな意味をもたらしたかをふりかえるとよい。先述した会話例では，あるメンバーのうまくいった変化にまつわる会話から始める方法の一例を示した。リーダーはまた，グループの事前面接や初期のグループミーティング，視野を広げる段階，そして再び行動に移す段階など，いくつもの局面で終結について触れるべきである。グループの終結について，以前に話し合ったことを思い出させながら，当面の課題となりうるこの話題について，改めて考えるようにグループに求めてもよい。

MI方略

メンバーが行動に移す段階に取り組む際，どのように変化するかという計画を立てるために，ワークシートなどの構造化された手段を会話方略と組み合わせて使うのが有効である。

この段階で活用できるいくつかの方略を，以下に示す。状況やグループの大きさ，準備性，かけられる時間の長さなどによって，グループに適合するものを選び，役立つ順番でやるか，あるいは一連のものとしてすべて取り組むかを選ぶとよい。これまでの段階と同様に，こうした構造化された活動をするか，あまり構造化されない会話アプローチをとるかは，それぞれのグループに合う

ほうを用いればよい。ここでは，各活動について1つの方法だけ説明する。グループに合うように，応用し，調整し，修正するなど創造的に用いてほしい。もっとも重要なのは，メンバーが参加し，自身の変化に向かって進むことであり，活動を完成させることではないことを忘れないように。

重要性と自信のふりかえり

変化の重要性にまつわるメンバーの信念（その理由）を簡単にふりかえることは，変化に対する自信についての綿密な話し合いにつながる。変化を起こす必要性を強く感じていたとしても，変われる自信がないメンバーもいる。自信は，複数の要因に関係している。メンバーは，①成功するような計画がある，②その計画を実施することができる，③その計画の長期的な要素をやり通せる，という3つを確信していなければならない。これら3つの要素があれば，メンバーは自分が起こす変化に対してかなりの自信を持つことができ，将来により強い希望を抱けるため，その結果，目標を追求するエネルギーを増大させる楽観性につながる。どれかが弱かったり，欠けていたりすると，自信は低下してしまう。

どのように行うか　この段階における重要性と自信のアセスメントは，各メンバーのチェンジトークを引き起こすような（第11章で論じた）評価尺度を用いると簡単である。もしくは，次に示すように，重要性と自信についてのふりかえりを話しながら導入することもできる。このやりとり場面では，リーダーも仲間同士のやりとりのなかに利他主義が含まれている瞬間を認めており，また，メンバーの話のなかに参考にできる行動があるかもしれないという可能性を認めている。そして，メンバーが変化を起こすために今すぐに取り組める具体的な行動に焦点をあてて終了している。

アンダース：糖尿病によくないのはわかっているんだけど，甘いものやパン，ポテトなんかをやめられそうにない。全部，自分が好きなものだし，血糖値を上げるものであることもまちがいない！

ロシアナ：私も，タバコについて，それと同じように感じていたよ。すでに飲酒はやめていたから，タバコが最後の幸せだったんだ。でも，これこそが私の心臓を傷つけるものだった。心臓発作のあと，それだけの価値はなくなったけどね。

リーダー：おふたりとも，自分にとってよくないものを楽しんでいたと。ロシ

アナ，あなたの話では，心臓発作のあと，喫煙について何かすることの重要性が増したようですね。重要性が増えたことは，タバコをやめる自信とどうつながったのですか？

ロシアナ：実際には，まだかなり自信は揺らいでいたけどね。過去に，何度もやめようとしたけどうまくいかなかったし。

アンダース：自分も以前，炭水化物をやめようとしたことがあるよ，何度も。

ロシアナ：でも今回は，私自身のなかに変化があったと思う。どういうわけか，前より深刻に受けとめたのよね。まだ病院にいて，狂ったようにタバコを欲していたとき，禁煙パッチをお願いしたの。退院する前から禁煙サポートの電話相談について調べて，すごい数のパンフレットを手に入れた。今回違ったのは，実際にそのパンフレットを読んだこと。だから「もうやめる」と口にするだけでなく，計画を立てたというわけ。自分の欲求状態や喫煙の代わりにすべきことを，パンフレットにあった図表に書きこんだの。だから今回は，すごく準備した状態で始められたってこと。もちろん，依然としてタバコは吸いたかったけどね。でも，自分自身に言い続けたの。「すでに心臓発作が起きたのよ。次，起きたら死ぬよ。口にタバコをくわえたいがために，早死にするなんて勘弁」って。生きるっていう目標に集中しようとしただけ。生き続けて，よくなるんだって。何も説教しようとしているわけじゃないけど，多分，あなたの役に立つんじゃないかしら。

アンダース：これまでは，本気でやろうとしていなかったんだと思う。「別の食べ方にしてみるよ」って，これまで言ってきたんだ。でも，ロシアナのように，本当の準備をしていなかった。でも，医者は死ぬ危険性もあると言っている。糖尿病は，心臓発作よりは深刻ではないように聞こえるけど，前回の受診で医者が検査結果をみたとき，驚愕していたほどなんだ。ロシアナのように，事前にきちんと計画していれば，もっとうまくできていたかもしれないな。

リーダー：（アンダースに対して）ロシアナが話したことを，自分のことによく関連づけていますね。（ロシアナに対して）ロシアナ，この話を共有してくれてありがとう。とても役に立ちました。（アンダースに対して）血糖値を管理できるように，食事をどう変えたらよいか考えているんですね。そのために，そして，もっと自信が持てるようになるには，どんな準備が役に立つでしょう？

（話し合いが続く。）

空想上の変化

　かなりの話し合いを重ねてもなお，行動に移すのをためらうメンバーもいる。現実の今の変化ではなく，空想上の可能性として変化について話してもらうことは，自分が行動しようとする特定の変化に向かって進む前に，防衛的にならずに行動することを視野に入れたり，じっくり考える機会をもたらし，さらに視点を広げる手助けとなる。

　どのように行うか　　まず，グループで話し合うテーマと内容をまとめる。それによってリーダーは，少なくともメンバーのうちの何人かは，変化の準備はほぼできてきているものの，まだためらいがあるのかもしれないということがわかる。そのあと，メンバーに「空想上の」変化の計画を立ててもらう。例えば，次のように説明する。

　　「みなさんのなかには，変化に向けて歩みを進め，ご自身が検討してきた変化のより大きな部分に取り組む準備がほぼできている人が多いように見受けられます。なかには，そこまで変化への確信が持てない方もいるかもしれません。確信がなかったとしても，今まさに行動する準備が整った**かのように**，空想上の計画を立ててみることが役立つかもしれません。ご自身の想像力を解き放ってみましょう。何の制約もありませんから。いかがですか？」

　次に，次項で説明する「変化の計画」の典型的な要素をいくつか提供しながら，空想上の計画について話し合うようにグループを導く。別の方法として，グループ全体からこれらの要素を引き出すようにし（グループが引き出せない要素は提供して），空想上の計画について話し合うために小グループかペアを作るように指示をしてもよい。この活動後に感想を聞く際，空想上の計画の一部でも試してみようとするメンバーがいるか，尋ねてみてもよいだろう。次に，これらの要素を話し合ったあと，この計画を実現可能なものにするために修正したほうがよさそうだと思ったメンバーがいるかを尋ね，検討すべき変更点を引き出す。

変化の計画

　メンバーのほぼ全員が行動する準備を整えたら，数日内，数週間内，数カ月のうちに，メンバーが行動する変化への具体的な計画を発展させるために，グループの焦点を狭めていく。これは，会話方式で簡単にできるうえに，多くのメンバーが自分の計画の記録からたくさんの利益を得ることができる。例えば，定期的にみなおして更新したり，計画のことを考えていないときでも何らかの刺激になったりする。変化の計画を改善していくことは，自律性と個々の計画を強調しながら，グループの凝集性とアイデンティティを高める方法で行われる。

　どのように行うか　　図 12.1 に示されている項目を参考にしながら，メンバーに自分の変化の草案を立ててもらう。メンバーがそれぞれ作業する時間を 15 分ほど設ける。自分の計画にどの程度自信があるか，また仲間に手助けを求められるかを述べてもらい，変化の計画を共有する。変化の計画の草案をどう修正できるか，変化の計画をどんなふうに活用できるか，翌週に行動に移せるかといった話し合いへとグループを導く。

　この課題に取り組むために，グループでこれらの課題のブレインストーミングを実施する方法もある。グループに質問を投げかけ，セッションの合間に自身の計画に取り組ませて，次のセッションで発表してもらう。もしくは，まずペアになって計画を修正したり強化する作業をしてから，グループで共有してもよい。例えば，次のように説明する。

私の変化の計画（草案）

- 私が起こしたい（起こし続けたい）変化：
- これらの変化を起こしたい理由：
- 変化を起こすために計画しているステップ：
- 他の人に手助けしてもらう方法：
- もし，これができたら，この計画がうまくいっていることがわかるもの：
- 私の計画を阻むかもしれないもの：
- 計画がうまくいかなかった場合にすること：

図 12.1　変化の計画

第12章　第4段階：行動に移す　*267*

　「今夜は，変化の計画についてブレインストーミングをしましょう。みなさんはそれぞれ異なる計画に取り組んでいますが，アイデアは溢れ出てくるものですから，みんなであらゆる可能性を考え，お互いのアイデアを聞いてみましょう。ここに，話し合う内容が書かれたワークシートがあります。メモをとってもかまいません。次のセッションまでの合間にも取り組みたければ，帰る前に新しいシートをお渡しします。変化の計画は，作成途中のものなので，進むにつれて修正を重ねていくものです。なので，気楽に，どんどん可能性を出し合ってください。こんなふうに，1つめの比較的簡単な項目について，サークルで順に話すことから始めるのはいかがですか？　みなさんが取り組んでいる変化について，できるだけ具体的に話すということを覚えておいてください」

　Feldstein Ewingら (2013) は，少年や若者との取り組みのなかで，空想上の変化の計画と，「引き出す−提供する−引き出す」方略を使った情報交換，問題解決スキルの向上を組み合わせることで，変化の計画をさらに広げている。

変化への関与を強化する

　特定の変化を起こすために，MIグループメンバーに対して計画を公言することは，その発言者が変化を遂げる可能性を増加させるだろう（その発言者が，認められたいという要求のためだけに口先だけで「行動する」と言うような圧力を感じているわけではない限り）。メンバーのほとんどが自分の起こしたい変化をはっきりと特定しており，変化に向けて段階を踏み，自分の変化の計画のなかでも困難な部分の行動に移ろうとしている場合に，この会話方略が活用できる。あるいは，下記で説明するように，より構造化された課題として実施してもよい。

どのように行うか　　　リーダーは，次のように説明することができる。

　「このグループは，長い道のりを歩んできました。みなさんのほとんどは，起こしたい変化を明確に特定し，変化のために準備するステップを踏んできています。自分の人生の新しい道のりをもっともうまく歩み始めるためにできる最後の1つは，自分の計画への関与について明確に述べることです。
　明確に述べる，というのは，具体的に何をやるかの計画，いつやるか，そのために何をするかが含まれます。例えば，『来週の月曜から，喫煙をやめよ

うと思います。その日から，タバコから離れるためなら何でもするつもりです』と述べた場合，何を変えるかと言えばタバコですね。また，いつそれをするのか，何をするかが明確に示されています。正確に話してみましょう。今はまだそう思えていないのに，『心からそう思っている』なんて言う必要はありません。『やってみようと思っています』とか『挑戦してみる準備ができたと思う』など，現在の自分の状態をもっとも正確に表す言い方で表明してください。

では，2つのグループに分かれましょう。この部屋のこちら側には，変化への関与を今日から始められると確信を持っている人が集まりましょう。反対側に，行動に移したいけれどもう少し時間が必要だという人や，まだ確信を持てない人が集まりましょう。もう少し時間が必要だという人たちは，自分が完全に準備できたときに書くだろうと思う草案を想定して，関与表明を作る作業をしてください。わからなければ，まず考えなければならないことや，変化への関与に近づくためにどんなステップを踏めばいいか，また準備が整うまでに踏める小さなステップについて書いてみてください」

メンバーに，どちらかの側を選んでもらう。まず，1人で作業するように促し，その後，小グループで一緒に表明書の最終版を書く。それを終えたら，再び全体のグループに戻ってもらう。最初に自分の表明書について共有してくれる人がいるかを尋ねる。それぞれのメンバーの表明をリフレクションし，メンバーからもリフレクションしてもらう。まだ準備ができてないメンバーには，作成途中の関与表明書を共有するように頼む。それをリフレクションして，フィードバックする。

始める

大きな変化をめざしてステップを踏むことで，変化への継続的な努力が生まれる。勢いを生み出す小さな一歩を進めるだけでも，メンバー同士が協力して変化に向けて「始める」ことには価値がある。変化に向けてまだ落ち着かない様子のメンバーがいても，リーダーは変化に向けたグループの動きを加速させることはできる。小さな一歩は，目標に向かう方向へのほんの小さな動きにすぎないものの，最終的な変化目標への完全な関与が必要なわけではないからだ。一歩一歩が，変化を成し遂げるための自信と希望を大きくする。

どのように行うか　リーダーは，変化に向けた小さな一歩の価値についての考え方を紹介する。

　「このなかには，変化を起こす準備ができていて，すでに変化に向けて動き始めている人もいれば，それに近づいてはいるけれど，日々直面する困難に対処するので精一杯という人もいます。大きな変化を起こすには，完全に準備が整っていなくても，最終的な目標に向かって一歩を踏み出すことが役に立ちます」

　グループメンバーに，ペアか小グループに分かれてもらう。それぞれのペアや小グループで５分使って，各メンバーの変えられそうなところや，すでにやってみたステップのふりかえり，その方向に向けて簡単に達成できそうなスモールステップを２～３追加するために話し合ってもらう。この時期では，まだ関与する準備ができていなくてもかまわない。時間になったら再び全体グループに戻り，それぞれのペアや小グループのメンバーから，小さな一歩についてのアイデアを発表してもらい，他に考えられるアイデアがないか，グループのメンバーに尋ねる。話し合いのあと，翌週までにやってみる予定の一歩を全員に発表してもらう。もし，まだ取り組む準備ができていないメンバーがいたら，どの一歩についてならば，さらに考えられそうか尋ねる。その小さな一歩がどうなったかを確認するために，次回のセッションで互いにフォローアップするようグループを促す。

代理学習

　自分たちのこれまでの困難と成功をメンバーに共有してもらうことは，グループの凝集性を高め，課題の相互依存や情報交換，行動を手本にする機会を増やすことにつながる。

どのように行うか　メンバーにみられた進展や，変化を成し遂げるための困難を乗り越えるために取り組んでいることについてコメントする。リーダーが決めたペアに分ける。ペアのうち，少なくともどちらかは変化に向けて前進を遂げ，顕著なステップを踏んでいるように，ペアの組み合わせを調整する。ペアになったら，変化の道のりで自分が直面した３つの困難と進めたステップのいくつかを互いに説明し，順に聴く。ペアとなった相手の話を聴いたら，最初に聴いた側のメンバーが相手の困難とステップを記

録する。さらに，メンバーは，ペアになった相手から聴いて学んだことや自身の状況にも適用できそうなことをいくつか共有する。互いに役割を交代し，同じ手順を繰り返し，ある程度の探索が深められるように十分な時間をとる。そして，再びグループ全体で集まる。それぞれ，聴き手が記録してくれた自分の困難とステップが書かれたカードを受け取る。メンバーは，相手の話から学んだことを共有し，どうしたら自身の状況にそのアイデアが適用できるかに焦点をあてる。

後退と困難を扱う

　グループのメンバーが，自身の行動において前進し続けると，自分の計画の内容を調整しなければならないことに気づく。成功とは，完璧な計画を立てることで成し得るのではなく，困難を通してやり抜いたり，新たな展開に対して創造的に適用していったりすることで達成されるものである。

　メンバーが，変化の計画に完全に関与しているなら，いくつかの困難を見越して，それらを乗り越えて取り組むための計画に着手するだろう。しかし実際には，いくら困難さを予測していたとしても，実際にうまくいかなかった失望感のほうが大きいものである。時々，メンバーは，苛立ちを表明したり，自信をなくしたり，悲観的で批判的になったりすることがある。批判に対して防衛的になることなく，むしろ苛立ちを表してくれたことを歓迎するほど，肯定的な方法で応じるのが重要である。

ガブリエラ：リーダーが直接答えを示してくれないのをみていると，ゲームでもしているんじゃないかって思えるわ。
リーダー：今の私は，もっとみなさんを手助けできると？
ガブリエラ：しようと思えばできるのに，時々，全然手伝わないことがあるじゃない。
リーダー：えぇと，それは，私の目標とは全然違うのです。あなたが達成しようとしていることを，どうすればもっと手助けできるでしょう？
ガブリエラ：私のことを言ってるんじゃないの。だれかが本当に支援を必要としているときのことを言っているだけ。
リーダー：わかりました。ただ，どうすればより良く手助けできるのか，例を挙げてくれませんか？　今日の残りの時間，みなさんが話しているとき，

その例を念頭に置いておきます。そして，グループの終わりに，私がどうだったか，みなさんにフィードバックしてもらえればと思います。

ガブリエラ：えぇと，例えば，先週，ボーイフレンドが私を責めるっていう話をしたとき，どう対応すればよいのか助言がほしかった，とか。

リーダー：あぁ，ごめんなさい。あなたが探していた答えは得られたものだと思っていました。

ガブリエラ：うーん，私がどう対応したらよいかを教えてもらえるんじゃなくて，みんな，私がもっと正直になって，彼のそういう言動について自分が思ったことを率直に言うべきだっていう考えを押しつけただけ，っていう気がした。実は今週，彼が一線を越えてきたときに，私が感じたことを伝えてみたの。今週，2回やってみたけど，計画は台無し。だって，彼にいつも私を支配したり，ふりまわしたりするのをやめてほしいって言ったら，彼は激怒してしまったもの。

リーダー：つまり，あなたは私がまちがった助言をしたというふうに失望して，イライラしているのですね。

ガブリエラ：んー，あなたは実際，助言をくれたわけではなかったけど，失敗するような計画を止めてもくれなかった。あなたは，私の計画があまりいいものじゃないってことをたぶんわかっていたんじゃない？

リーダー：なるほど。繰り返しますが，それについてはごめんなさい。あなたの話からすると，これに似たようなことがまた起きるかもしれませんね。次にもっとよくするには何ができるでしょう？

ガブリエラ：ここにいる間は，すごく単純で明白なことに思えるのに，彼といると，ここで話していたことを全部忘れてしまう。だから，彼の意見は聞きたいけど，ケンカして終わりになってしまうだけ。でも，私は自分の人生を最終的に決められる人になりたいのよ。

リーダー：つまり，以前よりも，もっと自分の思いを話されているわけですね。それが目標でしたし，今あなたは，学んだことをより効果的に行動に移していきたいわけですね。最初のステップを踏んでいますが，もっとうまくできるようになりたいのですね。

ガブリエラ：そんなふうに思ったことなかった…　でも，多分そうね。うまくいかなかったけど，自分の思っていたことは言えたんだもの。

ロビン：それは大きな変化だね！

パトリシア：私も，そう思ってた。

リーダー：そう，ガブリエラは行動したのです。望んでいたような結果にならなければ不満も募るでしょう。でも，予想以上に難しくて，自分で計画したことがすべてできるわけではないというのも，おわかりですよね。

ガブリエラ：おそらく…ええ，かなりそうね。

リーダー：それに今，あなたは，次はもう少し違うやり方ができれば，もっと自分に自信を持つことができ，緊張したり混乱したりすることなく，彼を拒絶しようとしているわけではないということも，前よりもさらにうまく伝えられるようになるかもしれないと考えていますね。あなたは，自分の選択に責任を持つ必要があります。彼の言いなりになっているだけでは，それはできません。

ガブリエラ：最初の何回かは，ただ口にしてみるだけだったけど，今は圧力に打ち砕かれるだけではなく，自分が言おうとしていることに注意を向けて話せるようになったのは，自分でも気づいたわ。

リーダー：他のメンバーも，変化としてそれに気づいていますよ。

ガブリエラ：とても大きな変化だわ。本当にね。自分がこんなことができるようになったなんて，驚き。

リーダー：自分にとって大切な人からの否定的な反応に直面すると，言いたいことを伝えて自分のことを考えるのは難しいと感じている人は，他にいますか？（他のメンバーが同意する。）そうなんですね。この話題が上がってよかったです。自分がしようとしていることがはっきりしておらず，うまくやり通せる自信がないときは，こうしたことが計画からの脱落につながりやすいからです。おそらく，これが私たちの焦点化すべきことで，少し練習も必要です。

　この事例では，リーダーは，自分の動きを批判するメンバーを受け入れて，温かく接している。リーダーがまちがっていたかもしれないとか，ガブリエラの発言の正確さについて議論するのではなく，リーダーはメンバーの不満を受け入れ，彼女が必要としているものへとすんなり移行させた。リーダーは，メンバーがリーダー（とグループ）を少し非難するような失敗体験というつらい体験を，より大きな観点からの変化の計画への重要な一歩へとリフレームした。この変化の計画は，次のステップに進むために本人が誇らしく思えるものであった。この気づきを強化し，そして，しばらく1人のメンバーに焦点をあてていたやりとりに他のメンバーを招き入れるために，リーダーはメンバーへ

第12章　第4段階：行動に移す　　*273*

のサポートについてもリフレクションしている。他のメンバーは，この肯定的な移行に自分が貢献できたと感じることができる。それと同時に，リーダーは，他のメンバーにとっても生産的な時間になるように，あるメンバーの困難さを一般化している。最後に，リーダーは，グループのなかで自分の考えを話すことは，それが受け入れられるだけでなく，より肯定的なことであって，オープンになることと率直になることを恐れないようにということを改めて強化している。Lane ら (2013) は，始めること，また後退と困難に関して，より補完的で幅広い事例を提供している。

コツとワナ

　行動に移す段階では，メンバーの顕著な変化がみられ，自己覚知への重要な移行が共有されるので，あらゆる意味でもっとも有意義な段階である。メンバーの成長を促し，グループの凝集性と生産性を維持するとともに，メンバーが終結に向けたプロセスを歩むようガイドするのは，困難だがやりがいのあることである。変化に向けて歩み始めたメンバーや，重大な変化を遂げたメンバーであっても，重要な両価性の再発が見過ごされてしまうことがある。長期にわたる習慣を持つメンバーは，変化は間欠的に起こることが多く，前進を維持するのに苦労するものである。立ち往生するメンバーがいる一方，成功するメンバーもいるなかでは，感情と意味について複雑なリフレクションを用いるとよい。グループに少し無理をさせるよりも，課題に時間をかける構造化された初期段階のセッションでのリーダーシップスタイルに戻ることが魅力的に映るかもしれない，リーダーはリードするのではなくファシリテートするほうがよい。この時期は，メンバーが自身の変化と目標を探索するために，メンバーの自律性を引き出し，グループの終結に向けて主体的で計画的なアプローチができるように手助けするときである。

> メンバーの成長を促し，グループの凝集性と生産性を維持するとともに，メンバーが終結に向けたプロセスを歩むようガイドする

終　結

　目標を達成するまでメンバーが入れ替わって継続するグループもあるが，

MIグループでは定められた終結があることが多い。メンバーのなかには，別のサービスを受ける人もいれば，専門的なサービスを受けるのはこれで終わりという人もいる。しかし，メンバー全員にとって，グループが現在進行中の生活の一部であるという状況は終了する。グループとしてやりとりすることはなくなり，偶然出くわさない限り，再び会うこともない。

短期のグループでは，この終結に向けてそれほど準備する必要はない。長期のグループでは，メンバーは互いに，またはリーダーとの間に，そしてグループ全体との間に，強い絆を築く。そのため，グループの終了は，承認するに値する人生の転換期となる。メンバーのなかには，これまでに重要な他者との離別が，突然計画もないままにもたらされた経験があり，葛藤や見捨てられ感を引き起こすことも多い。したがって，グループの終結は，より計画的で肯定的な方法で離別を経験する機会にもなる。グループのセッションのなかで，グループが期間限定であるという性質を知らせることで，メンバーにより深くグループに参加し，終結に向けた準備ができるようになる。終結前に達成したい目標と，終結後も追求し続けたい目標の両方を導き出すような変化の計画を立てることで，グループの終結に対してより肯定的に取り組めるようになる。

グループの終結が近づくと，メンバーは，お祝いや修了の儀式，まとめを共有する時間といった，終結にまつわる活動から利益が得られる。グループの凝集性とアイデンティティが重要だからこそ，こうした終結の時間は，個人が達成した前進や学んだことをふりかえるよりも，メンバーが互いに感謝の気持ちを共有し，ともに過ごした時間から自分が「持ち帰る」ものに，より焦点があてられるのである。ふりかえり，分かち合う時間を過ごすことで，自分の人生におけるグループの終点を記念し，内面的に一歩踏み入る機会になる。

グループの終結が近づいたこの時点では，リーダーの役割はほとんどファシリテーションである。話し合いを始め，終了させ，メンバーの参加の維持と移行を進める手助けをする。グループを閉じる際にも，このスタイルを広く行う。残りの時間を，リーダー自身や治療教育プログラムや関係機関に焦点をあてるのではなく，メンバー自身とメンバー同士に焦点をあてることで，メンバーの自助が促される。メンバーはもう，リーダーのクライエントでもグループのメンバーでもなく，自分の道のりを歩む1人の人間であり，ある一時期，偶然出会い，再び別々の道を歩んでいくのだということをさりげなく知らせる。

次に示すのは，外傷性ストレスに苦しむ緊急時の「救援隊員」のMIサポートグループの終結期の事例である。リーダーが，「もし"計画通りに進めた"とし

たら，今から３カ月後はどうなっているか」についての話し合いを引き出した場面である。このように，将来についてメンバーに考えさせることで，グループは進行中の生活に役立つものであり，グループセッションの終了によって，これまでに取り組んできたことや強化されたことまでも終わってしまうわけではないと伝えることができる。終了に向けて，リーダーは，それぞれの経験と自分にとっての影響について互いに話し合うことへ焦点を移す。いかにして互いがつながってきたか，どのように自分の視点が変わったか，自分の経験が普遍化された感覚を持てたか，そして自分自身や自分の行動を誇らしく思えたかなど，自分の離別に関する思いを話し合う。メンバー同士が深い次元で相互作用できている場合，リーダーはメンバーから離れたところにいるようにする。

リーダー１：お互いに，相手のことがよくわかってきましたね。これから別々の道のりを歩む前に，ここで話したいことやこの先も大事にしていきたいことなど，お話しいただけたらと思います。

デヴォン：すべてがよかったと思います。私たち全員にとって，いい経験になりました。グループが始まった頃，私はまだ崖っぷちにいました。腕のなかで亡くなった幼女のことが，頭のなかでぐるぐる回っていたのです。本当にいい変化が遂げられました。すべてをさらけ出すわけではなく，自分なりにそのことを話しながら，一歩引いて全体を見渡すことができました。つまり，自分の仕事は何か，**これまでに救うことができた人たちのこと**を思い出せるようになりました。どうにもならないことに対して，自分を責め続けてはいられない。それを受け入れることができたんです。自分の心の奥底で思っていることが確信できて，できることをやっていけばいいのだと考えられるようになりました。

パトリック：僕たちはいろんな意味で違っているけれど，同じような経験をして，似たような影響を受けている。グループで過ごすことは僕にとって抜群にすばらしいことでした。仲間の救急隊員に対しても「前を向こう」と伝えたい。決まり文句としてではなく，心の底から。僕は燃料を補給して，ここを去ります。パワーをもらえました。ずいぶん長い間こんなふうに感じたことはなかったし，心からこれを求めていました。ありがとう。

ミシェル：みんなの話や体験を聴いていて，つながっていると感じられました。みんなの人生に少しだけ「入らせてもらった」のは，光栄です。みんなと分かち合えたことは大切なもので，今は本当にいい気分です。

イアン：あぁ，みんな，本当にすばらしい人たちだ。苦労していた人が多いけれど，とても強くて，自分たちの仕事がいかに重要なものかという感覚を持てている。みんな，それぞれ違うけれど，デヴォンが言っていたように，一日として同じ日がないなかで，僕たちは連日，死に直面している。そして，ほんの小さな判断が大きな違いを招いてしまうんだ。もし，パニックになって，右を向くべきところで左を向けば，大変なことになる。もし，タバコを吸ったまま，眠りに落ちてしまったら？　駐車場を出るときに，子どもたちは妻と一緒にいるものと思んで，ろくに確認せぬまま車をバックさせてしまったら？　こうしたほんの一瞬が，すべてを変えてしまうんだよ。そのときは考えもしなくても，注意が逸れたほんの一瞬，まちがった選択をしたその瞬間は，二度と忘れられない瞬間になってしまう。それによって，命さえ失いかねないんだ。僕たちは，それを嫌というほど目のあたりにしているから，何とかしたいと思うけれど，自分たちはあまりに無力で，時すでに遅しという事態に直面しなければならないことも度々だ。でも，やるしかないんだよな？　みんなの話を聞いて，僕はそう思ったよ。それしか，できることはないんだ。

（グループは静まる。リーダーたちはその静けさのまま，リーダー1がグループをみわたし，まだ話していないメンバーも加わるよう静かに促す。）

ジェイミー：みんな，自分よりタフだと思っていました。みんなは，そんなことに悩まされたりしないのだろうと。あるいは，一日の終わりに，あれこれ思い悩むのをやめて夜の街に繰り出し，バーに行ったり友だちと出かけたりしているのかと思っていました。同じ仕事をしている人のなかで，多くが自分の地域社会に関わっていて，人間関係を築くために活動に参加したり，子どもとの時間を過ごしているなんて，考えたこともありませんでした。本当に多くのことを学びました。セッションの後，自分の頭のなかでふりかえりをしていました。みんな，似たようなことで，同じように苦労していたけれど，全然捉え方が違ったりして…　みんなの話はどれも自分と関連するものばかりでした。みんなから得たものがあるから，僕は道から外れず，強くいられるんです。

ラモン：これからも間違いなく，ここにいるみんなのことを考えると思うよ。

（他のメンバーもうなずき，同意する。）

イアン：グループは終わりなんだろうけど，心のなかではこれからも一緒にいるよ。

マーク：他の救急隊員とは，パーティなんかの場でしょっちゅう話していた。僕たちはいろんな場面を目にしてきたけれど，知っての通りそれについては一切触れないんだ。でもここでは，何でも話せた。すべてを事細かく話すわけじゃなくて，一番重要なところを。そして，「また次回」って言うんだ。だれもが最初そうだったように，頭のなかが混乱したままなのは，いやだった。

ジャン：今まで，だれにも話したことはなかった。職場では，その瞬間に起きていることに集中しなければならないし，ふりかえる時間もほとんどない。ただ，先をみるしかない。だから，グループは本当に役に立った。でも，さらに思うのは，みんなのことがわかるにつれ，自分が何者であるかを考えられたということ。ここにいる全員で，分かち合う共同体のようなものを一緒に作り上げてきた。みんな，事態をよくしようとしている人たちばかりだ。ほとんどの人は，以前はかなり消耗していたけれど，今はまた前進する準備ができたように思う。今，僕は，自分の仕事は重要ではあるけれどそれがすべてではないこと，そして自分らしい生活を送るべきであって，できるからって無理をしてやるようなものでもないと思っている。エネルギーを充電してグループを作ることが大事だ。それによって，不幸にも救急隊員の世話にならざるを得なくなった人たちに対して，僕たちが何かしてあげることができるんだ。

リーダー1：（短い沈黙のあと）私たちを迎え入れる機会を作ってくださり，みなさん全員に心から感謝しています。みなさんがたくさん分かち合ってくださったので，私たちもやりやすかったです。みなさんのオープンさと率直さに感謝します。お互いがよい刺激になったと話されていた人もいましたが，まさに私たちも，みなさんとともに過ごした時間で同じことを感じました。

リーダー2：みなさんに，グループに時間を費やしてくれたこと，そして自分らしくいてくださったことを感謝します。時間を割いて，みなさんの話を分かち合ってくださったことに頭が下がります。出来事の重圧から抜け出して，自分の人生に焦点をあてなおし，前進されたみなさんの努力に感銘を受けました。みなさんの職務における貢献に，感謝を表します。そして救急隊員として活動を続けられる方も，違う方向へと生活を転換される方も，がんばってください。この先，どんな道を歩まれようと，社会はみなさんに恩義を感じていますし，価値のある役割を果たされ続けることを期

待します。

（グループメンバーも同意し，少し話してから，別れの挨拶をし，だんだんと退
室し始める。）

第 III 部

動機づけ面接グループの適用

　第Ⅲ部では，共著者たちによる，異なる現場でのさまざまな人々に対するMIグループの実践例を示す。何人かは，メンバーの問題をうまく扱うために，他のアプローチと組み合わせてMIを使っている。どの著者も，MIグループの技法と方略を，アディクション，精神医療，身体医療，刑事司法制度におけるグループで提供しており，対象となる人々に特有の多様なニーズに合わせるためにどのように修正するかを論じている。私たちは，すべての章を読むことをお勧めする。たとえある章の臨床的焦点があなたの仕事とは異なるものであっても，著者たちはそれぞれのやり方でMIグループに取り組んでいる。また，あなたのグループとは異なる対象や問題に焦点をあてている章からも，あなたの仕事に役立つアイデアや方略をみつけられるかもしれない†。

　著者は全員，実践家であり，何人かは研究者でもある。ほぼ全員が，国際動機づけ面接トレーナーネットワーク（MINT）の会員である。作業部会で書かれた章もあれば，別々の場所で実践している共著者たちによる章もある。それぞれの実践領域におけるMIグループの専門家に執筆を依頼した。私たちの思考も，彼らの専門性から利を得ており，彼らの考えを読者のみなさんとも分かち合えることをうれしく思っている。

---

†　訳注——本訳書では，原書Chapter 13「強制的な参加による薬物依存者のための動機づけ面接グループ」，Chapter 15「アディクションのある女性のための動機づけ面接エンパワメントグループ」，Chapter 19「親密なパートナーへの暴力行為歴のある男性のための動機づけ面接グループ」の3章のみを訳出した。

第13章

強制的な参加による薬物依存者のための動機づけ面接グループ

　「1カ月は通うけど，それでおしまい。このプログラムで私に話させようとしたってムダよ」。こうしたダナの態度は，最小限の安全感しかない刑務所内での治療共同体(以下，TC)に入ってきた女性に典型的なものである。受刑者は，出所前に少なくとも第1段階の治療に参加しなければならない。その1カ月間が終われば治療は免除されるが，TCに入ったばかりのメンバーは一様にこう口にする。「強制的に治療に参加させられて，気分がいいわけないじゃない。この時間をどうやって有意義なものにしろっていうの？」。多くの女性は，このプログラムに強制的に参加させられたことに腹を立てている。リーダーは，こうした気持ちを受容していることを彼女たちに伝える。また，女性たちが出所後，再び薬物を使わずに生活が送れるか不安に感じていることも理解する。リーダーは，そうした彼女たちの気持ちがわかっていることを伝えようとし，彼女たちをエンパワーし，話し合いに参加する内的な動機づけを高めようするのである。しばらく時間をかけて，リーダーはグループのメンバーが共有している視点を引き出し，リフレクションをする。少し安心しはじめたダナは，ためらいながら話しだす。「あの…，子どもに面会に来てほしいんだ」。それに対し，他のメンバーが「わかるわ。私も子どもに会えるなら何でもするし，いつか子どもを引き取りたいもの」と応え，女性たちは自分たちの将来の望みや可能かもしれない選択について話しだす。当初，すぐにプログラムをやめると考えていたのとは反対に，ダナは薬物依存から抜け出すための旅路を歩み始め，より満足のいく人生を送るために薬物を使わずに過ごす決意を固め始めた。

　司法制度では，施設内プログラム，通所プログラム，グループホーム，中間施設，刑務所，TCなど，さまざまな臨床現場で治療を受けさせる。強制的な治療は，クライエントに，自分自身の変化のプロセスについて発言権がないと感じさせてしまうことが多い。抜き打ちでの薬物検査，収監されることや重い判決が下されることの脅威，そして保護観察や治療が条件とされることは，変化

を支える治療関係への信頼感を構築するうえで妨げになる。クライエントは，自分が脅されていると感じると自由を守ろうとするものであるため，変化することへの圧力に対してリアクタンスを起こす。彼らは，自分がグループに来る必要がないという理由を挙げ，「グループが理解できない」とか「自分には役に立たない」と言う。彼らは変わろうとしているようにはみえないし，自分の薬物依存の問題を否認しているようですらある。それどころか，薬物依存が自分の身にもたらす破滅的な影響を重々痛感しているクライエントでさえ，拘束された状況での強制的なプログラムを受け入れない人が多い。

　強制されてグループ治療に参加しているクライエントを対象にする際には，特有の難しさがある。クライエントが怒りの気持ちやリアクタンスを抱いていると，他のメンバーと結託して治療や変化に対する抵抗感を示すことがある。時には，メンバーが一丸となって変化に対する反発を口にし，そうなるとリーダーが権威をふりかざし，事態がさらに悪化してしまうことも少なくない。クライエントのなかには，グループを意のままにしようとしたり，他のメンバーがグループに参加しようとするのを邪魔したがる者もいる。刑務所では，内心では変化に対して前向きな気持ちでいるメンバーであっても，仲間から非難されるのを恐れて，治療に対してわざと傲慢な態度をとってみせることもある。彼らにとっては，出所してからの変化への動機づけより，収監中の葛藤を避けようとすることのほうが重要なのだ。

　メンバーの発言が，動機づけ面接（以下，MI）のスピリットと反するものだったときの対応も難しい。他のメンバーに圧力をかけたり，おせっかいな助言をしたがるメンバーもいるだろう。たいていの場合，メンバーには以前からのつながりがある。大都市でさえ，犯罪や薬物のネットワークは狭いもので，メンバー同士，互いに複雑でややこしいつながりを持っている。それにより，互いが気持ちを分かち合おうとする意欲が大幅に低下し，否定的な相互作用や有害な余波が生じる可能性が高まってしまう。

　強制によりグループ治療に参加しているクライエントは，いくつもの犯罪行為に及んでおり，再犯を繰り返していることが多い。そして，貧困，失業，ホームレスも経験している。多くがトラウマやDV，精神疾患を抱えている。家族や友人も薬物を使用しており，違法行為に関わっている。変わろうとするニーズが明確であっても，こうしたあらゆる要因がクライエントの変化に対する信頼感を低下させてしまう。

　さらに，こうしたグループを実施している現場の多くは，MIのスピリット

とは対局に位置する機関である。そのため，クライエントと協働することは否定的な結果につながるとみなし，彼らに選択肢を与えない制度のもとでは，クライエントと協働したり，彼らの選択を尊重したりすることができない。この点が解決されなければ，この価値観の葛藤はグループでの治療教育に悪影響をもたらすだろう。

　幸いにも，ほとんどのグループメンバーは，刑罰を軽くしたい，子どもの親権を取り戻したい，あるいはより良い人生を送りたいといった変化への希望を抱いている。グループメンバーの抵抗感を軽減させ，動機づけを高めるような協働作業を行うことで，「変わらなければならない」ではなく「変わりたい」と感じるようになり，彼らの変化を促すことができる。次節では，強制的なグループ治療で起こるさまざまな問題について，MIではどのように対応するのかを示す。

グループ治療を強制されたクライエントへの MI の活用

　グループメンバーは，薬物はそれほど有害なものではなく，司法制度が不当に重すぎるのだという信念にこだわることがよくある。薬物による問題など起きていないと主張し，アル中とか依存症者と呼ばれるのを嫌がる。以下に挙げるのは，強制的に通所でのグループ治療に来させられたクライエントとのやりとりである。これをみれば，彼らがどんなふうにリアクタンスを示し，変化に対して反発するかがわかるだろう。こうしたやりとりは，グループの話し合いでよく起こるものである。リーダーはMIのスキルを用いて，よくあるメンバーの主張を回避し，メンバー同士が有益な話し合いができるように促し，肯定的な変化に向けて動機づけようとしている。用いられたMIスキルは，[　]内に記載する。

ダン：保護観察が終わったら，すぐさまマリファナを吸うつもりさ。マリファナが違法だなんて，バカげてるぜ。酒と同じで，何の問題も起こりゃしない。

ジュアニータ：政府が密売して儲けてんのよ。だから，違法ってことにしておきたいわけ。カネが流れているからね。マリファナを吸ったからって，車をブッ壊したヤツとか，殴りかかってきたヤツなんて，みたことないわ。

リーダー：おふたりにとって，マリファナは何のトラブルも引き起こすわけで

はないから，それが違法であることには大いに不満なわけですね。他の方はどうですか？　ダンやジュアニータが話してくれたことを聞いて，どう思いますか？［リフレクションをしながら共感を示す］

マイク：僕は，莫大な裁判費用を支払わなきゃならなかったし，ここに通うことでさらにカネがかかっている。重罪犯として起訴されたから仕事にも就けないし，このグループに来ることでますます仕事を探せなくなった。僕たちに，再犯しろって言っているようなものだよ。

タミー：この頃，すごくストレスを感じるの。私は双極性障害だし，今は妊娠しているから。働けないのにひとりで赤ちゃんを育てなきゃいけない。唯一の助けがマリファナなのよ。赤ちゃんに害が及ぶのは嫌だし，刑務所にも入りたくない。でも，どうしたらいいのか，全然わからないの。

スコット：僕は，薬物の影響下で運転して，運転免許を失った。でも，働かなきゃならないし，ミーティングにもすべて出なければならない。だから，どこに行くにも，必ずだれかに頼んで車に乗せてもらわなければならないんだ。保護観察官は，僕があの晩，たまたまバカげた間違いをしただけだってことを信じてくれないからね。

リーダー：難問ですね。一方では，またマリファナを吸いたいし，たまにはお酒も飲みたい。そして，それがストレス対処に役立っている。だから，それを禁じている司法制度には腹が立つわけですね。他方で，マリファナは違法なものだと自覚していて，自分も犠牲も払わなければならない。保護観察なんて受けたくないし，刑務所にも入りたくない。仕事だって探したい。これは大きなジレンマですね［両面からのリフレクション］。

マイク：僕は，ここ2ヵ月間ドラッグを使っていないのに，まだ，このプログラムに通わされている。ここに来るのがすごく嫌だっていうわけじゃないんだ。でも，カネも稼がなきゃいけないし，罰金も払わなきゃならないから，早く辞めたいんだよ。

リーダー：たくさん困難なことがあるのに，法的問題を大きくしないために，ここに通っているわけですね。自分ができる最善のことをやろうとして，努力しておられる。そこで，みなさんにお聞きしたいことがあります。ちょっとここで，話題を変えてもいいですか？［まとめ，是認，許可を得る，協働する］（グループメンバーが頷く。）みなさんのなかには，決意が固まっていて，今はもう薬物を使わないとハッキリしている方がいます。それは容易なことではありません。ご自身にとって役立ったことを聞かせて

第13章　強制的な参加による薬物依存者のための動機づけ面接グループ　*285*

いただけると，他のメンバーの参考になると思うのですが［チェンジトークを引き出すための焦点の変換，是認，変化のための能力やステップの探索］。

ダン：俺は，とにかく人付き合いを避けている。仕事に行って，まっすぐ帰宅する。家の周りでできることを探すようにしているのさ。裏庭に置きっぱなしの車を修理したりね。

　リーダーは，変化の可能性を高めるようなやり方で，情緒的に安全と感じられる雰囲気づくりをする。メンバーに不満に感じていることを話してもよいと伝えると，通常のリアクタンスは避けられる。リーダーは，メンバーが変化を求める理由と変化する能力に注目しながら，彼らの抱えるジレンマをリフレクションし，明確化する。リーダーが変化に対するステップを引き出し，そのステップを是認する際には，よく話し合いをするメンバーの自信が高められる。やりとりの早い段階で好機をみつけたら，リーダーは簡潔にまとめたあと，やりとりのなかでみられたチェンジトークを探るために話題の焦点を変える。メンバーは，自分がすでに起こした変化に目を向けるように促される。権威に従っているだけだと捉えられるようなことでも，それは変化しようというメンバー自身の決意と努力であると認識する。こうした話題の変換によって，メンバーは自分が達成したことに気づけるようになり，長期にわたる変化を起こしたり，維持したりするのに必要な自己効力感を高めることができる。

強制的な治療においてMIグループを実施する際の基本理念

　強制によるグループ治療でMIグループを適用する際に起こりやすい問題について，MIの基本理念を挙げよう。

抵抗は，変化への道のりで起こりうるものと受け入れる

　強制的なケアならではの難しさはあるものの，彼らの人生を変えられるかもしれない取り組みにメンバーを参加させることは可能である。メンバーと協働し，メンバーを尊重することは，クライエントに新たな体験やエンパワメントを感じる体験をもたらす。メンバーの抵抗に対して共感と受容を示すことで，メンバーは信頼感を抱くようになり，よりオープンな態度でグループに参加するようになる。こうしたことを効果的に行うためには，私たちが重大な態

度の変換を図る必要がある。つまり，抵抗を変化への障害とみなさない。むしろ，抵抗は，変化への道のりで起こりうるものだと受け入れる。抵抗は，変化に対するオープンな態度だと捉えなおして，それに反応することが求められる。

抵抗を予測する

　強制されてグループ参加をしているクライエントが，同法制度によってグループに参加させられたことを腹立たしく思ったり，自分には援助なんて必要ないと思ったりするのは，当然のことである。自分の不満を口にしたり，不満を行動で示したりする人もいる。変化への動機づけを引き出すには，彼らの信頼を勝ち取ることが課題となる。

抵抗を理解する

　抵抗は，関係性のなかでの衝突のサインであって，だれかが変化への動機を否認しているとか，動機が欠けていることを意味するわけではない。このことはとても重要である。強制されて治療に通うクライエントの抵抗の根底には，不信，怒り，悲しみ，傷つきがあることが多い。抵抗は，過去の虐待被害や裏切られた経験，治療者や権威的な立場の人との敵対関係，そして変化を強いられた体験などから生じうる。メンバーは，こんなふうに感じているかもしれない。「このリーダーは，本当に自分たちを支援してくれるのか？　本音で話したら，批判されたり，罰せられたりするだろうか？　グループは，私のことを受け入れてくれるだろうか？　私もみんなを信頼できるだろうか？」

　抵抗はまた，情緒的な心地よさをもたらすものを手放すときの恐れからも生じる。薬物を使わずに，激しい感情や人生のさまざまなストレスに対処していくことに自信が持てない人がほとんどである。また，変化できない苦痛や無力感を恐れて，抵抗する人もいる。あまたの危機に瀕しているメンバーは，用心深くなり，変化を避けたほうがリスクは低いはずだと思い込んでいることもある。

抵抗に対して共感を示す

　グループメンバーがわかってもらえたと感じたときに，信頼関係が築かれる。話し合いを通して，リフレクションによる聴き方をすることが重要である。相手の視点に立って世の中をみられるように，最大限の努力をすることが大切である。時には，グループの行動変化が思うようにみられないことに対して，リーダーは不満を覚えるかもしれない。こうした気持ちになったら，自分がメンバーの気持ちや視点を理解しようとしているか，リフレクションできて

いるかをチェックすべき合図だと考えるとよい。理解したことや受容していることは，言葉だけではなく，声のトーンや態度でも伝えようとすべきである。プログラムの指針を掲げたり，グループの取り組みにおいて妨げになる行動への限界設定を設けたりする際にも，共感を示し続けること。MIスキルは，すべてのメンバーがどんなときでも共感され，尊重されるようにするものである。

　ここで簡単に，変化を妨害する発話である**維持トーク**と，治療関係における不一致を表す**抵抗**の区別をしておきたい。グループ治療を強制されたクライエントと関わる際，維持トークに対して非難や圧力で応じることは，何もないところから抵抗を生み出すようなものである。リーダーのなかには，抵抗や維持トークに応答すると，そうした態度を承認してしまうことになるのではないかと心配する人もいる。しかし，真の共感とは，どちらか一方の肩を持つことではない。ある人を受容することは，その人の行動を認めることとは異なる。共感を示すとは，クライエントの視点をリフレクションすることであって，リーダーの視点を表現するものではない。

　両面リフレクションを行うことで，クライエントの抱えるジレンマの全体像が捉えられ，さまざまな側面からみた問題に気づきやすくなる。例えば，「法的なリスクはあるものの，またハイになりたいわけですね」と述べたりする。また，グループメンバーが批判されたり，何らかの方法で圧力をかけられたりすることがないような，安全なグループを作りたいのだとメンバーに説明してもよい。グループは，自分の人生において薬物が果たしていた役割を探るチャンスになると説明すると，メンバーは自分が何を変えたいか，どうやって変えようかと考えるようになる。

　毎回のグループセッションの終了後は，次のことをふりかえろう。「抵抗や反対意見に対して，どんなふうに応答したか？　セッション中，自分はどんな気持ちだったか？　声のトーンや態度はどうだったか？　メンバーは，以前よりも変化の可能性をみせ，変化しようとしているだろうか？　次回，より良いセッションにするためには，どうしたらいいだろうか？」

> グループメンバーの行動に対応するのが難しいと不満を感じたときには，自分がメンバーの気持ちや視点を理解しようとしているか，チェックしてみよう

　チェンジトークをキャッチするには，あらゆる機会を逃さないこと

　（注意：チェンジトークはみえにくいことがあり，「発話」のなかにあるとも限らない！）

288　第Ⅲ部　動機づけ面接グループの適用

　多くの人にとって変化を難しくさせるのが，両価性である。両価性は，人が物事に手をつけずにおく口実になりやすい。薬物の使用を禁じられたクライエントには，乗り越えなければならないもう１つのハードルがある。薬物使用を禁じる命令は，外的な動機づけの１つとなる一方で，反発する気持ちも生み出すため，変化しようという気持ちを失わせる。司法制度の関与が終了したあとも薬物を使わずにいるためには，クライエントは**自分自身の決意を固め**なければならない。治療グループの役割とは，薬物の使用をやめることで本人にどんなメリットがあるのかを考えられるよう促すことである。それにより，クライエントを外的な動機づけから内的な動機づけへと変化させ，本人にとって有意義で長期的な変化をもたらす。

　チェンジトークとは，内的な動機づけとなるものであり，肯定的な変化に向けた自然な意思のことである。リーダーは，内的な動機づけをうまく活用しながら，メンバーに薬物使用にまつわる不利益と変化の見込みを考えさせることによって，チェンジトークを引き出す。グループに信頼を寄せていれば，メンバーは率直に気持ちを分かち合うものである。時には，グループで変化に伴う利点を話し合うのが難しい場合もある。メンバーが怒りを表現したり，薬物使用への願望を口にしたりするグループでは，まずは**どんなことでも**変化に向けた兆しに耳を傾けるようにする。グループメンバーの考えをまとめて，話されていたチェンジトークをリフレクションする。例えば，「とても乗り越えられない問題であるように思えるときでも，かすかな希望がみえているものです。ヴィクトル・ユーゴーは，どんなに失望して，過ちを繰り返したとしても，決してあきらめなかった人間の姿を描きました。困難があっても，みなさんが続けていることをお話しいただけますか？」というふうに。そのあと，話し合われたことについて感想を述べてもらう。

　動機づけは言葉だけでなく，行動にも表される。治療グループに通いたくないと思いながら来ているメンバーがいるのであれば，「ハイになりたいのにグループにお越しになるのは，より大きな自由を求めているのでしょう。あなたにとって，自由とはどんなふうに重要なんですか？」などとリフレクションすることもできる。メンバーの努力に言及することで，メンバーは心の奥にある価値や願望について話し合うようになる。

　グループメンバーのなかには，保護観察中だけ薬物をやめており，保護観察期間を終えたらすぐに薬物を使うつもりの人もいる。メンバーが，治療プログラムや刑期，保護観察／仮釈放の期間を満了するために，今，取り組んでいる

ステップに注目することが大切である。この期間は薬物を使わずにいられたという自信と利点を引き出すのである。治療グループが効果的に展開しているときは，保護観察期間を終えても，薬物を使う人生に戻りたくないという希望を話すメンバーたちが出てくる。治療グループは，メンバーたちに将来の変化について考える準備をさせるのである。

希望を持てるように肯定的なところを是認し，行動に移すサポートをする

司法制度に係属しているクライエントは，薬物を使ったことへの恥や自責の念を抱き，意気消沈した態度をみせることが多い。グループメンバーが，話したことや出来事の肯定的なところ，うまくいったことに着目して，リフレクションし，詳細に述べることによって，新たな見方で自身を捉えられるように手助けしなければならない。クライエントの価値やスキル，才能，強み，達成，努力など，今やれていることに目を向け，是認する。そして，メンバーがうまくやれたことはもとより苦戦している部分についても，その体験を一般化し，共感を示す。メンバーが自分自身をより深く知り，受容し，自分のスキルや強みを利用できるようになると，肯定的なアイデンティティを持てるようになる。それが強力な希望の源となり，変化への動機づけとなる。

強制的な治療におけるMIグループの進め方

強制的な治療におけるMIグループの4つの段階について，その過程と活動について説明しよう。

グループに招き入れる

強制されてグループに参加したメンバーを招き入れるという最初の段階は，他のグループメンバーとのサポーティブな関係作りをしつつ，前述したようにメンバーの抵抗を減らし，信頼を構築していく時期である。メンバー同士の関係性は，変化を支えるための何より重要な源になる。メンバーの関係づくりをすることで，メンバーは互いの体験を共有しながら，所属感やメンバーの一員であるという感覚を味わえる。また，それぞれが苦労しているなかで，自分は1人ではないとわかり，安心できる。

グループメンバーのつながりを作るためには，さまざまな方法が用いられる。だれかが話したことについて，自分はどんなふうに感じたかを話し合うのもよい。他のメンバーが何らかの方法でだれかを褒めたら，どんなふうに感じ

たかを尋ねる。メンバーの共通性に注目を集めてから，さらに深く探索していく。こうしたやり方でグループのまとまりを強め，メンバーが互いにサポートしあえることを強調する。関係づくりに時間をかけることは，これまでグループ外でつきあいのあったメンバーにとっても，新たな方法で互いを知る機会となる。次に示すやりとりをみてほしい。

リーダー：ロレイン，ショーナが学校に復帰する勇気のあるあなたをすごいって言っていたのを聞いて，どんな気分ですか？［自己効力感の強化，サポーティブな関係づくり］

ロレイン：うれしいわ。自分でも，これまでそんなふうに考えてみたこともなかったの。今は，失敗する恐怖を乗り越えようと思ってる。だから，すごく前向きになれるのかも。獣医の助手になりたいと思っているの。

ショーナ：私もずっと，そんなふうに何かしたいっていう気持ちはあるんだ。あなたは，働きながら子どもたちの世話もしているじゃない？　いつか私も，同じように学校に行けるんじゃないかっていう希望をもらえたよ。

リーダー：（グループ全体に）ロレインとショーナには，たくさんの共通項がありますね。（ロレインとショーナに）おふたりとも，お子さんがいて，動物好き。（ロレインとショーナは顔を合わせてほほえみながら頷く。）（グループ全体に）ショーナ，あなたはロレインには勇気があると言いましたね。みなさんのそれぞれの目標を後押しするものには，他にどんなものがありますか？［共通項を強調する，チェンジトークについて詳しく述べる］

　リーダーは内省を促し，ショーナがロレインに対して述べた是認とサポートにメンバーの関心を集める。メンバーは，だれかを幸せな気持ちにさせるような有意義なやりとりを一緒に味わう。そして，メンバーは，将来に向けた自分の強みと希望という話題について，それぞれの考えを分かち合う。その後，メンバーの強みを，変化のために今取り組んでいる努力と結びつけていくための話し合いを続ける。

　メンバーが安全な言い方で反対意見を伝えられるようにコミュニケーションを支援することで，よりサポーティブな関係作りをすることもできる。メンバーには共通項がたくさんある反面，1人ひとり異なる存在であることを忘れないように。メンバーが自分の考えを述べるときには，"I メッセージ"（例：「私は〜と思う」「私は〜と感じる」「私は〜が好き」など）で話すように伝える。

これにより，メンバーは自分の考えを正当化することなく，思ったことを話せるようになる。ある話題が白熱したり，メンバーがだれかにやるべきことを指図したりしたときにも，グループで“I メッセージ”を使って話すことが役に立つ。あるメンバーが他のメンバーの面目をつぶすようなことを言った際には，リーダーが介入する。どのメンバーにも価値があり，尊敬に値する存在であることを忘れずに。メンバー全員が安全な雰囲気を保つうえで重要な役割を担っているのだと説明することで，グループ全体をエンパワーすることができる。

視点を探索する

信頼関係と相互の分かち合いが確立すると，メンバーはそれぞれの最近の状況や変化の見込みについて，自分の捉えかたを探索するようになる。

変化のジレンマを明確化し，ジレンマに取り組む

通常，メンバーは，自分の人生に問題をもたらす薬物使用について矛盾した気持ちを抱いている。それぞれの体験を探索していく間，リフレクションを用いて聴くことは，変化にまつわるジレンマを明らかにし，ジレンマを解消するのに役立つ。変化の初期段階では，薬物使用に関する賛否両論を探索していくことも有効である。それによって，メンバーは自分にとって薬物のよいところを考え，その反面にある薬物の悪いところも考えるようになるからだ。このワークをやると，グループがどんより重い雰囲気になるがかまわない。薬物使用に関わる問題について，具体的に思い浮かべながら話すことは，苦痛を伴うものだからだ。わきあがったいろいろな気持ちや考えを処理するのに，十分な時間をかける必要がある。

自分の価値を探索する

善悪に関する自分の価値を再認識すること，大切な人間関係を思い出すこと，そして何が自分の人生を意味あるものにするかを知ることは，どれも人の選択や行動に大きな影響をもたらす(Wagner & Sanchez, 2002)。これらを認識することは，強制的なグループにおいても大きな影響を与えることが多いようだ。参加者の価値よりも，もっと社会的な価値に焦点をあてているからだろう。これらの価値を探索することは，メンバーが最近の自分の行動が，自分が人生においてもっとも価値あるものとみなしている一連の行動からみて，どのあたりに位置するものかを考えるうえで役に立つ。人は，より高い目標のために，自分の強みや長所を生かせるような有意義な人生を送ることが最良だと感じるものであるため(Seligman, 2003)，価値について話し合うことは，メンバ

ーが薬物を手放し，より充実した人生を送れるような変化を導く可能性がある。価値が書かれたカードを分類するワーク（Miller et al., 2001）は，グループ場面でも実施しやすい。

視点を広げる

メンバーが，薬物使用が自分の人生に及ぼす影響について深く理解するようになったら，もし薬物の問題から解放されたとしたなら，目の前にはどんな人生が待っているかを考えさせる。自分の目標にさらに近づけるような将来の具体的なビジョンを描けるようにし，その価値観に沿って生活が送れるようにメンバーを支援していく。

重要性と自信を高める

メンバーが自分の人生を変えていくことの重要性を探索し，変化に対する自信を高めるのに役立つワークを紹介しよう。話し合いの導入で，重要性と自信の尺度を用いるのもよい方法である。これは，メンバーの行動のなかに，**どんなものでもよいので望ましい変化を探す**課題である。薬物使用に焦点をあてる準備ができていなくても，アンガーマネジメントといった他の方法を探そうとするものであり，非常に役立つだろう。また，下欄で紹介する「小さな変化」の

「小さな変化」のワーク

グループメンバーに，自分が叶えたい小さな変化について考えてもらう。ここでいう変化は，薬物使用に関連するものでもいいし，関係のないものでもかまわない。その変化を小さな紙に書いてもらい，ポケットに入れる。メンバーには，例えば「週に3回，20分間の散歩をする」といったように，できるだけ具体的で測定可能な，前向きな変化を挙げてもらうようにする。セッションの最後に，メンバーたちの「小さな変化」が，グループでの話し合いと多少なりともつながるものであるかを尋ねる。本人が望まなければ，メンバーは自分が書いた変化を人にみせなくてもよい。

次のセッションまでの間，この「小さな変化」の紙を持ち歩くように伝える。そして，グループで話し合っていることとどう関係していると思うかを述べてもらう。何回かこのセッションを行ってから，あるいはグループ治療を終える際に，メンバーは自分が書いた行動に関連する変化について分かち合う。

ワークも，グループメンバーの考えを前向きに変化させるのに役立つ課題である。

将来に目を向ける／過去をふりかえる

グループメンバーは，過去を探索し，将来に目を向けることで，変化のビジョンを描けるようになる。薬物による問題がひどくなる前の過去の自分について考え，そして，もし薬物を使っていなかったら，あるいは保護観察官などに通報されなかったならば，将来どうなると思うかを考える。例えば，もし，メンバーがスポーツの話をしたなら，「これまでどんなスポーツをしてきたのか，教えてください。どんなふうに才能を発揮させたのですか？　その年の大会で優勝したとき，どんな気分でしたか？」［一問一答の落とし穴を避けるためのリフレクションと探索］。将来のことを考えることができたら，次のように尋ねて詳細を説明してもらう。「この1年間で，一番したいことは何ですか？　優先順位が高いのはどれですか？　目標を達成できたら，自分自身や自分の人生をどのように感じるでしょう？」。次に，もし変化が起こらないとして，最悪な事態は何かを確認する（例：まだ法的に拘束されていたり収監されている，家族や自尊心を失っているなど）。そして，変化したら得られる最良の成果を確認する（例：司法制度の関与がなくなり，満足のいく人生を送れるなど）。こうした話し合いは，将来，実現できることをより具体的にするのに有益である。

希望と夢をみつける

希望と夢を探索することは，メンバーに自分の人生で成し遂げられる可能性に目を向けさせるものになる。自分ではこれまで注意を払わずにいた興味が，再発見されることもある。グループの話し合いでは，「人生に最高の幸せをもたらしてくれるものは何でしょう？　あなたが夢中になることは何ですか？　何になりたいと望んでいましたか？　あなたに希望を与えてくれるものは？　一番の望みは何ですか？」といった質問について考えていく。こうしたやりとりは，自分の目標を定める助けになり，薬物の代わりに打ち込める刺激的なことをみつけるのにも役立つ。

視点の探索と視点を広げる例

前半で紹介した例を再掲する。リーダーが，メンバーに変化の探索を促している部分である。

ダン：俺は，とにかく人付き合いを避けている。仕事に行って，まっすぐ帰宅する。家の周りでできることを探すようにしているのさ。裏庭に置きっぱ

なしの車を修理したりね。

マイク：僕は，だれとも会っていないよ。もっぱら，子どもたちと過ごしているんだ。でも，それはすばらしいことだよ。もうドラッグもしていないから，元妻も子どもたちに前より会わせてくれるようになったんだ。

リーダー：特定の人や場所を避けていることが，役立っているわけですね。そのうえ，2人とも，人付き合いを遠ざけながらできることをしたり，お子さんたちに会う時間を増やしたりして，素面でいることの恩恵も話されていました。自分の助けになったものとして，他にどんなことがありますか？［変化へのステップや恩恵のリフレクション，さらなるチェンジトークを引き出す］

ジュアニータ：私は，2カ月間クスリをやってないの。やめてなかったら，きっと死んでるわ。体重も40kgちょっとまで落ちちゃったもの。今は，ちゃんと服薬もしているし，それが自分の助けになっているわ。

タミー：私は，刑務所のなかで出産するのはイヤ。赤ちゃんを取られちゃうもの。

リーダー：みなさんの人生には，薬物以外にも大切にしているものがあるんですね。そして，素面でいるのに助けになっているものがある。他に，薬物を使わずにいる努力に値するものはありますか？［変化の理由をまとめる，チェンジトークを具体的に述べる］

　リーダーは，OARSを用いながら，変化のテーマを探り続ける。OARSを用いることで，メンバーに，他の人が言ったことをリフレクションさせたり，なぜ変わるのか，どうやって変わるのかといった互いの話のなかでみえた価値と強み，そして人生において生じうる困難さについて，是認することもできる。

行動に移す

　メンバーの変化に対する内的動機づけが高まると，たいていのメンバーは自然に自分が選択した変化に取り組み始め，変化を維持させるための自分なりの方法を探しだす。事例で示したように，メンバーはすでに大きな変化を起こしており，もう逮捕されたくないという理由で変化する人もいる。メンバーは，自分の変化や強み，願望に取り組むために，選択肢を話し合ったり，それぞれの計画を練ったりする。

第13章　強制的な参加による薬物依存者のための動機づけ面接グループ　　*295*

変化の計画を練る

　メンバーは，各自の変化への準備性に応じて，空想上あるいは実際の変化の計画を練る。変化の目標には，裁判を無事に終えて治療プログラムを修了することなども含まれ，法的問題や家庭・社会的な問題，あるいは健康上の問題を避ける，アルコールや薬物の使用をやめるか減らす，危険な行動や違法行為をしない，再発をしない，薬物を使わない人生の楽しみや目標をみつけることなどが挙げられる。変化の計画を練ることは，変化するかどうかの選択は自分次第であることをメンバー自身に思い起こさせるよい機会になる。自分がもっとも望んでいることをみつけられるように，メンバーを励ましていく。

変化に対する関与を強化する

　メンバーが計画を立てたら，変化に対する決意を固め，行動に移していく。より関与させるために，次のような投げかけをするのもよい。「なぜ，自分が変化する準備ができたと思えるのですか？　今がまさにその時だと思えるのはどうして？　どうやって自分の変化の計画を行動に移していくつもりですか？　今週は何をしますか？　次回のセッションまでに，あなたの人生はこれまでと何が違っていて，どんなふうによくなっているでしょうか？　1年後はどうなっているでしょうか？」［それぞれの問いをリフレクションして，深めていく］。こうした投げかけは，メンバーに，自分が変化する理由と前進するためのサポートを思い起こさせるものである。メンバーは，自分の計画に直面したときの困難さを自覚したり，可能な解決法を探したりしながら，変化への関与をさらに強めていく。セッションのなかでメンバー同士のやりとりをリフレクションし，メンバーそれぞれの気づきを引き出していくことが，グループの学びを深めていく。

MIスピリットを保ち続ける
：うまくいかせるコツと避けるべきワナ

コツ

　強制的に治療に参加するクライエントに対して，グループのなかにMIのスピリットを具現化するには，さまざまなやり方がある。グループの4段階に沿って，メンバーが肯定的な変化に向かって進めるように援助するには，次のようなコツが挙げられる。

どのメンバーも"アディクト"ではなく，人間として接する

メンバーに対して，自宅を訪れた友人や家族に接するときと同じような温かさと歓迎の気持ちを持って迎えること。メンバーが互いに知り合い，グループにいるのが楽しいと感じられるような時間を過ごせるようにする。メンバーを，アディクトやアルコール依存症者，犯罪者とはみなさない。

> メンバーに対して，自宅を訪れた友人や家族に接するときと同じような温かさと歓迎の気持ちを持って迎えること

グループこそ，もっとも重要な情報源だと認識する

メンバーの考えを引き出すような話し合いは，とても豊かで刺激的なものになる。そして，相互にやりとりしながら，配布資料やワークブックと同じ内容を取り上げることができる。あるいは，話し合いのたたき台にしたり，考えや体験を分かち合ったりするために，MIの方向性と一致した教材や資料を用いてもよい。

協働して取り組み，選択肢を示す

メンバーの考えや願望，視点をはっきりと言葉にすることは，グループを励ますだけでなく，グループには欠かせないやり方である。話し合いに対する意見を述べ，グループが自分のもっとも必要とするものを決めるのに最適な場であることをわかってもらう。こうした協働的なアプローチは，治療プログラムへの参加を強制されたことによる悪影響をなくし，多くの制約を受けているクライエントをエンパワーするものである。

治療の障壁を取り除く

変化へのプロセスの妨げとなる障壁を取り除く。可能なら，治療条件を柔軟にするほうがよい。例えば，さまざまな自助グループや他のサポート資源を検討し，自分にとって何がもっとも役立つかを本人が決定できるようにする。同様に，メンバーが自分自身に対する決めつけを取り去ることが大切な場合もある。それによって，クライエントは，薬物使用の悪影響について探索し，広く考えたうえで薬物をやめる選択ができるようになる。

MIを支持する方法で，情報を共有する

情報提供をするときは，さまざまな視点を認める。メンバーの考えに異議を唱えたりせず，提示した情報に対するメンバーの感想を話し合う時間を設ける。それぞれの意見を安心して交わすことで，メンバー同士の学びも深められる。「この情報は，あなたの薬物への渇望やそれに対する対処方法をうまく捉えたものですか？　薬物への渇望を調整する方法として，この資料に書かれて

いないことではどんなものがあるでしょう？　渇望を抑えるには，薬物療法が効果的だという研究者もいます。あなたはどう思いますか？」といったような，開かれた質問をする。メンバー同士で互いの考えを共有させるのは，時に，治療プログラムへの参加や変化を強制されている事態への不満を引き出すことにもなりうる。それぞれの意見を自由に交わす時間のバランスをとり，言い争いを減らして，やる気を高めるような探索へと焦点の転換を行うことが大切である。

楽観的な態度を示す

メンバーに，だれもが変化するための強みとスキルを持っていることを伝え，リーダーや他のメンバーは，ともに取り組み，努力に対してサポートしたり，励ましたりするためにそばにいるのだと思い起こさせることが重要である。治療プログラムを義務づけられたクライエントと取り組む際は，これまで彼らがどんな行動をとってきたかにかかわらず，こうした希望と楽観的な姿勢を持ち続けるようにする。

落とし穴

嫌悪療法は行動変容への動機づけを高められないという実証データがあるが（Ackerman & Hilsenroth, 2001; Miller et al., 1993），MIのやり方でも，意図せず不和を生じさせたり，前向きな態度ではなく消極的な態度を引き出したりしてしまうことがある。

グループへの不信感

グループメンバーに不信のまなざしを向けたり，まるでゲームのコマのように操作できるもののように捉えたり，あるいは抵抗する輩としてみなすことは，リーダーがメンバーを信頼する気がないという批判的な態度を示すものである。こうした態度は，グループが内包している知恵や，自分にとって最善のことをみいだす力を探したり，引き出したりするのを阻害する。

欠点ばかりに注目する

メンバーには洞察力や知識，スキルが足りないとみなしてしまうと，構造化された情報提供中心のプログラムで何とかしようとすることがある。リーダーは，メンバーに変わることを求め，変わるよう言ったり，どうするべきかを示そうとしたりする。そんなふうにしても，人は必ずしも変化するわけではないということを忘れてしまうのだ。メンバーが思うように進歩しないと，リーダーは事を急いてしまい，否定的な面ばかりに注目して肯定的な面がみえなくな

る。

安全感のほころび

メンバーによる他のメンバーに対する批判やこき下ろし，あるいは攻撃的な
コメントなどを許してしまうと，グループ全体へ悪影響が生じる。メンバー
は，リーダーや仲間から批判されていると感じたり，ありのままの自分でいる
ことが安全ではないと思ったりする。一方的な物言いをするなど，メンバーの
心を乱すような行動を放置すると，メンバー間の分かち合いが深まらなくな
る。

役割の混乱

保護観察官や矯正職員のような役割をとるとか，あるいは逆に法執行者に反
する役割をとることは，どちらも逆効果になりうる。法の順守を取り締まろう
としたり，薬物の再使用や再犯を罰しようとしたりすることも，グループ内の
会話を抑制してしまう。

変化への動機づけを引き出すのにOARSを忘れる

一貫してOARSを用いながら，メンバーに共感したり，変化を探索したりし
ようとするのはとても大変である用いて努力をするあまり，成長や変化に向け
たメンバー自身の自然な力を引き出すのに集中できないときがある。

これらの情報は，とくに自分が陥りやすい落とし穴を探すのに役立つかもし
れない。また，信頼関係を構築し，堅実で効果的な変化を促進するために有益
なものと考えられる。

おわりに

強制的に治療プログラムに参加する人たちや収監された人たちへのMIグル
ープの有効性を示す研究がなされつつある（Easton et al., 2000; Stein & LeBeau-
Craven, 2002）。MIグループは，変化への準備性が低い人たちのやる気を高める
のに役立つものといえ，それゆえに肯定的な成果を挙げている。

こうした対象者へのMIグループの価値を示すには，最近の実証データを紹
介しながら，事例を用いて説明するのが有益だろう。グループ体験が自分の人
生に肯定的な影響をもたらしたと述べるクライエントの自然な語りもよく聴か
れる。あるグループで，クライエントに自分のグループ体験を一言で表しても
らい，その言葉の意味について詳細に語ってもらった。そのときの意見をいく

第13章　強制的な参加による薬物依存者のための動機づけ面接グループ　*299*

つか挙げよう。

- 有意義：「悪い選択をする代わりに，別の行動方針を選べる」
- 肯定的：「気軽に自分の考えを話したり，お互いの気持ちを分かち合えたりする」
- リラックス：「その日の緊張感がなくなり，違う気分で帰れる。グループの時間はあっという間」
- 魅力的：「あぁ！　初日の抵抗感に比べて，今の去りがたい気持ちといったら。薬物依存者とかメンタルの弱いヤツとみられるのが怖かったから，抵抗感を抱いたんだと思う」
- 治療的：「みんなここに来て，輪に加わったらいい。なぜなら，ここにいる人はみんなよいことをするっていう意識を持っているからね」

　以下は，保護観察を受けて治療プログラムへの通所を義務づけられたクライエントとの対話である。MIグループに数セッション通ってから，個人療法のセッションに来たときに話していた内容から抜粋した。

クライエント：グループは，とても役に立っています。私は，これまで何度もプログラムを受けてきて，トラブルに巻き込まれるたびに精神科に入院していました。だから，グループにはうんざりだったんですが，このグループはすごく気に入っています。グループのメンバーがいいんですよね。それに，プログラムもとても助けになります。

セラピスト：あなたがグループで気に入っているのは，他のメンバーに会えることと，サポートが得られることなんですね。グループについて，他に役立つと思ったことはありますか？

クライエント：みんな，自分と同じような問題を抱えているってことかな。グループでは，すごくオープンに話し合うので，それがすごく役に立っていると思います。初回に参加してみて，オープンな話し合いにとてもワクワクしました。担当の保護観察官も，私がうれしそうにしているのに気づいたほどです。おかげで，保護観察官との関係もよくなったし，あらゆる点でいろんなことがよくなったと思います。すごい変化ですよ。

セラピスト：現在は，何がどんなふうに変わっていますか？

クライエント：ここのところずっと，素面で過ごせています。すごくうまくい

っていますが，背中を叩かれるためにグループに来ているような感じです。つまり，今，自分がどれくらいうまくいっているのかを再確認するような感じです。そうすることで，自分自身のことをよく思えるし，それがまさに自信になる。だから，そうしてもらえるのはありがたいです。それに，グループのおかげで，自分はこのまま順調に進んでいこうと思えます。グループに通ってわかってきたのは，薬物をやる代わりに毎週水曜日にグループに行き，いろんなことをしゃべって，帰宅して，気分よく過ごして，仕事に行かなきゃいけない日は働くっていうこと。以前は，こんなふうに過ごしたいなんて思ってもみなかった。だから，今の自分は生産的な生活を送っていると思います。それはすごく気分のいいことです。自分が一生懸命に働きさえすれば，可能性は無限大なのですから。だから，やる気が出るんです。

　グループ体験がたくさんの人たちの人生を変えていると知るのは，やりがいのあることである。メンバーが，それまでは力の及ばなかった目標に向かって努力し，より良い人生のために自分の希望を取り戻す様子を目の当たりにすると，畏敬の念がわく。MIグループを実施することは，私たちにとっても専門家としての燃え尽きを防ぐのに役立つ。MIを用いたグループワークを実践しての感想を一言で述べるなら，クライエントの人生と同じく，グループワークも**変容した**ということである。

第14章

アディクションのある女性のための 動機づけ面接エンパワメントグループ

名もない「あなた」へ…　あなたの名前なんて言うもんか

　以前の私は，あなたに命を救われたと思っていました。憂うつなとき，あなたは救いのように私のもとへ来てくれました。頼りになるあなたと，私は友だちになりました。最初のうちはハネムーンみたいに，何もかもが楽しくて，落ち込んだりもしなくなりました。だけど，それはほんの始まりに過ぎませんでした。あなたは，本当に如才なくて，調子がいい。私の夢，生きている世界，大切な魂に，あなたが入り込んでくるのに，私はちっとも気づかなかった。

　あなたはとても嫉妬深い恋人のように，どんどん，どんどん，私の時間，お金，健康を求めてきた。

　何より気味が悪かったのは，あなたが私のなかに入り込んできて，私のことを操っていたこと。私は，必死になってあなたについていき，あなたを引き留めようとしました。盗みや嘘，さらに嘘をごまかすために嘘を重ねました。何1つ，自分でコントロールできませんでした。

　この数カ月で，私はたくさんの助けを得ました。どれも，あなたがもたらしたものではありません。自分の日々，自分の感情（どんな苦しい感情でも），自分の思考，自分の自尊心を取り戻すために，私は必死に努力して，あなたと離れる方法をみつけました。私の脳は，まだあなたのことを覚えているけれど，私はもうあなたがどんなに危険であるか，わかっています。だから，もし，あなたが私に近づいてきたとしても，私はすぐにあなたの気配に気づけるでしょう。

　正気な自分，満足感，自分の魂の核，そして自分がより良くなりたいという願いを持っていられることに，日々，感謝しています。もう二度と，あなたと友だちになることはありません。あなたは，私の人生にとって招かれざる客なのです。

302　第Ⅲ部　動機づけ面接グループの適用

　心理面，健康面，社会的で複数の問題をもつ女性のための集中的なディ・トリートメント・プログラムでは，このような，自分が使っていた薬物にあてた手紙が朗読されることがある。このグループでは，動機づけ面接（以下，MI）と認知行動的アプローチ，身体的アプローチを取り入れている。問題に取り組む女性のために，私たちはMIのスピリット，原則，方略と，フェミニズムのエンパワメント哲学を組み合わせている。肯定的なピアグループでの体験と，新たなスキル，自信，変化への関与を通して，女性たちは再生することができる。

　トラウマや薬物乱用のための多角的で統合的な介入は，健康面や社会面で複雑な問題を持つ女性に効果がある（Harris & Fallot, 2001; Najavits, 2002）。女性の回復は，関係性を通してもたらされることが多い。とりわけ，エンパワメントと相互の尊重に基づいた健全なつながりが大切である（Covington & Surrey, 2000）。MIにおいて協働関係が中心にあることは，女性の薬物乱用経験を理解するための関係性モデルにぴったり合っている。自主性を尊重し，エンパワメントと選択を重視する，女性中心のトラウマインフォームド・ケアは，MIのスピリットや原則と似ている点がいくつもある（MI and Intimate Partner Violence Workgroup, 2009）。研究によって，MIは女性の薬物乱用問題とそれに伴う健康問題を減らせることが明らかになっている（Yahne et al., 2002; Floyd et al., 2007; Ingersoll et al., 2005）。

　最近の研究では，MIインフォームドなグループ介入は女性の助けとなることが示されている。LaBrieら（2008, 2009）は，MIと個別フィードバックを用いる小グループは，アルコールの問題を抱えた女子大学生が飲酒を減らすのに役立つことをみいだした。薬物乱用，暴力，トラウマなど，複数のリスク要因のある若いホームレス女性のグループプログラムとMIを組み合わせた研究もある（Wenzel et al., 2009）。

　私たちのディ・トリートメント・プログラムは，居住型プログラムと同じ密度で行われ，また，保育や費用の問題など，アディクション治療に参加するときの障壁を減らしている（Healthy Choices in Pregnancy, 2002）。私たちのグループの女性は，長期的に複数の薬物乱用，ギャンブル，自傷，売春，そのほか有害な状況に関わっていることが多い。参加の障壁となるのは，専門家への不信，これまでうまくいかなかった教育や治療，対人関係における問題解決スキルの未発達さ，失望，無力感などである。彼女たちの多くは，貧困，トラウマ，不適当な住環境，育児の問題に苦労している。また，教育が不十分で仕事がなく，身体的・精神的健康を損なっている。児童保護の問題から，裁判所の命令を受

けている人もいる。彼女たちは，女性のグループに入るのをためらうことがよくあり，のちに自分の女性不信について打ち明ける。メンバーは，混沌とした生活と頼りにならない関係のなかに戻っていくため，グループへの定期的な参加が大きな課題となる。

女性のアディクションは，しばしば生育歴や文化に根差すところが大きい。**エンパワメント**とは，「相互の関心，共感，関与，応答が（…）再びパワーをもたらすような関係のなかでの行為」（Goodrich, 1991, p.20）である。女性たちが，自分以外の他者から定義され，アディクション，貧困，トラウマへの抑圧やパワーの乱用によって社会の周縁に取り残されているとき，彼女らはエンパワメントを失っている。また，精神疾患，売春，薬物乱用，不健全な子育てといった生活経験に対する社会的排除または無関心から，彼女たちは否定的なアイデンティティを身につけている。自分の価値観と自分がしてきた選択の食い違いによって，自尊心はますます低くなり，生きのびるための機制として，不健全な対処法を用いるようになることもめずらしくない。

本章では，女性のためのグループにおけるMIの役割を明らかにする。招き入れから終結までのグループのプロセスに織り込まれたMIの原理と専門的要素について，例を挙げながらみていく。私たちは，個人のニーズとグループへの関わりのバランスを探りながら，MIのスピリットと原則に基づいて介入を行っている。また，チェンジトークと関与を引き出し，強化することで，変化へのはずみをつける。MIスピリットに導かれて，リーダーとメンバーは，他者を正そうとするリフレクションをひとまず脇へ置き，その代わりにメンバーの自律性と選択を強化するようなあらゆる機会を見逃さない姿勢が求められる。一方で，互いや権力のある人たちに不信の念を抱いている女性サブカルチャーとの協力関係を築いていく。グループに参加している間もメンバーは日常生活を送っているため，彼女たちの優先順位，関心事，潜在的な可能性は，4週間のうちにも変化していく。グループに支えられ，動機づけが高まることが多い。

例えば，あるメンバーは，自分から児童保護局に向き合うと決心し，尿検査を受けると申し出た。彼女がどんなふうにそれを行い，そして首尾よく終えたことをグループで報告すると，他のメンバーも気づきが得られ，「彼女の自己効力感を借りている」ようにみえた。思いやり，力の分かち合い，チームワークのためのあらゆる

> 思いやり，力の分かち合い，チームワークのためのあらゆる努力を認めることを通して，私たちは肯定的なグループ風土を育む

努力を認めることを通して，私たちは肯定的なグループ風土を育んでいる。

　冒頭のシナリオは，あらゆるグループの相互作用が，どのように一考に値するような別の方向性を生み出すのかを示している。この例では，メンバーが手紙を書き，読み上げることで行動のステップを進み，薬物を使うことと変わることの両方におけるメリットとデメリットをはっきりと挙げて，両価性を脱してこの問題にしっかり関わろうとすることを表明している。「あなたは，私の人生にとって招かれざる客なのです」という言葉が示すように，自分の強みと決意をはっきり述べることで，彼女は自己認識の変容をみせた。私たちはこの瞬間，彼女のチェンジトークと関与を引き出し，強化し，サポートした。別の見方をすれば，彼女の手紙が，グループの女性たちの内的プロセスを刺激したともいえる。グループで集中的な3週間をともに過ごすことで，このグループは強い凝集性を持てたので，私たちはグループの相互関係と積極的な参加を促すことに焦点を戻した。具体的には，手紙を書いた女性による分かち合いに感謝し，自主性を高めるプロセスとして，数分間だけ日記を書くことを提案した。私たちは，グループの関心を手紙の書き手に戻して，手紙から受け取ったことをまとめるようにメンバーに求めた。それによって，チェンジトークを強化し，手紙の書き手に「私たちが見落としていたものは何でしょう？」「手紙を書いて，今はいかがですか？」と尋ねた。その後，グループ全体で，互いに似た経験を探してみることを提案した。

グループ開始前のスクリーニングとオリエンテーションにおけるMI

　グループに入る可能性のあるメンバーには，グループへの招き入れとスクリーニングの目的から個別面接を行っている。45分の面接のなかでグループに対する楽観的な見方を強め，グループリーダーとつながりを持つことで，協働関係の土台作りをする。また，集中的なディ・トリートメント・プログラムに参加する準備が整っているかを点数化する。これまでのグループ経験，家庭での安全面の懸念，サポート，継続中の個別カウンセリング／トラウマカウンセリング，毎日参加する意思があること，参加に関わる障壁の解消，離脱症状の深刻さなど，いくつかの参加基準に基づいて評価を行う。

　以下は，要約した面接例である。[　]内にMIの構成要素との関連を示す。

リーダー：ようこそ，ドナ。お会いできてうれしいです。（自己紹介をして迎え入れる。）…あなたのカウンセラーが，あなたと一緒に書いたこの紹介状を送ってきてくれました。女性のエンパワメントグループに関心があるようですね。どんなふうに聞いているか，教えてもらえますか？［引き出す］

ドナ：そうね，そんなに聞いてないの，本当に。私のカウンセラーは，週に一度，カウンセラーに会うだけよりも，もっとサポートが受けられるほうがいいって言ってた。それから，ずいぶん前から私にグループを勧めてくれている友だちもいるわ…

リーダー：グループのポスターをみたことがありますか，ドナ？

ドナ：いいえ。

リーダー：これは，他のグループが取り組んでいるテーマのリストです。グループに参加するとしたら，どれに興味があるかしら？［課題設定］

ドナ：そうね，このリストにあるのは，どれも私に必要なものばかり。再発防止，悲嘆，虐待，自己主張，健全な関係性，ほとんど全部ね。

リーダー：他のみんなも，これまで同じことを言っていました，ドナ…　これは驚くことじゃなくて，このプログラムが女性によって女性のために作られたからなの。実際の生活場面に対処するときに，もっと健全なやり方をみつけるためのプログラムなんです［情報提供］。

ドナ：ええ，これまで本当にひどいことばかりだった…　子どもたちが連れて行かれてしまって，私は子どもたちを取り戻したいのに，なのにもう福祉が私にしてくれるのは，他人の家で借りている一部屋分の家賃を払ってくれることだけなの。（泣きはじめる。）

リーダー：そうすると，自分ではどうしようもなくなっている感じなんですね。自分の子どもたちとも一緒にいられない…　本当に，道を引き返したいと。あなたは今日ここで，それをやり始めていますね［複雑なリフレクション，アファメーション］。

ドナ：えぇ。だって，私のせいだから。だれも，私に飲んだあとに運転させてくれない。だれもコカインをやらせてくれない。それだけが人生を生きてるって感じで，楽しい，楽しい，楽しいことだったのに！

リーダー：そうすると，それが楽しみだった時期があるわけですね…　そして今，あなたはやりなおそうとしている［複雑なリフレクション，アファメーション］。

ドナ：そうなの，本当に何とかしてほしいのよ。それから，忌々しいコカインも。もういらないのに，まだあれを求めてしまうの。

リーダー：今回，あなたがやめようと決心したことについて聞かせてください［方向づけ，チェンジトークを引き出す］。

ドナ：3週間前，兄の命日に，自分の人生を自分で無駄にしていることに気づいたの。そして，もうこれ以上，人生を無駄にしたくないって思った。

リーダー：それがターニングポイントだったようですね…［複雑なリフレクション］。どうやって，やめ続けようとしたんですか？［方向づけ，強みの喚起，方略］

ドナ：えぇと，私は大麻をやっているんだけど，そんなにじゃないわ。それから，ずっとひとりでいて，街に出たりはしていない。ただ，激しい欲求と悪夢を何とかしようとしてるだけ。

リーダー：そうすると，あなたは今度こそ違った自分になりたいわけですね。そして，もしプログラムに参加するなら，やり遂げたいと思っている。（ドナはうなずく。）それじゃあ教えて，ドナ。あなたは今まで他のプログラムをやってみて，どんなことが自分の役に立ち，何が役に立たないか知っていますね。もう少し詳しく教えてくれますか？［自律性をサポートする，協働関係を引き出す］

ドナ：わからないわ。本当に子どもたちが恋しくて，すごく心配なの。他の治療センターにいたときのことは，あまり話せないわ。疲れきっていて，心配なことばかりで，ひどいうつ状態だったから。少なくとも今は話せるし，たぶんそのことは助けになると思う。

リーダー：それじゃあ，すでに変わりつつある感じなんですね。話によると，今の生活を離れて治療センターに通うのではなく，子どもたちとつながりを持ち続ける方法をみつけたいわけですね。それから，自分のからだをもっと大切にして，カウンセラーとのつながりを保ち続けたいと。どんなことがコカインから離れる助けになるか，あなたはよくご存じですね［アファメーション，自律性，協働関係］。大麻のことをおっしゃっていましたが，もう少し詳しく教えてください。他のドラッグ，処方薬，ギャンブル，他に何かありますか？［喚起］

ドナ：そうね，抗うつ薬はいつも使っているけど，これは医者が処方してくれたものよ。それから，大麻を少しやったけど，これは落ち着くのに役立ったわ。あとは，たまにビールを飲むけど，大麻とかビールは関係ない。な

ぜ私がここにいるか，それはすべてコカイン，最悪の悪夢のせいよ。

リーダー：本当に，あなたの正直さに感謝するわ，ドナ。今度こそ状況を変えるために，正直さはとても役に立つでしょう［アファメーション］。1カ月のグループの間，私たちスタッフを含めて全員に頼んでいることがあります。アルコールと違法薬物を摂取しないこと，それから処方された薬だけを使うこと。もし，プログラム中にだれかが使ってしまったら，リーダーはそれぞれの状況を1つ1つみて判断します。時には，メンバーに初めからやりなおしてもらうこともあります［情報提供］。これについてどう思いますか？［引き出す］

ドナ：もちろん，かまわないわ。本当に，子どもたちを取り戻したいのよ。本当に，今度こそやらなきゃならない。毎日テレビを眺めているだけじゃなくて，何かしたいの。

リーダー：4週間のプログラムの間，あなたのカウンセラーともつながっておくことをお勧めします。生活をうまく回し，欲求をコントロールするために…　これはあなたにとって大切なことかもしれません，ドナ［チェンジトークを強化する］。あなたは，コカインから離れて，強い欲求をコントロールするために，グループを通して生活を落ち着かせたいと考えています。さっそく，ちょっとしたことから始めるのが役に立つかもしれませんね。そうすれば，プログラムが始まるのを待たなくていいですし。いかがですか？［許可を求める］

ドナ：いいわよ，何をするの？

リーダー：ちょっとした日記を書いてみましょう。今日から始めて，初回のグループのときに持ってきてください。3つの質問について書きます。①「なぜやめたいのか？」，②「今まで何度かやめようとしたことがあるか？」，③「今回は何が違うのか？」［喚起，方向づけ］。

ドナ：いいわね。何か生産的なことをすれば，今より気分がよくなると思う…　本当に，自分のためになることをしたいの。そしたら，もう二度とひどい状況に陥らないでしょう。

リーダー：わかりました。では，そうしましょう。あなたがグループに入るのが楽しみだわ，ドナ。来週，電話で連絡しますね…　この番号にメッセージを残していいかしら？…　来週の月曜にまたお会いしましょう。持ちもの（ノート，ペン）のことは心配しないで…　全部，用意していますし，お菓子もあります［情報提供］。他に聞きたいことはありますか…　私たち，

忘れていることはないかしら？［協働関係］

女性のためのMIエンパワメントグループを
ファシリテートする

グループに招き入れる

女性のエンパワメントグループを構造化し，ファシリテートする

　私たちのグループは，1回あたり4時間のクローズド・グループで，週に5日，4週間にわたって提供される。十分な時間をかけ，メンバーを固定するという構造は，グループの繊細な凝集性，安全感，相互関係を育てる助けとなる。これらの要素は，メンバーが困難な状況，凝り固まった信念，強い感情に直面するとき，メンバーをサポートするのに必要である。グループの境界線を明確にしておくために，メンバーに対する個別カウンセリングは行わない。しかし，これまで受けていた個別カウンセリングを続けるよう勧めている。グループは，コミュニティサービスの提供場所で運営されている。これは，匿名性，守秘義務，安全を守るためである。メンバーには，場所を秘密にするよう求めている。

　サポーティブなグループの雰囲気のなかで，自律性を強化するために，メンバーは個人とグループの両方の課題に取り組む。グループではラウンドが用いられるが，いつでもパスしてかまわない。メンバー全員に話す機会と認められる機会が与えられる。私たちは個人とグループの両方で，読み書き，話すこと，アート，運動といった領域を超えて，多様な学習スタイルを促進している。どのセッションも，身体と心に焦点をあてたスキルを育てる。例えば，呼吸法，リラクゼーション，短い瞑想，身体をゆるめる運動などである。グループの凝集性を高め，協働関係を育てるために，スケジュールを優先したり，スタッフ中心になったり，説明的に指示したりしないようにしている。このように具体化されたアプローチによって，深く集中することを助け，個人のトラウマ反応を減らし，薬物への欲求や期待を和らげ，変化への土台を作ることができる。一日を通して，私たちはメンバーの集中力が続く時間を観察し，短い休憩を入れる。運動を取り入れることもよくあるし，短い休憩の他に屋外での長い休憩も2回入れている。メンバーたちはいつも，こうしたグループ構造への感謝を

伝えてくれる。こうした構造は，安全と包まれている感覚をもたらす。これは，パートナーシップ，受容，思いやり，喚起といったMIスピリットに基づいて，トラウマを念頭に置いた関わりを行う際にきわめて重要である。

> グループの凝集性を高め，協働関係を育てるために，スケジュールを優先したり，スタッフ中心になったり，説明的に指示したりしない

グループの凝集性を高めることと，MIで一貫したグループプロセス

　グループを始めるにあたって，チェックインとチェックアウトでラウンドする際は，互いに反応しないようメンバーに伝えている。このときに「クロストーク」を禁止するのは，求められていない助言や質問，語りや体験談への脱線，そのほかMIに一致しない反応を避けるためである。視点を探索するなかで，互いに説得したり，求められていない助言をしたりすることは，変化に対する抵抗感を高めてしまうことをメンバーに気づかせながら，相互作用を促進する。グループが成長するとともに，アファメーションとリフレクションによる反応を強化し，これまで以上に相互作用，スキル練習，気づき，責任を後押ししていく。毎日の休憩時間の相互作用では，これまでメンバーが馴染んでいた攻撃的なコミュニケーションのパターンに後戻りすることがある。私たちは，新しく学んだスキルを用いて，こうした会話をみなおしてみるようグループでメンバーに伝える。MIのガイドと突発的な状況に応じたスキルの発達は，グループ全体がよりMI志向になるのを助ける。相乗効果が大きくなると，メンバーの間で相手やグループプロセスを信頼しようという，より大きな意欲が生まれる。これによって，もう一度希望を呼び起こし，変化への焦点化を促すことができる。そして，グループの文化そのものが変わりはじめる。

　MIの構成要素のなかで関係性に関する要素と技術的な要素は，女性のエンパワメントグループにおいてきわめて重要である。「力で支配する」から「力を合わせる」「力をもたらす」「内なる力を引き出す」へと再構成していく協働的アプローチ (Starhawk, 1987) のなかで，私たちはチェンジトークを引き出し，力づける。また，グループの助けになる行動を是認し，できる限りグループであらゆる意思決定と責任がとれるようにする。さらに，回復し，責任を担い，思いやりのある人間でありたいという，女性それぞれの内なる願いを引き出し，目にみえるようにするためのあらゆる機会を逃さず活用する。MIにおける温かさ，受容，共感，緩やかな方向づけは，非常に重要である。なぜなら，チェンジトークを喚起し，認知行動スキルの実践を促していくとき，私たちはさまざ

まな抵抗，絶え間なく変動する準備性，不安定な反応，動きのある関係性に合わせて対応しなければならない。MIのスピリット，原則，スキルは，苦労して取り組む体験を経て，**グループそのものがリーダー**，グループ構造，メンバー自身にとっての信頼の器になることをめざす。もし，メンバーが，スタッフは自身のことを「専門家」と思っているのではないか，あるいはメンバーのだれかを「救助や治療が必要な存在」とみているのではないかと思えば，この信頼はすぐに崩壊する。メンバーが進んでグループの責任を担い，自分自身を頼りになる寛大な存在だと実感することを通して，メンバーに真の自己認識がもたらされる。同時に私たちは，メンバーの奮闘による傷つきを思いやり，生き抜こうとする意志を深く尊重する。

葛藤を扱う

　メンバーが繰り返し話すのは，これまで生きてきた経験のなかで，いつも怒りや欲求不満が，衝突や決着のつかない結末，言葉による虐待，暴力につながってしまったことである。グループでの論争は，すぐにグループからの脱退，皮肉，言葉による攻撃へとエスカレートし，トラウマ反応を引き起こし，その苦痛を和らげるための薬物への欲求を生じさせる。スタッフ自身の「正したい病」も，よく引き起こされる。初めて葛藤が起きたときには，私たちは話し合いを減速させ，リーダーに対してだけコミュニケーションしてもらうようにし，メンバー同士で互いにやりとりしないよう求める。また，積極的に話を聴き，葛藤をグループで包みこむことを提案する。さらに，メンバーがこれまで学んだ問題解決法，例えば，「Ｉメッセージ」のみを使うこと，問題から逸れないこと，ニーズをわかりやすく表現するなどの方法を，実際にやってみるよう伝える。葛藤が激しくなって，サークルから離れるメンバーがいたら，そのメンバーの境界線とセルフケアを尊重し，しばらくしたら戻ってくるよう求めて小休憩を提案する。どのメンバーにも，チェックアウトで感想を言ってもらい，薬物への欲求を数値で示し，翌日も来ることを約束してもらう。グループのメンバーは，きつい反応を和らげるためのリラックス方法を使いながら，健全で非暴力的なやり方で葛藤を解決していく。

グループを始める

　グループは，8〜10人のメンバーで始めるのが理想的である。これは，グループに適した集団サイズを維持し，25%のドロップアウトを見込んでおくためである。温かい雰囲気を作り出すために，軽食やBGMを用意し，前のグループからの贈り物を囲むように椅子を輪に並べる。この贈り物は，グループを継

続する気持ちと所属感をもたらす。個別のスクリーニング面接から橋を渡し、どの女性もはじめて部屋に足を踏み入れたときのように温かく迎える。そして、参加するのに要した多大な決意と勇気に感謝することから、グループを開始する。言葉にはされない安全への不安に対応するために、自分の日誌を書くことから始める。また、グループ参加にあたっての不安を自分でリストアップし、優先順位をつけるよう求める。日誌は私的なものとして扱い、次のセッションまでの間は鍵をかけてしまっておくことを約束する。それから、すぐできて楽しいアイスブレイクを行う。私たちは、名前を覚えられるようなゲームを好んで用いている。例えば、「希望に満ちたヘイゼル」のように、スタッフを含めた全員が名前に肯定的な形容詞をつける。こうした単純なワークが、より良い自分になるための自己認識のかすかな変化をもたらす。また、肯定的な感情を呼び起こし、変化に向けた流れを作り出す。メンバーはしばしば、これらの名前に戻ってくる。

　次に、みんなで共有したいテーマをブレインストーミングする。子どもの年齢、「好んで使っていた薬物」、今までの治療プログラム、サポートグループ、趣味、出生地、現在の交際関係などがよく選ばれる。開かれた質問、アファメーション、リフレクション、まとめといったOARSを用いて、メンバーに共通する話題を結びつける。グループに参加するにあたって、交通手段や保育といった共通の障害がありながらもそれに取り組んでいる場合、孤立感はもっと和らぐ。グループに参加できないときは前もってグループに伝えるよう求めるのは、簡単な方法でありながら欠席を減らすことにつながる。参加を義務づけられているメンバーがいるなら、匿名での参加を認め、メンバーたちで守秘義務や匿名性、情報保護、報告義務とその手段といった境界線について率直に話し合ってもらう。メンバーは、プログラムへの期待と「差し迫った問題」についてブレインストーミングをする。話題に挙がった内容のリストを壁に貼ると、グループの凝集性が高まる。また、リストはグループの指針となり、時間管理に役立ち、メンバーが自分の最優先課題に取り組むのを助ける。

　健全な境界線、安全、協働関係を築くために、メンバーはグループのガイドラインについてアイデアを出し合う。葛藤が起きたとき、安全な足掛かりを提供するため、ガイドラインも壁に貼られ、毎週みなおされる。あるグループは、こんなガイドラインを作った。他者を尊重する（時間を守ることを含む）、守秘義務を守る、順番に話す、話を遮らない、話を尻切れにしない、横でこそこそ話さない、互いを正そうとしない、テーマから逸れない、食事禁止、携帯電話の電

源を切る，薬物を使うことを美化しない，グループの外では交流しない（2週間後に再検討する），毎日参加する，薬物を使わないままでいる。最後の2つは，論争の的になりやすい。そして，メンバーがサポートを受けながら対話を経験するよい機会になる。毎日参加すること，そして薬物とアルコールから離れるという自分の心からの意志を口にする一方で，中断することもあるかもしれない。個人とグループの両方における総合的なウェルビーイングを考慮して，時にはメンバーにプログラムをもう一度，初めからやりなおすよう求めることがあると，メンバーにあらかじめ説明しておく。

視点の探索

　グループセッションには，毎日全員がラウンドするチェックインとチェックアウトがある。時間は1人あたり5分で，このなかでメンバーのチェンジトークと実践的なスキルを強化する。「引き出す─提供する─引き出す」方略を用いて，協働的な学習環境を培う。チェックインのときに，メンバーからグループの概要を聞き取り，そのなかからその日の主題やテーマが浮かび上がる。「妊娠計画における健全な選択マニュアル」を参考にすることもある。教材，話し合い，実践練習，個人的な目標設定を通して，あるテーマに関するメンバーのこれまでの理解を引き出し，知識を提供し，スキルの向上を促す。その取り組みを通じてあらゆる視点を受け入れることで，主体性，寛容さ，好奇心，開かれた態度，そして新しいライフスタイルと現実的な問題解決法を生み出す機会を提供する。

　最後のチェックアウトでは，個人的な心配，自信のレベル，行動計画に焦点をあてる。次のセッションのチェックインでこれらをふりかえる。メンバー全員が，薬物への欲求や自分の安全について不安を数値化して順位づけできるだけの，十分な時間を残しておく。はじめに作った「グループ参加にあたっての不安リストと優先順位」を自分でみなおし，どんな数値の変化にも注目すること，もしそうしたければその変化について分かち合うことを促す。メンバーが作り出す有意義な儀式によって，その日は幕を閉じる。

　毎週はじめのチェックインによって，急を要する新たな問題や，対処とコミュニケーションのスキルアップによる肯定的な変化が明らかになる。毎週の終わりには，週末の問題に備えておくよう呼びかける。支えとなるグループセッションのない空白時に，問題が起こりやすいからだ。週末は，現実の状況を確認し，グループ終了後のリハーサルになる。

グループに参加するとき，メンバーはほとんど希望を持っていない。そして，自分たちはこれまで，悔いの残る，時には暴力的な結末に至るような，心が打ち砕かれる体験をしてきたと話す。いったんグループが予測可能になり，安全による恩恵を受けはじめると，メンバーから「グループが終わったら，どうやって変化と勢いに対応し，維持すればいいのだろう？」という言葉が出てくるようになる。グループが進むにつれて，メンバーを勇気づけ，集団での問題解決と資源の共有を促す。これによって，グループを離れても使えるスキルを身につけることができる。メンバーが自分たちで作ったテーマのリストをみなおすことで，悲嘆，喪失，虐待，トラウマ，性といった繊細な内容に対する緊迫感，スキル，実存感，信頼が高まる。

こうした女性たちの人生における視点を探索しながら，個別の状況，ライフスタイル，個人の価値，価値とライフスタイルが合っているかどうかに注目する。また，人生を再構築するときに出会うさまざまな問題への両価性にも注目する。より打ち解け，信頼が深まることで，彼女たちは個人の集まりを超え，グループとしてともにつながりはじめる。凝集性と信頼が十分に高まったとき，次は視点を広げる段階に移る。

視点を広げる

自分が理解されている，また新しい視点を検討する準備ができていると女性たちが感じる段階である。ここでは，安心とスキル，エンパワメント，準備性を育てるために，MIと認知行動的アプローチ，トラウマインフォームド・アプローチ，グループプロセス，身体アウェアネス・アプローチを統合する。アディクションに関する理解を深めるために，私たちは新しいアイデアをグループに取り入れた。例えば，さまざまな発達と変化のモデルを知ること，そしてさらに大切なこととして，より大きな文脈で女性問題における社会の役割を知るのが役に立つ。MIのカウンセリング方法を用いるとき，幅広い方法を知っていると便利である。例えば，薬物乱用，ハームリダクション，断酒といった特定の行動について，機能分析や意思決定バランスが行えると，彼女たちの助けになる。また，視覚的な教材やワークを活用する。これは，問題解決において認知行動的スキルを磨き，自己主張，コミュニケーション，葛藤解決，健全な関係性を引き出すためである。さらに，より良い将来を心に描く，変化を起こすことの重要性と自信を探索する，自分の強みやサポートを検討するといったMIの方法も取り入れる。許可を得たうえで，OARSのコミュニケーションス

キルについてのフィードバックを徐々に増やし，コーチングを行う。メンバーが健康，再発防止，薬物への衝動に対して適した方略を用い，成功体験を積むことで，グループは変化への勢いを得る。自分が懸命に努力したことを自分で思い出すために，メンバーは課題として書いた文章や絵を貼り出す。

あるグループで，一晩中コカインへの衝動が止まらなかったという話が出された。彼女はひと息ついて，こう言った。「（衝動が）なかったとき以外は！」。残りのグループの間，彼女は一般化しすぎる自分の傾向に気づくたびに，この言葉を思い出した。これは1つの例だが，臨場感があり，開放的で，透明性のある，信頼できるグループにおいて，メンバーが身につけようとしているスキルを練習する様子を表している。こうした場合，リーダーは変化の目標に向けた行動を是認する。そして，グループでのこうした努力が，どのように彼女たちの求めるより良い人生につながっていくか，メンバーが気づくよう促す。サポーティブなグループ環境のなかで，スタッフ自身とメンバーが，行動，感情，身体の変化に気づき，それを強化していくと，変化が「新たな普通」になり，より維持しやすくなる。

行動に移す

こうした女性にとっては，毎日グループに参加すること**自体**が，すでに行動に移しているといえる。一方で，すぐに大きな問題にとりかかろうとしたり，グループが終わっても別の問題を探索しようとする人もいる。メンバーは，簡単に解決できる小さな問題から，はっきりした解決策のない，何世代にもわたる難しい問題まで，さまざまな問題を共有する。例えば，冒頭の手紙を書いた女性は，スキルとサポートの必要性を認識していた。彼女は，つらい感情を受け入れて統制すること，薬物を含めた暴力的な関係を手放すこと，自分の生まれ持った創造的な力を引き出すこと，健全なコミュニティをみつけること，葛藤が起こったときに前向きに対処すること，再発を防ぎ，薬物への欲求，思考，感情を統制することが必要だったからだ。自己効力感を高めるために，グループの前半でメンバーに自分の影響範囲に気づいてもらい，より小さく容易な変化から取り組んでみるように促す。長期的な行動パターンをどのように変えていくかイメージするには，空想上の計画を立てるのが一番よい方法である。ここでは，「変化の試行」というアイデアを紹介する。まず，グループでラウンドしながら，メンバーに1週間だけ実行できそうなもっとも小さな変化をイメージしてもらう。さらに，この「試行」をやってみる準備ができているか尋ねる。

自分でもよくわからない人には，さらにサポートを強化しながら，計画を練っていく。準備性がどんなレベルであっても，またそれが揺れ動いても，リーダーが一緒に取り組みながら，ためらいがちな言葉や弱々しい言葉を健全な変化への小さな一歩と捉え，こうした言葉のなかにあるチェンジトークの核心部分をリフレクションする。グループが進むと，より繊細な話題が扱われる。また，より包括的な問題に対する空想上の変化に向けた対話を導く。メンバーには，他のメンバーとともに，次のステップへ進むためのブレインストーミングをするように促す。思いつくアイデアをすべてボードに書き出し，もっとも自分に合いそうな「トップ3」を選んでもらう。こうしたラウンドや参加型のワークは，サポートと新しい視点をもたらす。また，変化へのはずみをつけるとともに，将来的にグループを超えて前進し続けるプロセスを教えてくれるものである。リーダーは，自分の問題行動について話すことができる彼女たちの強みを認める。また，彼女たちが自身に対して変化を言い聞かせていることも理解している。1人のメンバーが変化に向けた具体的な努力を始めると，仲間たちも期待や目に見える成功を代理体験することができる。

グループの終結と終わり方

グループ最後の2週間での集中的で難しいワークのなかで，怒りや不満が爆発することがよくある。リーダーはメンバーに共感を示し，コミュニケーションと対処スキルを磨くチャンスを探る。また，OARSを使い，感情の高まりを鎮めるためのそれぞれの選択と統制をリフレーミングして，強調する。そして，メンバーがグループを成功裏に終えるための準備をするよう促す。

最終週には，メンバー全員がこれまでのプログラムのまとめを書く。これは，体験したこと，学んだこと，自分の次のステップを明らかにするためである。また，5つの領域における自分の進歩と知識を確認し，得点化する。この領域とは，再発防止，セルフケア，コミュニケーション，健全な関係性，役立つセルフトークである。このように評価を記述することは，メンバーが行動計画を固めるのに役立つ。また，プログラムへの大切なフィードバックであり，グループを照会したカウンセラーの元へ戻る架け橋でもある。私たちは，メンバー全員と，個別に15分間の面談をしている。そこで，プログラムのまとめをみなおし，進歩を認め，グループ前後のアセスメントに対するフィードバックを提供する。次のステップに進むために，資源を整理しておくのが理想的である。資源とは，例えば，今後の治療，ピアサポート，教育とトレーニング，就労準備プログラムなどである。メンバーは互いに感謝の気持ちを表し，具体的で

316 第Ⅲ部 動機づけ面接グループの適用

建設的なフィードバックを行う。グループは，自分たちなりのグループの終わり方を計画し，修了証書をデザインするなどの独自の方法で，このひとときを祝う。持ち寄りパーティを開いたり，風船を飛ばしたり，照会元のカウンセラー，地域の支援者，家族を最終日のお祝いに招くグループもある。

グループの成果

参加者がグループの成果について書いたもののうち，典型的なコメントを以下に示す。

- 「毎日感謝しています。私にとっては，生きるか死ぬかの戦いだった。今は，問題に対処するための健全なやり方がちゃんとわかっています」
- 「今までより現実的になれたし，違った視点から物事をみることもできるようになった」
- 「グループのメンバーと過ごして，もっと人を信頼することが学べたし，共通点もみつけられた。今は，まるで自分だけがそう思っているみたいに何もかも抱え込むのではなく，大声で話すほうがずっと簡単」
- 「毎日，新しく学んだことや生活スキルを使えていて，以前より自己管理できるようになりました」
- 「どういうふうに自分がカッとなるか，否定的になるか，絶望するのかが，以前よりもよくわかるようになりました。だから，今までの悪い習慣を避けようとより意識しています」
- 「大変なことがあっても，自分の核となる価値があれば，強み，勇気，安心を感じることができる。だから，自分のことが好きだと心から言える」

結　語

これまで，社会から周縁化された女性のためのMIインフォームド・エンパワメントグループと，その変容の可能性についてみてきた。彼女たちは，自分のもっとも敏感で，隠された，生身の部分にリーダーを招き入れる。そこは，恥，罪悪感，自己嫌悪，内側からの破滅的な声，人生への諦めがさらけ出されている。それと同時に，ユーモア，埋もれている希望，思いやり，レジリエントな中核的価値も見え隠れする。初めて自分の話を聞いてもらっていると感じ，尊

第 14 章　アディクションのある女性のための動機づけ面接エンパワメントグループ　*317*

重されるという，人生を是認する文
化のなかで，彼女たちは互いに関わ
り合うなかで希望を取り戻す。

> 初めて自分の話を聞いてもらっている
> と感じ，尊重されるという，人生を是
> 認する文化のなかで，彼女たちは互い
> に関わり合うなかで希望を取り戻す

　MIは，より良い将来を心に描き，
未来に向けた一歩を実際に踏み出す
のを後押しする。また，それによって女性のエンパワメントを高める。MIは，
新しい可能性を形作るための言葉をもたらし，変化を妨げるような昔の愛着と
重荷を手放すためのプロセスを用意する。また，彼女たちがここに至るまでの
道のりを讃える。MIをグループに統合することで，寛容さ，肯定的な感情，変
化へのエネルギーが生まれる。これは先に述べたような，アイデンティティの
変容につながる。グループは，メンバーが健全な関係性と女性の友情のなか
で，「新たな普通」の体験を重ねる機会をもたらす。適切なサポートによって，
彼女たちは，グループでの関係性を家族や社会的ネットワークに応用すること
ができる。こうしたなかで，長年にわたる貧困，トラウマ，アディクション，失
業，孤立，虐待などの背景にかかわらず，彼女たちは自分と子どものより良い
人生を作り出すためのレジリエンス，勇気，決意を獲得する。

　こうしたグループを運営するのは，難しいがやりがいがある。まずは，個別
面接でMIのスキルとスピリットを熟達させることが不可欠である。絶えず多
くのことが起こるため，協働ファシリテーションが必要であり，それぞれ別々
のスキルが求められる。謙虚さ，ユーモア，臨場感，円滑な協働ファシリテー
ションは，途中で必ず起こる失敗や衝突を埋め合わせてくれる。しかし，かつ
て不可能だと思い込んでいたことを成し遂げる女性たちを目にするためには，
努力する価値は十分ある。将来的には，研究と臨床に革新が起こり，より良い
援助方法が明らかになり，サービスも向上するだろう。あなたの地域で，これ
までの外来サービスを超えたものを必要とする人と出会ったとき，エンパワメ
ントグループにMIを統合するこの実践例が，検討に値するアイデアを提供す
ることを願っている。

第15章

親密なパートナーへの暴力行為歴のある
男性のための動機づけ面接グループ

「俺のせいじゃない。妻が理由を聞こうとしないのがいけない。彼女はいつ
　も自分のやりたいようにやって，俺のやり方にケチをつけるんだ」
「俺は一生懸命働いて，職場でのたくさんのクソみたいなことにも我慢して
　いる。そうして家に帰れば，家は散らかっているときた。あいつは，それ
　がどれほど俺をイラつかせるか知っているくせに，気にしないんだ」
「それは，こんなふうに起こるんだ！（指を鳴らす。）彼女に言うことを聞か
　せようとした瞬間，次に気がついたときには，彼女が床に倒れている。本
　当に悪いとは思うんだが，彼女を傷つけるつもりはないんだ。自分に何が
　起こっているのか，自分でもわからないから」

　ドメスティックバイオレンス（以下，DV）の介入プログラムに来るように命
令された男性からこのような主張を聞いたら，人々は，彼らの暴力行為は，男
性特権的な感覚，女性を罰する必要のある劣ったものとする見方，暴力へのア
ディクション，関係性の支配によるものだと考えるだろう。男性の暴力をやめ
させる最善の方法は，彼らの女性に対する態度を変化させ，怒りや攻撃行動を
管理することだと考えるかもしれない。速やかに厳しい否定的な罰を与えるこ
とで，将来の暴力を防ごうと考えるかもしれない。しかし，これらの見方は，
多様な因子や側面を持つ親密なパートナー間での暴力や虐待について，非常に
複雑な行動パターンのうちの一面を反映しているに過ぎない。これは事実であ
るものの，一方で同じような状況でも，親密なパートナーに対する暴力は，相
手を支配しようとする意図や計画を表していたり，その男性が混乱したり傷つ
いたり脅かされた場面への情緒的な反応でもあったりするのだ。
　暴力行為の背景にどのような力動があろうとも，この行動パターンはアディ
クションの本質を有していると考えられる。パートナーに暴力をふるった男性
は，通常，自分ではよくわかっているものの，彼らの内面にある何かがより良

く行動することを妨げている。こうした男性に対し，「暴力の性質」「攻撃傾向」「利己的な信念」を乗り越える必要性を納得させようとするような対決的なアプローチよりも，治療的な介入のほうが有意義で，変化を長続きさせる可能性がある。欠点よりも能力の重視，つまり彼らの共感的・中立的・協力的な構えを重視し，MIアプローチの重要な要素である自律性を尊重することで，教育や罰よりも，関係性における暴力の低減により効果が得られるだろう（Carden, 1994; Dutton, 2006; Gondolf, 1997）。

抵抗，両価性，動機の問題

　DVプログラムに参加している男性のほとんどは，治療に参加するように命じられた人たちである。彼らは，社会的なサービス機関，裁判官，彼らを告発した家族から，否定的な目でみられているので，自分はプログラムでも失礼な扱われ方をされるのだろうと予想していることが多い。彼らの多くは，プログラムに参加するように強いられて慣慨しており，その憤りを隠そうとしない。彼らの防衛は強く，内心での恐れは大きく，治療に参加しよう，行動を変化させようという動機は，内的な動機よりも外的な結果（懲役，社会サービス機関の家族への統制，離婚の恐れ，愛する人からの敬意と信頼の喪失など）に基づくものである。初回面接では，彼らは正直に自己を語ることで恥を感じたり，拒否されたりする危険をおかすよりも，防衛的な姿勢を保とうとする傾向にある。これに対して治療的に対応するには，彼らの防衛的な姿勢を病理や個人の欠陥として捉えるのではなく，心理学的な「身動きできなさ」の兆候として考える。私たちは，「虐待者」や「犯罪者」といったラベルは用いないようにしている。私たちの目的は，彼らが肯定的な特質や機会を持てるようになるのを助けることであり，変化を押しつけることではない。

　新たなメンバーとの初回ミーティングでは，抵抗を最小にするために，できるだけ早くメンバーと協働して肯定的な作業同盟を作り上げるべく，全力で関わらなければならない。また，彼がプログラムに参加するという選択をしたことに敬意を払っていることをはっきり伝えるべきである。彼と協働しながら，彼がここに来るまでに何が起きたのかについての枠組みをつくり，彼が自身の価値と人生の目的を探索するのを促進する。メンバーがどんなに暴力的にふるまっていたとしても，リーダーはMIのスピリット，つまり彼の自律性への敬意，彼の視点に対する誠実な関心，彼が肯定的な変化をどのように達成できる

か理解するのを助けたいと望むという態度で，メンバーに関わる。

強固な治療同盟を築けば，当事者はより積極的に治療に取り組むようにな
り，彼らの人生の質（QOL）を向上させるような行動や態度に適合していくだ
ろう（Dutton, 2003; Gondolf, 1999 参照）。

MIグループのサービスを構造化し，ファシリテートする

グループ開始前のアセスメントとオリエンテーション・ミーティングから始める

参加者がグループワークに入る前に，生物・心理・社会的な総合的アセスメ
ントが行われる（Carden & Boehnlein 1997）。アセスメントでは，身体的・心理的
健康に関する情報に加えて，グループ参加の原因となった暴力のエピソード，
これまでの他の暴力歴，現在のパートナーとの関係性，アルコールや薬物の使
用，致死の可能性について把握する。アセスメントのフィードバックも「**引き
出す−提供する−引き出す**」のやり方で行う。こちらの問いに対する彼の考えや
感情，自分に役立つ成果が得られそうかという予想など，相手の反応を**引き出**
しながら，アセスメントのプロセスを始める。それを聴き，わかったことを共
感にリフレクションし，詳細に話してもらいながら，必要に応じて明確化する。
次に，アセスメントの結果を中立的に**提供し**，その結果について本人の意見を
求める。最後にもう一度，このプロセスや彼の特徴に関する結果への考えや感
情を**引き出す**。

MIの核となるコミュニケーションスキル，つまり開かれた質問，アファメー
ション，リフレクション，まとめといったOARSを使うことで，参加者が自身
の人生をどのように考えているか，そして現在の自身の状態との不一致につい
て，それぞれのクライエントに焦点をあてることができる。彼の態度や行動の
変化について考える重要性と，自分が選択しさえすればそれらの変化が達成で
きるという自信に関する両価性のなかで，動機となりうる兆候をすべて詳しく
明確にするよう引き出す。協働しながら，暴力をやめる計画と非暴力の計画を
作っていくことは，グループワークに不可欠な契約である。続いて，もう一度
「**引き出す−提供する−引き出す**」スタイルで，グループプロセスへのオリエンテ
ーションを行う。

- **引き出す**：それぞれのメンバーに対し，グループに対する期待や不安について述べてもらう（例：「グループセラピーがどんなものか，何かご存知のことはありますか？」「これまで話し合ってきた問題について検討するグループの一員になることについて，どのように思っていますか？」）。参加者の反応をリフレクションし，期待や不安の奥にある意味について説明してもらう（例：「グループがどのように自分に役立つのか，まだ腑に落ちないわけですね」「人生のなかのこの部分についてグループで話すことは，居心地が悪く感じられるのですね」）。
- **提供する**：グループのプログラムについて細かく説明し，彼らの探索を見守る。
- **引き出す**：参加者の反応を引き出す（例：「プログラムについて，他に知りたいことはありますか？」「このような試みに対して，どのように感じていますか？」「あなたには，このプログラムがどのように役立つと感じますか？」）。

　男性がグループに参加する意思があり，それによって恩恵が受けられそうだと思われたら，グループを勧める。ほとんどが，個人セッションを終えたときには，グループへの参加準備ができている。しかし，そうでない人に対しては，グループワークの前段階として，1対1のカウンセリングを行う。

協働リーダーの活用

　親密なパートナーへの暴力行為歴のある男性に対するMIグループは，2人の熟達した専門家によって行われると効果的である。協働リーダーは，メンバーに対する態度と同様に，リーダー同士でも，MIスピリットの核となる要素（**パートナーシップ，受容，思いやり，喚起**）のモデルを示す。それぞれのリーダーが，メンバーからさまざまな反応を引き出そうとする。協働リーダーはチームとなって，グループで予期せぬ力動が生じたときに，必要な**リフレーミング**や**焦点の変換**といったMI方略で応じ，その場でより柔軟で創造的なやり方をとる。グループの話し合いのほとんどが感情を伴うものであることを考えると，2人のリーダーがいることで，悩んでいるメンバーに個々にサポートでき，感情的になったメンバーに対しても安心感を与えられる。各回のセッション後，協働リーダーは自分たちのやり方をふりかえり，メンバーの強みやニーズ，全体のグループダイナミクスの印象を比較する。グループで出されたチェンジ

トークを記録し，その後のセッションでそのような話題が挙がったら，気づいて強化するよう計画を立てる。協働リーダーと特定のメンバーの間の抵抗の兆候についても記録し，それを最小にするためのリフレクションや方略的な対応について話し合う。男女のチームは，健全な男女のやりとりのモデルを示し，男女関係の別の側面を探索するよい機会を提供する。どちらのリーダーも，DVや虐待，精神保健，物質乱用，グループプロセスの専門的知識を持つMIに熟達した実践家であるべきである。

毎月，短時間の個別セッションを行う

毎月の短時間の個別セッション（必要であれば頻度を増やす）は，毎週のグループセッションの有益な補足となる。毎月の個別セッションによって，メンバーは自身の進歩を評価することができ，リーダーからのフィードバックを受け取り，本人がグループで居心地悪く感じているような懸念や価値，目標を探索することができる。

MIの4つのプロセスを活用する

MillerとRollnick (2013) は，関与，焦点づけ，喚起，立案のプロセスを含むMIを構成した。グループでは，情報を与えて説明することよりも，つながりを作り，導くことに焦点をあてる（関与）。メンバーと協働して，それぞれが核となる価値や人生の目標，また，暴力行為の前後の考えと感情といった過去の加害行動の詳細について話せるような安全な雰囲気を作る（焦点づけ）。批判的ではない環境の下で，メンバーは自身のペースと方法で過去の自分の行動を理解し，変化の重要性について考えるようになる。どんなに小さくても，彼らの強みに焦点をあて，達成をアファメーションすることで，メンバーは関係性を築くための別の方法を選択する力が自身にあると信じられるようになる（喚起）。こうした新たな気づきに基づいて，メンバーは自身の変化の計画を発展させることができる（立案）。

「引き出す−提供する−引き出す」の手順を用いる

引き出す−提供する−引き出すというコミュニケーションの形は，MIグループのプロセスを形作る。各セッションの最初と最後に，グループワークについてメンバーに感想を述べてもらう。

- 始まりの質問：「今日ここにいて，どんな気持ちですか？」「先週学んだこと
  で，今夜，話したいことはありますか？」「人生で望むことにさらに近づ
  くために，みなさんは先週，どんなことをしましたか？」
- 終わりの質問：「今日の話し合いは，みなさんにとってどんなふうに有益
  でしたか？」「今回のセッションで，印象に残っているのはどんなことです
  か？」「今週立てた計画のうち，人生で達成したいことにつながるのは，ど
  んなことでしょう？」「グループセッションで，やり方を変えてほしいこと
  はありますか？」

親密なパートナーへの暴力行為歴のある
男性のためのMIグループ

　ここからは，リーダーがどんなふうに，何をすべきかを述べていく。私たち
のグループで起こりうることを紹介したい。グループのメンバーを招き入れ
る，視点の探索，視点を広げる，行動に移すという4つの段階ごとに，リーダー
がすべきことを説明する。

グループに招き入れる

　「第一印象を作る機会は一度きり」という古い格言は，治療的関係とクライ
エントの目標の達成の質という点からみても，最初の出会いが重要であることを
示す経験的証拠であろう。最初のセッションを行うときは，このことを心にと
めておかなければならない。導入と基本的な問題のふりかえりのあと，初回の
セッションの典型的な始まりは次のようになる（リーダーは，ジョンとマリア
である）。

マリア：みなさん，今日は来てくださりありがとうございます。すでにみなさ
　　んとは，受け入れのセッションでジョンと私が個別にお会いしましたし，
　　そのときにここですることを少し理解していただいたと思います。今日お
　　越しになったことについて，みなさんがどう考えているか，教えていただ
　　ければと思います。…このプログラムについて，どんなことをご存知です
　　か？［敬意ある歓迎，開かれた質問］
ジェイク：俺がわかっているのは，どれもこれも割に合わないってことさ。俺
　　は暴力的な人間ではないし，この先6カ月もグループに通うようにと裁判

所に言われたことにムカついている。悪くとらないでほしいんだが，こん
な時間があるなら，妻や子どもと過ごすべきだし，ここでかかるお金は家
族のために使うべきだね。

コーリー：少なくとも，きみには家族がいるんだね。俺は，自分の家もなくし
たし，お節介なソーシャルワーカーに行動を監視されながらでないと子ど
もにも会えない。俺にはどこにも居場所がないし，楽しみもないのさ。

ジョン：みなさんは，そうしたすべてのことに憤慨しておられるんですね。裁
判所にここに通うように命じられたことも。ジェイク，あなたは自分では
こんなことをする必要がないと思っているんですね。コーリー，あなたは
子どもと楽しむ時間が持てないことに腹を立てている。それに何より，み
なさんが必死で稼いだお金までかかる。それは，ものすごく不満なことで
しょう！［共感的なリフレクション，受容］

　リーダーはメンバーの否定的な反応，つまり自分の自律性への脅威，家族と
の生活への妨害，出費について理解する。こうした最初の共感的なリフレク
ションにおいて，リーダーは批判的ではない調子で，参加者を理解しようとして
いることを伝え，彼らの状況の捉え方に敬意を払う。2人のリーダーが，この
ような否定的な態度や感情についてリフレクションしたあとで，会話は以下の
ように続いていく。

コーリー：本当に，たいしたことじゃないんだよ！　まったくバカらしいこと
なんだ！　俺の妻は大袈裟すぎるんだよ！　俺が彼女を叩いたことなん
て，ほとんどないんだから。

アンドレ：えぇと，僕がここに来なければならなかったのには，いくつか理由
があると思うんだ。1つは，僕はガールフレンドとの関わり方をすべて変
えなければならない。彼女を失いたくないんだ！

マリア：コーリー，あなたは割に合わないと感じているのですね。他にも，こ
こに来なければならないことを非常に不満に思っている人がいるようです
ね。それからアンドレ，あなたはまた違う話をされていました。あなた
は，ここに来ることが有益だという。それは，ガールフレンドを失いたく
ないからなんですね。彼女との関係は，あなたにとって何より大切なので
しょう。アンドレがガールフレンドを失わずにすむために，彼が怒った
り，昔に戻りそうになったりしたとき，どうやってグループにきて，対処

法を話せばよいか，何かアイデアはありますか？[全体的なまとめ，開かれた質問，パートナーシップ]

　ここで，リーダーは簡潔に**全体的なまとめ**をする。マリアは，アンドレとコーリーの話をどちらがよいとは判断せずに並べて，これまでに意見を述べた他のメンバーの考えについても短くリフレクションした。マリアが，アンドレがこのセッションに来ることによって得られる利益をメンバーに探索させ，グループプロセスへの信頼とメンバーの意見への敬意を示した。意見を少し聞いたあとに，リーダーはグループの会話の筋をまとめる。

ジョン：みなさんのなかには，自身の個人的な家庭のことについて知らない人からきちんとできていないと言われたことで，侮辱されたように感じた方もいるようですね。何より，このプログラムにお金を払わなければならないことにも。また，これ以上のトラブルにならないようにするために，自分に必要なことを学びたいと思っている方もおられます。ストレスや不満を感じているにもかかわらず，みなさんは今夜，ここに来るという決意をしたわけです。みなさんは，私たちがみなさんに恥をかかせたり，まだ話す準備ができていないことまで無理やり話させようとしたりするんじゃないかと思っていたかもしれません。それに，グループに来る他の男性たちは，どんな人だろうと思っていたかもしれません。裁判所やパートナーに言われたから来ただけで，本当は，今夜，来たくなかった人もいるかもしれませんね[全体的なまとめ，アファメーション]。

コーリー：あぁ。でも，俺は裁判所のヤツらは信じられないってことがわかったんだ。だから，あんたらにも用心するのは当然だろ。

アンドレ：僕もクリスチーナも，こんなにおおごとになるなんて思っていなかったんだ。

マリア：では，ここに来たくなかったと思う一方で，もしここに来なければ，もっと悪いことになるという考えもあったのでしょうか。ご自身の決断について，どんなふうに思っていますか？[両面リフレクション，開かれた質問，焦点の変換]

　一方のリーダーが，グループの言語的，非言語的なコミュニケーションをまとめる。リーダーは，メンバーが初回のセッションに来たことを是認し，何人

かのメンバーが陥っているジレンマについて両面リフレクションをする。それによって，メンバーは自分の話を聴いてもらえているとわかる。もう一方のリーダーがリフレクションをしたら，グループに対するメンバーの印象の探索へと焦点を移す。

メンバーがどんなふうに生きたいのか，プログラムに参加したいかどうかについて，それぞれの選択と統制を丁寧に強調することで，本人以外のだれも，彼に代わって選択したり，変化したりすることはできないという真実に気づいてもらえる。これは治療同盟を強め，強制的治療でみられやすい「ボクシング」の影響を最小にすることができる。

伴走することと個人の選択と統制を強調することは，この初回セッションでリーダーがやっていたように，メンバーと関わるうえで生産的な方法である。こうすることで，メンバーが無力さを感じていても，自身で人生を統制できると励ますことができる。そして，メンバーが無視されているとか，不当に扱われていると感じているときに，批判的にならずに敬意を示すことができる。また，時間の経過に伴い，脅威とならない環境が生まれ，それにより変化が起こりやすくなる。

視点の探索

グループに来るように命じられたという出来事に対するメンバーの視点を探索することで，「私は悪い人間だ」という結論と「私は悪いことをした」という考えを分けたり，「私が暴力を選択した」という事実と「暴力はたまたま起きただけ」という信念を分けたりすることができる。サポーティブな環境でこうした洞察を深めることで，自分にとって重要な価値や人生の目標にもっと合致した選択をしようという動機を高められる。

視点の探索において，グループは有益な手段となる。グループの仲間意識，仲間との同一化，役割モデルは，再度，社会的になるための力強い体験となる。グループが，感情を探索できる安全な場になると，自分たちの達成を認め，成功を祝い，関係性における新たな方法が試されるようになる。グループでの共同体感覚によって，多くの男性が経験してきた孤独感を打ち破ることができる。

> グループでの共同体感覚によって，多くの男性が経験してきた孤独感を打ち破ることができる

「みなさんが好きなように生きるために，自分にとってもっとも重要なことをいくつか選ぶとしたら，それは何

でしょう？」といった喚起させる問いは，メンバーが自身の中核的価値に焦点をあてる機会となる。グループに来るきっかけになった出来事に対して，自分が思っていることを静かにふりかえってもらうような問いかけをすることで，深い話し合いをすることができる。それにより，メンバーは，自分のもっとも重要な価値とこれまでの人生での行動の間の不一致について，目を向け始めるようになる。

DVの治療プログラムで一般に使用されるモデルは，洞察を深めるのに役立つ。「パワーとコントロールの車輪」モデル (Pence & Paymar, 1986) は，機能的ではない親密な関係のなかでみられやすい否定的なパターンを示すものである。私たちは，メンバーが自分の人生で起きたことを考えるのに役立つものとして，このモデルを用いている。このモデルで示されているようなメンバーそれぞれの体験と行動の共通点と相違点について話し合うことから，グループを始めている。1対1のやりとりをするよりも，チェンジトークを引き出す開かれた質問を用いながら，グループ全体での対話を促す（例：「あなたとパートナーの間に起きた問題は何ですか？」「あなたがグループに来ることを決断しなかった場合，どんなことが起きたでしょう？」）。エネルギーの中心はグループにあり，リーダーにあるわけでも，よく話すメンバーにあるわけでもない。リーダーは，チェンジトークに耳を傾け，チェンジトークが話されたときは具体的に詳しく話してもらい，難しい問題に対処しているメンバーの勇気を是認する。

「パワーとコントロールの車輪」は，非機能的な関係性のパターンに焦点をあてたもので，メンバーはそうした関係性を変化させることができる。これに対応するのが，肯定的で健全な関係性に焦点をあてた「対等の車輪」(Pence & Paymar, 1986) である。これは，威嚇的でない行動，交渉と公平性，信頼と支持，誠実さと説明責任など，メンバーが進むべき方向性を説明するのに役立つ。それにより，メンバーはそんなふうに変化した未来の行動を心に描くことができ，自分の現在の状態と自身の価値や目標との違いをより大きくできる。これは，「パワーとコントロールの車輪」に続けて用いられることもあれば，過去の否定的な出来事について考えるよりも肯定的な未来を築くことに焦点をあてたいときに，単独で使われたりする。どちらかのモデルと併せて，防衛を軽減させる方略として，**焦点の変換，リフレーミング，ねじれへの同意**といったMI方略を活用する。

「暴力のサイクル」モデル (Walker, 1984) は，緊張の高まりから攻撃，そして謝

罪と誓い，再び緊張の高まりに戻るといった周期的な行動パターンを表したものである。すべてのメンバーの体験にあてはまるわけではないが，メンバーの過去の攻撃行動の前後の内的および外的な出来事の流れを考えなおす要点になる。メンバーとともに痛ましい記憶をたどりながら，彼らが今，暴力を用いないという目標に合った行動を選択したことを強調し，それを是認することによって，自己効力感を支える機会を探す。また，「対等な輪」における考え方から，彼らが将来の葛藤場面でも，確実に非暴力的な解決法を選択する機会を持てるように促す。

これらのモデルを従来の教育的な形で使うと，防衛を引き起こし，探索を妨げ，現状維持への投資を強化してしまい，変化への動機づけに向かう動きを阻止してしまう。メンバーがまだモデルの正しさを疑っているうちに，それを「真実」として提示すると，彼らの防衛を招くからである。暫定的に提示することで，探索を進め，メンバーが現状維持への投資から変化への動機づけに向かうのを手助けできる。このような課題に，敬意，穏やかさ，非処罰的なやりとりのある環境で取り組むことで，あるメンバーには自己のリフレクションを促し，別のメンバーには心の中に種を植えたりして，それぞれのメンバーに自分が価値ある存在だと感じさせ，防衛を減らすことができる。

視点を広げる

過去の態度や行動に注目することで，メンバーは**これまでのこと**がわかってくる。また，将来の選択に目を向ければ，自分が将来**どうなれる**かを心に描けるようになる。これまでのことがわかることで，メンバーの変化の重要性についての感覚を強める。どうなれるかを心に描くことは，これまでとは別の信念や希望に影響を与える。グループに来た理由をすべて正直に話せるようにサポートし，変化しなかった場合の将来について心に描き（「もしあなたが，これまで通りにやっていこうと決めたなら，この先1年であなたはどうなるでしょう？」），変化した場合の将来を心に描く（「もしあなたが，不満や失望といった感情を扱う方法を変えられたなら，どんな違いが生じるでしょう？」）。

次の場面では，グループのメンバーは，変化の利点を探索している（例：葛藤を解決するために非暴力的なやり方を選択し，親密な関係において緊張を緩和するなど）。リーダーは，OARSと，**焦点の変換**，**リフレーミング**，**個人の選択と統制の強調**といった3つのMI方略による応答を用いている。

第15章　親密なパートナーへの暴力行為歴のある男性のための動機づけ面接グループ　　*329*

ジョン：みなさんが，パートナーに敬意をもって関わると，どんなことが得られるでしょう？［開かれた質問］

アンドレ：そうだな，クリスチーナは僕と一緒に過ごすことでもっと幸せになれるし，僕たちの関係もはるかによくなると思います。

マリア：それこそが，みなさんがめざしているものですね［アファメーション］。パートナーとの関係性は，どんなふうにもっとよくなるのですか？［開かれた質問］

アンドレ：いつでもストレスがない。一緒に，もっといろんなことをするだろうし，すごくロマンチックだろうね。

ジョン：2人がどうなりそうか，ちゃんとイメージが持てていますね［リフレクション］。他の皆さんはどうですか？　非暴力を優先したなら，みなさんの関係性はどうなるでしょう？［チェンジトークを引き出す開かれた質問］

コーリー：俺が監視されない場で子どもたちに会っても安全だと，裁判官を納得させられるかもしれない。

マリア：あなたにとって，お子さんたちはかけがえのない存在なのですね［リフレクション］。

コーリー：あぁ。子どもたちはまだ小さいんだ。子どもたちの人生に，俺は必要なんだ。

ジョン：あなたにとって，お子さんたちのよい父親でいることは本当に重要なのですね［アファメーション］。

コーリー：それに，もし裁判官が子どもたちを取り上げたりしなければ，俺はよい父親になれたんだ。裁判官から，親権を取り返さないと！　裁判官は，親権を奪う権利なんかない。あの子たちは，**俺の**子なんだから！

ジョン：そうすると，監視なしでお子さんたちとの時間を再び過ごせるようになることは，あなたにとって大きな意味があるわけですね［リフレーミング］。父親として，またお子さんたちに会えるようになったら，あなたはまず何をしたいですか？

　コーリーのチェンジトークをリフレクションすることで，コーリーからさらなるチェンジトークを引き出している。しかし，子どもにとってよい父親になりたいという彼の願いについてのリーダーのアファメーションに対して，コーリーは自分の状況に対する裁判官への怒りを含んだ非難へと焦点を移した。そ

330 第Ⅲ部 動機づけ面接グループの適用

こで，リーダーは，監視されずに子どもたちと会いたいというコーリーの以前の主張をリフレクションすることで，彼の不満をリフレームした。リーダーは，コーリーの焦点を非難から自身がどうしたいかについて考えて言語化することへと移すために，開かれた質問を用いた。

コーリー：子どもたちに，パンケーキを作ってやりたい。子どもたちは，俺のパンケーキが大好きだからね。

ウィル：私の息子は家を出て，ひとり暮らしをしながら薬物を使っている…息子からの電話はないし，私に会いに来たこともない。あなたのように，別のやり方で接する機会がまたあればなぁと思うよ。

コーリー：あぁ，もう一度機会が得られればいいんだが，裁判官はその機会をくれないんだ。

イヴァン：きみならきっと，その機会を勝ち取れるよ！

マリア：コーリー，あなたは本当に，お子さんたちに会う権利を取り戻すことを望んでいるのですね。あなたは自分がよい父親になれる，そして，あなたがいないのはお子さんたちの人生にとってよくないことだと思っているわけですね。裁判官が，なぜ今，あなたに監視なしの面会権を与えていないのかはわかりません。ウィルは，コーリーがお子さんに会う機会があるのを幸運だと思っているようですね。ウィルも，息子さんに会いたいと思っているんですものね。そして，イヴァンは，コーリーがまたその機会が得られそうだと思っています。でも，コーリーは，絶望しているように感じます。裁判官は，あなたが何をしようとも，もう二度とあなたのことをわかってくれないのでしょうか？［増幅させたリフレクションで終わる全体的なまとめ］

コーリー：裁判官は，俺がグループに通い続けるかどうかを確認しているし，保護観察官から俺がちゃんとやっているという報告を受けるだろうな。

マリア：ではあなたは，自分の望みを叶えるために自分ができることのうち，具体的なことがわかっているわけですね。つまり，将来への鍵はあなたが握っている！［リフレクション，個人の統制の強調］もしあなたが，関係性のなかで問題解決や緊張を緩和する新たな方法をみつけられたら，どんなよいことが起こりうるでしょうか？［開かれた質問］

リーダーはまとめをする際，何をリフレクションし，どれを強調するのかを

選定する。リーダーは，コーリーの裁判官に対する懸念を「絶望」という増幅させたリフレクションによって大げさに話してみせることで，彼がどうすれば自分の望むものを裁判官から得られるかを考える機会を作った。すると，コーリーはチェンジトークに応えた。リーダーのマリアは，コーリーの洞察を認め，他のメンバーの変化についての考えを引き出そうとグループに投げかけた。セッションが終わる前に，リーダーはメンバー全員に対して，話し合いの主要部分について再考するよう促した。

> 「グループを終える前に，関係性における不満や緊張を扱う方法を変えることで，自分は何が得られるか，心のなかで考えてみましょう。ここで話されたことでも，グループでは話題にのぼらなかったことでもよいので，変化して手にできる恩恵について考えてみるのです。もしよければ，思いついたことを書きとめておきましょう。」

心のなかでリフレクションする時間をとったあと，リーダーはグループプロセスに任せて，さらなる話し合いを促す。この締めくくりの時間によって，メンバーそれぞれが自分の人生の価値や望みについて考え，明確にする機会が持てる。この課題のなかで話された決意前のチェンジトークは，次のようなものであった。

- **願望**：「自分の子どもに尊敬され，信頼されたい」「私は信頼できる人間だということを，妻に証明したい」「彼女に愛されたい」「刑務所に戻りたくない」「子どもを取り戻したい」「自分の感情をコントロールしたい」「裁判所の監視をなくしたい」
- **能力**：「今の私は，強いストレスを感じても，自分を保てる方法を知っている」「トラブルを避けるために，どうするべきかわかっている」「私は愛すべき人間で，本当になろうとすれば，よい父，よい夫になれることがわかっている」
- **理由**：「私がやめなければ，警察沙汰になるだろう」「妻に，私がちゃんとしなければ別れると言われた」「子どもが成長したら，よい人間になってほしい。だから，自分が子どもによい例を示す必要がある」
- **必要性**：「私には家族が必要だ」「もし妻が子どもたちを連れて行ってしまったら，自分が何をするかわからない」「私は仕事を続ける必要があるが，

逮捕されたら続けられない」「すべてを失うことになるから，もう二度と同じことはできない」

　リーダーの目的は，次のことができるように，メンバーそれぞれの視点を広げることである。

- 攻撃行動と自分の目標や価値との間の食い違いを，より明確に理解する
- 新しい行動選択と新たな結果を考えながら，自分の将来を心に描く
- 人生において望むものを得るための選択能力が自分にあるのだという気づきを増やす

　メンバーが自身の目標や価値，さらに過去の態度や行動との食い違いに，より明確に気づけるようになると。変化の**重要性**が高まる。彼らが新たな行動を学び実践することで，自分の価値や望みに近づけるような変化を起こす能力があるという**自信**が高まる。

行動に移す

　私たちのプログラムでは，グループの参加を承認するにあたって，非暴力の契約を求めている。リーダーにとっての課題は，外的な強化による意思表明を内的な欲求に基づくものにし，その人にとって意味のある変化への関与へと進化させることである。メンバーには，それぞれのペースと道すじがある。そのためリーダーは，いつ**変化の動機を高める**ことから，メンバーの視点を広げる

外的な強化による意思表明を内的な欲求に基づくものにし，その人にとって意味のある変化への関与へと進化させる

なかで**変化**に移行させるか，また行動に移すことによって**変化への関与の強化**に移行するか，臨床的な判断をしなければならない。

　行動に移すための個人の計画を発展させる準備ができているという兆しがみえたらすぐに，その勢いのままに進む。グループセッションで聞かれたチェンジトークを「みなさん」という言葉（「みなさんのうちの何人かは…」「みなさんの多くは…」「みなさんは全員…」など）を使って包括的に要約して，移行のまとめを始める。もっとも力強いチェンジトークだけを順にリフレクションして，そのほかは省くという方略によって，再度メンバーでそれを語る機会を設ける。リーダーは，変化への妨げに

なっているものに対処し，以前の話し合いで聞かれた現状維持トークについて再検討する。まとめをしながら断続的に，そして最後にまた，その正確さと完全さを問い，グループの話し合いを促す。もし，リーダーが省いたチェンジトークに気づく人がいなければ，先に進める前に，どちらかのリーダーがそれを付け加える。メンバーがリーダーのまとめを検討し，訂正し，発展させる時間を持ったあとで，再び「みなさん」という言葉を使いながら，鍵となる質問について問いかける（例：「今すぐ，みなさんの人生で変化させたいことは何ですか？」「みなさんの目標に向かう一歩として，すぐに変えられそうなことは何でしょう？」など）。

　MIのリフレクションと方略を用いて，メンバーがその時点で準備できている具体的な変化について，たとえそれが大きな変化であれ小さな変化であれ，それをみつけて明確に述べられるように手助けする。そして，以下の7項目を記した変化の計画のワークシートを配布する。

1. 今すぐに始められる私が変化したいと思うことの1つは…
2. 0（まったく重要でない）から10（非常に重要）でいうと，この変化は私にとっては＿＿＿である。なぜなら…
3. 0（まったく自信がない）から10（この変化を遂げられるという強い自信がある）でいうと，自分の場合は＿＿＿である。なぜなら…
4. この変化を起こすために，私が実際に何をするか，いつやるかというと…
5. 私が…によって変化しようとするとき，＿＿＿＿＿＿が自分の助けになるだろう。
6. 私がこのことに成功するのを妨げる困難と，これらの問題に対処するための方法は…
7. 私の生活で…が起きていれば，自分が進歩できているということだ。

　一度に1項目ずつ取り上げ，その項目についてどう考えるか，1人で記入してもらう。記入時間をとったあと，メンバーをペアにして，自身の考えを相手と分かち合う。否定的な対人力動を避けるために，ペアは事前に割りあてる。始める前に，メンバーにはThomas Gordon（1970）による，聴くための12の「障壁」を思い出してもらう（私たちのグループではよく取り上げるものである）。リーダーは，メンバーに，直したり，批判したり，賛成や反対をしたり，正した

り，説得したりするためではなく，理解して学ぼうという意思を持って話を聴くようにと伝える。グループを再開したら，ペアになった相手の考えについて話してもらうことを，あらかじめメンバーに伝えておく。グループに戻ったら，メンバーそれぞれに，相手がその項目についてどう反応したかを話してもらい，そのあと相手にも確認して，話を広げさせる。メンバーには，ワークシートにどんな変化でも書いてよいと促す。それぞれのメンバーが変化の肯定的な面について探索し，他者の視点を理解することをねらいとして話を聴く練習をすることは，その後の関係性におけるやりとりに不可欠なスキルである。そうした機会を提供するために，ペアでの活動をよく取り入れている。リーダーは，会話が進んでいるか，肯定的な会話であるかを確かめ，さらに必要ならばコーチングや再度の方向づけをするために，メンバーたちのやりとりをみて回る。

　セッションの終わりに向けて，メンバーに自分の計画をみなおし，必要な修正を加えてから署名する。私たちは毎月の個別セッションでも，これらの変化の計画について話し合い，改良していく。そのあとのグループセッションでは，メンバーは自身の成功を祝い，変化のための計画を行動に移すための努力について話す。リーダーは，つまずきに対処するための方略を探索し，家庭や仕事や社会環境のなかで，メンバーにとって課題となる場面についてロールプレイを行う。ここでは，実際のケースから，目標と課題，成功について，2人の例を示そう。

　　デイブは，47歳の工場のフロアマネージャーで，裁判所の命令によって1年間のグループセッションに通うことになり，現在は自主的に参加している。14カ月目，彼が取り組んでいる目標の1つは，「相手の視点を理解しようとしながら，他者の話を聴くこと」だった。デイブは，すでに家庭のなかでそれが少しうまくできた体験をしており，それと同じように，職場や社会でもそれができるようになりたいと積極的に取り組もうとしていた。デイブは，12ステップの回復グループにも参加していた。デイブは，この目標を，A.A.（アルコール・アノニマス）における12番目のステップ，すなわち11番目までのステップで学んだ原則を「自分のあらゆることに」実践するというステップに対応するものだとみなしていた。ある夜，デイブは，その前日に，自分が決定した製品生産の書類について現場労働者に尋ねられたエピソードを話した。そのとき，デイブは自身の目標を思い出し，その労働者を罵り，

言われたことをはねつけたくなる衝動を抑えることができた。彼は，相手の話を最後まで聞いて，そのなかで自分が見落としていた重要な箇所があったことに気づいた。リーダーとメンバーは，彼の成功を是認した。次に，グループはその出来事について，順を追って検討した。まず，その労働者が何と言ったのか，そして，言われた内容と言った相手に対してデイブが最初に浮かべた思考と感情から，自身の変化の目標への気づき，目標に沿う行動をとろうという決断，そして事後の思考と感情までの，一連の出来事について検討したのである。デイブは，自信の能力を侮辱されたように捉えたときに，攻撃的に自分を守ろうとする衝動が高まることが，より明確に理解できるようになった（この傾向は，多くの男性メンバーがプログラムのなかで気づくものである）。また，デイブは，それを尋ねた労働者が女性であったために彼女の言葉を軽視したくなった衝動も認識することができた。デイブは，次の2つの時点がターニングポイントだったと述べた。①目標を達成することの重要性が感情的な反応に勝ったとき。②自分の目標のために行動するとい意識的な決定ができたとき。

エリックは24歳の屋根職人で，彼の3人の子どもの母親でもあるブレンダに対する暴力により，ブレンダが子どもを連れて両親の家に逃げた数日後，裁判所からグループへの参加を命じられた。エリックがDVで逮捕されたのは初めてではなかったが，治療を命じられたのは初めてだった。エリックは，父と2人の兄から身体的虐待を受けるという混乱した家庭で育った。治療の2カ月目のエリックの目標は，「ブレンダに自宅に帰ってきてもらうこと」であったので，リーダーは「ブレンダがまた自分と暮らしても安全であると，自分自身とブレンダに対して示すこと」に修正するように導いた。ある晩，エリックはブレンダに何度も留守電のメッセージを残したのに，彼女が電話をかけてこないことを興奮しながら報告した。リーダーは共感的に応えて，エリックの声に表された不満と失望をリフレクションし，彼がブレンダに電話をする目的に興味を示した。そうして，リーダーはグループの話し合いを助言や批判ではなく，エリックの不満の感情や彼の状況に対する見方に移すように導いた。

エリックは，私たちのプログラムに参加する男性の典型である。現在ある問題状況がすっかりなくなり，かつての状態に戻ることを熱望しており，現実と

の食い違いがまだみえていない。彼らは自身が失ったものに絶望し、「もうわかった」と確信して、パートナーに自身を「許して、忘れて欲しい」と望んでいる（たとえ過去に何度もそれを繰り返していたとしても）。彼らは、自分の行動が招いた否定的な顛末について非現実的な捉え方をしていることがあるが、再び信用を築いたり、関係性を修復したりするには、時間がかかるものである。さらに、彼らは、他者の行動から自分の行動に焦点を移すのが苦手である。グループの利点の1つは、過去に他者を支配しようとしていたメンバーが、のちに重大な変化を成し遂げるという生きた見本になることである。

結　語

　パートナーに暴力をふるった男性に対するMIグループに関する研究は始まったばかりだが、DV男性への個別MIの有効性については実証的な根拠が示されている（Morrel et al., 2003）。同様に、共感、誠実さ、温かさ、敬意といったMIの条件は、刑事司法制度におけるグループの肯定的成果でも、有意な一貫性のある関連がみいだされている（Marshall & Serran, 2004）。メンバーが、自分の話を聞いてもらえている、理解されている、尊重されていると感じると、彼らは防衛を取り去り、自己探索を行えるようになる。当初は加害を否定していた男性も、次第に自分がグループに来るに至った行動を虐待だとみなすようになり、他の暴力行為についても話すようになる（Carden, 1993）。メンバーの多くは、自分が想像していたような、怖れていたものとは異なる対応をしてもらえることへの安堵を口にする。メンバーは、リーダーに対して、自身の人生について考え、自分なりの答えをみつけるサポートしてくれたという感謝を表す。

> 共感，誠実さ，温かさ，敬意といったMIの条件は，刑事司法制度におけるグループの肯定的成果でも，有意な一貫性のある関連がみいだされている

メンバーは、自分の攻撃的な行動は受け入れられるものではないが、自分自身のことは受け入れてもらえるのだとわかるようになる。

　パートナーに暴力をふるった男性の多くは、強い両価性を体験している。彼らは、自分の行動に悩まされている一方で、それを手放したくないとも思っている。こうした男性たちは、意味のあるソーシャルサポートをほとんど受けられていない。この両価性と社会的孤立の組み合わせを考えれば、MIグループは、彼らの治療的ニーズに非常によく合っていることがわかる。経験に基づくデータや臨床的な報告（Carden, 1994;

第 15 章　親密なパートナーへの暴力行為歴のある男性のための動機づけ面接グループ　　*337*

Dutton, 2006; Hamel & Nicolls, 2007; Morrel et al., 2003) からも，MI グループのアプローチが，こうした人々に対して期待できる治療であるという私たちの見解が支持されている。

　グループの介入効果を最大限にするために，私たちは，対人関係的で力動的な治療的環境を作るという MI の**スピリット**，**原則**，**方略**に従っている。こうした治療的環境において，メンバーは，①自分の中核的価値や人生の目標を定め，②自身の過去の態度や行動，強みや成功について検討し，③自身が人生で望むことと現在の自分の態度や行動が生んだものの食い違いについて考え，④強みに基づいた変化の計画を進展させ，⑤成功に向けて障壁を乗り越え，⑥強みと達成を祝う。

　DV に内在する危険性を考えると，リーダーは，メンバーの自律性に対する誠実な敬意と，他者の安全やウェルビーイングを脅かす彼らの認知のゆがみへの慎重な気づきとのバランスに，絶えず気を配らなければならない。リーダーは，リフレクションと方略的な応答を用いて，現状維持を支えるあらゆる発言を慎重に注意深くはね返していく。とくに作業が難しくなったときは（しばしば起こることだが），変化を促進する重要な要素は，メンバーとリーダーとの受容的で共感的な関係性であるということを，リーダー自身が思い起こす必要がある。

文　献

先頭に★のついた文献については，p. 357 以下に邦訳文献を示した。

第 1 章

Anderson, P., Beatty, J., Moscow, S., & Tomlin, K. (2002). *Exploring change group*. Portland, OR: West Interstate Clinic, Kaiser Permanente Northwest Region, Department of Addiction Medicine.

Beatty, J., & Tomlin, K. (2002). *Engaging youth in treatment: Group and family curriculum*. Portland, OR: West Interstate Clinic, Kaiser Permanente Northwest Region, Department of Addiction Medicine.

Forsyth, D. R. (2011). The nature and significance of groups. In R. K. Conyne (Ed.), *The Oxford handbook of group counseling* (pp. 19–35). New York: Oxford University Press.

Ingersoll, K. S., Wagner, C. C., & Gharib, S. (1999). *Motivational groups for community substance abuse programs*. Richmond, VA: Mid-Atlantic Addiction Technology Transfer Center.

Krecji, J. (2006). *Motivational interviewing group treatment in behavioral health settings*. Princeton, NJ: Princeton House Behavioral Health.

★Miller, W. R., & Rollnick, S. (2013). *Motivational interviewing: Helping people change* (3rd ed.). New York: Guilford Press.

★Murphy, R.T. (2008). Enhancing combat veterans' motivation to change posttraumatic stress disorder symptoms and other problem behaviors. In H. Arkowitz, H. A. Westra, W. R. Miller, & S. Rollnick (Eds.), *Motivational interviewing in the treatment of psychological problems* (pp. 57–84). New York: Guilford Press.

Noonan, W. C. (2000). Group motivational interviewing as an enhancement to outpatient alcohol treatment. *ProQuest Digital Dissertations Database*, Publication No. AAT9998849.

★Peterson, C. (2006). *A primer in positive psychology*. Oxford, UK: Oxford University Press.

Triandis, H. C., McCusker, C., & Hui, C. H. (1990). Multimethod probes of individualism and collectivism. *Journal of Personality and Social Psychology, 59,* 1006–1013.

★Velasquez, M. M., Maurer, G. G., Crouch, C., & DiClemente, C. (2001). *Group treatment for substance abuse: A stages-of-change therapy manual*. New York: Guilford Press.

★Yalom, I., & Leszcz, M. (2005). *The theory and practice of group psychotherapy* (5th ed.). New York: Basic Books.

340 文　献

第 2 章

Bales, R. F. (1958). Task roles and social roles in problem-solving groups. In E. E. Maccoby, T. M. Newcomb, & E. L. Hartley (Eds.), *Reading in social psychology* (pp. 437–447). New York: Holt, Rinehart & Winston.

Barlow, S.H. (2011). Evidence bases for group practice. In R.K. Conyne (Ed.), *The Oxford handbook of group counseling* (pp. 207–230). New York: Oxford University Press.

Barlow, S. H., Burlingame, G. M., Harding, J. A., & Behrman, J. (1997). Therapeutic focusing in time-limited group psychotherapy. *Group Dynamics: Theory, Research, and Practice, 1,* 254–266.

Barlow, S. H., Burlingame, G. M., & Fuhriman, A. (2000). Therapeutic application of groups: From Practt's "Thought Control Classes" to modern group psychotherapy. *Group Dynamics: Theory, Research, and Practice, 4,* 115–134.

Befort, C. A., Donnelly, J. E., Sullivan, D. K., Ellerbeck, E. F., & Perri, M. G. (2010). Group versus individual phone-based obesity treatment for rural women. *Eating Behaviors, 11,* 11–17.

Bernard, H., Burlingame, G., Flores, P., Greene, L., Joyce, A., Kobos, J. C., et al. (2008). Clinical practice guidelines for group psychotherapy. *International Journal of Group Psychotherapy, 58,* 455–542.

Bloch, S., & Crouch, E. (1985). *Therapeutic factors in group psychotherapy.* Oxford: Oxford University Press.

Bordin, E. S. (1979). The generalizability of the psychoanalytic concept of the working alliance. *Psychotherapy: Theory, Research, and Practice, 16,* 252–260.

Brewer, C. L. (1981). Something for everyone. *PsycCRITIQUES, 26*(11), 872–874.

Burlingame, G., Fuhriman, A., & Mosier, J. (2003). The differential effectiveness of group psychotherapy: A meta-analytical perspective. *Group Dynamics: Theory, Research, and Practice, 7,* 3–12.

Burlingame, G. M., MacKenzie, D., & Strauss, B. (2004). Small group treatment: Evidence for effectiveness and mechanisms of change. In M. J. Lambert (Ed.), *Bergin and Garfield's handbook of psychotherapy and behavioral change* (5th ed., pp. 647–696). New York: Wiley.

Conyne, R. K. (Ed.). (2011). *The Oxford handbook of group counseling.* New York: Oxford University Press.

Corsini, R. J., & Rosenberg, B. (1955). Mechanisms of group psychotherapy: Processes and dynamics. *Journal of Abnormal and Social Psychology, 51,* 406–411.

Delsignore, A., Carraro, G., Mathier, F., Znoj, H., & Schnyder, U. (2008). Perceived responsibility for change as an outcome predictor in cognitive-behavioural group therapy. *British Journal of Clinical Psychology, 47*(Pt. 3), 281–293.

Dinkmeyer, D. C., & Muro, J. C. (1979). *Group counseling: Theory and practice* (2nd ed.). Itasca, IL: Peacock.

Faris, A. S., & Brown, J. M. (2003). Addressing group dynamics in a brief motivational intervention for college student drinkers. *Journal of Drug Education, 33*(3), 289–306.

tional intervention for college student drinkers. *Journal of Drug Education, 33*(3), 289–306.

Fishman, I., Ng, R., & Bellugi, U. (2010). Do extraverts process social stimuli differently from introverts? *Cognitive Neuroscience, 2,* 67–73.

Forsyth, D. R. (2011). The nature and significance of groups. In R. K. Conyne (Ed.), *The Oxford handbook of group counseling* (pp. 19–35). New York: Oxford University Press.

Forsyth, D. R., & Strong, S. R. (2004). The scientific study of counseling and psychotherapy: A unificationist view. *The interface of social and clinical psychology: Key readings* (pp. 290–300). New York: Psychology Press.

Gawronski, B. (2004). Theory-based bias correction in dispositional inference: The fundamental attribution error is dead, long live the correspondence bias. *European Review of Social Psychology, 15,* 183–217.

Giese-Davis, J., Koopman, C., Fobair, P., Butler, L. D., Classen, C., Cordova, M., et al. (2002). Change in emotion-regulation strategy for women with metastatic breast cancer following supportive–expressive group therapy. *Journal of Consulting and Clinical Psychology, 70,* 916–925.

Holmes, S. E., & Kivlighan, D. M. (2000). Comparison of therapeutic factors in group and individual treatment process. *Journal of Counseling Psychology, 47,* 478–484.

Hornsey, M. J., Dwyer, L., & Oei, T. P. (2007). Beyond cohesiveness: Reconceptualizing the link between group processes and outcomes in group psychotherapy. *Small Group Research, 38,* 567–592.

Howard, C., Dupont, S., Haselden, B., Lynch, J., & Wills, P. (2010). The effectiveness of a group cognitive-behavioural breathlessness intervention on health status, mood and hospital admissions in elderly patients with chronic obstructive pulmonary disease. *Psychology, Health and Medicine, 15,* 371–385.

Johnson, J. (2007). Cohesion, alliance, and outcome in group psychotherapy: Comments on Joyce, Piper, & Ogrodniczuk (2007). *International Journal of Group Psychotherapy, 57,* 533–540.

Joyce, A. S., MacNair-Semands, R., Tasca, G. A., & Ogrodniczuk, J. S. (2011). Factor structure and validity of the Therapeutic Factors Inventory—Short Form. *Group Dynamics: Theory, Research, and Practice, 15,* 201–219.

Kelly, J. R. (2004). Mood and emotion in groups. In M. B. Brewer & M. Hewstone (Eds.), *Emotion and motivation* (pp. 95–112). Malden, MA: Blackwell.

Kerr, N. L., & Tindale, R. S. (2004). Group performance and decision making. *Annual Review of Psychology, 55,* 623–655.

Kivlighan, D. M., Jr. (2008). Comments on the practice guidelines for group psychotherapy: Evidence, gaps in the literature, and resistance. *International Journal of Group Psychotherapy, 58*(4), 543–554.

Kivlighan, D. M., Jr., & Tarrant, J. M. (2001). Does group climate mediate the group leadership–group member outcome relationship?: A test of Yalom's hypotheses about leadership priorities. *Group Dynamics, 5,* 220–234.

Klein, R. H. (2008). Toward the establishment of evidence-based practices in group psychotherapy. *International Journal of Group Psychotherapy, 58,* 441–454.

Lamb, S. E., Hansen, Z., Lall, R., Castelnuovo, E., Withers, E. J., Nichols, V., et al.

(2010). Group cognitive behavioural treatment for low-back pain in primary care: A randomised controlled trial and cost-effectiveness analysis. *Lancet, 375*(9718), 916–923.

Lieberman, M., Miles, G., & Yalom, I. D. (1973). *Encounter groups: First facts.* New York: Basic Books.

MacKenzie, K. R. (1983). The clinical application of a group climate measure. In R. R. Dies & K. R. MacKenzie (Eds.), *Advances in group psychotherapy: Integrating research and practice* (pp. 159–170). New York: International Universities Press.

MacKenzie, K. R. (1994). The developing structure of the therapy group system. In H. S. Bernard & K. R. MacKenzie (Eds.), *Basics of group psychotherapy* (pp. 35–59). New York: Guilford Press.

MacKenzie, K. R., Dies, R. R., Coche, E., Rutan, J. S., & Stone, W. N. (1987). An analysis of AGPA institute groups. *International Journal of Group Psychotherapy, 37,* 55–74.

Marchand, A., Roberge, P., Primiano, S., & Germain, V. (2009). A randomized, controlled clinical trial of standard, group and brief cognitive-behavioral therapy for panic disorder with agoraphobia: A two-year follow-up. *Journal of Anxiety Disorders, 23,* 1139–1147.

Marmarosh, C. L., & Van Horn, S. M. (2011). Cohesion in counseling and psychotherapy groups. In R. K. Conyne (Ed.), *The Oxford handbook of group counseling* (pp. 137–163). New York: Oxford University Press.

Martin, D. J., Garske, J. P., & Davis, M. K. (2000). Relation of the therapeutic alliance with outcome and other variables: A meta-analytic review. *Journal of Consulting and Clinical Psychology, 68,* 438–450.

McLendon, D. T., & Burlingame, G. M. (2011). Group climate: Construct in search of clarity. In R. K. Conyne (Ed.), *The Oxford handbook of group counseling* (pp. 164–181). New York: Oxford University Press.

McRoberts, C., Burlingame, G., & Hoag, M. (1998). Comparative efficacy of individual and group psychotherapy: A meta-analytic perspective. *Group Dynamics: Theory, Research, and Practice, 2,* 101–117.

★Miller, W. R., & Rollnick, S. (2013). *Motivational interviewing: Helping people change* (3rd ed.). New York: Guilford Press.

Miller, W. R., & Rose, G. S. (2009). Toward a theory of motivational interviewing. *American Psychologist, 64,* 527–537.

Minniti, A., Bissoli, L., Di Francesco, V., Fantin, F., Mandragona, R., Olivieri, M., et al. (2007). Individual versus group therapy for obesity: Comparison of dropout rate and treatment outcome. *Eating and Weight Disorders, 12,* 161–167.

Muroff, J., Steketee, G., Rasmussen, J., Gibson, A., Bratiotis, C., & Sorrentino, C. (2009). Group cognitive and behavioral treatment for compulsive hoarding: A preliminary trial. *Depression and Anxiety, 26,* 634–640.

Niccols, A. (2008). "Right from the start": Randomized trial comparing an attachment group intervention to supportive home visiting. *Journal of Child Psychology and Psychiatry and Allied Disciplines, 49,* 754–764.

Oei, T. P., & Dingle, G. (2008). The effectiveness of group cognitive behaviour therapy for unipolar depressive disorders. *Journal of Affective Disorders, 107,* 5–21.

Oei, T. P., Raylu, N., & Casey, L. M. (2010). Effectiveness of group and individual formats of a combined MI and cognitive behavioral treatment program for problem gambling: A randomized controlled trial. *Behavioural and Cognitive Psychotherapy, 38,* 233–238.

Piper, W. E., Ogrodniczuk, J. S., McCallum, M., Joyce, A. S., & Rosie, J. S. (2003). Expression of affect as a mediator of the relationship between quality of object relations and group therapy outcome for patients with complicated grief. *Journal of Consulting and Clinical Psychology, 71,* 664–671.

Robbins, R. N. (2003). Developing cohesion in court-mandated group treatment of male spousal abuses. *International Journal of Group Psychotherapy, 53,* 261–284.

Schutz, W. C. (1961). On group composition. *Journal of Abnormal and Social Psychology, 62,* 275–281.

Seligman, M. E. P., Rashid, T., & Parks, A. C. (2006). Positive psychotherapy. *American Psychologist, 61,* 774–788.

Siskind, D., Baingana, F., & Kim, J. (2008). Cost-effectiveness of group psychotherapy for depression in Uganda. *Journal of Mental Health Policy and Economics, 11,* 127–133.

Smock, S. A., Trepper, T. S., Wetchler, J. L., McCollum, E. E., Ray, R., & Pierce, K. (2008). Solution-focused group therapy for level 1 substance abusers. *Journal of Marital and Family Therapy, 34,* 107–120.

Sobell, L. C., Sobell, M. B., & Agrawal, S. (2009). Randomized controlled trial of a cognitive-behavioral motivational intervention in a group versus individual format for substance use disorders. *Psychology of Addictive Behaviors, 23,* 672–683.

Tindale, R. S., & Kameda, T. (2000). "Social sharedness" as a unifying theme for information processing in groups. *Group Processes and Intergroup Relations, 3,* 123–140.

Trotzer, J. P. (1977). *The counselor and the group: Integrating theory, training, and practice.* Monterey, CA: Brooks Cole.

Tuckman, B. W., & Jensen, M. A. C. (1977). Stages of group development revisited. *Group and Organizational Studies, 2*(4), 419–427.

Turner, J. C., Brown, R. J., & Tajfel, H. (1979). Social comparison and group interest in ingroup favouritism. *European Journal of Social Psychology, 9,* 187–204.

Weiss, R. D., Griffin, M. L., Kolodziej, M. E., Greenfield, S. F., Najavits, L. M., Daley, D. C., et al. (2007). A randomized trial of integrated group therapy versus group drug counseling for patients with bipolar disorder and substance dependence. *American Journal of Psychiatry, 174,* 100–107.

Weiss, R. D., Jaffee, W. B., de Menil, V. P., & Cogley, C. B. (2004). Group therapy for substance use disorders: What do we know? *Harvard Review of Psychiatry, 12,* 339–350.

Whelton, W. J. (2004). Emotional processes in psychotherapy: Evidence across therapeutic modalities. *Clinical Psychology and Psychotherapy, 11,* 58–71.

Wildschut, T., Pinter, B., Vevea, J. L., Insko, C. A., & Schopler, J. (2003). Beyond the group mind: A quantitative review of the interindividual–intergroup discontinuity effect. *Psychological Bulletin, 129,* 698–722.

Yalom, I., & Leszcz, M. (2005). *The theory and practice of group psychotherapy* (5th ed.). New York: Basic Books.

第3章

Amrhein, P. C., Miller, W. R., Yahne, C. E., Palmer, M., & Fulcher, L. (2003). Client commitment language during motivational interviewing predicts drug use outcomes. *Journal of Consulting and Clinical Psychology, 71,* 862–878.

★ Arkowitz, H., Westra, H. A., Miller, W. R., & Rollnick, S. (Eds.). (2008). *Motivational interviewing in the treatment of psychological problems.* New York: Guilford Press.

Bem, D. J. (1972). Self-perception theory. In Berkowitz, L. (Ed.), *Advances in experimental social psychology* (Vol. 6, pp. 1–62). New York: Academic Press.

Brehm, J. W. (1966). *A theory of psychological reactance.* New York: Academic Press.

Hohman, M. (2012). *Motivational interviewing in social work practice.* New York: Guilford Press.

Kiesler, D. J. (1966). Some myths of psychotherapy research and the search for a paradigm. *Psychological Bulletin, 65,* 100–136.

Miller, W. R. (1999). Toward a theory of motivational interviewing. *Motivational Interviewing Newsletter: Updates, Education and Training, 6,* 2–4.

★ Miller, W. R., & Rollnick, S. (2013). *Motivational interviewing: Helping people change* (3rd ed.). New York: Guilford Press.

Miller, W. R., & Rose, G. S. (2009). Toward a theory of motivational interviewing. *American Psychologist, 64,* 527–537.

Moyers, T. B., & Martin, T. (2006). Therapist influence on client language during motivational interviewing sessions. *Journal of Substance Abuse Treatment, 30,* 245–251.

Moyers, T. B., Martin, T., Christopher, P. J., Houck, J. M., Tonigan, J. S., & Amrhein, P. C. (2007). Client language as a mediator of motivational interviewing efficacy: Where is the evidence? *Alcoholism: Clinical and Experimental Research, 31*(Suppl. 10), 40s–47s.

Moyers, T. B., Martin, T., Houck, J. M., Christopher, P. J., & Tonigan, J. S. (2009). From in-session behaviors to drinking outcomes: A causal chain for motivational interviewing. *Journal of Consulting and Clinical Psychology, 77,* 1113–1124.

Naar-King, S., & Suarez, M. (2011). *Motivational interviewing with adolescents and young adults.* New York: Guilford Press.

★ Rogers, C. (1951). *Client-centered therapy.* Cambridge, MA: Riverside Press.

★ Rogers, C. (1961). *On becoming a person.* New York: Houghton Mifflin.

★ Rogers, C., Gendlin, E. R., Kiesler, D. J., & Truax, C. B. (1967). *The therapeutic relationship and its impact: A study of psychotherapy with schizophrenics.* Madison: University of Wisconsin Press.

Rollnick, S. (1998). Readiness, importance, and confidence: Critical conditions of change in treatment. In W. R. Miller & N. Heather (Eds.), *Treating addictive behaviors: Processes of change* (2nd ed., pp. 49–60). New York: Plenum.

文　献　*345*

Rollnick, S., Mason, P., & Butler, C. (1999). *Health behavior change.* London: Churchill Livingstone.

★Rollnick, S., Miller, W. R., & Butler, C. (2008). *Motivational interviewing in health care.* New York: Guilford Press.

★Rosengren, D. B. (2009). *Building motivational interviewing skills: A practitioner workbook.* New York: Guilford Press.

Truax, C. B. (1966). Reinforcement and nonreinforcement in Rogerian psychotherapy. *Journal of Abnormal Psychology, 71,* 1–9.

Walters, S. T., Clark, M. D., Gingerich, R., & Meltzer, M. L. (2007). *Motivating offenders to change: A guide for probation and parole.* Washington DC: National Institute of Corrections, U.S. Department of Justice.

Walters, S. T., Vader, A. M., Harris, T. R., Field, C. A., & Jouriles, E. N. (2009). Dismantling motivational interviewing and feedback for college drinkers: A randomized clinical trial. *Journal of Consulting and Clinical Psychology, 77,* 64–73.

Westra, H. A. (2012). *Motivational interviewing in the treatment of anxiety.* New York: Guilford Press.

第 4 章

Fredrickson, B. L. (2004). The broaden-and-build theory of positive emotions. *Philosophical Transactions of the Royal Society of London B: Biological Sciences, 359*(1449), 1367–1378.

Malat, J., Morrow, S., & Stewart, P. (2011). Applying motivational interviewing principles in a modified interpersonal group for comorbid addiction. *International Journal of Group Psychotherapy, 61, 557*–575.

★Miller, W. R., & Rollnick, S. (2013). *Motivational interviewing: Helping people change.* New York: Guilford Press.

Roberts, M. (1999). *Shy boy: The horse that came in from the wild.* New York: Harper Collins Publishing.

★Rogers, C. (1970). *Encounter groups.* New York: Harper & Row.

Seligman, M. E. P., Steen, T. A., Park, N., & Peterson, C. (2005). Positive psychology progress: Empirical validation of interventions. *American Psychologist, 60,* 410–421.

Velasquez, M. M., Stephens, S. N., & Drenner, K. L. (2013). Motivational interviewing: Transtheoretical model groups for addictions. In C. C. Wagner, & K. S. Ingersoll with contributors, *Motivational interviewing in groups* (pp. 268–281). New York: Guilford Press.

Wagner, C. C., Ingersoll, K. S., & Rollnick, S. (2013). Motivational interviewing: A cousin to contextual cognitive behavior therapies. In S. C. Hayes & M. Levin (Eds.), *Acceptance, mindfulness, and values in addictive behaviors* (pp. 153–186). Oakland, CA: New Harbinger Books.

第5章

Alexander, P. C., Morris, E., Tracy, A., & Frye, A. (2010). Stages of change and the group treatment of batterers: A randomized clinical trial. *Violence and Victims, 25,* 571–587.

August, J. L., & Flynn, A. (2007). Applying stage-wise treatment to a mixed-stage co-occurring disorders group. *American Journal of Psychiatric Rehabilitation, 10,* 53–63.

Bailey, K. A., Baker, A. L., Webster, R. A., & Lewin, T. J. (2004). Pilot randomized controlled trial of a brief alcohol intervention group for adolescents. *Drug and Alcohol Review, 23,* 157–166.

Beadnell, B., Nason, M., Stafford, P. A., Rosengren, D. B., & Daugherty, R. (2012). Short-term outcomes of a motivation-enhancing approach to DUI intervention. *Accident Analysis and Prevention, 45,* 792–801.

Bradley, A. C., Baker, A., & Lewin, T. J. (2007). Group intervention for coexisting psychosis and substance use disorders in rural Australia: Outcomes over 3 years. *Australian and New Zealand Journal of Psychiatry, 41,* 501–508.

Breslin, C., Li, S., Sdao-Jarvie, K., Tupker, E., & Ittig-Deland, V. (2002). Brief treatment for young substance abusers: A pilot study in an addiction treatment setting. *Psychology of Addictive Behaviors, 16,* 10–16.

Brown, T. G., Dongier, M., Latimer, E., Legault, L., Seraganian, P., Kokin, M., et al. (2006). Group-delivered brief intervention versus standard care for mixed alcohol/other drug problems: A preliminary study. *Alcoholism Treatment Quarterly, 24,* 23–40.

Burke, B. L., Arkowitz, H., & Menchola, M. (2003). The efficacy of motivational interviewing: A meta-analysis of controlled clinical trials. *Journal of Consulting and Clinical Psychology, 71,* 843–861.

Carey, M. P., Braaten, L. S., Maisto, S. A., Gleason, J. R., Forsyth, A. D., Durant, L. E., et al. (2000). Using information, motivational enhancement, and skills training to reduce the risk of HIV infection for low-income urban women: A second randomized clinical trial. *Health Psychology, 19,* 3–11.

Carter, A. L., Wilber, C., & Sahl, R. (2005). Motivational interviewing techniques and the harm-reduction model in a short-term substance-abuse group for adolescents with psychiatric problems. *Connecticut Medicine, 69,* 519–524.

Easton, C., Swan, S., & Sinha, R. (2000). Motivation to change substance use among offenders of domestic violence. *Journal of Substance Abuse Treatment, 19,* 1–5.

Faris, A. S., & Brown, J. M. (2003). Addressing group dynamics in a brief motivational intervention for college student drinkers. *Journal of Drug Education, 33,* 289–306.

Foote, J., DeLuca, A., Magura, S., Warner, A., Grand, A., Rosenblum, A., et al. (1999). A group motivational treatment for chemical dependency. *Journal of Substance Abuse Treatment, 17,* 181–192.

Hayes, B. B. (2007). Comparing the effectiveness of cognitive-behavioral group therapy with and without motivational interviewing at reducing the social anxiety, alcohol consumption, and negative consequences of socially anxious college students. *Dissertation Abstracts International B: The Sciences and Engineering, 67,* 5405.

Hettema, J., Steele, J., & Miller, W. R. (2005). Motivational interviewing. *Annual Review of Clinical Psychology, 1,* 91–111.

John, U., Veltrup, C., Driessen, M., Wetterling, T., & Dilling, H. (2003). Motivational intervention: An individual counselling vs a group treatment approach for alcohol-dependent in-patients. *Alcohol and Alcoholism (Oxford, Oxfordshire), 38,* 263–269.

Kisely, S. R., & Preston, N. J. (2006). A group intervention which assists patients with dual diagnosis reduce their tobacco use. In M. E. Abelian (Ed.), *Trends in psychotherapy research* (pp. 141–159). Hauppauge, NY: Nova Science.

Knight, K. M., Bundy, C., Morris, R., Higgs, J. F., Jameson, R. A., Unsworth, P., et al. (2003). The effects of group motivational interviewing and externalizing conversations for adolescents with type-1 diabetes. *Psychology, Health and Medicine, 6,* 149–157.

LaBrie, J. W., Huchting, K. K., Lac, A., Tawalbeh, S., Thompson, A. D., & Larimer, M. E. (2009). Preventing risky drinking in first-year college women: Further validation of a female-specific motivational enhancement group intervention. *Journal of Studies on Alcohol and Drugs Supplement, 16,* 77–85.

LaBrie, J. W., Huchting, K., Tawalbeh, S., Pedersen, E. R., Thompson, A. D., Shelesky, K., et al. (2008). A randomized motivational enhancement prevention group reduces drinking and alcohol consequences in first-year college women. *Psychology of Addictive Behaviors, 22,* 149–155.

LaBrie, J. W., Lamb, T. F., Pedersen, E. R., & Quinlan, T. (2006). A group motivational interviewing intervention reduces drinking and alcohol-related consequences in adjudicated college students. *Journal of College Student Development, 47,* 267–280.

LaBrie, J. W., Pedersen, E. R., Lamb, T. F., & Quinlan, T. (2007). A campus-based motivational enhancement group intervention reduces problematic drinking in freshmen male college students. *Addictive Behaviors, 32,* 889–901.

LaBrie, J. W., Thompson, A. D., Huchting, K., Lac, A., & Buckley, K. (2007). A group motivational interviewing intervention reduces drinking and alcohol-related negative consequences in adjudicated college women. *Addictive Behaviors, 32,* 2549–2562.

LaChance, H., Feldstein Ewing, S. W., Bryan, A. D., & Hutchison, K. E. (2009). What makes group MET work?: A randomized controlled trial of college student drinkers in mandated alcohol diversion. *Psychology of Addictive Behaviors, 23,* 598–612.

Lincourt, P., Kuettel, T. J., & Bombardier, C. H. (2002). Motivational interviewing in a group setting with mandated clients: A pilot study. *Addictive Behaviors, 27,* 381–391.

Lundahl, B. W., Kunz, C., Brownell, C., Tollefson, D., & Burke, B. (2010). A meta-analysis of motivational interviewing: Twenty-five years of empirical studies. *Research on Social Work Practice, 20,* 137–160.

Marlatt, G. A., Baer, J. S., & Latimer, M. (1995). Preventing alcohol abuse in college students: A harm reduction approach. In G. M. Boyd, J. Howard, & R.

A. Zucker (Eds.), *Alcohol problems among adolescents: Current directions in prevention research* (pp. 147–172). Hillsdale, NJ: Erlbaum.

Mendel, E., & Hipkins, J. (2002). Motivating learning disabled offenders with alcohol-related problems: A pilot study. *British Journal of Learning Disabilities, 30,* 153–158.

Michael, K. D., Curtin, L., Kirkley, D. E., Jones, D. L., & Harris, R. J. (2006). Group-based motivational interviewing for alcohol use among college students: An exploratory study. *Professional Psychology: Research and Practice, 37,* 629–634.

Miller, W. R., & Rollnick, S. (1991). *Motivational interviewing: Preparing people to change addictive behavior* (1st ed.). New York: Guilford Press.

Morgan-Lopez, A. A., & Fals-Stewart, W. (2006). Analytic complexities associated with group therapy in substance abuse treatment research: Problems, recommendations, and future directions. *Experimental and Clinical Psychopharmacology, 14,* 265–273.

Morgan-Lopez, A. A., & Fals-Stewart, W. (2008). Analyzing data from open enrollment groups: Current considerations and future directions. *Journal of Substance Abuse Treatment, 35,* 36–40.

Moyers, T. B., Martin, T., Manuel, J. K., Hendrickson, S. M., & Miller, W. R. (2005). Assessing competence in the use of motivational interviewing. *Journal of Substance Abuse Treatment, 28,* 19–26.

Murphy, R. T., Rosen, C. S., Cameron, R. P., & Thompson, K. E. (2002). Development of a group treatment for enhancing motivation to change PTSD symptoms. *Cognitive and Behavioral Practice, 9,* 308–316.

Noonan, W. C. (2000). Group motivational interviewing as an enhancement to outpatient alcohol treatment. *ProQuest Digital Dissertations Database,* Publication No. AAT 9998849.

Norman, C. D., Maley, O., Li, X., & Skinner, H. A. (2008). Using the Internet to assist smoking prevention and cessation in schools: A randomized, controlled trial. *Health Psychology, 27,* 799–810.

Oei, T. P., Raylu, N., & Casey, L. M. (2010). Effectiveness of group and individual formats of a combined motivational interviewing and cognitive behavioral treatment program for problem gambling: A randomized controlled trial. *Behavioural and Cognitive Psychotherapy, 38,* 233–238.

Orzack, M. H., Voluse, A. C., Wolf, D., & Hennen, J. (2006). An ongoing study of group treatment for men involved in problematic Internet-enabled sexual behavior. *Cyberpsychology and Behavior: The Impact of the Internet, Multimedia and Virtual Reality on Behavior and Society, 9,* 348–360.

Rosenblum, A., Foote, J., Cleland, C., Magura, S., Mahmood, D., & Kosanke, N. (2005). Moderators of effects of motivational enhancements to cognitive behavioral therapy. *American Journal of Drug and Alcohol Abuse, 31,* 35–58.

Rosenblum, A., Magura, S., Kayman, D. J., & Fong, C. (2005). Motivationally enhanced group counseling for substance users in a soup kitchen: A randomized clinical trial. *Drug and Alcohol Dependence, 80,* 91–103.

Rubak, S., Sandbaek, A., Lauritzen, T., & Christensen, B. (2005). Motivational interviewing: A systematic review and meta-analysis. *British Journal of General Practice, 55,* 305–312.

Santa Ana, E. J., Wulfert, E., & Nietert, P. J. (2007). Efficacy of group motivational interviewing (GMI) for psychiatric inpatients with chemical dependence. *Journal of Consulting and Clinical Psychology, 75,* 816–822.

Schmiege, S. J., Broaddus, M. R., Levin, M., & Bryan, A. D. (2009). Randomized trial of group interventions to reduce HIV/STD risk and change theoretical mediators among detained adolescents. *Journal of Consulting and Clinical Psychology, 77,* 38–50.

Smith, S. S., Jorenby, D. E., Fiore, M. C., Anderson, J. E., Mielke, M. M., Beach, K. E., et al. (2001). Strike while the iron is hot: Can stepped-care treatments resurrect relapsing smokers? *Journal of Consulting and Clinical Psychology, 69,* 429–439.

Tantillo, M., Bitter, C. N., & Adams, B. (2001). Enhancing readiness for eating disorder treatment: A relational/motivational group model for change. *Eating Disorders, 9,* 203–216.

Van Horn, D. H., & Bux, D. A. (2001). A pilot test of motivational interviewing groups for dually diagnosed inpatients. *Journal of Substance Abuse Treatment, 20,* 191–195.

Velasquez, M. M., Stephens, N. S., & Ingersoll, K. S. (2005). Motivational interviewing in groups. *Journal of Groups in Addiction and Recovery, 1,* 27–50.

Walters, S. T., Bennett, M. E., & Miller, J. H. (2000). Reducing alcohol use in college students: A controlled trial of two brief interventions. *Journal of Drug Education, 30,* 361–372.

Walters, S. T., Gruenewald, D. A., Miller, J. H., & Bennett, M. E. (2001). Early findings from a disciplinary program to reduce problem drinking by college students. *Journal of Substance Abuse Treatment, 20*(1), 89–91.

Walters, S. T., Ogle, R., & Martin, J. E. (2002). Perils and possibilities of group-based motivational interviewing. In W. R. Miller & S. Rollnick, *Motivational interviewing: Preparing people for change* (2nd ed., pp. 377–390). New York: Guilford Press.

Weiss, B., Caron, A., Ball, S., Tapp, J., Johnson, M. & Weisz, J.R. (2005). Iatrogenic effects of group treatment for antisocial youth. *Journal of Consulting and Clinical Psychology, 73,* 1036–1044.

第 6 章

Faris, A. S., & Brown, J. M. (2003). Addressing group dynamics in a brief motivational intervention for college student drinkers. *Journal of Drug Education, 33,* 289–306.

Fieldsteel, N. D. (1996). The process of termination in long-term psychoanalytic group therapy. *International Journal of Group Psychotherapy, 46,* 25–39.

Hettema, J., Steele, J., & Miller, W. R. (2005). Motivational interviewing. *Annual Review of Clinical Psychology, 1,* 91–111.

Ingersoll, K. S., Wagner, C. C., & Gharib, S. (1999). *Motivational groups for community substance abuse programs.* Richmond, VA: Mid-Atlantic Addiction Technology Transfer Center.

Katz, E. C., Brown, B. S., Schwartz, R. P., King, S. D., Weintraub, E., & Barksdale,

W. (2007). Impact of role induction on long-term drug treatment outcomes. *Journal of Addictive Diseases, 26*, 81–90.

Kivlighan, D. M., Jr., London, K., & Miles, J. R. (2012). Are two heads better than one?: The relationship between number of group leaders and group members, and group climate and group member benefit from therapy. *Group Dynamics: Theory, Research, and Practice, 16*, 1–13.

LaBrie, J. W., Huchting, K. K., Lac, A., Tawalbeh, S., Thompson, A. D., & Larimer, M. E. (2009). Preventing risky drinking in first-year college women: Further validation of a female-specific motivational enhancement group intervention. *Journal of Studies on Alcohol and Drugs Supplement, 16*, 77–85.

LaBrie, J. W., Pedersen, E. R., Lamb, T. F., & Quinlan, T. (2007). A campus-based motivational enhancement group intervention reduces problematic drinking in freshmen male college students. *Addictive Behaviors, 32*, 889–901.

LaChance, H., Feldstein Ewing, S. W., Bryan, A. D., & Hutchison, K. E. (2009). What makes group MET work?: A randomized controlled trial of college student drinkers in mandated alcohol diversion. *Psychology of Addictive Behaviors, 23*, 598–612.

MacNair, R. R., & Corazzini, J. G. (1994). Client factors influencing group therapy dropout. *Psychotherapy, 31*, 352–362.

Malat, J., Morrow, S., & Stewart, P. (2011). Applying motivational interviewing principles in a modified interpersonal group for comorbid addiction. *International Journal of Group Psychotherapy, 61*, 557–575.

Miller, W. R., & Wilbourne, P. (2002). Mesa Grande: A methodological analysis of clinical trials of treatments for alcohol use disorders. *Addiction, 97*, 265–277.

Project MATCH Research Group. (1997). Project MATCH secondary a priori hypotheses. *Addiction, 92*, 1671–1698.

Walitzer, K. S., Dermen, K. H., & Conners, G. J. (1999). Strategies for preparing clients for treatment: A review. *Behavior Modification, 23*, 129–151.

Walters, S. T., Bennett, M. E., & Miller, J. H. (2000). Reducing alcohol use in college students: A controlled trial of two brief interventions. *Journal of Drug Education, 30*, 361–372.

第 7 章

AGPA CORE-R Task Force. (2006). *Core Battery—Revised: An assessment toolkit for providing optimal group selection, process, and outcome* (1st ed.). New York: American Group Psychotherapy Association.

Alden, L. E., Wiggins, J. S., & Pincus, A. P. (1990). Construction of Circumplex scales for the Inventory of Interpersonal Problems. *Journal of Personality Assessment, 55*, 521–536.

Battle, C. C., Imber, S. D., Hoehn-Saric, R., Stone, A. R., Nash, E. R., & Frank, J. D. (1966). Target complaints as criteria of improvement. *American Journal of Psychotherapy, 20*, 184–192.

Hess, H. (1996). Zwei verfahren zur einschätzung der wirksamkeit von gruppenpsychotherapie [Two methods to assess the affectiveness of group psychotherapy]. In B. Strauss, J. Eckert, & V. Tschuschke (Eds.), *Methoden der empirischen gruppentherapieforschung—ein handbuch* [Methods of empirical group psychotherapy research—A user guide] (pp. 142–158). Opladen, Germany: Westdeutscher Verlag.

Horvath, A. O., & Greenberg, L. S. (1989). Development and validation of the Working Alliance Inventory. *Journal of Counseling Psychology, 36,* 223–233.

Lambert, M. J., Lunnen, K., Umphress, V., Hansen, N. B., & Burlingame, G. M. (1994). *Administration and scoring manual for the Outcome Questionnaire.* Salt Lake City, UT: IHC Center for Behavioral Healthcare Efficacy.

Lese, K. P., & MacNair-Semands, R. (2000). The Therapeutic Factors Inventory: Development of a scale. *Group, 24,* 303–317.

MacKenzie, K. R. (1983). The clinical application of a group climate measure. In R. R. Dies & K. R. MacKenzie (Eds.), *Advances in group psychotherapy: Integrating research and practice* (pp. 159–170). New York: American Group Psychotherapy Association.

MacKenzie, K. R. (1987). Therapeutic factors in group psychotherapy: A contemporary view. *Group, 11,* 26–34.

Madson, M. B., & Campbell, T. C. (2006). Measures of fidelity in motivational enhancement: A systematic review. *Journal of Substance Abuse Treatment, 31,* 67–73.

Moyers, T. B., & Martin, T. (2006). Therapist influence on client language during motivational interviewing sessions. *Journal of Substance Abuse Treatment, 30,* 245–251.

Moyers, T. B., Martin, T., Manuel, J. K., Hendrickson, S. M. L., & Miller, W. R. (2005). Assessing competence in the use of motivational interviewing. *Journal of Substance Abuse Treatment, 28,* 19–26.

Moyers, T. B., Martin, T., Manuel, J. K., Miller, W. R., & Ernst, D. (2009). *Revised global scales: Motivational Interviewing Treatment Integrity 3.1.1* (Unpublished manuscript). Retrieved May 3, 2011, from *http://casaa.unm. edu/download/mit13_1.pdf.*

Persons, J. B., & Burns, D. D. (1985). Mechanisms of action of cognitive therapy: The relative contributions of technical and interpersonal interventions. *Cognitive Therapy and Research, 9,* 539–551.

Rosenberg, M. (1965). *Society and the adolescent self-image.* Princeton, NJ: Princeton University Press.

Soldz, S., Budman, S., Demby, A., & Merry, J. (1995). A short form of the Inventory of Interpersonal Problems Circumplex Scales. *Assessment, 2,* 53–63.

Strauss, B., Burlingame, G. M., & Bormann, B. (2008). Using the CORE-R battery in group psychotherapy. *Journal of Clinical Psychology, 64,* 1225–1237.

第 8 章

Barlow, S. H., Burlingame, G. M., Harding, J. A., & Behrman, J. (1997). Therapeutic focusing in time-limited group psychotherapy. *Group Dynamics: Theory, Research, and Practice, 1,* 254–266.

Faris, A. S., & Brown, J. M. (2003). Addressing group dynamics in a brief motivational intervention for college student drinkers. *Journal of Drug Education, 33*, 289–306.

第 9 章

Alden, L. E., Wiggins, J. S., & Pincus, A. L. (1990). Construction of circumplex scales for the inventory of interpersonal problems. *Journal of Personality Assessment, 55*, 521–536.

Chen, E. C., & Mallinckrodt, B. (2002). Attachment, group attractions, and self–other agreement in interpersonal circumplex problems and perceptions of group members. *Group Dynamics: Theory, Research, and Practice, 6*, 311–324.

Farrall, M. (2007, September). *Action for change: Motivational interviewing and drama in domestic violence and abuse.* Paper presented at Motivational Interviewing Network of Trainers Forum, Sofia, Bulgaria.

Hopwood, C. J., Ansell, E. B., Pincus, A. L., Wright, A. G., Lukowitsky, M. R., & Roche, M. J. (2011). The circumplex structure of interpersonal sensitivities. *Journal of Personality, 79*, 707–740.

Feldstein Ewing, S. W., Walterns, S. T., & Baer, J. S. (2013). Motivational interviewing groups for adolescents and emerging adults. In C. C. Wagner, & K. S. Ingersoll with contributors, *Motivational interviewing in groups* (pp. 387–406). New York: Guilford Press.

Kiesler, D. J. (1996). *Contemporary interpersonal theory and research: Personality, psychopathology and psychotherapy.* New York: Wiley.

Kivlighan, D. M., & Angelone, E. O. (1992). Interpersonal problems: Variables influencing participants' perception of group climate. *Journal of Counseling Psychology, 39*, 468–472.

Kivlighan, D. M., Jr., London, K., & Miles, J. R. (2012). Are two heads better than one?: The relationship between number of group leaders and group members, and group climate and group member benefit from therapy. *Group Dynamics: Theory, Research, and Practice, 16*, 1–13.

Lane, C., Butterworth, S., & Speck, L. (2013). Motivational interviewing groups for people with chronic health conditions. In C. C. Wagner, & K. S. Ingersoll with contributors, *Motivational interviewing in groups* (pp. 314–331). New York: Guilford Press.

Locke, K. D. (2000). Circumplex scales of interpersonal values: Reliability, validity, and applicability to interpersonal problems and personality disorders. *Journal of Personality Assessment, 75*, 249–267.

Locke, K. D., & Sadler, P. (2007). Self-efficacy, values, and complementarity in dyadic interactions: Integrating interpersonal and social-cognitive theory. *Personality and Social Psychology Bulletin, 33*, 94–109.

MacNair-Semands, R. R. (2002). Predicting attendance and expectations for group therapy. *Group Dynamics: Theory, Research, and Practice, 6*, 219–228.

MacNair-Semands, R. R., & Lese, K. P. (2000). Interpersonal problems and the perception of therapeutic factors in group therapy. *Small Group Research, 31,* 158–174.

Malat, J., Morrow, S., & Stewart, P. (2011). Applying motivational interviewing principles in a modified interpersonal group for comorbid addiction. *International Journal of Group Psychotherapy, 61,* 557–575.

Miles, J. R., & Kivlighan, D. M. (2010). Co-leader similarity and group climate in group interventions: Testing the co-leadership, team cognition–team diversity model. *Group Dynamics: Theory, Research, and Practice, 14,* 114–122.

Sadler, P., Ethier, N., & Woody, E. (2011). Interpersonal complementarity. In L. M. Horowitz & S. Strack (Eds.), *Handbook of interpersonal psychology: Theory, research, assessment, and therapeutic interventions* (pp. 123–142). Hoboken, NJ: Wiley.

Velasquez, M. M., Stephens, S. N., & Drenner, K. L. (2013). Motivational interviewing: Transtheoretical model groups for addictions. In C. C. Wagner, & K. S. Ingersoll with contributors, *Motivational interviewing in groups* (pp.268–281). New York: Guilford Press.

第 10 章

Dunn, E. C., Hecht, J., & Krejci, J. (2013). Motivational interviewing groups for weight management. In C. C. Wagner, & K. S. Ingersoll with contributors, *Motivational interviewing in groups* (pp. 332–550). New York: Guilford Press.

Lane, C., Butterworth, S., & Speck, L. (2013). Motivational interviewing groups for people with chronic health conditions. In C. C. Wagner, & K. S. Ingersoll with contributors, *Motivational interviewing in groups* (pp. 314–331). New York: Guilford Press.

Martino, S., & Santa Ana, E. J. (2013). Motivational interviewing groups for dually diagnosed patients. In C. C. Wagner, & K. S. Ingersoll with contributors, *Motivational interviewing in groups* (pp.). New York: Guilford Press.

Rollnick, S., Heather, N., & Bell, A. (1992). Negotiating behaviour change in medical settings: The development of brief motivational interviewing. *Journal of Mental Health, 1,* 25–37.

Velasquez, M. M., Stephens, S. N., & Drenner, K. L. (2013). Motivational interviewing: Transtheoretical model groups for addictions. In C. C. Wagner, & K. S. Ingersoll with contributors, *Motivational interviewing in groups* (pp.268–281). New York: Guilford Press.

Wagner, C. C., & Sanchez, F. (2002). The role of values in motivational interviewing. In W. R. Miller & S. Rollnick. *Motivational interviewing* (2nd ed., pp. 284–298). New York: Guilford Press.

第 11 章

Cohen, F., & Lazarus, R. S. (1979). Coping with the stress of illness. In C. G.

Stone, F. Cohen, & N. E. Adler (Eds.), *Health psychology: A handbook* (pp. 217–254). San Francisco: Jossey-Bass.

Dunn, E. C., Hecht, J., & Krejci, J. (2013). Motivational interviewing groups for weight management. In C. C. Wagner, & K. S. Ingersoll with contributors, *Motivational interviewing in groups* (pp. 332–550). New York: Guilford Press.

Faris, A. S., & Brown, J. M. (2003). Addressing group dynamics in a brief motivational intervention for college student drinkers. *Journal of Drug Education, 33,* 289–306.

Fredrickson, B. L. (2004). The broaden-and-build theory of positive emotions. *Philosophical Transactions of the Royal Society of London B: Biological Sciences, 359,* 1367–1378.

Fredrickson, B. L., & Branigan, C. (2005). Positive emotions broaden the scope of attention and thought–action repertoires. *Cognition and Emotion, 19,* 313–332.

Fredrickson, B. L., & Joiner, T. (2002). Positive emotions trigger upward spirals toward emotional well-being. *Psychological Science, 13,* 172–175.

Fredrickson, B. L., & Losada, M. F. (2005). Positive affect and the complex dynamics of human flourishing. *American Psychologist, 60,* 678–686.

LaBrie, J. W., Huchting, K., Tawalbeh, S., Pedersen, E. R., Thompson, A. D., Shelesky, K., et al. (2008). A randomized motivational enhancement prevention group reduces drinking and alcohol consequences in first-year college women. *Psychology of Addictive Behaviors, 22,* 149–155.

LaBrie, J. W., Lamb, T. F., Pedersen, E. R., & Quinlan, T. (2006). A group motivational interviewing intervention reduces drinking and alcohol-related consequences in adjudicated college students. *Journal of College Student Development, 47,* 267–280.

Lane, C., Butterworth, S., & Speck, L. (2013). Motivational interviewing groups for people with chronic health conditions. In C. C. Wagner, & K. S. Ingersoll with contributors, *Motivational interviewing in groups* (pp. 314–331). New York: Guilford Press.

Martino, S., & Santa Ana, E. J. (2013). Motivational interviewing groups for dually diagnosed patients. In C. C. Wagner, & K. S. Ingersoll with contributors, *Motivational interviewing in groups* (pp. 297–313). New York: Guilford Press.

★Miller, W. R., & Rollnick, S. (2002). *Motivational interviewing: Preparing people for change* (2nd ed.). New York: Guilford Press.

Nesse, R. (1990). Evolutionary explanations of emotions. *Human Nature, 1,* 261–289.

Prochaska, J. O., DiClemente, C. C., & Norcross, J. (1992). In search of how people change: Applications to addictive behaviors. *American Psychologist, 47,* 1102–1114.

Samson, A., & Siam, H. (2008). Adapting to major chronic illness: A proposal for a comprehensive task–model approach. *Patient Education and Counseling, 70,* 426–429.

★Velasquez, M. M., Gaddy-Maurer, G. G., Crouch, C., & DiClemente, C. C. (2001). *Group treatment for substance abuse: A stages of change therapy manual.* New York: Guilford Press.

Velasquez, M. M., Stephens, N., & Ingersoll, K. (2005). Motivational interviewing in groups. *Journal of Groups in Addiction and Recovery, 1,* 27–50.

Wagner, C. C., & Ingersoll, K. S. (2008). Beyond cognition: Broadening the emotional base of motivational interviewing. *Journal of Psychotherapy Integration, 18,* 191–206.

第 12 章

Feldstein Ewing, S. W., Walterns, S. T., & Baer, J. S. (2013). Motivational interviewing groups for adolescents and emerging adults. In C. C. Wagner, & K. S. Ingersoll with contributors, *Motivational interviewing in groups* (pp. 387–406). New York: Guilford Press.

Lane, C., Butterworth, S., & Speck, L. (2013). Motivational interviewing groups for people with chronic health conditions. In C. C. Wagner, & K. S. Ingersoll with contributors, *Motivational interviewing in groups* (pp. 314–331). New York: Guilford Press.

第 13 章

Ackerman, S. J., & Hilsenroth, M. J. (2001). A review of therapist characteristics and techniques negatively impacting the therapeutic alliance. *Psychotherapy, 38,* 171–185.

Easton, C., Swan, S., & Sinha, R. (2000). Motivation to change substance use among offenders of domestic violence. *Journal of Substance Abuse Treatment, 19*(1), 1–5.

Miller, W. R., Benefield, R. G., & Tonigan, J. S. (1993). Enhancing motivation for change in problem drinking: A controlled comparison of two therapist styles. *Journal of Consulting and Clinical Psychology, 61*(3), 455–461.

Miller, W. R., C'de Baca, J., Matthews, D. B., & Wilbourne, P. L. (2001). *Personal Values Card Sort.* Retrieved December 11, 2007, from *http://casaa.unm.edu/ inst/personal%20values%20card%20sort.pdf.*

Seligman, M. E. P. (2003). Positive psychology: Fundamental assumptions. *The Psychologist, 16*(3), 126–127.

Stein, L. A. R., & LeBeau-Craven, R. (2002). Motivational interviewing and relapse prevention for DWI: A pilot program. *Journal of Drug Issues, 32*(4), 1051–1070.

★Wagner, C. C., & Sanchez, F. P. (2002). The role of values in motivational interviewing. In W. R. Miller & S. Rollnick, *Motivational interviewing: Preparing people for change* (2nd ed., pp. 284–298). New York: Guilford Press.

第 14 章

Covington, S. S., & Surrey, J. L. (2000). *The relational model of women's psychological development: Implications for substance abuse* (Work in Progress, No. 91). Wellesley, MA: Stone Center, Working Paper Series.

Floyd, R. L., Sobell, M., Velasquez, M. M., Ingersoll, K., Nettleman, M., Sobell, L., et al. (2007). Preventing alcohol exposed pregnancies: A randomized control trial. *American Journal of Preventive Medicine, 32*(1), 1–10.

Goodrich, T. J. (Ed.). (1991). *Women and power: Perspective for family therapy.* New York: Norton.

Harris, M., & Fallot, R. D. (2001). *Using trauma theory to design service systems.* San Francisco: Jossey-Bass.

Healthy Choices in Pregnancy. (2002). *D.E.W. program facilitators manual.* Victoria, British Columbia, Canada: B.C. Government Press. Available at *www. hcip-bc.org.*

Ingersoll, K. S., Ceperich, S. D., Nettleman, M. D., Karanda, K., Brocksen, S., & Johnson, B. A. (2005). Reducing alcohol exposed pregnancy risk in college women: Initial outcomes of a clinical trial of a motivational intervention. *Journal of Substance Abuse Treatment, 29*(3), 173–180.

LaBrie, J. W., Huchting, K. K., Lac, A., Tawalbeh, S., Thompson, A. D., & Larimer, M. E. (2009). Preventing risky drinking in first-year college women: Further validation of a female-specific motivational enhancement group intervention. *Journal of Studies on Alcohol and Drugs, Supplement, 16,* 77–85.

LaBrie, J. W., Huchting, K., Tawalbeh, S., Pedersen, E. R., Thompson, A. D., Shelesky, K., et al. (2008). A randomized motivational enhancement prevention group reduces drinking and alcohol consequences in first-year college women. *Psychology of Addictive Behaviors, 22*(1), 149.

MI and Intimate Partner Violence Workgroup. (2009). Guiding as practice: Motivational interviewing and trauma-informed work with survivors of intimate partner violence. *Partner Abuse, 1*(1), 92–104.

Najavits, L. M. (2002). *Seeking Safety: A treatment manual for PTSD and substance abuse.* New York: Guilford Press.

Starhawk (1987). *Truth or dare: Encounters with power, authority, and mystery.* San Fransisco: Harper.

Wenzel, S. L., D'Amico, E. J., Barnes, D., & Gilbert, M. L. (2009). A pilot of a tripartite prevention program for homeless young women in the transition to adulthood. *Women's Health Issues, 19,* 193–201.

Yahne, C. E., Miller, W. R., Irvin-Vitela, L., & Tonigan, J. S. (2002). Magdalena Pilot Project: Motivational outreach to substance abusing women street sex workers. *Journal of Substance Abuse Treatment, 23,* 49–53.

第 15 章

Carden, A. (1993). *Characteristics of men in a diversion treatment program for spousal abuse/violence: A gestalt/ecological perspective.* Dissertation, Kent State University, Kent, OH.

Carden, A. (1994). Wife abuse and the wife abuser: Review and recommendations. *Counseling Psychologist, 22*(4), 539–582.

Carden, A., & Boehnlein, T. (1997, September). Intervention with male batterers: Continuous risk assessment. *Ohio Psychologist,* pp. 9–16.

Dutton, D. (2003). Theoretical approaches to the treatment of intimate violence perpetrators. *Journal of Aggression, Maltreatment and Trauma, 7*(1), 7–23.

Dutton, D. (2006). *Rethinking domestic violence.* Vancouver, BC: University of British Columbia Press.

Gondolf, E. W. (1997). Patterns of re-assault in batterer programs. *Violence and Victims, 12*(4), 373–387.

Gondolf, E. W. (1999). A comparison of four batterer intervention systems: Do court referral, program length and service matter? *Journal of Interpersonal Violence, 14,* 41–61.

★Gordon, T. (1970). *Parent effectiveness training.* New York: Wyden.

Hamel, J., & Nicolls, T. (Eds.). (2007). *Family interventions in domestic violence: A handbook of gender-inclusive theory and treatment.* New York: Springer.

Marshall, W. L., & Serran, G. A. (2004). The role of the therapist in offender treatment. *Psychology, Crime and Law, 10,* 309–320.

Miller, W. R., & Rollnick, S. (2013). *Motivational interviewing: Facilitating change* (3rd ed.). New York: Guilford Press.

Morrel, T. M., Elliott, J. D., Murphy, C. M., & Taft, C. (2003). A comparison of cognitive- behavioral and supportive group therapies for male perpetrators of domestic abuse. *Behavior Therapy, 24,* 77–95.

Pence, E., & Paymar, M. (1986). *Power and control: Tactics of men who batter: An educational curriculum.* Duluth: Minnesota Program Development.

Walker, L. (1984). *The battered woman syndrome.* New York: Springer.

邦訳文献

Arkowitz, H., Westra, H. A., Miller, W. R., & Rollnick, S. (Eds.) (2008)：後 藤 恵（訳）(2016). 動機づけ面接法の適用を拡大する. 星和書店.

Gordon, T. (1970).：近藤千恵（訳）. (1998). 親業. 大和書房.

Miller, W. R., & Rollnick, S. (2002)：松島義博・後藤恵（訳）(2007/2012). 動機づけ面接法 基礎・実践編／応用編. 星和書店.

Miller, W. R., & Rollnick, S. (2013)：松島義博・後藤恵（訳）(2007/2012). 動機づけ面接法 基礎・実践編／応用編. 星和書店. ※第2版 (2002) の翻訳

Murphy, R.T. (2008)：後藤恵（訳）(2016)．退役軍人のPTSD症状と問題行動を変える動機の強化．後藤恵（訳）．動機づけ面接法の適用を拡大する．星和書店．

Peterson, C. (2000)：宇野カオリ（訳）(2012)．ポジティブ心理学入門．春秋社．

Rogers, C. (1951)：保坂亨・諸富祥彦・末武康弘（共訳）(2005)．クライアント中心療法．ロジャーズ主要著作集2．岩崎学術出版社．

Rogers, C. (1961)：諸富祥彦・末武康弘・保坂亨（訳）(2005)．ロジャーズが語る自己実現の道．ロジャーズ主要著作集3．岩崎学術出版社．

Rogers, C. (1970)：畠瀬稔・畠瀬直子（訳）(2007)．エンカウンター・グループ　新版．創元社．

Rogers, C., Gendlin, E. R., Kiesler, D. J., & Truax, C. B. (1967)：友田不二男・手塚郁恵（編訳）(1972)．サイコセラピィの研究．ロージァズ全集，別巻1．岩崎学術出版社．

Rollnick, S., Miller, W. R., & Butler, C. (2008)：後藤恵・荒井まゆみ（訳）(2010)．動機づけ面接法実践入門．星和書店．

Rosengren, D. B. (2009)：原井宏明（監訳）(2013)．動機づけ面接を身につける．星和書店．

Velasquez, M. M., Maurer, G., Crouch, C., & DiClemente, C. (2001)：村上優・杠岳文（監訳）(2012)物質使用障害のグループ治療．星和書店．

Wagner, C. C. & Sanchez, F. P. (2002)：松島義博・後藤恵（訳）(2012)．動機づけ面接法における価値観の役割．動機づけ面接法　応用編．星和書店．

Yalom, I. & Leszcz, M. (2005)：中久喜雅文・川室優（監訳）(2012)ヤーロムグループサイコセラピー．西村書店．　※第4版 (1995) の翻訳

監訳者あとがき

　本書は，Wagner, C. & Ingersoll, K. (2013). *Motivational Interviewing in Groups*. New York: The Guilford Press. の抄訳である。原書は 3 部構成になっていて，第 I 部では，治療的グループと動機づけ面接の基礎が記されている。第 II 部では，MI グループを企画し，会話を始め，グループの凝集性を作り，各自の視点を探索して広げていき，実行に移すという各段階に沿って，グループを実践する方法が具体的に説明されている。グループを実践しようとする人々にとっては，類書にない有用な知見やスキルが満載である。著者たちが，実際に多くのグループをリードしてきて，そこで経験してきた困難に対して工夫をこらしてきたことがよくわかる。「あるよね〜。なるほど，そうきたか。今度やってみよう」とワクワクしながら読むことができるのは私だけだろうか？

　翻訳では，この第 I 部と第 II 部はすべて訳出した。第 III 部では，9 つの実践について述べられているが，紙数の都合上，アディクションに関わる 2 つと親密な関係における暴力の男性加害者に対する 1 つの計 3 つのみを訳出した。他は，併合診断のある患者，慢性的健康問題を持つ人々，体重管理，性犯罪歴のある男性，思春期少年といった対象に対する実践が論じられている。興味のある人は，原書にあたっていただければ幸いである。

　「グループに関する本は売れない」と出版社の方に言われたことがある。実際，個人療法に比べて，グループを行っている専門家は少ないのであろう。行っていたとしても，グループの中で個人療法をやろうとしているか，あるいはグループ学習をしているだけのようにもみえる。それではグループで話し合う意味はほとんどないのではと訳者としては思うが，スーパービジョンをしていても，それを伝えるのがなかなか難しい。監訳者は，グループを実施するとき，リーダーの役割と責任は，「1 人ひとりの声が響き合うように『場』を作ること」につきると考えている。専門家がクライエントを治療するとか指導するというものではないのだが，そこが個人療法と同様に捉えられてしまっているように思う。

　現代社会は，少なくとも建前上は，1 人ひとりが尊重されることが大切とされている。封建時代とは異なり，だれか強い者の考えが「正しい」とか，「正し

い」ことにしなければならないわけではないということが認められつつある。子どもの声，若者の声，女性の声，被害者の声，障がいを持つ人の声，刑務所を出た人の声，これまで声をあげにくかった人々，「当事者」の声が耳を傾けられるようになりつつある。それが現代民主主義社会がめざしている価値であるなら，1人ひとりが尊重され，視点を広げていくことができる「場」を作るコツは，家庭や学校，職場などの生活場面においても活用可能な，今後の社会や教育に必須のアイテムなのではないかと，冗談ではなく信じている。翻訳していてそんなふうに感じた。

　翻訳作業は，実際に児童相談所や児童自立支援施設，刑務所等で強制されて参加している人たちのグループをリードしている人たちと研究会を開催して行った。本書が，動機づけの乏しい人々に対するグループの実施に関してよき案内書となり，人々が自身の声を響かせることができる，安心・安全で尊重される関わりを体験する機会，グループの場を広げていく一助となることを祈っている。最後になったが，「売れない」見込みにもかかわらず，本書の意義を認め出版を引き受けてくれた誠信書房編集部の松山由理子さん，曽我翔太さんに深謝する。

2017年8月22日　藤岡淳子・野坂祐子

索　引

アルファベット

DARN–CAT　*32*
OARS　*38*

ア行

愛他性　*58*
アディクション　*7*
アファメーション　*38, 39*
言い継ぎリフレクション　*43*
勢い　*129*
意思決定バランス　*246*
異質グループ　*103*
維持トーク　*34*
委託　*185*
意図の探索　*169*
ウォームアップ・エクササイズ　*177*
エンパワメント　*303*
オリエンテーション　*179*

カ行

ガイダンス　*58*
開放グループ　*108*
課題
　——設定　*49*
　——の相互依存　*22, 255*
カタルシス　*58, 226*
喚起する質問　*52*
規範　*200*
希望
　——の注入　*58, 198*
　——の広がり　*256*
基本的な会話形成法　*130*

サ行

サブグループ　*166*
サポートグループ　*6*

境界線　*199*
　——の管理　*26*
凝集性　*18*
協働
　——ファシリテーション　*173*
　——リーダー　*173*
空想上の変化　*53. 265*
クライエント中心療法　*5*
グループ
　——ダイナミクス　*196*
　——の同質性　*22*
　——の風土　*17*
　——への同一化　*21*
　——リード　*193*
　異質——　*103*
　開放——　*108*
　サブ——　*166*
　サポート——　*6*
　心理教育——　*7*
　心理療法——　*8*
　同質——　*101*
　認知行動療法——　*7*
　半開放——　*108*
　閉鎖——　*107*
現状維持　*33*
構造化　*100, 175*
行動
　——に移す　*60*
　——療法　*5*
高度な会話形成法　*130*

自己
　——開示　28, 58
　——効力感　12, 68
　——理解　256
自信の点数化　53
実証的根拠　76
質の保証　120
質問
　喚起する——　52
　閉ざされた——　39
　開かれた——　38
視点
　——の探索　59
　——を広げる　59
社会的アイデンティティ　196
　——理論　21
重要性の点数化　52
受容　198
焦点
　——化　48
　——の変換　141
自律性　70
身体的アプローチ　302
心理教育グループ　7
心理療法グループ　8
精緻化見込み　22
是認　41

タ行

対人関係の問題　167
代理学習　58, 226
他者との相互作用からの学び　198
脱個人的信頼　21
単純なリフレクション　43
チェンジトーク　32
忠実度　121
治療
　——的要因　23
　——同盟　18
典型的な一日　208

同質グループ　101
透明性　28, 235
トーク
　維持——　34
　チェンジ——　32
閉ざされた質問　39
ドメスティックバイオレンス　318
トラウマインフォームド・ケア　302

ナ行

認知行動療法グループ　7

ハ行

パートナーシップ　36
幅　129
半開放グループ　108
「引き出す—提供する—引き出す」方略
　50
開かれた質問　38
フィードバック　28
深さ　129
複雑なリフレクション　43
普遍性　58, 198
ふりかえり　52
閉鎖グループ　107
変化
　——の重要性　52, 263
　——の段階モデル　238
編入　107
ポジティブ心理学　6

マ行

まとめ　39
招き入れ　45, 59
メタコミュニケーション　28

ラ行

ライフスタイル　207
ラウンド　133
楽観性　69
リアクタンス　34
利他主義　256
リーダーの機能　25

リフレクション　39, 42
　言い継ぎ——　43
　単純な——　43
　複雑な——　43
　間違い指摘——　49
　両面——　43
両価性　209
　——の探索　43, 151
両面リフレクション　43

著者紹介

クリストファー・C・ワグナー, 博士 (Christopher C. Wagner, PhD)

　バージニア連邦大学コメディカル学部リハビリテーションカウンセリング学科准教授・副学部長，および心理学・精神医学部特任教員。臨床心理士として，一般的な成人の精神健康と発達に関するものの他に，アディクション，性行動とアイデンティティ，HIV疾患への対処，統合失調症，臓器移植を対象とした心理療法，心理教育グループとサポートグループを実施している。ワグナー博士は，対人関係論研究学会 (Society for Interpersonal Theory and Research) の学会長を務めた実績がある他，動機づけ面接トレーナーネットワーク (Motivational Interviewing Network of Trainers：以下，MINT) のメンバーであり，運営委員会の委員でもあった。主な関心は，動機づけ面接やセラピー全般における対人関係のプロセスと，両者の比較検討である。

カレン・S・インガーソル, 博士 (Karen S. Ingersoll, PhD)

　バージニア医科大学精神医学・神経行動科学部准教授。臨床心理士として，親密なパートナーからの暴力，禁煙，アディクションの再発予防，HIV治療アドヒアランス，女性の健康を対象とした心理療法，心理教育グループとサポートグループを実施している。インガーソル博士は，飲酒習慣のあった妊婦に対する動機づけ面接でリスクを軽減させた研究によって，米疾病対策センターのチャールズ・C・シェパード賞を共同受賞した。MINTのメンバーであり，健康上の問題やアディクションのある人の健康を向上させるための基本的なアプローチとして，動機づけ面接の研究に取り組んでいる。

寄稿者紹介

【第13章】
サンドラ・S・ダウニー, 修士, 認定カウンセラー (Sandra S. Downey, MS, LPC)
　バージニア州のハリソンバーグ-ロッキンガム公衆衛生サービスの外来担当セラピストとして，豊富な経験を有する。動機づけ面接のトレーニングに携わり，2004年からはMINT（動機づけ面接トレーナーネットワーク）のメンバーである。

ウェンディ・R・ジョンソン, 博士 (Wendy R. Johnson, PhD)
　ポートランド退役軍人医療センターの臨床心理士。オレゴン州立刑務所内での強制参加によるクライエントを対象としたアディクション臨床をはじめとし，薬物使用のあるクライエントと幅広く活動している。ジョンソン博士は，さまざまな刑事司法領域において，動機づけ面接のコンサルタントとして国際的に活動し，2003年からMINTのメンバーである。

【第14章】
フランシス・ヤシウラ, 学士 (Frances Jasiura, BPHE (Hons), BSW)
　チェンジ・トーク・アソシエートの共同創設者であり，健康に関連した変化の動機づけを高めるような，実証性があり，かつトラウマインフォームドなコミュニケーションの実践について，カナダで研修やコーチングを行っている。MINTとスピリチュアル・ディレクターズ・インターナショナルのメンバーであり，カナダのブリティッシュコロンビアにあるオカナガン大学の講師を務める。

ウィニー・ハント, 教育学修士 (Winnie Hunt, MEd)
　トレガー・アプローチの実践者であり，身体的な動きを取り入れた教育を行うなど，具体的な変化を専門とする。詩集を出版する詩人でもあり，認定カウンセラー，ライフスキル・コーチのトレーナーとして，健康やウェルビーイン

グについてのその人自身の感覚を広げるように，グループや個人に関わる。

【第15章】

アン・カードン，博士（Ann Carden, PhD）

　オハイオ州バウアーストンでの開業コンサルタント，トレーナーである。メンタルヘルスとアディクションの専門家として30年の経歴を持ち，心理療法士，教育者，研究者，執筆者，コンサルタントとして活動している。親密なパートナー間の暴力の力動を専門とし，本書で述べられているような配偶者間の暴力で有罪判決を受けた男性に対して動機づけ面接アプローチを用いている。MINTのメンバーである。

マーク・ファラル，博士（Mark Farrall, PhD）

　DVや虐待および動機づけ面接の領域において，専門的なトレーニングとコンサルタントを行う独立機関であるイグニションのディレクター。公認された司法心理士及び心理療法士であり，動機づけ面接に基づく新たなプログラムモデルを開発し，広めている。MINTのメンバーである。

監訳者紹介

藤岡　淳子（ふじおか　じゅんこ）

1979 年　上智大学文学部卒業

1981 年　上智大学大学院博士前期課程修了

　　　　　法務省矯正局において非行少年・受刑者の心理査定，矯正教育に携わる。在職中に南イリノイ大学大学院修士課程修了。2002 年より現職

現　　在　大阪大学大学院人間科学研究科教授，臨床心理士，博士（人間科学）

著　　書　『触法障害者の地域生活支援』金剛出版 2017（分担執筆），『非行・犯罪の心理臨床』日本評論社 2017，『アディクションと加害者臨床』誠信書房 2016（編著），『非行・犯罪心理臨床におけるグループの活用』誠信書房 2014，他

訳　　書　『性加害行動のある少年少女のためのグッドライフ・モデル』誠信書房 2015（共監訳），『グッドライフ・モデル』誠信書房 2013（監訳），『回復への道のり　親ガイド』『回復への道のり　パスウェイズ』『回復への道のり　ロードマップ』誠信書房 2009（監訳），他

野坂　祐子（のさか　さちこ）

1999 年　お茶の水女子大学大学院家政学研究科児童学専攻修士課程修了

2004 年　お茶の水女子大学大学院人間文化研究科人間発達科学専攻博士課程単位取得退学

　　　　　大阪教育大学学校危機メンタルサポートセンター講師を経て，2013 年より現職

現　　在　大阪大学大学院人間科学研究科准教授，臨床心理士，博士（人間学）

著　　書　『マイ ステップ』誠信書房 2016（共著），『アディクションと加害者臨床』金剛出版 2016（分担執筆），『子どもの PTSD』診断と治療社 2014（分担執筆），『子どもへの性暴力』誠信書房 2013（共編），『発達科学ハンドブック 6　発達と支援』新曜社 2012（分担執筆），他

訳　書　『犯罪被害を受けた子どものための支援ガイド』金剛出版 2016（共監
　　　　訳），『性加害行動のある少年少女のためのグッドライフ・モデル』誠
　　　　信書房 2015（共監訳），『あなたに伝えたいこと』誠信書房 2015（共
　　　　訳），『グッドライフ・モデル』誠信書房 2013（分担訳），『PTSD治療
　　　　ガイドライン　第2版』金剛出版 2013（分担訳），他

訳者紹介

【第1章】

毛利真弓（もうり　まゆみ）

　　現　在　広島国際大学心理臨床センター　特任助教
　　　　　　大阪大学大学院人間科学研究科博士後期課程

【第2章】

金　　波（きん　ぱ）

　　現　在　大阪大学大学院人間科学研究科博士後期課程

毛利真弓（もうり　まゆみ）

　　前出

野坂祐子（のさか　さちこ）

　　監訳者紹介参照

坂東　希（ばんどう　のぞみ）

　　現　在　敬和学園大学人文学部共生社会学科　専任講師
　　　　　　大阪大学大学院人間科学研究科博士後期課程

藤岡淳子（ふじおか　じゅんこ）

　　監訳者紹介参照

【第3章】

奥田剛士（おくだ　たけし）

　　2016年　大阪大学大学院人間科学研究科博士後期課程単位取得退学
　　現　在　大阪府青少年・地域安全室治安対策課　社会復帰支援員

【第4章】

金　　波（きん　ぱ）

　　前出

【第5章】

川口優子（かわぐち　ゆうこ）

2014年　大阪大学大学院人間科学研究科博士前期課程修了

現　在　大阪府青少年・地域安全室治安対策課 社会復帰支援員

【第6章】

藤岡淳子（ふじおか　じゅんこ）

監訳者紹介参照

【第7章】

谷口実紗（たにぐち　みさ）

現　在　大阪大学大学院人間科学研究科博士前期課程

今井由樹子（いまい　ゆきこ）

2006年　放送大学大学院文化科学研究科修士課程修了

現　在　臨床心理士，スクールカウンセラー

大阪大学大学院人間科学研究科博士後期課程

【第8章】

中西美絵（なかにし　みえ）

現　在　大阪大学大学院人間科学研究科博士後期課程

【第9章】

高田　勉（たかた　つとむ）

2010年　島根大学大学院教育学研究科修士課程修了

現　在　社会復帰支援員，臨床心理士

【第10章】

佐藤彰信（さとう　あきのぶ）

2006年　John Jay College of Criminal Justice 修士課程修了

現　在　社会復帰支援員

【第11章】

岡田有香（おかだ　ゆうか）

　　現　　在　　大阪大学大学院人間科学研究科博士前期課程

川西　希（かわにし　のぞみ）

　　現　　在　　大阪大学大学院人間科学研究科博士前期課程

【第12章】

坂東　希（ばんどう　のぞみ）

　　前出

【第13章】

野坂祐子（のさか　さちこ）

　　監訳者紹介参照

【第14章】

大倉裕美（おおくら　ひろみ）

　　現　　在　　大阪大学大学院人間科学研究科博士後期課程

【第15章】

平川はやみ（ひらかわ　はやみ）

　　2017年　　大阪大学大学院人間科学研究科博士前期課程修了

クリストファー・C・ワグナー, カレン・S・インガーソル著

グループにおける動機づけ面接

2017 年 10 月 5 日　第 1 刷発行

監 訳 者	藤　岡　淳　子
	野　坂　祐　子
発 行 者	柴　田　敏　樹
印 刷 者	日　岐　浩　和

発 行 所　株式会社 誠 信 書 房

〒112-0012 東京都文京区大塚 3-20-6
電話　03 (3946) 5666
http://www.seishinshobo.co.jp/

中央印刷　協栄製本　　　落丁・乱丁本はお取り替えいたします
検印省略　　　無断で本書の一部または全部の複写・複製を禁じます
ⓒSeishin Shobo, 2017　　　　　　　　　　Printed in Japan
ISBN 978-4-414-41467-7　C3011

非行・犯罪心理臨床におけるグループの活用
治療教育の実践

藤岡淳子著

児童自立支援施設や少年院，刑務所において矯正教育の第一線を歩んできた著者が，矯正教育の歴史的・理論的展開を振り返るとともに，これまで行ってきたグループの実践を概括する。さらに官民協働（PFI）刑務所のひとつである島根あさひ社会復帰促進センターで治療教育システムを立ち上げた貴重な経験をまとめた矯正教育に携わる人のための必読書。

主要目次
- 第1章　非行・犯罪への教育プログラム介入を支える理論と実践の展開
- 第2章　自己と関係性の発達と非行・犯罪——育つためのグループとは？
- 第3章　決意の段階から機能回復の段階まで
- 第4章　児童自立支援施設での少女を対象とした治療教育プログラム
- 第5章　刑務所内での治療教育グループの実践
- 第6章　決意から機能回復，そして社会再参加へ——刑務所内治療共同体の試み
- 第7章　社会再参加——普通の暮らしへ

A5判上製　定価(本体3500円+税)

性加害行動のある少年少女のためのグッドライフ・モデル

ボビー・プリント編
藤岡淳子・野坂祐子監訳

アセスメント，プランの組み立て，治療教育の実践，そして社会復帰。3人の若者が辿った道程とともに，「よい人生」へ導く技法を詳説。

主要目次
- 第1章　グッドライフ・アプローチの背景
- 第2章　性加害をした少年への実践の発展
- 第3章　旅路：Gマップによるグッドライフ・モデルの修正
- 第4章　若者の動機づけと積極的関与を高めるために
- 第5章　アセスメント
- 第6章　グッドライフ・プラン
- 第7章　治療教育の実践
- 第8章　社会に戻ること
- 第9章　グッドライフ・アプローチにたいする少年と実践家の反応
- 第10章　修正版グッドライフ・モデルの評価

A5判並製　定価(本体3000円+税)